国家软科学重大项目
（2011GXS2D026）

中国区域经济发展
动力机制研究系列

中国区域经济发展动力机制研究系列
China's Dynamic Mechanism of the Regional Economy Development Series

中国区域企业发展的动力机制

——以中原经济区为样本

DYNAMICS OF REGIONAL ENTERPRISE GROWTH IN CHINA

杨健燕　蔡树堂　杜智勇
刘忠生　任爱莲　侯金莉　王丙乾 / 著

社会科学文献出版社
SSAP
SOCIAL SCIENCES ACADEMIC PRESS (CHINA)

目　录

现状和机遇篇

企业发展动力机制篇

CONTENTS

Current Situation and Opportunity Discourse

Dynamic Mechanism of Enterprises Development Discourse

前　言

随着中原经济区建设上升到国家战略层面，被纳入全国主体功能区规划，河南省上下乃至周边地区掀起了建设中原经济区的高潮，社会各界都在思考和探索如何实施中原经济区战略、加快中原经济区建设问题。本书认为，实施中原经济区战略、建设中原经济区，一定要挖掘一切可能的动力源，构建各种有效的动力机制。其中，作为中原经济区建设的微观主体——企业发展的动力机制更为基础和关键。

本书以实施中原经济区战略为使命，以建设中原经济区为背景，就中原经济区背景下企业发展的动力机制，进行全面、系统的思考和探索。整个研究过程包括以下内容和环节。

第一，回顾与企业发展相关的企业成长理论，并在此基础上探索企业发展动力机制的综合模型或框架。

第二，设计问卷、收集数据，并基于这些调研数据，分析建设中原经济区背景下河南企业发展现状（水平表现）、河南企业发展动力状况。

第三，对建设中原经济区背景下河南企业发展机会和存在的问题进行研究。

之后分七章对企业发展动力机制的综合模型或框架中的各个方面进行具体思考。

（1）从企业内部视角，结合中原经济区建设背景，主要从产权动力、企业家动力、技术动力、文化动力、能力动力、动态学习动力等方面进行分析探索。

（2）从企业外部视角，从中原经济区建设背景出发，主要从市场需求拉动、竞争压力和政府引导支持等方面进行探讨。

我们希望这些尝试性的研究工作，会对相关方面的研究学者和中原经济区建设者提供一些参考和启迪。当然我们的研究肯定有许多不足和错误，希望学界和实业界批评指正。

第一章
绪　论

第一节　研究背景

自2010年河南省委、省政府提出实施中原经济区战略、建设中原经济区构想以来，这一战略构想受到社会各界，直至中央的高度关注和重视。前不久，国务院正式下发文件支持河南省加快建设中原经济区。这为河南经济、社会大发展、大进步，实现中原崛起、河南振兴提供了重大机遇和政策平台。为了充分利用好这一政策优势，河南上下都在积极思考和探索如何实施中原经济区战略、加快建设中原经济区问题。关于加快建设中原经济区，卢展工书记在中共河南省第九次代表大会上指出，主题是科学发展，主线是加快转变经济发展方式，目标是富民强省，核心是“三化”协调，活力是解放思想，动力是改革开放，方法是统筹兼顾，关键是实干实效。本书认为，实施中原经济区战略、建设中原经济区，一定要挖掘一切可能的动力源，构建各种有效的动力机制。其中，作为中原经济区建设的微观主体——企业发展的动力机制更为基础和关键。任何经济区或经济体的建设都离不开微观行为主体的活力和效率，微观行为主体没有活力、没有动力、没有效率，经济建设就没有载体、没有支撑，就没有活力、动力和效率。因此，很有必要研究实施中原经济区战略、建设中原经济区大背景下企业怎么办，企业发展的活力和动力在哪里，如何构建企业发展的动力机制。

根据《国务院关于支持河南省加快建设中原经济区的指导意见》，构建实施中原经济区战略下的企业发展的动力机制，笔者认为必须坚持以下原则。

（1）在新型工业化、新型城镇化、农业现代化即“三化”协调发展要求下构建，促进“三化”协调发展。

（2）在大力发展新兴产业、走新型工业化道路的要求下构建，实现河南新兴产业的大发展，实现信息化与工业化融合，实现生态、环保、节约、高效。

（3）在走新型城镇化的要求下构建，促使河南在新型城镇化建设方面走在全国的前列。

（4）在承接东西部地区产业转移对接上构建，促使河南产业升级转型。

（5）在充分利用河南人力资源优势基础上构建，充分挖掘和利用人力资源优势。

（6）在充分利用经济全球化背景下发达国家向新兴经济体投资发展的重大历史机遇上构建，加快河南企业转型升级。

第二节　研究意义

一　现实意义

实施中原经济区战略，行为主体是谁？除了政府、农户外，更重要的行为主体是各类企业。因此，通过探索和构建实施中原经济区战略的微观动力机制，即企业发展的动力机制，对促进企业发展，推动中原经济区建设，实现中原崛起、河南振兴具有重要意义。

二　理论意义

本书主要从中原经济区建设背景出发，探索中原经济区企业发展动力机制，丰富和发展了中国区域企业发展动力机制研究。

第三节　主要概念界定

一　中原经济区

中原经济区是指以河南省为主体，包含山东、山西、河北、安徽、江苏等省部分地区的综合性经济区。中原经济区作为国家层面重点开发区域，位于全国“两横三纵”城市化战略格局中陆桥通道横轴和京广通道纵轴的交会处，是涵盖河南全省、延及周边地区的经济区域，是沿海地区发展的重要支撑，是中部崛起的重要基地，是继“长三角”、“珠三角”、“京津冀”三大经济区之后，于2010年由豫、鲁、苏、皖、冀、晋、鄂7省28市组成的经济区域。该区域定位为全国重要的高新技术产业、先进制造业和现代服务业基地，能源原材料基地、综合交通枢纽和物流中心，区域性的科技创新中心，中部地区人口和经济密集区，将成为支撑全国经济又好又快发展的新的经济增长板块。中原经济区地处中国中心地带，是全国主体功能区明确的重点开发区域，其范围涵盖河南全省、延及周边地区的经济区域，地理位置重要，市场潜力巨大，文化底蕴深厚，在全国改革发展大局中具有重要战略地位。2011年国庆节前夕，国务院正式出台了《国务院关于支持河南省加快建设中原经济区的指导意见》，建设中原经济区正式上升为国家战略，其战略定位为：国家重要的粮食生产和现代农业基地，全国工业化、城镇化和农业现代化协调发展示范区，全国重要的经济增长板块，全国区域协调发展的战略支点和重要的现代综合交通枢纽，华夏历史文明传承创新区。

二　企业发展

本书认为，企业发展与企业成长是同义语。在下面的行文中二者是可以互换的。企业成长在学术界被运用得更普遍，主要考虑到企业像人一样是一个理性的有机体，采用拟人的称谓更好。与生物体成长相似，企业成长是指企业（组织）系统由小变大、由不成熟到成熟、由低级到高级的发展过程。企业成长不仅是量上增加，更是质上提升的过程。只有数量上的增加而没有质量上的提升，犹如人患上肥胖症一样。所以，企业的成长体现在两个方面：量上的扩张和质上的提升。量上的扩张主要表现为企业规模的扩大，质上的提升主要表现为企业素质的提高。

三　企业发展动力机制

与企业发展和企业成长的关系相似，本书坚持企业发展机制就是企业成长机制。所谓企业发展（成长）的动力机制，是指在企业成长过程中，企业成长的动力来自哪里，又是如何作用于企业成长的。分析企业成长的动力机制就是分析企业成长中有哪些动力来源，这些动力源是如何作用于企业成长的，作用的路径和方式是什么。

第四节　研究目的和研究内容

一　研究目的

实施中原经济区战略，必须在政府、企业、农户、中介等社会机构层面上共同行动，其中微观上企业的行动是基础和核心。从微观上揭示实施中原经济区战略的企业发展的动力源及作用机制，是实施中原经济区战略、建设中原经济区的微观基础。本研究的目的就是揭示实施中原经济区战略的微观层面企业发展的动力机制。

二　研究内容

1. 理论研究

现有国内外文献有关企业发展的理论都有哪些观点？这些观点的贡献和不足是什么？有关经济区建设发展情景下企业发展的动力机制有无揭示？如果有研究，研究到什么程度？通过对这些研究的梳理、综合和评述，为本课题的研究提供理论基础。

2. 现状与形势研究

当前全省中心工作是建设中原经济区，实现中原崛起、河南振兴。本课题组认为实施中原经济区战略、建设中原经济区，第一步是要弄清楚我们建设中原经济区的基础是什么？特色是什么？与国内发达经济区相比有哪些差距？具备哪些条件和优势？又有哪些不足和弱势？在国务院正式出台《国务院关于支持河南省加快建设中原经济区的指导意见》之后，为河南省建设中原经济区、实施中原经济区战略提供了哪些机遇？这些机遇都表现在哪些方面、分布在哪里？

3. 动力机制研究

在实施中原经济区战略大背景下，河南企业如何实现大发展、大进步分布在企业内外的动力源是什么？如何利用这些内外动力源？这些内外动力源如何发挥出来以促进河南企业的大发展、大进步？通过研究从内外部构建实施中原经济区战略、加快河南企业发展振兴的动力机制。

第五节　研究方法

一　文献研究法

实施中原经济区战略，从微观上要构建企业的发展或增长动力机制。如何构建？我们要在前人有关企业成长动力机制研究的基础上，结合当前建设中原经济区的内外部形势来设计。为此，要运用文献研究法对已有的研究进行梳理、总结和评述，如在企业成长动力源和内在机制方面都有哪些观点？这些研究的贡献和不足是什么？未来的研究方向是什么？如何结合一个区域的经济发展来寻找、构建企业成长的动力源和内在机制。

二　现状比较研究和形势预测分析方法

一个地区的经济发展水平是由该地区企业发展水平决定并反映的。中原经济区建设、河南经济的崛起，靠的是河南企业。建设中原经济区，要发挥国有、民营、外资等各类所有制企业的作用，要通过改革和完善企业产权结构，健全企业的法人治理结构，充分发挥职业经理人的专业技能。为此，要借鉴发达省份发展经济的经验，调整、改革、完善河南省各类所有制企业结构，改革、完善各类企业的产权结构，建立健全企业法人治理结构。为设计、确立河南省各类所有制企业的结构目标，改革、完善河南省企业的产权结构和法人治理结构，本书要运用比较分析方法，比较河南省企业与发达省份企业在所有制结构、企业产权结构、企业法人治理结构方面的情况，以确立企业下一步改革、完善的方向、目标。

另外，乘国务院出台支持河南省建设中原经济区的春风，河南企业未来发展会有哪些难得的机遇？这些机遇表现在哪里？本书要利用现代预测方法进行预测分析。

三　以理论分析和案例分析为主要方法，适当运用定量方法

实施中原经济战略大背景，并基于河南实际，本书要通过理论分析来寻找中原经济区建设背景下企业发展的动力源和内在机制。

在理论分析的基础上，要通过案例分析，验证理论分析的正确性，以指

导企业发展，推动、支持中原经济区建设。在此过程中，可能要适当运用一些定量分析方法，如数据统计分析法、相关分析法等。

第六节　研究思路与结构安排

一　研究思路

为了达到上述研究目的，回答上述问题，笔者提出的研究思路如下。

第一步：基于建设中原经济区大背景，通过对现实中河南企业发展动力机制运用情况的调研明确研究目的、研究内容、研究方法及框架（第一章）。

第二步：围绕研究目的和研究内容，收集相关文献并进行文献梳理、评述，在此基础上构建实施中原经济区战略背景下河南企业发展动力机制综合分析框架（第二章、第三章）。

第三步：中原经济区（以河南为例）企业发展水平、动力现状的研究和形势估计（第四章至第六章）。

第四步：基于第二步和第三步的工作，从企业内部和外部探讨中原经济区（以河南为例）企业发展的动力机制（第七章至第十三章）。

二　框架结构

基于具体研究内容和研究思路，本书结构安排如下。

首先是第一章，绪论。主要阐述研究背景、研究意义、研究目的和内容、研究思路和方法，以及本书的框架结构和创新之处。

其次是理论篇。第二章，与企业发展（成长）有关的理论回顾。回顾与企业发展相关的国内外企业成长理论观点，并评述前人在企业发展（成长）动力方面研究的不足，明确本书的研究重点。第三章，企业发展（成长）动力机制的综合模型或研究框架。在评述前人研究的基础上，结合对中原经济区企业发展动力机制的实际调研，尝试性地提出并论证了企业发展（成长）动力机制的一个新的研究框架或系统模型。

再次是现状和机遇篇。

第四章，建设中原经济区背景下河南企业发展现状（水平表现）调研。主要基于河南经济发展的统计年鉴，考察了河南企业发展的现状或水平，这是研究河南企业进一步发展的基础。

第五章，建设中原经济区背景下河南企业发展动力状况调研。主要基于河南企业发展的官方统计数据，调查分析了建设中原经济区背景下河南企业发展动力状况。这为设计建设中原经济区背景下河南企业发展动力机制提供了前提。

第六章，建设中原经济区背景下河南企业发展机会和存在的问题调研。本章主要研究建设中原经济区背景下河南企业发展机会和存在的问题，这为设计建设中原经济区背景下河南企业发展动力机制提供了依据。

最后是企业发展动力机制篇。

第七章，产权动力与企业产权动力机制设计。主要探讨企业产权能力与企业成长的关系，以及在中原经济区建设背景下如何构建企业的产权动力结构和机制。

第八章，企业家动力与企业家激励机制构建。主要探讨企业家和员工与企业发展的关系，以及如何在中原经济区建设背景下构建企业家和员工激励机制。

第九章，技术动力与企业技术创新机制构建。主要分析技术与企业成长的关系，以及如何在中原经济区建设背景下构建企业技术进步和创新机制。

第十章，文化动力与企业文化创新。主要分析企业文化与企业成长的关系，以及如何在中原经济区建设背景下创新企业文化。

第十一章，能力动力与企业核心竞争能力构建机制。主要探讨企业组织能力与企业成长的关系、在中原经济区建设背景下建设哪些企业组织能力以及如何建设这些能力。

第十二章，学习动力与企业动态学习机制构建。主要思考学习与企业成长的关系，以及如何在中原经济区建设背景下构建企业动态学习机制。

第十三章，外部动力机制构建引领企业发展。主要包括国内市场需求的培育或国际市场开发，建设平等、公平的竞争市场环境，包括鼓励创新和知识产权保护等，政府政策支持与引导，包括构建人力资源高地、健全金融服务体系、健全并发挥中介机构的服务作用等。

第七节 主要创新点

本书主要创新点体现在：尝试系统探索和构建在建设中原经济区这个大

背景下企业发展的动力源和动力机制。

第一，从内部视角探索和构建企业发展的动力源和动力机制，具体从产权动力、技术动力、人员动力、文化动力、核心能力和动态学习等方面进行分析。

第二，从企业发展的外部视角来探索和构建企业发展的动力机制，具体包括市场需求培育开发、建设平等和公平的竞争市场环境、政府政策支持与引导等方面。

理论篇

第二章
与企业发展（成长）有关的理论回顾

毋庸置疑，现代社会经济生活中最为重要的组织是企业，美国制度主义先驱凡勃伦在《企业论》中开篇就指出，“今天是企业的时代，现代文明的物质基础是工业体系，而使它活跃起来的主导力量是企业”。可以说，企业兴则国兴，企业强则国强，企业衰则国衰。企业是否健康、快速、持续成长是一个国家或地区经济建设成败的最基本因素。实施中原经济区发展战略，从一定意义上来说，载体是企业，根本任务在于搞好企业。如何搞好企业？我们认为，关键在于找到建设中原经济区企业健康成长的动力源泉，并设计出企业成长的动力机制。然而，长期以来企业成长理论却一直徘徊于主流经济学之外，有关企业成长发展的动力机制并未被系统揭示出来。为了全面、系统揭示企业成长（发展）的动力机制，首先应该对迄今为止有关企业成长的理论进行系统梳理，以便在此基础上进一步研究企业成长的动力源泉和动力机制。下面将按历史的逻辑顺序并从国内外两个方面综述企业发展（成长）的有关理论观点。

第一节　国外学者的研究

一　企业成长的古典和新古典经济学观点

1. 企业成长的古典经济学观点

古典经济学虽然没有专门且明确地探讨企业成长问题，但早期学者的讨论却为之后企业成长理论的孕育和萌芽提供了丰富的思想养料。古典经济学的最大特点在于：坚持用分工、劳动生产率的提高来解释企业成长。这一时期的成长理论，主要以亚当·斯密、查里斯·巴比吉、约翰·斯图亚特·穆勒、马克思以及马歇尔、斯蒂格勒等人的思想为代表。

最早著述企业成长思想的是英国古典政治经济学的开创者亚当·斯密。他的传世巨著《国民财富的性质和原因的研究》虽意在剖析国富增长之源，但其论述的许多内容却涉及企业成长问题，在客观上间接探究了企业成长的源泉问题，成为企业成长分析思想的最古老源头。在《国富论》一书中，斯密以著名的针织工厂为例，阐述了“劳动生产力上最大的增进，以及运用劳动时所表现的更大的熟练技巧和判断力，似乎都是分工的结果”。按照斯密的论证逻辑，他认为，出于自利之心，人类具有一种喜欢“互通有无”的交换倾向。交换导致了分工的产生，分工协作和专业化带来的报酬递增，通过市场这只“看不见的手”的作用，在使企业的形成以及扩张成为可能的同时，也带来国民财富的增长。因此，单个企业的成长是与分工协作的程度正相关的。当然，斯密并不认为分工可以无限扩展。在他看来，分工的程度要受到市场规模的限制，市场对某种产品的需求足够大时，中间产品才可能被分离出来。

斯密以分工能带来效率和规模经济来理解企业成长问题。他指出，企业存在的理由是为了获取规模经济的利益。分工能产生更高的效率，因此单个企业的成长与分工的程度正相关。而他又指出分工由外部市场容量所决定。企业成长的度量指标可用雇佣人数和分工程度来表示，企业成长的推动因素是分工，市场容量决定了分工程度，进而决定企业成长的空间大小。

斯密以后，马歇尔引入外部经济、企业家生命有限性和居于垄断的企业难以避免竞争性这三个因素来分析企业成长。马歇尔认为，由于企业规模的扩大会导致灵活性的下降，从而导致竞争力下降，成长的负面效应最终会超过正面效应，使企业失去成长势头。更重要的是，随着企业的成长，企业家的精力和寿命均会对企业成长形成制约，而且新企业和年轻企业家的进入，会对原有企业的垄断地位形成挑战，从而制约了行业垄断的维持。

企业的成长取决于企业的外部经济和内部经济。外部经济给企业提供了成长的市场空间，内部良好的管理给企业带来了超额利润。企业家是影响企业成长的决定因素。马歇尔的理论是熊彼特、潘罗斯演化理论的思想渊源。

2. 企业成长的新古典经济学观点

新古典经济学为了分析并建立一般均衡理论，把所有的厂商都视为一个生产函数，作为一般均衡理论的一个组件，企业内部的复杂安排均被抽象掉。在那里，将企业成长直接等同于企业调整产量达到最优规模水平、实现利润最大化目标的过程，“或者说是从非最优规模走向最优规模的过程”，其成长理论的本质可概括为“企业最优规模调整论”。企业在市场中成长为基于利润最大化目标的最优规模调整。因此，新古典经济学把企业成长的原因解释为对规模经济（以及范围经济）的追求，企业成长就是企业调整产量达到最优规模水平的过程，或者说是从非最优规模走向最优规模的过程。而且这个过程是在利润最大化目标和其他所有约束条件已知的情况下根据最优化规则被动选择的，没有任何主动性的余地。

总之，新古典经济学理论把所有的厂商看成原子型企业，企业的成长局限于最优规模。新古典经济学对企业成长研究的侧重点是企业成长的外部市场均衡，以及企业在竞争中追求最大利润的行为。这一时期所谓的企业成长，是基于企业利润、销售额的规模增长，缺陷是未涉及企业内部的要素配置与结构变化对企业成长的作用或影响。这种理论无法解释企业成长的真正动力源。

二　企业成长的新制度经济学理论或交易费用学说

新制度经济学理论或交易费用经济学是现代经济学最前沿的研究方向之一。尽管这一学说几乎没有正面提到过企业成长的概念，但是其理论视野却论及企业成长的一些基本问题，如企业边界问题和纵向一体化问题等。

1. 科斯的现代企业理论

科斯等人创立了产权（交易费用）经济学，认为企业和市场都是社会资源的配置方式，企业之所以存在是因为市场机制这种资源配置方式是会发生费用（即市场交易成本）的，企业是市场的替代形式。企业扩张的动力是为了减少交易费用。当市场交易费用的节约与企业内交易费用的上升相等时，企业规模的扩大就停止，企业与市场的边界就确定了。关于企业成长的上限，科斯认为，按照生产的边际交易费用等于企业的边际组织费用来决定企业的边界是最优的。如果市场的边际交易费用大于企业的边际组织费用，新增的这项生产活动就应当内化在企业中，因此企业应该成长扩大，反之则应该缩小。

科斯注意到在现实中市场价格机制的运作是有摩擦和成本的，市场价格机制的交易费用大于零；而“企业的最显著特征就是作为价格机制的替代物”，其赢利来源于替代市场价格制度而节约的交易费用。科斯写道：“在企业之外，价格变动指导生产，而生产由市场上的一系列交易来协调”，“在企业之内，消除了这些市场交易，取代充斥交易的复杂市场结构的是企业家——也就是指导生产的协调者”。“通过建立一个组织并承认某种权威来指挥企业组织各种生产，会节省某些市场成本”，“当企业家组织额外的交易时，企业的规模就会扩大。反之，当企业家放弃组织这些交易时，企业的规模就会缩小”。此外，生产要素价格的下降、交易的异质性和空间分布的增加、管理技术的改进等因素都会导致企业规模的扩张。换句话说，只要交易费用的节约存在，企业的规模就会扩张直到企业内部组织一笔额外交易的成本等同于通过在公开市场上完成同一笔交易的成本或在另一个企业组织同样交易的成本为止，企业成长的动力在于交易费用的节约。

现代企业理论对深入考察企业的本质、起源与边界等问题作出了历史性的贡献，然而将企业仅仅作为一个交易组织来处理，忽视其生产性的一面，对于揭示企业成长的动力也是不足的。

2. 威廉姆森对企业最优规模的讨论

威廉姆森继承了科斯开创的“交易费用”分析视角，从“资产专用性”、“不确定性”和“交易频率”三个分析交易属性的维度来解释交易费用的起源进而分析企业的规模与边界。威廉姆森认为，市场和企业都存在费用，市场里有交易费用，企业里有管理（生产）费用。一项交易到底是由市场组织好还是由科层组织好要取决于这项交易的生产成本和交易费用的比较。基于此，威廉姆森发展出一个基于比较静态分析企业最优规模边界的实用模型。他认为，不论是生产费用与管理费用，还是规模经济与范围经济，都是资产专用性的函数，因此企业的最优规模一定可以用资产专用性表示出来：当最优资产专用性程度很低时，资产倾向于通用化，企业市场外购具有收益优势；当最优资产专用性程度很高时，来自于高度资产专用性的风险使得企业内部生产更具优势；当最优资产专用性水平中等时，外购与内制的成本差很小时，容易出现混合治理。同时，他还指出，企业并不会因为相对于市场在生产成本方面总是处于劣势而实行纵向一体化，大企业会由于较易获得内部规模经济而比小企业更多地实行纵向一体化；事业部制的企业会因为比单一制的企业更能减少官僚成本而更强烈地倾向于一体化。简而言之，在威廉姆森那里，企业边界扩张与否以及最优规模的选择是以最大限度节约成本为最根本准则的。

3. 派生于交易费用逻辑的其他企业成长观

迈克尔·迪屈奇是继威廉姆森之后交易费用学派的重要发展者。他认为，交易费用分析在具有理论优势的同时，也存在着忽略管理机构的效益、排斥企业权威特征以及囿于成本的比较静态分析等缺陷，他主张限定交易费用经济学的适用范围并从动态视角分析管理机构的相关问题。在《交易成本经济学——关于公司的新的经济意义》一书中，迪屈奇指出，单纯的交易费用分析不能很好地解释纵向一体化与相关的多元化经营以及跨国公司与非相关的多元化经营等问题，因为即便在市场交易费用高于企业生产管理费用的情况下，企业也很可能出于对不同“效益”目标的考虑而舍弃内部生产代之以市场购买。因此，他主张采用一种把“效益”考虑进来，即要具有成本—效益观点来考察独立经济单位间“半结合”的网络化关系等通常所谓的企业界限问题才是可行的。

阿尔奇安和德姆塞茨是从“团队生产”角度看待企业及企业成长问题的。他们认为，团队生产既能使生产力有净增长又会引发监督成本，如果“扣除维持团队纪律的有关的考核成本后仍有净利，那么就应该依靠团队生产，而不依靠许多分离的个体产出的双边贸易”。而企业的界限也就划定在团队联合生产相对于非联合生产的产出“溢出”部分与组织、管理以及监督团队所耗费用总额的比较之上。这一思想得到了格罗斯曼、哈特等人的继承，并从契约的不完全性给予发展。他们认为，纵向一体化发生与否，取决于一体化节约的市场交易费用和带来的合并费用之间的比较；而纵向一体化的程度则要取决于一方或另一方当事人控制专用性资产的程度；当然，这里的物质资产专用性和人力资产专用性对于纵向一体化具有不同的意义。

三　企业成长的企业家（经营管理者）理论

1. 钱德勒的企业成长理论

钱德勒是第一个集中研究工商管理（企业经营管理者）作用的管理学家和著名企业史专家，他的主要观点集中体现在他的三部经典著作《战略与结构：美国工商企业成长的若干篇章》《看得见的手——美国企业的管理革命》与《企业规模经济与范围经济——工业资本主义的原动力》之中。

在钱德勒看来，现代工商企业的成长是适应技术革新和市场扩大形势而在管理结构方面出现的反应。伴随企业成长的是一只“看得见的手”，即由经理阶层和相应的组织结构组成的企业管理协调机制。“高效率管理协调是其生命力之源”，“现代工商企业的成熟过程，就是市场内部化的过程，是管理的有形之手取代市场的无形之手的过程”。

钱德勒通过对现代工商企业成长路径的经验研究，发现管理层级制是现代工商企业的一个显著特征。从历史上看，现代企业曾先后采用过三种内部管理层级制：第一种是以权力集中为特征的功能垂直型结构，简称 U 形结构。U 形结构兼容了美国铁路公司的高层管理模式和家族式企业的中层管理方法。第二种是以企业总部和分支公司之间的分权为特征的多部门结构，即 M 形结构，又称事业部制。M 形结构被钱德勒当成对于成长的一个反应，特别是对于现代公司多样化经营的一个反应。第三种是控股公司结构，简称 H 形结构，是现代企业成长中又一次重要的组织制度创新。

在钱德勒看来，真正的企业成长是现代工商企业出现之后的事情，而现代工商企业的出现是与两项重大的企业制度变迁相联系的。一是所有权与管理权的分离；二是企业内部层级制管理结构的形成和发展。管理层级制一旦形成并有效地实现了它的协调功能后，层级制本身也就变成了持久性、权力和持续成长的源泉。①

2. 德鲁克、Sautet 等人的企业成长的企业家理论

对于企业成长问题，管理学泰斗德鲁克认为，企业成长与员工成长是一致的，企业成长程度完全受其员工成长程度的限制，特别是那些作为企业成长控制性因素的中高级管理层。因此，企业中高级管理层的思维、知识、能力和创新精神将决定一个企业成长的速度和方向。持类似见解的还有 Sautet 等人。Sautet 等人认为，企业的独特本质并不依赖于科斯所分析的外生意义的交易成本的存在，而是一个服务于内生性的企业家目标。因而企业的成长应该从企业家及其能力的角度来进行分析。企业家的能力其实是一种能力束，它包括创新能力、领导能力、组织能力等。企业家能力对企业成长的作用机制主要体现为“杠杆效应”和“整合效应”。前者指企业家能力对于企业其他层次能力具有杠杆放大效用；后者指企业家能力对企业内外部各种资

① 〔美〕小艾尔弗雷德·D. 钱德勒：《看得见的手——美国企业的管理革命》，重武译，商务印书馆，2004。

源的整合以最大限度发挥企业内外部各种资源的作用。企业家能力的“杠杆效应”和“整合效应”都是通过公司创业来实现的。据此，企业成长的动因源自企业家不断创业的动机和倾向，企业成长的条件是企业家精神要素的丰富和实践，企业成长的路径深深地打上了企业家个性特征的“烙印”，富有企业家精神的企业家会选择“基业长青”作为企业成长的终极目标。因此，企业家的创业精神和动机是企业成长的动力源，其特征与属性将深深影响企业成长的路径。

四　企业成长的创新理论

1. 创新大师熊彼特的企业成长观：一个创造性毁灭的过程

熊彼特是第一个系统地从创新视角分析企业成长逻辑的学者。他认为，无论经济的发展还是企业的成长都是一种非连续性的、突发的、迅猛的“创造性毁灭”的动态过程，并非以很小的、缓慢的幅度变化，只有“创新”才是经济发展的根本动力；创新“就是把生产要素和生产条件的新组合引入生产体系”，即“建立一种新的生产函数”，其目的是获取潜在的利润，实现企业的持续成长。

熊彼特指出，“企业家就是创新者”。他认为“企业家”应是与发明家、技术人员和资本家相区别的，具有眼光、胆略、能力和先见之明的，能够实现“生产要素新组合”的人们。“他们在各方面都必须是出色的”，“有时候他们应当是同时具备多重人格的社会领导者，甚至必须是超凡的天才”，企业成长就是一个以企业家出现及其创新为源泉的、类似“创造性毁灭”的动态非连续过程。更深入地，熊彼特区分了五种类型的创新并指出，企业成长在本质上是企业家发现市场获利机会并通过生产性活动和资源的重新组合获取潜在利润的过程，当企业家实现利润最大化时，创新行为就会停止直到下一个获利机会的发现。企业家是稀缺的，但也是非永恒的：只有在“生产要素新组合”的特定阶段，“企业家”才是真正意义上的企业家；一旦创新活动公开化，其他企业无成本的模仿将使创新性利润迅速消失，企业经营停滞不前，曾经的“企业家”也就“沦落”为普通的管理者了。因此，任何人都不能垄断企业家的职业，企业想实现持续的创新与成长是相当困难的。

熊彼特认为，企业家的创新精神和实施创新的能力作为企业的关键性要素是非竞争性的，是企业存在和发展的重要力量。创新之所以重要，是因为创新将会导致企业的生产函数的变化。熊彼特的创新概念其实就是对于新生产函数的设定。他指出，经济发展在本质上是企业家发现市场获利机会，并通过资源的重新组合实现利润的过程。利润是企业家才能和创新性活动的回报，资本家获得的只是承担风险的利息。

需要指出的是，创新活动在企业成长中固然重要，但一旦企业创新性活动公开化，其他企业就会低成本或无成本地模仿而使创新性利润迅速消失。另外，熊彼特对市场、技术以及外部规制对企业家创新的制约分析得不够。

2. 当代著名管理学家德鲁克的企业创新精神、创新行为理论

激烈的竞争、瞬息万变的市场和技术已经让人们对此深信不疑——创新的重要性。但关键问题是，该如何进行创新呢？当代著名管理学家德鲁克认为，创新是每位高层管理者的职责，它始于有意识地寻找机遇。德鲁克在其经典之作《创新与企业家精神》中，首次将实践创新与企业家精神视为所有企业和机构有组织、有目的、系统化的工作。

德鲁克对创新与企业家精神的研究始于20世纪50年代中期。经过30余年的研究和实践，他于1985年出版了《创新与企业家精神》。在该书中，德鲁克回到了萨伊对企业家的定义，同时又发展了熊彼特的理论。他用了整整一章的篇幅来定义企业家和企业家精神。在德鲁克看来，“企业家”（或“企业家精神”）就是：①大幅度提高资源的产出；②创造出新颖而与众不同的东西，改变价值；③开创了新市场和新顾客群；④视变化为常态，他们总是寻找变化，对它做出反应，并将它视为机遇而加以利用。在德鲁克眼中，“企业家”（或“企业家精神”）的本质就是有目的、有组织的系统创新。而创新就是改变资源的产出；就是通过改变产品和服务，为客户提供价值和满意度。所以，仅仅创办企业是不够的。一个人开了一家餐馆，虽然他冒了一点风险，也不能算是企业家，因为他既没有创造出一种新的满足，也没有创造出新的消费诉求。同样在餐饮业，麦当劳的创始人雷·克罗克却是杰出的企业家，因为他让汉堡包这一在西方很普遍的产品通过连锁的方式进行标准化生产，大大提高了资源的产出，增加了新的消费需求，影响了人们的生活。德鲁克同时也告诉我们“企业家”（或企业家精神）与什么无关：①企业家（或企业家精神）与企业的规模和性质无关。无论是大企业还是小企业，无论是私人企业还是公共部门（包括政府部门），无论是高科技企业还是非科技企业，都可以有企业家，也可以具备企业家精神。②企业家（或企业家精神）与所有权无关。无论是企业所有者、职业经理人，还是一

个普通职员，都可以成为企业家，并具备企业家精神。③企业家与人格特性无关，他们不是“专注于冒险”，而是“专注于机遇”。在书中，德鲁克用他惯用的辛辣讽刺口吻说：“企业家精神之所以具有‘风险’，主要是因为在所谓的企业家中，只有少数几个人知道他们在做些什么。大多数人缺乏方法论，违背了基本且众所周知的法则。”

五　企业成长的战略管理理论

以贝恩为代表的哈佛学派提出了著名的“结构—行为—绩效”范式，认为企业成长是外生性的，其绩效完全取决于所在行业的市场结构。著名战略管理学家迈克尔·波特继承了哈佛学派的结构主义思路并将其运用到企业竞争战略分析上来，提出企业竞争优势来源于在有吸引力的产业里的有利的竞争地位——当企业选择潜在利润率高的产业时就可以获得较高的投资报酬率；即使在获利水平不理想的产业中，如果占领较好的竞争位置，仍能获得较高的投资回报。他还提出影响产业吸引力的“五力模型”，并认为企业的潜在成长性与扩张路径就取决于企业自身对这五种力量的把握，其基本逻辑可简单归纳为：产业分析—发现市场机会—产业选择—市场竞争战略—建立市场位势—企业成长。

六　企业成长的资源基础理论包括企业能力、知识理论

1. 企业成长的资源基础理论

彭若斯（Penrose，1959）出版了《企业成长理论》。她是企业内生成长的先驱，希望从企业内部寻找推动或限制企业成长速度的因素。她将企业定义为“基于管理框架下的资源集合体”，从资源角度研究企业成长问题，认为企业内部资源与企业成长有着密切的因果关系。她认为，企业成长是企业内部能力增长对企业边界扩张的一种内生需求。通过企业规模扩大或边界扩张，企业内部资源所产生和积累的生产性服务可以得到充分利用。因此，企业成长（包括成长为企业集团、跨国公司）是企业的一种内生行为。

企业成长通常表现为企业规模的扩张，如人员的扩容、固定资产的增加、产品种类或业务的增多以及市场范围的扩大等。这种规模的扩张往往会受到企业管理框架即管理能力以及资源的限制。

通过一定的管理框架，企业各阶层的管理人员都可以在该管理框架包括现存政策提供的范围及现有资源条件内执行管理和监督的职能，从而内生出

企业的管理能力。某个时期，企业管理能力通常存在一个最大的阈值，从而决定了企业的规模边界。当企业规模未超出管理能力的最大阈值时，未被使用的管理能力为企业成长提供了资源基础。在市场机会允许时，未使用管理能力的运用推动了企业的成长，管理能力与企业成长表现为一种正向因果关系；反之，则导致企业运营效率受到损害。因此，在某个阶段，企业管理能力的供给表现出一定的刚性。各种资源（物质资料和人力资源）所产生的生产性服务对企业成长的作用类似于管理框架的作用机制。企业管理框架和资源共同构成了企业的内部能力。企业管理能力和生产性服务的阈值之和构成企业内部能力的阈值范围，决定企业运行的效率边界和企业成长的规模边界。企业内部能力与企业成长之间的关系如图 2-1 所示。

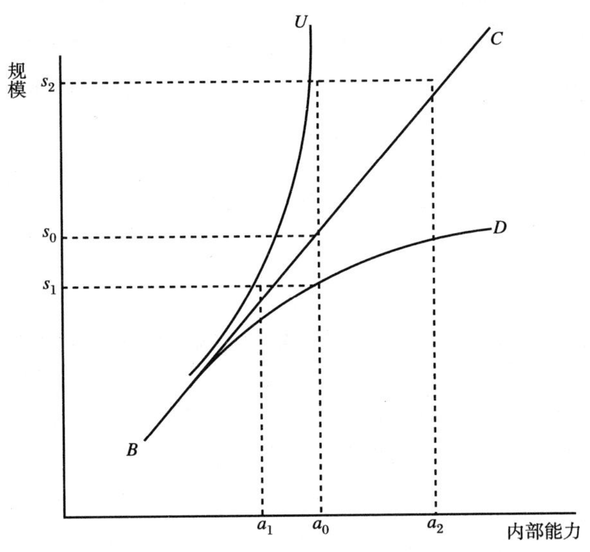

图 2-1　企业内部能力与企业成长的关系

资料来源：参见代吉林、朱仁宏《从企业成长理论看政府驱动型国企集团内生性缺陷》，《经济管理》2008 年第 15 期。

图 2-1 中，*BC*、*BU*、*BD* 均为企业内部能力和企业成长之间的关系曲线。其中，*BC* 为企业内部能力最大阈值与企业成长规模之间的关系；*BU* 为企业成长规模超过能力最大阈值时的情况；*BD* 为企业成长规模低于能力最大阈值时的情况。

（1）在某一时期，企业的内部能力最大阈值为 a_0，对应的最大规模边

界为 s_0。此时，企业实现内部能力和规模之间达到帕累托最优状态。

（2）受市场机会的影响，企业在此时期并未达到最优规模，规模仅为 s_1。这时，企业未使用的内部能力为（a_0-a_1），未来最佳成长空间为（s_0-s_1），企业内部能力虽然出现闲置，但企业运行效率没有受到损害。

（3）受某种因素影响（如人为因素），企业在此时期的规模超过最优规模。这时，企业内部能力已无法满足扩大规模的需要，供给缺口位为（a_2-a_0）。内部能力供给不足的直接后果是规模扩张下的管理控制效率的下降，形成企业管理上的内生性缺陷。

2. 企业成长的企业能力论

普拉哈拉德和哈默认为企业内部的“积累性学识”是企业核心竞争力的真正来源。核心能力来自组织内的集体学习，来自经验、规范和价值观的传递，来自组织成员的共同参与。在动态变化的环境中，企业的能力尤其是核心能力由于自身的特性，如发展中的路径依赖性、自身结构的惰性和利益承诺，决定着企业能力发展具有强烈的惯性或刚性（Schreyogg，G. & Kliesch-Eberl，M.，2007）。由于能力的刚性使企业难以适应外部环境的动态变化，面对此问题，Teece 等人提出了动态能力的概念。动态能力理论认为，企业的长期持续成长不是靠某一个核心能力，而是整个组织动态能力作用的结果。企业的成长路径是构建能适应环境变化并与组织路径和现有资产相契合的流程和惯例，以促进企业持续成长。

3. 企业成长的企业知识论

温特（Winter etc.，2002）认为，企业独特的知识如共同的价值观念、行为方式、秩序、习惯、战略和技术等这些默会知识构成了企业成长的长期竞争优势的基础，决定着企业成长和边界。格兰特（Grant，1996）探究了决定企业配置、开发和保护资源能力的背后要素，认为隐藏在能力背后并决定企业能力的是企业所掌握的知识。由于企业内在的知识，尤其是一些默会知识难以被竞争对手模仿，所以，由企业当前的知识存量所形成的知识结构决定了企业以后利用各种资源和发现发展机会的方法，促进了企业持续成长。企业成长过程是一个动态的生产性知识积累和创新过程。企业成长的基本条件是优化的企业知识状态体系，因而企业的成长路径是增加企业知识存量、优化企业知识结构等。

七　企业成长的动态学习理论

企业核心能力是企业竞争优势的来源，这是企业能力理论的基本观点和结论。前面指出在动态变化的环境中，企业的能力尤其是核心能力，由于自身的特性，如发展中的路径依赖性、自身结构的惰性和利益承诺，决定着企业能力发展中具有强烈的惯性或刚性（Schreyogg，G. & Kliesch-Eberl，M.，2007）。由于企业能力的刚性使企业难以适应外部环境的动态变化，为了持续发展，企业必须改变企业的能力刚性，使企业的能力适应外部动态环境的变化。如何改变企业能力刚性，促进企业能力随着环境动态变化而变化呢？企业知识理论告诉我们，能力背后的决定因素是知识。改变能力就是要改变知识。知识如何改变呢？只有通过学习。组织动态学习才是企业在动态变化的环境中实现持续成长的基本路径（Spender，J. C.，1996）。[①]

八　企业成长的环境理论

亚当·斯密在《国富论》中指出，企业成长与企业内部的劳动分工相关，但这种关系或劳动分工的程度受外部市场大小或范围的影响。这实质上是说市场需求大小决定分工，从而决定企业成长，这深含着市场需求是企业发展的拉动力量。在新古典经济学和现代营销学中，市场不仅决定产品供给的量，而且还决定着产品的性能、价格和质量。所以，市场是企业成长要考虑的重大要素。

波特的竞争理论告诉我们，企业所处的产业结构，即产业内五种基本竞争力量的竞争程度是企业选择竞争战略的重要影响因素。企业所获得的收益，一方面取决于所在产业的吸引力或潜在赢利能力；另一方面取决于企业在产业中的竞争地位。企业要获取较好的收益，除了自身努力外，还有赖于企业所选择的行业的竞争结构和竞争程度。这说明，产业竞争是企业赢利或成长的重要决定因素。企业在竞争中，一方面，面临竞争压力和威胁；另一方面，同行的竞争压力也促使企业改进经营管理和进行技术创新，以提高效率和产品对顾客的价值。这样，竞争压力成了企业发展的驱动力。

美国哈佛商学院的迈克尔·波特（Michael Poter）于1990年出版了《国家竞争优势》一书，在书中他提出了“国家竞争优势”理论，即一个著名的决定国家竞争优势的钻石模型，它表明一个国家的产业和企业在国际市场上的竞争力由四种要素决定：①一国生产要素，生产要素包括人力资源、

① Spender，J. C.，1996，“Making Knowledge the Basis of Dynamic Theory of the Firm”，*Strategic Management Journal*，17：45－62.

天然资源、知识资源、资本资源、基础设施等。②需求条件，主要是本国市场需求的大小和特征。③相关产业和支持产业的表现——这些产业和相关上游是否有国际竞争力。④企业的战略、结构、竞争激烈程度。波特认为，这四个要素具有双向作用，形成钻石体系（见图 2－2）。

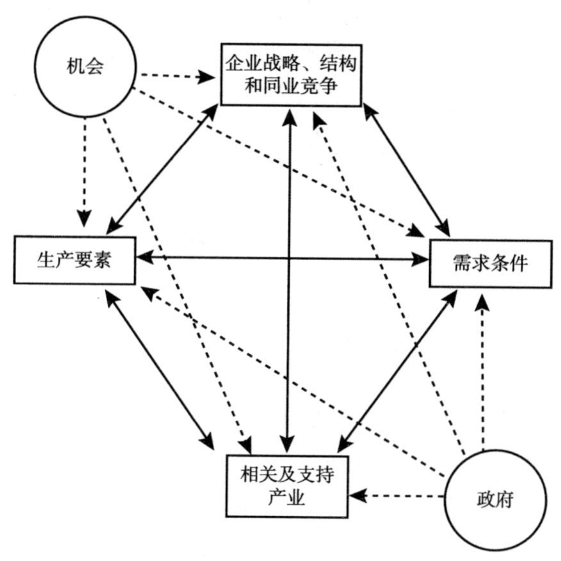

图 2－2　波特的决定国家竞争优势的钻石模型

在四大要素之外还存在两大因素：政府与机会。机会是无法控制的，政府政策的影响是不可漠视的。

1. 一国的生产要素条件

波特将生产要素划分为初级生产要素和高级生产要素。初级生产要素是指天然资源、气候、地理位置、非技术工人、资金等；高级生产要素则是指现代通信、信息、交通等基础设施，受过高等教育的人力、研究机构等。波特认为，初级生产要素的重要性越来越低，因为对它的需求在减少，而跨国公司可以通过全球的市场网络来取得（当然初级生产要素对农业和以天然产品为主的产业还是非常重要的）。高级生产要素对获得竞争优势具有不容置疑的重要性。高级生产要素需要先在人力和资本上大量和持续地投资。高级生产要素很难从外部获得，必须自己来投资创造。从另一个角度，生产要素被分为一般生产要素和专业生产要素。高级专业人才、专业研究机构、专用的软件、硬件设施等被归入专业生产要素。越是精致的产业越需要专业生产要素，而拥有专业生产要素的企业也会产生更加精致的竞争优势。一个国家如果想通过生产要素建立起产业强大而又持久的优势，就必须发展高级生产要素和专业生产要素，这两类生产要素的可获得性与精致程度也决定了竞争优势的质量。如果国家把竞争优势建立在初级生产要素与一般生产要素的基础上，通常是不稳定的。波特同时指出：在实际竞争中，一方面，丰富的资源或廉价的成本因素往往造成没有效率的资源配置；另一方面，人工短缺、资源不足、地理气候条件恶劣等不利因素，反而会形成一股刺激产业创新的压力，促进企业竞争优势的持久升级。一个国家的竞争优势其实可以从不利的生产要素中形成。根据推测，资源丰富和劳动力便宜的国家应该发展劳动力密集的产业，但是这类产业对大幅度提高国民收入不会有大的突破，同时仅仅依赖初级生产要素是无法获得全球竞争力的。

2. 一国国内需求条件

一国的国内需求市场是产业发展的动力。国内市场与国际市场的不同之处在于，企业可以及时发现国内市场的客户需求，这是国外竞争对手所不及的，因此波特认为全球性的竞争并没有减少国内市场的重要性。波特指出，本地客户的本质非常重要，特别是内行而挑剔的客户。假如本地客户对产品、服务的要求或挑剔程度在国际上数一数二，就会激发出该国企业的竞争优势。这个道理很简单，如果能满足最难缠的顾客，其他的客户要求就不在话下。如日本消费者在汽车消费上的挑剔是全球出名的，欧洲严格的环保要求也使许多欧洲公司的汽车环保性能、节能性能达到全球一流水平。美国人大大咧咧的消费作风惯坏了汽车工业，致使美国汽车工业在石油危机的打击面前久久缓不过神来。此外，预期性需求是很重要的。如果本地的顾客需求领先于其他国家，这也可以成为本地企业的一种优势，因为先进的产品需要前卫的需求来支持。德国高速公路没有限速，当地汽车工业就非常卖力地满足驾驶人对高速的狂热追求，而超过 200 公里乃至 300 公里的时速在其他国家毫无实际意义。有时国家政策会影响预期性需求，如汽车的环保和安全法规、节能法规、税费政策等。

3. 相关产业和支持产业的表现

对形成国家竞争优势而言，相关和支持性产业与优势产业是一种休戚与共的关系。波特的研究提醒人们注意“产业集群”这种现象，就是一个优势产业不是单独存在的，它一定是同国内相关强势产业一同崛起。以德国印刷机行业为例，德国印刷机雄霸全球，离不开德国造纸业、油墨业、制版业、机械制造业的强势。美国、德国、日本汽车工业的竞争优势也离不开钢铁、机械、化工、零部件等行业的支持。有的经济学家指出，发展中国家往往采用集中资源配置，优先发展某一产业的政策，孤军深入的结果就是牺牲了其他行业，钟爱的产业也无法一枝独秀。本国供应商是产业创新和升级过程中不可缺少的一环，这也是它最大的优点所在，因为产业要形成竞争优势，就不能缺少世界一流的供应商，也不能缺少上下游产业的密切合作关系。另外，有竞争力的本国产业通常会带动相关产业的竞争力。波特指出，即使下游产业不在国际上竞争，但只要上游供应商具有国际竞争优势，其对整个产业的影响仍然是正面的。

4. 企业的战略、结构、同业竞争激烈程度

波特指出，推进企业走向国际化竞争的动力很重要。这种动力可能来自国际需求的拉力，也可能来自本地竞争者的压力或市场的推力。创造与持续产业竞争优势的最大关联因素是国内市场强有力的竞争对手。波特认为，这一点与许多传统的观念相矛盾。例如，一般认为，国内竞争太激烈，资源会过度消耗，妨碍规模经济的建立；最佳的国内市场状态是有两到三家企业独大，用规模经济和外商抗衡，并促进内部运作的效率化；还有的观念认为，国际型产业并不需要国内市场的对手。波特指出，在其研究的十个国家中，强有力的国内竞争对手普遍存在于具有国际竞争力的产业中。在国际竞争中，成功的产业必然先经过国内市场的搏斗，迫使其进行改进和创新，海外市场则是竞争力的延伸。而在政府的保护和补贴下，放眼国内没有竞争对手的“超级明星企业”通常并不具有国际竞争能力。

5. 机会

机会是可遇而不可求的，机会可以影响四大要素发生变化。波特指出，对企业发展而言，形成机会的可能情况大致有几种：基础科技的发明创造；传统技术出现断层；外因导致生产成本突然提高（如石油危机）；金融市场的重大变化；市场需求的剧增；政府的重大决策；战争。机会其实是双向的，它往往在新的竞争者获得优势的同时，使原有的竞争者优势丧失，只有能满足新需求的厂商才能有发展“机遇”。

6. 政府因素

波特指出，从事产业竞争的是企业，而非政府，竞争优势的创造最终必然要反映到企业上。即使拥有最优秀的公务员，也无从决定应该发展哪项产业，以及如何达到最适当的竞争优势。政府能做的只是提供企业所需要的资源，创造产业发展的环境。政府只有扮演好自己的角色，才能成为扩大钻石体系的力量，政府可以创造新的机会和压力，政府直接投入的应该是企业无法行动的领域，也就是外部成本，如发展基础设施、开放资本渠道、培养信息整合能力等。

从政府对四大要素的影响看，政府对需求的影响主要是政府采购，但是政府采购必须有严格的标准，扮演挑剔型的顾客（在美国，汽车安全法规就是从政府采购开始的）；采购程序要有利于竞争和创新。政府在产业发展中最重要的角色莫过于保证国内市场处于活泼的竞争状态，制定竞争规范，避免垄断状态。

第二节　国内学者的研究

国内学者对企业成长的研究，在理论上鲜有原创性观点，大多是在国外学者研究的基础上进行一些扩展性、应用性研究，或在国外理论的基础上结合中国企业的实践进行了实证研究。

一　制度和能力两个维度对企业成长的作用分析

陈凌、曹正汉等（2007）基于若干民营企业成长的案例研究，从制度与能力两个维度对中国民营企业成长与发展进行了考察。他们认为，制度环境决定中国民营企业的生存空间和总体表现，而企业的组织能力，尤其是企业家团队的经营能力和管理水平决定了个体企业的成功。他们的研究方法和策略是，挑选几个比较成功的典型民营企业，把它们迄今为止的成长历史尽可能详细地记录下来，然后分析这些成功经历的背后是否具有什么共同的东西。他们经过研究发现：一是企业外部的制度环境，要么对企业的发展产生了某种障碍，要么提供了某种机遇。克服了制度障碍或利用了制度提供的机会，企业便得到了发展。二是因市场、企业的生产规模或生产技术等因素的变化带来的成长问题。企业解决这些问题的关键是企业组织能力的建设和运用，包括市场经营能力、生产管理能力、技术创新和产品开发能力等。

二　企业家精神和企业家能力对企业成长的作用分析

旷锦云、程启智（2010）在《经济问题探索》第10期论述了企业精神与企业可持续发展的关系，指出企业家精神是企业实现可持续发展的基本力量。贺小刚（2006）在其博士论文中，实证研究了企业家能力通过组织能力促进企业成长的机理。

三　技术创新及创新能力对企业成长的作用分析

陈丹、张慧丽（2011）[①] 在《财贸研究》2011 年第 1 期上就中小企业技术创新能力与成长性的关系，以深圳证券交易所中小企业板上市公司为样本，采用 2005～2008 年的年度报表数据，运用因子分析和逐步回归分析的研究方法，进行了实证研究，发现中小企业技术创新（技改）产品的销售收入比重与企业的规模扩张能力呈显著正相关关系。中航证券的张绍坤（2012）[②] 在恒瑞医药（600276）研究报告中指出，恒瑞医药近十年的快速发展得益于恒瑞医药高效的技术创新活动。恒瑞医药以仿制药起家，坚持新药研发，经过长期的投入和积累，形成了完善的研发体系，逐步实现由“仿制”到“创新”的跨越式发展，在抗肿瘤、心血管、抗生素等用药领域的创新上形成了梯队化的成果，构建了丰富的产品梯队，众多后续产品处于临床试验或临床前试验阶段，未来发展值得期待。经过不到十年的发展，恒瑞医药已成为国内最大的抗肿瘤药物生产企业，拥有多个销售收入过亿元的大品种产品，10 年抗肿瘤用药业务收入突破 20 亿元。这些都是公司不断开展技术创新的结果。

四　企业文化对企业成长的作用分析

企业文化，并不是一个空洞的词汇，它显现在企业的每一个角落中。企业高层领导者对人性的假设、对周围环境的假设，决定了领导者对人和事物的态度，同时决定了领导者的行为。领导者的态度和行为通过各层管理者不断向下传递，形成了公司整体的思维方式和行为方式，最终汇成了企业文化。所以，了解企业文化，领导者的态度和行为是最好的指南，各层管理者的行为是最好的说明。

刘志雄在《企业文化对公司治理、资本结构和企业绩效的影响——基于上市公司的实证研究》一文中，利用上海和深圳证券交易所上市公司的

① 陈丹、张慧丽：《中小企业技术创新能力与成长性关系的实证研究》，《财贸研究》2011 年第 1 期。

② 参见 http：// www. eastmoney. com，2012 年 2 月 16 日。

数据，分析了企业文化对公司治理、资本结构和企业绩效的影响，发现：①企业文化强势的企业倾向于从企业内部晋升经理；②企业文化强势的企业往往具有较低的负责率；③企业文化强势的企业通常具有较好的成长绩效。

五 人力资源对企业成长的作用分析

司训练等（2010）基于石油企业数据针对智力资本（人力资本）对自主创新能力的影响进行了实证研究，发现智力资本对自主创新能力有重要的作用。

宋英华等（2011）① 在《创新型企业成长的内部影响因素实证研究》一文中，分析了影响创新型企业成长的内部因素，并通过问卷调查及统计分析，实证发现：企业家创新观念、人才引进与培养、合理的科技人员创新激励方式以及创新型文化氛围对创新型企业成长绩效具有显著的推动效应。这说明，人力资源在企业发展中具有重要作用。

六 战略联盟（产、学、研结合）对企业成长的作用分析

张方明等（2009）就中西部地区中小企业的发展进行了实际调研，发现：中西部欠发达地区的中小企业在人力资源、技术创新、资本运营以及市场运行等方面的发展水平不高，创新和发展能力还不强。很多中西部地区中小企业，基于自身的劣势，选择产、学、研结合来促进中小企业的发展。高等院校是产、学、研结合的一支重要力量，中小企业通过与地方高等院校的校企合作来实现产、学、研结合，进而推动我国西部地区中小企业的发展。吴伟、纪明辉（2011）通过个案研究，发现产、学、研合作是提高企业自主创新能力的重要途径。

第三节 国内外研究评述

从以上国内外研究不难发现，有关企业成长方面的研究成果是非常丰富的。概括起来，研究大多集中在两个方面。

其一，企业成长的原因解释。古典经济学从分工、专业化——提高劳动效率解释企业成长；新古典经济学从最优规模——低成本或规模经济解释企

① 宋英华等：《创新型企业成长的内部影响因素实证研究》，《科学学研究》2011 年第 8 期。

业成长；交易费用经济学或新制度经济学从节约交易费用解释企业的边界或成长。

其二，企业成长的决定因素或影响因素研究。企业成长的企业家理论和人力资源理论，是从企业家和企业员工对企业成长的作用或影响来研究企业成长的，阐述企业家和企业员工是企业成长的重要因素或资源。企业成长的创新理论或技术创新理论，是从创新或技术创新对企业成长的作用或影响来研究企业成长的，说明企业创新或技术创新是企业成长的重要影响因素或资源。企业成长的资源基础理论、能力理论、知识理论、文化理论等，是从资源、能力、知识、文化等视角来研究它们对企业成长的影响或作用，揭示资源、能力、知识、文化是企业成长的重要决定因素或影响因素。企业成长的环境理论是从外部环境层面研究对企业成长的影响或作用，解释外部环境（如市场需求、竞争、政府、机会等）是企业成长的重要影响因素。

虽然从这些研究中也能看到什么在企业成长中起重要作用，这有利于启发我们对企业成长动力的揭示。不过，这些启发性研究还是分散、零碎的。基于此，本书拟在前人研究的基础上，结合中原经济区建设，尝试系统归纳和揭示企业发展的动力及机制，相信我们的研究将为企业发展和中原经济区建设提供理论支持。

参考文献

[1]〔英〕亚当·斯密著《国富论》，郭大力、王亚南译，上海三联书店，2009。

[2]〔美〕小艾尔弗雷德·D. 钱德勒著《看得见的手——美国企业的管理革命》，重武译，商务印书馆，2004。

[3] Spender, J. C., 1996, "Making Knowledge the Basis of Dynamic Theory of the Firm", *Strategic Management Journal*, 17: 45 - 62.

[4] 陈丹、张慧丽:《中小企业技术创新能力与成长性关系的实证研究》,《财贸研究》2011 年第 1 期。

[5] 宋英华等:《创新型企业成长的内部影响因素实证研究》,《科学学研究》2011 年第 8 期。

[6] AnitaM. McGahan and Michael E. Porter, 1997, "How much does industry matter, really?", *Strategic Management Journal*, Vol. 18 (Summer Special Issue), 15 - 30.

[7]〔美〕迈克尔·波特:《竞争战略》，陈小悦译，华夏出版社，1997。

[8]〔美〕迈克尔·波特:《竞争优势》，陈小悦译，华夏出版社，1997。

[9] Wernerfelt B. , " A Resource-based View of the Firm", *Strategic Management Journal*, 1984, 5: 171 - 180.

[10] Barney J. B. , "Strategic Factor Markets: Expectations, Luck, and Business Strategy", *Management Science*, 1986, 42: 1231 - 1241.

[11] Collis & Montgomery, "Competing on Resources: Strategy in the 1990s", *Harvard Business Review*, 1994, 73 (4).

[12] PenroseE. , *The Theory of the Growth of the Firm*, New York: Free Press, 1959.

[13] Barney, J. B. , "Firm Resources and Sustained Competitive Advantage", *Journal of Management*, 1991, 17, pp. 99 - 120.

[14] Prahalad C. K. , Hamel I. G. , "The Core Competence of the Corporation", *Harvard Business Review*, 1990, 66: 79 - 91.

[15] Gary Hamel and C. K. Prahalad, *Competing for the Future*, Harvard Business Press, 1994.

[16] 司训练等:《智力资本对自主创新能力的影响研究——一种基于石油企业数据的实证分析》,《情报杂志》2010 年第 4 期。

[17] 吴伟、纪明辉:《通过产学研全面合作提高企业自主创新能力的个案研究》,《经济纵横》2011 年第 8 期。

[18] 〔美〕迈克尔·波特:《国家竞争优势》,华夏出版社,1997。

[19] 〔美〕约瑟夫·熊彼特:《经济发展理论》,商务印书馆,1990。

[20] Nelson and Winter, *An Evolutionary Theory of Economic Change*, Cambridge: Harvard University Press, 1982.

[21] Leonard-Barton D. , "Core Capability and Core Rigidities: A Paradox in Managing New Product Development", *Strategic Management Journal*, 1992, 13: 111 - 125.

[22] Teeee, Pisano and Shuen, "Dynamic Capabilities and Strategic Management", *Strategic Management Journal*, 1997, 18 (7): 509 - 533.

[23] 代吉林、朱仁宏:《从企业成长理论看政府驱动型国企集团内生性缺陷》,《经济管理》2008 年第 15 期。

第三章
企业成长动力机制的综合模型或研究框架

第一节 企业成长、企业成长动力及企业成长动力机制

一 企业成长

企业成长的概念来源于生物学。生物体的成长一般是指生物有机体由小到大、由不成熟到成熟的生长过程。与生物体成长相似，企业成长是指企业（组织）系统由小变大、由不成熟到成熟、由低级到高级的发展过程。最早明确地将企业比作生物有机体的是马歇尔。马歇尔在《经济学原理》中用森林中的树木生长规律来阐述企业成长的原理，指出：一个企业成长、壮大，但以后也许停滞、衰退。在其转折点，存在着生命力与衰退力之间的平衡或均衡。企业成长不仅是量上增加，更是质上提升的过程。只有数量上的增加而没有质量上的提升，犹如人患上肥胖症一样。所以，企业的成长体现在两个方面：量上的扩张和质上的提升。量上的扩张主要表现为企业规模的扩大，质上的提升主要表现为企业素质的提高。

二 企业成长的动力

动力泛指事物发展变化的推动力量。企业成长动力就是企业在成长过程中推动企业发生量的扩张和质的提升的推动力量。这种力量可能来自企业的内部，也可能来自企业的外部。一般来说，企业的内部和外部的利益相关者或主体才有动力推动企业成长。

值得注意的是，在研究企业成长动力时，要与企业成长的动因相区别。虽然古典经济学揭示分工是企业成长的动因，新古典经济学揭示规模经济是

企业成长的动因，新制度经济学揭示节约交易费用是企业成长的动因，但它们都没有说明企业成长的动力是什么、在哪里。本书认为，企业成长的动力与企业成长的动因是两个不同的概念，动因是说明企业成长和发展的原因，因为什么企业才选择这么一个经营行为；而动力是企业成长背后的推动力量，只能来自与企业成长相关的利益主体，只有这些与企业成长相关的利益相关主体才会根据自己的利益，做出使用资源或力量作用于企业经营活动，推动或约束企业发展的行为来。

三 企业成长的动力机制

所谓企业成长的动力机制，是指在企业成长过程中，企业成长的动力来自哪里，又是如何作用于企业成长的。分析企业成长的动力机制就是分析企业成长中有哪些动力来源，这些动力源是如何作用于企业成长的，以及作用的路径和方式是什么。

第二节 企业发展中的主体分析与企业发展的动力源

在现代经济中，企业成长是与企业有关的利益主体或相关方的永恒目标，而企业成长的动力是企业成长的推动力量和支撑力量。企业成长的动力只能从与企业成长活动有关的能动主体或利益主体中去寻找。企业成长的动力源蕴藏于两个方面：①参与或与企业成长活动有关的单个利益主体之中，如企业资本金投入者即企业的所有者、企业管理者（包括企业家）、员工、政府、利益合作者、竞争者、顾客等；②若干参与或与企业成长活动有关的单个利益主体结合体之中，如企业的技术创新系统、企业文化系统、企业管理能力系统、企业动态学习系统等。本书将从与企业成长活动有关的利益主体及他（它）们的结合体两个视角来构建企业成长的动力机制系统模型，并把这个动力机制系统模型运用到中原经济区建设中去，寻求、构建中原经济区建设企业成长的动力机制系统，为中原经济区建设服务。

一 企业成长中的相关单个主体与单个动力源

从上一章与企业成长有关的理论综述中可以看出，影响企业成长的利益主体或活动主体可分为两大类：①从内部视角看，与企业成长相关的主体和动力源包括企业资本投入者、（高层）管理者和员工；②从企业外部视角看，与企业成长相关的利益主体和动力源包括政府、顾客、竞争者等。

1. 企业资本金投入者

企业的资本金投入者，这里我们称为企业的股东。股东是企业产权的所有者，按照现代企业制度，他们既是企业经营所得或剩余的所有者，也是企业经营损失或风险的承担者。他们投入资本金于企业中，目的是获取最大的收益或投资回报，并承担尽量小的投资风险。基于自己专业管理能力的不足，为了实现这一目标，企业的股东们常常采取所有权和经营权分离的方法，把企业日常经营管理权委托给职业经理人，但为了监督、保证企业经理人的行为是符合股东利益的，他们会选举董事会来履行监管职责，或选择在股票市场上抛售股票的方式抛弃不称职的职业经理人，通过这些方式或行为影响企业的发展。

2. 企业管理者和员工

这里我们重点关注企业高层管理者（团队）。企业高层管理者（团队），一般包括公司中的具有副总裁或以上级别的管理者和董事会成员。大多数企业面临的环境挑战是动态、复杂的，需要大量的信息和知识辅助决策，所以企业往往会建立并依靠一个高层管理团队或战略管理团队来迎接挑战，采用团队决策能避免个人决策所带来的不足。因此，我们这里的高层管理者一般就是指高层管理团队。企业高层管理者对企业发展的原动力作用，主要体现在以下方面：①企业高层管理者是企业制定并实施战略的关键角色和重要资源。企业章程和治理的框架赋予了企业高层管理者制定和实施战略的权利和角色。高层管理者（团队）战略决策会影响企业向什么方向发展和如何实现企业既定的经营目标，高层管理者（团队）战略决策的质量影响企业有效应对企业内外环境条件变化的能力，这些都涉及或影响企业的成长。②除了决定战略决策外，高层管理者（团队）还通过为企业打造合适的组织结构以及制度体系影响企业的成长。③高层管理者还影响企业的文化建设或形成。有证据表明，管理者的价值观对于企业文化的形成有重要导向作用。④高层管理团队的创新、创业意愿、抱负水平是企业自主创新能力的重要决定因素。⑤高层管理者还影响企业股权结构的配置。⑥高层管理者的能力是企业组织能力发展的重要因素（贺小刚，2006）。

3. 顾客

顾客是企业产品的购买者，他们的利益是付出最小的代价或费用获取最大的效用。在激烈竞争的市场经济中，他们总是游离于各个厂商之间，选择自己喜欢的价值最大的商品。他们挑选商品的讨价能力是企业产品销售的制约力量，进而影响企业的收入和成长。企业的成长说到底要建立在顾客满意的基础之上，顾客的需求是企业成长的拉力。企业占有的市场越大，满足的市场需求越多，企业就越成长。所以，研究企业成长一定要研究企业能够服务的市场，一定要尽量扩大企业服务的市场，让市场拉动企业成长。

4. 竞争者

同行竞争者是与企业服务的市场一致或相似的一组企业。如果市场需求规模一定，同行企业占有的市场份额多了，企业所占有的市场份额就小了。所以，在市场经济中，企业与同行竞争者是竞争关系，他们在市场上为了各自的最大利益，抢占资源，积极进行技术和管理创新，提高效率，向顾客提供物美价廉的产品，去赢得消费者的偏爱和选择。于是，竞争者的进取精神、创新意识和行为就构成企业成长的威胁。企业为了更好地成长或发展，必须也要善于经营、进行技术和管理创新，提高自己的经营效率，变压力为动力。

5. 政府

政府，作为公共权力机构，是企业成长的重要外部环境因素和力量。政府不仅是企业成长的裁判员和公共物品（如企业发展平台、基础设施）的建造者，而且还可能是企业经营的直接干预者和资源的提供者。①政府作为公共权力机构，负责管理企业守法经营、公平竞争，还承担公共物品（如企业发展的平台、基础设施）建设。政府履行这些职责的态度、服务理念、能力对区域或国家内企业的发展具有重要影响。②政府可能还是企业经营所需资源的供给者，如优惠政策、减免税金、创新基金的支持、特许权授予等，都是企业发展的重要资源。企业如果能充分利用这些资源，就会加快发展。

二　企业成长的组合动力源，也是企业成长的直接动力

企业在成长中，不仅受相关利益主体单个原动力的影响和驱动，更直接地是受这些单个动力的组合力量的影响和驱动。通过实际调研，我们发现，实际中直接推动企业发展的包括以下组合动力。

1. 企业成长的技术（创新）系统

（1）技术的含义及企业技术系统。技术涵盖人类生产力发展水平的标志性事物，是人类生存和生产工具、设施、装备、数字数据、信息记录等的总和。不论何种文化，技术都是异曲同工的词汇。它可以指物质，如机器、

硬件或器皿，但也可以包含更广的架构，如系统、组织方法和技巧。它是社会进化的动力，如电脑等新技术的出现极大地推动了人类社会进步。企业技术是指企业运营的硬件和软件基础，企业技术（创新）系统常常是一个庞大的体系。

（2）企业技术（创新）系统对企业成长的意义。技术向来就是企业生产经营的基本要素，从一定意义上说，它决定了企业生产经营的质的水平。在新古典经济学那里，技术决定厂商的生产函数。随着时代的发展，技术在企业发展中的作用更加明显，科学技术逐渐变成企业发展的第一动力。

从国外企业成长理论的演变可以看出，时代特征在国外企业成长的理论研究方面体现得淋漓尽致，因为影响企业成长的主要因素因时代而异。有的研究认为，企业成长可以大致分为需求拉动阶段、投资驱动阶段和技术创新驱动阶段。随着知识经济时代的到来，技术或知识将成为企业成长的主导要素，日本就是例证。日本本是资源欠缺国，但在 20 世纪 50 ~ 60 年代坚持教育、科技立国，实施教育、科技强国战略，结果靠技术进步实现了经济大国之梦。

技术创新是企业生存和发展的直接动力之一。在当前新的国内外环境下，加大技术创新力度，更是企业增强发展能力、应对市场竞争的必然选择。随着我国经济运行由供给约束转为需求约束，买方市场基本形成，企业面临全面竞争的发展环境，出现了利润率平均化和下降趋势，分化、调整、改组加剧，大型化、规模化和小型化、专业化竞相发展，不少企业进入“二次创业”或“再次创业”的新阶段。随着我国人民生活水平和工业化程度的提高，产业结构和市场需求的关系进入新的调整适应期，生产与消费的关系从适应温饱型消费向满足小康型多层次、多元化、富于变化、选择性强的需求转变；生产与投资的关系从适应粗放型数量扩张向集约型增长和技术设备大规模更新的需求转变；产业结构变动率大大提高，工业化开始进入高加工度产业主导阶段，新兴服务产业发展速度加快。随着我国加入世贸组织，将有一个经济管理和运行机制与国际规则相衔接的调整适应期，各个产业部门和企业都面临着国际竞争的新挑战，急需适应经济全球化和世界新科技革命、“新经济”发展的趋势，抓住机遇，迎接挑战。所有这些表明，企业要适应新的环境，赢得市场竞争，必须加强技术创新，构筑和保持自己在某一领域的优势。

技术创新对企业发展的作用表现在，将生产要素的新组合引入生产体系，包括引进新产品，引入新技术，开辟新市场，控制原材料供应的新来源，实现工业的新组织。技术创新是实现“科技是第一生产力”的主要形式和必由之路，是各类企业生存、发展、壮大的基本前提。在市场上，企业的竞争体现为产品的竞争。产品竞争的背后是企业技术的竞争。任何产品都有生命周期，由于科学技术突飞猛进，产品的生命周期变得越来越短。不断地更新换代产品，适应市场需求的变化以及创造新的市场，都有赖于企业的技术创新。百度 CEO 李彦宏在 2005 年博鳌亚洲论坛企业家峰会上发表演讲时，以百度为例说明了技术创新对企业成长的推动作用。他从搜索引擎发展的几个阶段，阐述了搜索引擎产业是怎样通过技术创新引领百度发展的。

企业技术创新是一个系统，不仅要有从事技术创新活动的科研人员，还要有企业领导者加入，没有企业领导者的关心、支持、引领，企业的技术创新工作常常难以进行下去。一般来说，企业的技术创新系统是由企业家高层管理团队、科技研发人员、技术工人、技术手段等构成，一个企业的技术创新系统的效率和效果对企业成长具有重要的推动作用。

2. 企业成长的文化系统

（1）企业文化的含义。企业文化是一个企业在生产经营过程中逐渐形成的共同的价值观、理念、信仰和行为准则等。企业文化通常是由企业的创业者或领导者倡导或发起，经过宣传、鼓励、感召、模仿，逐渐积淀下来，并反作用于企业各类成员行为的价值观、理念、信仰和行为准则。

企业文化在形成和作用中涉及企业方方面面的活动主体，如企业的创业者、领导者、各级职业管理者、榜样、标兵、员工等，从而组成一个系统，即企业文化系统。这个系统一旦形成，就会影响并决定企业员工的行为方式，由此构成企业成长的重要力量源泉。

（2）企业文化对企业成长的意义。企业文化对企业成长的意义或作用一般表现在三个方面：①企业的价值观是企业一切运营和战略决策的重要影响因素。企业的价值观反映了企业关于什么是对的、什么是有价值的一种决策选择导向。如果认为顾客是重要的，那么企业就会坚持顾客第一、一切从顾客出发的行为模式；如果认为员工是企业发展的力量源泉，那么企业就会一切依靠员工、一切为了员工，企业的收益由企业的员工共同分享。②体现一定企业文化的企业制度和行为准则，在企业成长中就会限制企业员工的某些不合规范的行为举动。如鼓励创新的文化，就会对员工创新的失败给予容忍；坚持质量第一的企业，就会严格要求企业的员工准时上下班以及保持严谨的工作作风。③体现一定企业文化的符号、标志、榜样，就会潜移默化地引导企业员工的行为方式和工作作风。这些都直接或间接地影响企业的成长。

3. 企业成长的能力系统

（1）企业能力的概念。企业能力的概念最早可以追溯到亚当·斯密的劳动分工论，随后塞尔兹内科、理查德森、普拉哈拉德等学者对其进行了拓展。目前，组织能力还是一个难以统一的概念，国内外学者从不同的角度、基于各自的研究目的，对组织能力进行了种种解释，可谓仁者见仁，智者见智。

最早给出组织能力定义的学者是 Selznick（1957），他在《行政管理中的领导行为》一书中提出了一个“特异能力”的概念，即“能够使一个组织比其他组织做得更好的特殊性物质”。至于这种特殊性物质是什么，他并没有回答。

Richardson（1972）认为这种特殊的物质就是企业所拥有的知识、经验和技能。他认为企业是由一系列职能组成的，如生产、营销、研发等；而顺利有效地完成这些职能活动必须要具有一定的知识、专长和经验。所谓组织能力就是企业完成特定活动所具有的知识、专长和经验，因此，他认为这种特殊的物质就是企业所拥有的知识、经验和技能。

Collis 和 Montgomery（1994）把组织能力与企业的有形和无形资产区分开来，把组织能力定义为：组织能力就是企业的资产、人员和企业投入产出过程的复杂结合。

在总结国内外很多学者研究的基础上，王锡秋（2006）提出组织能力是一种作用力，是知识、结构和文化相互耦合的结果，其核心是企业的知识，这些知识以某种类型的惯例或惯例集储存在组织记忆里，并最终在企业的活动中表现出来。

Michael A. Hitt 等人（2008）指出，当企业把一组资源有机结合起来去履行或完成一项活动或任务时，企业能力就产生了。因此，他们把组织能力定义为履行一项活动或任务的一组有机结合的资源组合。

根据以上学者的观点，我们认为，组织能力离不开资源，资源是企业能力形成的基础。但资源并不代表能力，我们赞同 Collis 和 Montgomery 的观点，能力应该与资源分开，并把企业组织能力定义为由人、资产、组织、文化等资源有机结合而成的一个技能系统，去履行或完成一项活动或任务。

企业能力表现在企业的各个方面，有研发能力、生产能力、产品营销能力、筹资理财能力等，不仅如此，有些能力可能是企业竞争优势的来源，如果这些能力又是难以被模仿和替代的话，便成为企业的核心竞争力。

(2) 企业能力对企业成长的意义。企业能力在企业发展中起什么作用呢？资源基础理论的代表人物如伯格·沃纳菲尔特（Wernerfelt，1984）认为，企业是由一系列资源束组成的集合，企业的竞争优势源自企业所拥有的资源，尤其是一些异质性资源。以资源为基础的企业成长理论存在这样一个隐含的假设，即资源的效用可以脱离人的活动而客观存在，该理论把企业竞争优势的源泉定义在具体的作为物的资源上，完全脱离了企业中人的因素，造成了资源与其配置者之间的分离。实际上，客观存在的物质资源能够发挥多大的效用完全取决于使用它的人的技能。以普拉哈拉德和汉默尔（Prahalad & Hamel，1990）为代表的企业能力理论学派认为，企业的竞争优势虽然与企业的资源有关，但企业的竞争优势主要来自企业配置、开发与保护资源的能力，尤其是企业在竞争中形成的核心竞争能力。企业核心竞争能力是企业在经营中的积累性学识，尤其是如何协调各种生产技能以及整合多种技术流的学识，它是分布于组织内部以及跨越组织边界的特殊物质。在核心竞争能力统领之下，许多根本不同的业务变成了可以协调一致的业务。一项强有力的核心能力的存在决定了企业有效的战略活动领域，能产生出企业特有的生命线。企业核心竞争能力理论在探寻企业竞争优势来源的过程中，认识又向前推进了一步，它强调了企业中人等核心要素对企业成长的重要性，企业竞争优势的根源由具体的、客观存在的资源变成了资源配置、开发与保护资源的能力。但它忽视了面对不断变化的企业外部环境，企业的核心能力却呈现刚性特征。

4. 企业成长的动态学习系统

(1) 组织学习。能力是企业竞争优势的来源，这是企业能力理论的基本观点和结论。前面指出，在动态变化的环境中，企业的能力尤其是核心能力由于自身的特性，如发展中的路径依赖性、自身结构的惰性和利益承诺，决定着企业能力发展具有强烈的惯性或刚性（Schreyogg，G. & Kliesch-Eberl，M.，2007）。由于能力的刚性使企业难以适应外部环境的动态变化。为了企业的持续发展，必须改变企业的能力刚性，使企业的能力适应外部动态环境的变化。如何改变企业能力刚性，促进企业能力随着环境动态变化而变化呢？企业知识理论告诉我们，能力背后的决定因素是知识。改变能力就是要改变知识。知识如何改变呢？只有通过学习。

组织学习的概念实际上是从“个体学习”（personal learning）借鉴引申而来的。组织学习是指组织为了实现发展目标、提高核心竞争力而围绕信息和知识技能所采取的各种行动，是组织不断努力改变、扩展自身知识以适应持续变化的环境的过程。这个过程涉及众多主体和组织层次，因此，组织学习是一个动态学习系统。

组织是由个体构成的，也只有人才能学习，因此，个体学习是组织学习的重要前提和基础。但是，组织不是个体的简单加总，组织学习也不是个体学习的简单累加。组织没有“大脑”，但它确实有记忆和认知系统，通过这些功能，组织可以形成并保持特定的行为模式、思维准则、文化以及价值观等。组织不只是被动地受个体学习过程影响，而且可以主动地影响其成员的学习。因此，必须把个体视为有机系统的一部分，个体学习与组织学习之间存在相互影响、相互制约的互动作用。阿吉瑞斯和苏恩（Agris & Schon）等学者深入地探讨了个体学习与组织学习的关系，指出组织学习主要是具有共同思维模式的个体行为结果。组织学习过程比个体学习过程更为复杂。要确认一个组织在学习，必须具备以下三个条件：①能不断地获取知识，在组织内传递知识并不断地创造出新的知识；②能不断增强组织自身能力；③能带来行为或绩效的改善。因此，组织学习是一个持续的动态过程，是组织通过各种途径和方式，不断地获取知识、在组织内传递知识并创造出新知识，以增强组织自身实力，带来行为或绩效的改善的过程。从这个意义上说，组织学习就是组织动态学习。

（2）组织动态学习对企业成长的意义。一般企业能力理论的学者都认为，企业竞争优势是企业拥有的能够比竞争对手更加卓有成效地从事生产经营活动和解决各种难题能力的结果和表现，企业内部核心竞争力的培育是解释企业获取超额收益或取得竞争优势的关键性因素（哈默尔和普拉哈拉德，1990）。但是，企业能力自身的特征，如发展中的路径依赖性、自身结构的惰性和利益承诺，决定着企业能力发展具有强烈的惯性或刚性（Schreyogg, G. & Kliesch-Eberl, M.，2007）。企业能力的刚性或惯性使得企业在超竞争环境或动态环境下，无论是其特殊能力还是核心能力都很难保证企业获取持久的竞争优势和实现持续成长（张胜、路风，2002）。企业能力发展惯性要求企业持续地向惯性方向配置资源，以进一步促进企业能力的发展；而外部环境的变化要求企业向外部环境变化的方向配置资源，这样企业才能持续成长，否则企业就会被外部市场所抛弃。

在快速变化的市场环境中，全球市场的胜出者不再依靠大量静态资源和能力的积累，而是凭借有效地整合和发展组织的能力和知识来确保企业持续地赢得竞争优势（Teece，Pisano and Shuen，1997）。这种企业为适应外部环境的快速变化而进行的整合、建立以及重新配置内外部能力的能力就是 Teece 等提出的动态能力包括动态学习能力（蔡树堂，2011）。

Michael A. Hitt 等人（2000）的研究认为，不确定性和变化无常等市场竞争环境在不断改变着企业之间的竞争基础或竞争焦点。在这种形势下动态学习在企业取得持续的竞争胜利方面起着关键作用，因为动态学习与企业发展、维持和开拓动态核心竞争力密切相关（Maurizio Zollo and Sidney G. Winter，2002）。Eugene Sadler-Smith 等人（2001）认为，组织学习是通过经营管理知识资产来持续提高企业竞争力的有效途径，并试图在组织学习与绩效之间建立起某种联系。他们通过对 300 家制造和服务类小企业的考察，发现高成长率的制造企业具有很高的主动学习意识，它们能够比成长缓慢的企业更充分地利用内外部知识资产。

因此，在越来越动态变化的环境中，企业要实现可持续成长就必须重视对内外部知识资产的动态学习，通过企业的动态学习不断发现新的市场机会，吸收、整合内外部知识资源，不断根据市场机会的变化改变、提升或培育新的企业核心竞争力。

第三节　企业发展动力机制的综合模型或框架

根据问卷调查和上述研究，笔者认为中原经济区企业发展（成长）的动力主要来自企业的内部和外部。内部动力包括原动力和直接动力，原动力有股东、管理者和普通员工；直接动力包括技术、能力和文化。外部动力包括市场需求拉动、竞争压力和政府支持；在动态环境下企业要持续发展，还需要动态学习。于是，本书提出了中原经济区企业发展动力机制的综合或系统模型，如图 3 -1 所示。

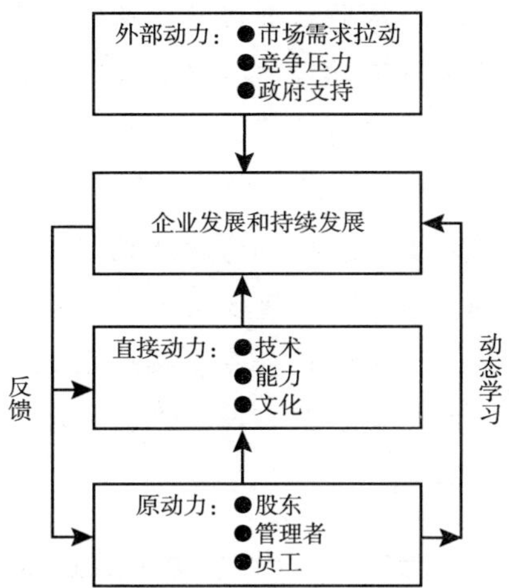

图 3-1　中原经济区企业发展动力机制的系统模型

一　股东通过技术、能力和文化推动企业成长

第一，企业一切重大的技术创新都要能为股东创造价值或给股东带来回报，企业采用的一切技术装备、设施方案都要从财务上进行可行性评估，达到投资者最低要求的投资回报；否则，这些技术创新方案和技术装备改造方案都难以在股东大会或代表股东权益的企业董事会上获得通过。股东就是利用自己对企业重大活动的审议权和决策权来通过技术影响企业发展的。

第二，企业任何能力建设包括企业拓展新的经营业务或项目、购并企业、重大技术改造等能力建设决策，一般都会使股东承担利益风险，因此必然引起股东们的关注和重视，有利于股东利益的能力建设项目会得到股东的支持，可能损害股东利益的能力建设项目必然遭到股东大会或代表他们利益的董事会的反对，难以形成执行方案。

第三，企业的文化建设也受股东，尤其是大股东的影响。企业文化是企业经营行为的准则、导向，股东鼓励企业形成稳健经营、诚实经营的企业文化，反对冒险经营、虚假经营的做法。这些文化必然渗透到经营行为选择上，从而影响企业的发展。

二　管理者通过技术、能力和文化推动企业成长

企业的管理者，尤其是企业高层管理者，一般包括副总裁以上的企业高

层管理人员以及企业的董事会和监事会成员，这些人员是企业重大战略决策者和战略执行者，包括技术创新和发展战略的决策和执行、企业各方面能力建设的决策和执行、企业文化建设的决策和执行。由于管理者在企业生存和发展中拥有计划、组织、领导、激励、控制等职权，他们的个人利益、偏好、兴趣、志向、经验、知识、技能都会渗透到企业生产经营活动的一切较大决策和实施中来，影响企业的一切重要决策和实施，进而左右企业成长的内容以及成长路径和方式。管理者是企业发展的原动力，他们对企业生存和发展不能产生直接影响，而是通过企业技术创新、经营方案的采纳、企业文化的导向等来对企业产生影响。

三　员工通过技术、能力和文化推动企业成长

企业普通员工是企业一切工作的一线人员，包括从事技术创新工作的研究开发技术人员、一线生产工人、一线营销人员、一线财务人员等，他们的工作热情、工作能力都是首先用于企业的技术开发和产品开发工作、企业各项活动能力建设上来，通过把这些技术工作、生产营销工作、财务人事工作做好，来导致企业的发展。所以，作为企业发展原动力之一的企业员工，他们是通过将企业发展的原动力作用在企业的日常技术创新工作、生产营销等工作上间接推动企业发展的。

四　企业成长反作用于股东、管理者、员工

企业成长得如何？给企业的股东、管理者、员工带来满意的投入收益了吗？股东、管理者、员工对此满意吗？如果满意，会激起股东、管理者、员工继续坚持原来的经营方针、原来的经营内容、原来的管理办法和企业文化，继续推动企业沿既定经营路线、方案前行；如果企业的发展不能让企业的股东、管理者、员工在收益上满意，他们就会改变企业原来的经营战略和策略，改变企业原来的经营业务和经营方法，从而对企业的发展产生影响。

五　企业成长反作用于技术、能力、文化

企业的成长绩效反映了企业的技术工作、能力建设、文化导向等环节上的效率和效果。如果企业成长绩效不好，说明企业在技术上、能力建设上、文化导向上存在问题和不足，需要抓紧时间和机遇进行调整、改革和完善。针对企业在技术、能力、文化建设上存在的问题和不足，企业的股东和管理

者、员工就会做出决策，进行改进、发展。通过股东、管理者、员工在技术、能力和文化上的变革，促进企业成长，获取新的、更好的成长绩效。

六　动态学习推动技术、能力和文化的变革

面对企业外部环境的动态变化，企业稍不及时、稍不注意，就会落后于时代、落后于环境的变化，必然导致企业成长的绩效不理想。假如企业的成长绩效不理想，股东、企业管理者、员工就会采取措施推动企业的技术、能力和文化的变革。如何变革呢？只有进一步反馈学习，不断地洞察企业外部环境的变化，向环境变化学习、向先进的竞争者学习、向顾客学习、向一切可以合作的国外企业和科研院所等学习，学习他们的先进做法，引进他们的新知识、新技术、新诀窍，提高自己企业做好一切工作的能力，带动企业的技术、能力和文化的变革和进步。

第四节　本章小结

本章从界定企业成长、企业成长动力和企业成长动力机制出发，在分析企业成长中行为主体及利益相关者的基础上，阐述了企业成长的内外部动力源，并把企业成长的内部动力源分为原动力和直接动力两大类。基于理论分析和实际调研，本书提出了中原经济区企业发展动力机制的综合或系统模型。最后对该模型进行了分析和解释。

参考文献

[1] Selznick Philip, *Leadership in Administration: A Sociological Interpretation*, Row, Peterson and company, 1957.

[2] Richardson, G. B, " The organization of industry", *Economic Journal*, 1972 (82): 883 - 896.

[3] Collis & Montgomery, *Corporate Strategy: Resources and the Scope of the Firm*, Boston, MA: Irwin, 1997.

[4] 王锡秋：《企业能力战略：基于顾客价值经营竞争优势》，东方出版社，2006。

[5] Nelson & Winter S. G, *An Evolutionary Theory of Economic Change*, Harvard University Press, 1982.

[6] 余光胜：《企业发展知识分析》，上海财经大学出版社，2000。

[7] Michael A. Hitt 等：《战略管理：概念与案例》，吕巍译，中国人民大学出版社，2009。

[8] Leonard-Barton, *Wellsprings of Knowledge: Building and Sustaining the Sources of Innovation*, Harvard Business School Press, 1995.

[9] Anders Drejer, "How Can We Define and Understand Competencies and Their Development?", *Technovation*, 2001 (21): 135 - 146.

[10] Hamel & Prahalad C. K. , *Competing for the Future*, Harvard Business School Press, 1994.

[11] Amy Snyder and Willam H. Ebeling, "Targeting a Company's Real Core Comptencies", *Journal of Business Strategy*, 1992, 13 (6): 26 - 32.

[12] 刘东：《资源、能力与企业战略》，经济管理出版社，2006。

[13] 司训练等：《智力资本对自主创新能力的影响研究——一种基于石油企业数据的实证分析》，《情报杂志》2010 年第 4 期。

[14] 吴伟、纪明辉：《通过产学研全面合作提高企业自主创新能力的个案研究》，《经济纵横》2011 年第 8 期。

[15] Hitt, M. A. , Hoskisson, R. E. , Johnson, R. A. , & Moesel, D. D. , "The Market for Corporate Control and Firm Innovation", *Academy of Managment Journal*, 1996 (39): 1084 - 1119.

[16] 陈金波：《企业社会资本与技术创新》，《经济经纬》2010 年第 3 期。

[17] 余志良等：《高层管理团队激励与企业自主创新的实证研究》，《科技管理研究》2009 年第 12 期。

[18] Penrose, E. T. , *The Theory of the Growth of the Firm*, Oxford University Press, 1959.

[19] Prahalad, C. K. & G. Hamel (1990), "The Core Competence of the Corporation", *Harvard Business Review*, 68 (3): 79 - 91.

[20] TeeceD. J. and Pisano G. and Shuen A. (1997), "Dynamic Capabilities and Strategic Management", *Strategic Management Journal*, Vol. 18, No. 7 (Aug. , 1997), pp. 509 - 533.

现状和机遇篇

第四章
建设中原经济区背景下河南企业现有发展水平

企业是建设中原经济区的主要主体之一，企业的快速发展直接影响中原经济区战略的顺利实施。本部分利用统计年鉴中的数据，以河南省规模以上工业企业近五年的数据为样本，首先分析了工业企业在河南经济发展中的作用，然后分析河南省不同类型工业企业的资产规模和收入规模的发展趋势，最后通过和全国工业发展的平均水平相比较，对河南省工业企业的经济效益和研发水平进行分析和评价，以便发现河南企业的发展优势和存在的主要问题，为探求企业发展动力提供依据。

第一节　河南省工业企业对经济发展的重要作用

企业是区域经济发展的主要主体之一，区域经济发展离不开企业的发展，由于受时间和数据限制，本章以河南省规模以上工业企业①为分析样本，利用 2007 年至 2010 年的统计年鉴数据，实证分析规模以上工业企业的增加值及其发展趋势，并对比分析了不同注册类型、不同所有制性质、不同行业和不同规模工业企业的增加值，以此分析河南省工业企业的重要作用及不同类型企业的贡献差异。

一　全部规模以上工业企业近五年的工业增加值

根据 2007 年至 2011 年河南省统计年鉴中的数据，可知 2006 年至 2010

① 规模以上工业企业是指主营业务年收入在 500 万元以上的工业企业。

年河南省规模以上工业企业的工业增加值分别为4150.6亿元、5438.06亿元、7305.39亿元、7764.45亿元和9901.52亿元，图4-1显示河南省规模以上工业企业的工业增加值整体呈增长趋势。图4-2显示了这五年河南省规模以上工业企业工业增加值指数的变化情况，从中可以看出，规模以上工业企业工业增加值指数相差不大，说明工业增加值五年内的增长趋势平稳。为了详细了解河南省工业企业的分布情况和不同类型企业工业增加值的差异，本书对工业统计中不同注册类型、不同所有制性质、不同行业和不同规模的工业企业工业增加值进行了对比分析。

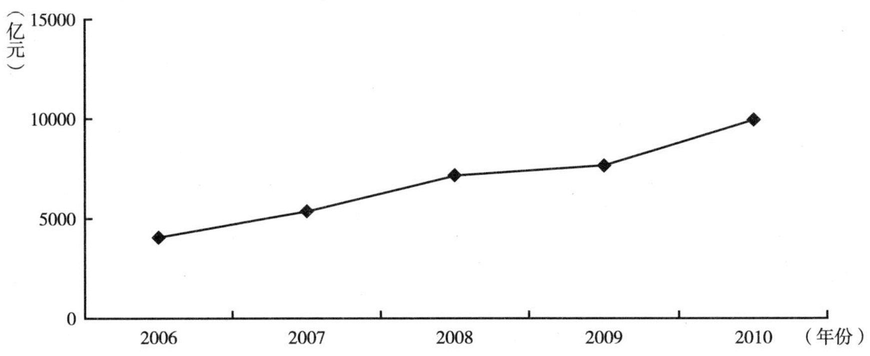

图4-1　河南省规模以上工业企业增加值的变化趋势

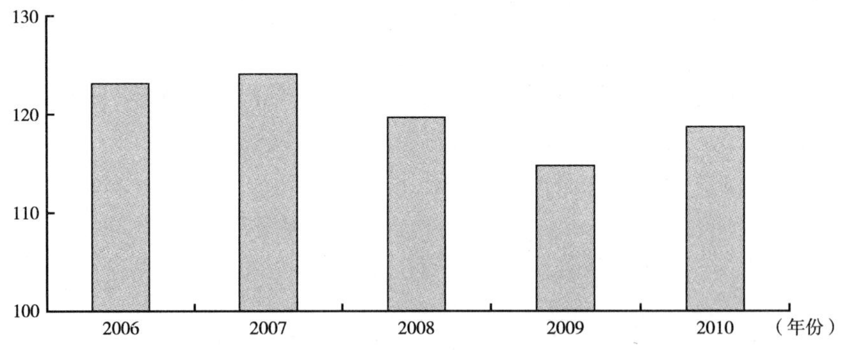

图4-2　河南省规模以上工业企业工业增加值指数

二　不同注册类型的规模以上工业企业工业增加值

本书参照工业统计中的分类方法，按照注册类型将河南省规模以上工业企业分为内资企业、外资企业、国有企业、集体企业和私营企业，利用河南省相关统计年鉴中的数据，分别比较不同注册类型企业2006年至2010年工业增加值的大小和变化趋势（见图 4－3）。从中可以看出，内资企业的工业增加值最大，近五年呈逐年增长趋势；而外资企业的工业增加值则相对较小，虽然也呈增长趋势，但和内资企业的差距逐年增加；国有企业、集体企业和私营企业相比，私营企业的工业增加值相对较大，且增长趋势明显，2010 年已远远超过国有企业和集体企业，集体企业的工业增加值则相对较小，且增长缓慢，国有企业的工业增加值略有增长。

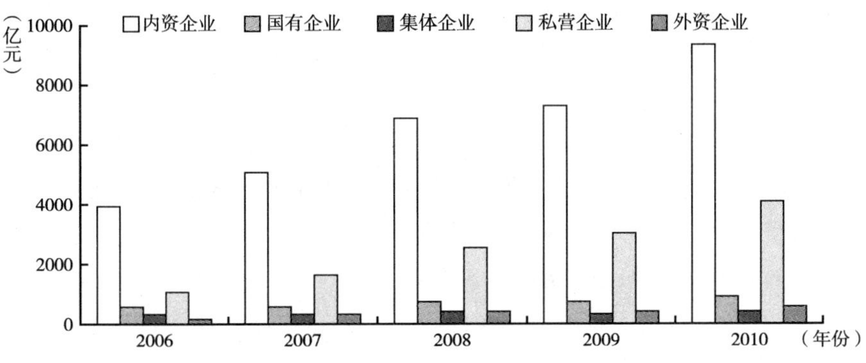

图 4－3　不同注册类型企业的工业增加值

三　不同所有制类型的规模以上工业企业工业增加值

图 4－4 显示了 2006 年至 2010 年河南省规模以上不同所有制工业企业工业增加值及其变化。从中可以看出，在 2006 年，非公有制工业企业的工业增加值为 2152. 32 亿元，仅仅比公有制工业企业的 1998. 28 亿元多 154. 04 亿元。但从 2007 年开始，非公有制企业的工业增加值快速增长，由 2007 年的

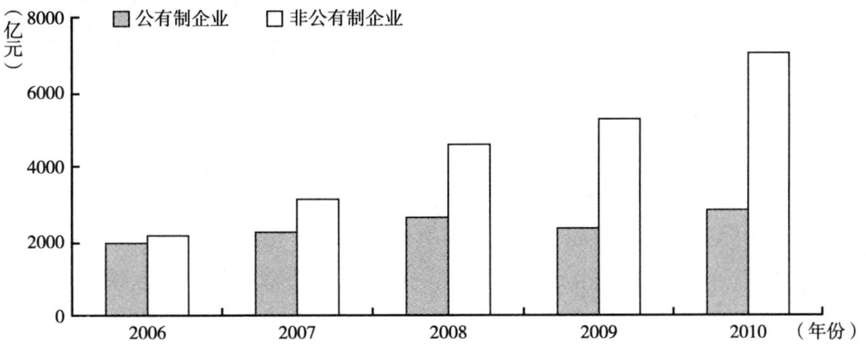

图 4－4　不同所有制类型的工业企业工业增加值

3143.29 亿元增加到 2010 年的 7071.62 亿元，翻了一番多；而公有制企业的工业增加值却增长缓慢，由 2007 年的 2294.77 亿元发展到 2010 年才达到 2829.9 亿元，增长率仅为 23.3%。因此，2007 年后，两类不同所有制企业的工业增加值差距迅速拉大，至 2010 年，非公有制企业的工业增加值是公有制企业的 2.5 倍。

四　不同行业的规模以上工业企业工业增加值

河南省的工业企业主要集中在哪些行业？为实现中原经济区战略，需要对哪些行业中的企业进行调整或扶持？为了解河南省不同行业中企业的工业增加值，本书利用 2006 ~ 2007 年河南统计年鉴中的相关数据，对比分析了轻工业、重工业和六大优势产业①积聚的工业企业的工业增加值，并对六大优势产业中每个行业的工业企业工业增加值的相对大小和发展趋势进行了对比研究，结果如图 4 - 5 和图 4 - 6 所示。图 4 - 5 显示，2006 ~ 2010 年，重工业和六大优势产业中的工业企业工业增加值所占比重较大，重工业和优势产业整体呈增长趋势，但轻工业所占比重较小，发展得也相对缓慢。

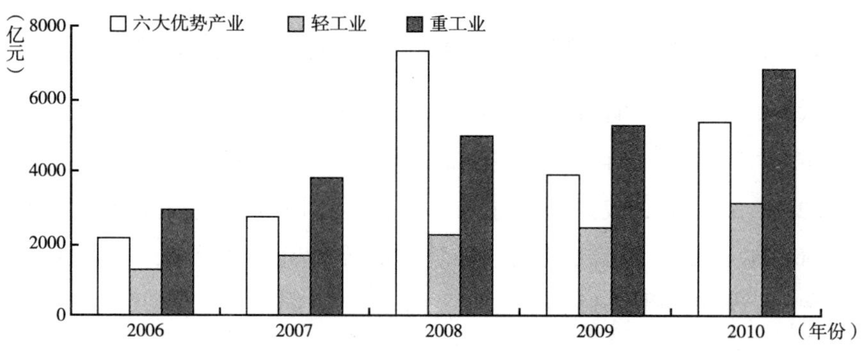

图 4 - 5　河南省规模以上企业在不同行业中的工业增加值

优势产业是河南省发展势头较为强劲的重要产业，也是该省重点发展的产业，在河南省整体区域发展中占有重要地位，对中原经济区战略实施具有非常重要的意义。但六大优势产业虽然整体呈增长趋势，但可能受 2008 年

---

① 在《河南省国民经济和社会发展第十一个五年规划》中，确定了河南工业发展的六大优势产业，即食品加工、有色金属、化工、装备制造、汽车及零部件制造和纺织服装。

经济危机的影响，2009 年工业增加值大幅下降，2010 年虽有所增长，但增幅不大。图 4－6 显示了优势产业中工业企业的发展情况，从中可以看到，食品加工业的增加值所占比重最大，发展也相对平稳；装备制造业发展迅速，从 2009 年起工业增加值超过食品加工业，居六大优势产业之首；汽车及零部件制造业所占比重最低，增长速度较慢。2009 年，有色金属和化工业均有一定幅度下降，食品加工、装备制造、纺织服装和汽车及零部件制造业小幅上升，说明优势产业工业增加值在 2009 年的下降主要是因为有色金属和化工业造成的。这些数据说明河南省重点产业的发展速度并不理想。

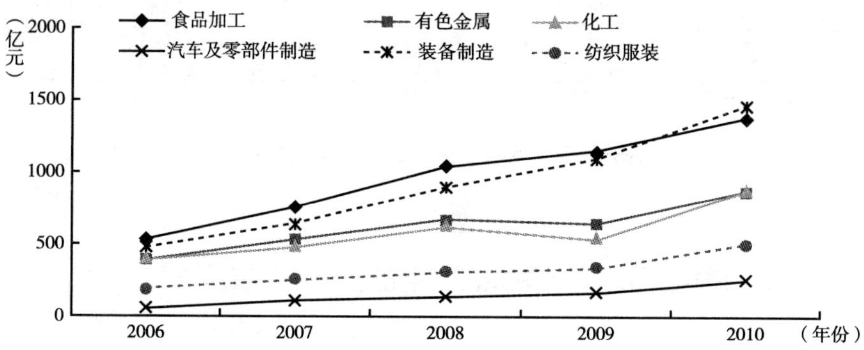

图 4－6 河南省规模以上企业在六大优势产业中的工业增加值

五 不同规模的规模以上工业企业工业增加值

为了分析不同规模的工业企业的发展情况，本书根据企业的资产规模将河南省规模以上工业企业分为大型企业、中型企业和小型企业①，利用 2006～2010 年的统计数据，对比分析该期间不同规模企业的工业增加值情况，结果如图 4－7 所示。从中可以看出，一方面，五年间，小企业的工业增加值均超过大中型企业，尤其是近三年，小企业工业增加值远远超过大型企业，说明小企业在河南省经济发展中的地位非常重要，小企业的发展对中原经济

① 大中小型企业按照从业人员数、销售收入和资产总额三项指标作为划分依据：从业人员数超过 2000 人、销售收入超过 30000 万元和资产总计超过 40000 万元为大型企业；从业人员数为 300～2000 人、销售收入在 3000 万～30000 万元和资产在 4000 万～40000 万元为中型企业；从业人员数在 300 人以下、销售收入在 3000 万以下和资产总计在 4000 万元以下为小型企业。

区战略的实施非常关键；另一方面，三类企业的工业增加值在2006年至2010年均有不同程度的增加，尤其是中小企业的工业增加值增速较大，中型企业由前两年不及大型企业的工业增加值到2009~2010年超过大型企业，而大型企业工业增加值的增长速度明显比中小企业慢。

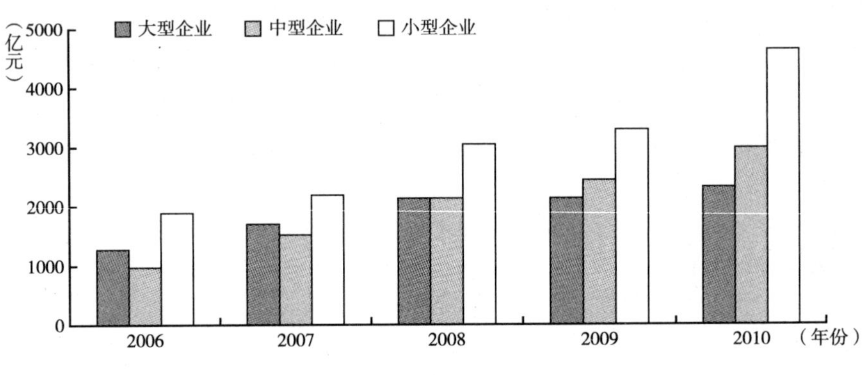

图4-7 不同规模的企业工业增加值

第二节 河南省工业企业的发展规模

企业规模是指劳动者、劳动手段、劳动对象等生产要素和产品在企业中集中的程度。生产要素组合的不同层次和不同方式形成不同类型的企业规模。企业在投入增加的同时，产出增加的比例超出投入增加的比例，单位产品的平均成本随产量的增加而降低，即规模收益（或规模报酬）递增。一方面，规模扩张能够降低企业内部成本以获得规模经济收益；另一方面，可以加强在市场中的竞争能力。因为当企业达到一定规模时，生产成本包括固定成本和变动成本会大幅度下降。这样可以使企业在按部门平均成本出售商品时获得超额利润，同时也是企业奉行低价竞争的物质基础，以低价来扩大销量，增加利润总额。简而言之，企业规模扩大可以使企业获得成本领先的优势，使企业的生产成本处于行业最低水平。2003年，国家统计局根据原国家经贸委、国家计委、财政部和国家统计局4部委联合发布的《中小企业标准暂行规定》，制定了《统计上大中小型企业划分办法（暂行）》，选用了企业的"从业人员数"、"销售额"和"资产总额"三个指标测量企业规模。"从业人员数"作为企业的划型指标，具有简单、明了的特点，也与世界上主要国家的通行做法一致，具有国际可比性；"销售额"可以客观反映企业的经营规模和市场竞争能力，也是我国现行统计指标中数据比较完整的指标，容易操作；“资产总额”可以从资源占用和生产要素的层面上反映企业规模。因此，采用这三个指标进行划型具有一定的科学性和可操作性。由于河南省统计年鉴中规模以上工业企业的“从业人员”指标数据从2008年才开始统计，和“销售额”及“资产规模”指标数据不同步，因此本章选用企业的资产规模和年主营业务收入两个指标分析河南省规模以上工业企业的总体发展规模和不同类型企业的发展规模及其变化趋势，所采取的样本为河南省规模以上工业企业2006～2010年的统计数据，以探求河南省工业的发展规模。

一　河南省规模以上工业企业的资产规模

根据河南省2006～2010年的统计数据，可以看出该省规模以上工业企业的总资产呈逐年上升的态势（见图4－8），从2006年的11026亿元增加到2010年的23467亿元，五年的时间翻了一番，说明河南省规模以上工业企业的发展规模逐年快速上升。为了详细了解不同类型企业所拥有的总资产，本书对比分析了不同行业企业、不同规模企业和不同所有制类型企业所拥有总资产的大小和变化趋势（见图4－9至图4－11）。

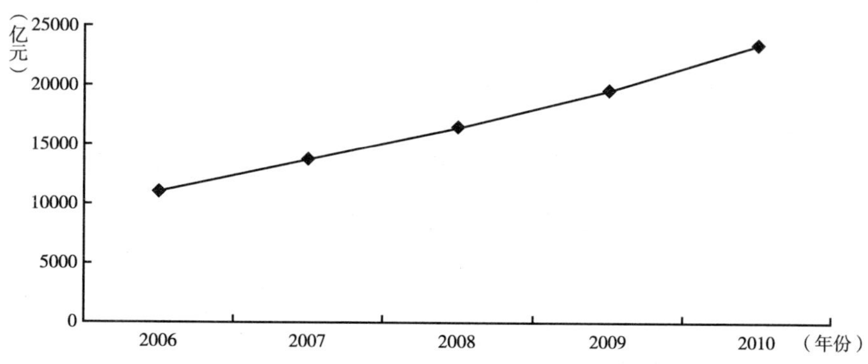

图4－8　河南省规模以上工业企业的总资产变化趋势

图4－9显示了河南省轻工业和重工业中规模以上工业企业的总资产变化状况。从中可以看出，2006～2010年，重工业的企业总资产远远大于轻工业的企业总资产，而且其增长幅度也大于轻工业企业。这说明河南省规模以上企业的总资产大部分集中于重工业，轻工业所占的总资产较少，而且增长缓慢，和重工业的差距逐渐拉大。

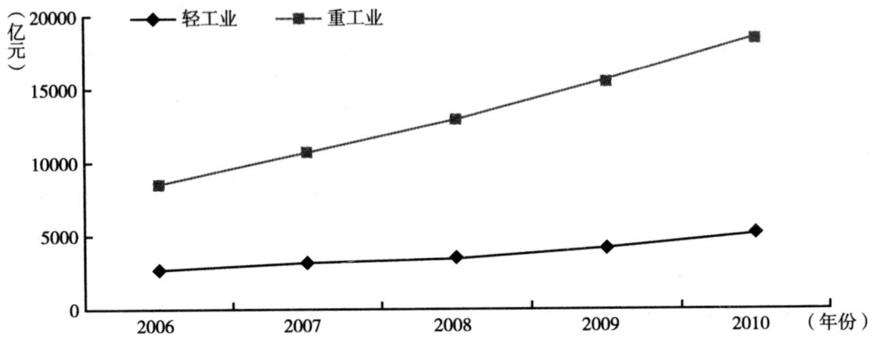

图 4－9 河南省规模以上不同行业的工业企业总资产

图 4－10 显示了河南省规模以上工业企业中不同规模企业所拥有的总资产的多寡和变化趋势。从中可以看出，大、中、小型企业的总资产在 2006～2010 年均呈稳定增长趋势，大型企业所拥有的总资产要比中、小型企业的资产多，小型企业的总资产最少且增长缓慢。结合图 4－7 可以看出，小型企业的工业增加值远远大于大型企业，而其所拥有的总资产却相对较少。这一方面说明小型企业的效率要远远高于大型企业；另一方面说明小型企业融资方面的能力较弱，资产规模较小。

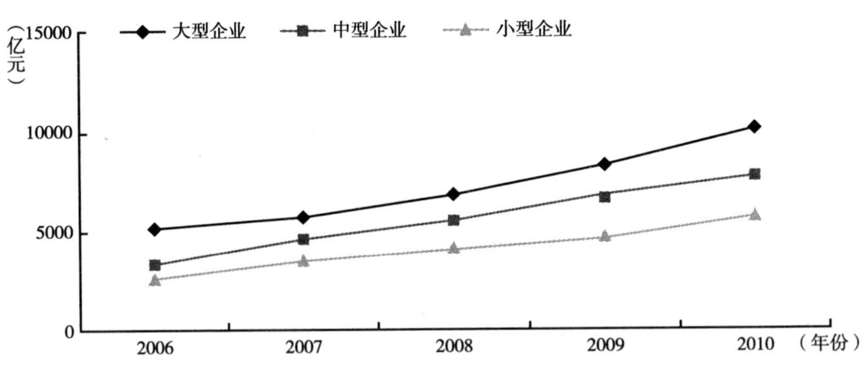

图 4－10 河南省规模以上不同规模的工业企业总资产

图 4－11 显示了河南省规模以上工业企业中不同所有制类型企业的资产状况。从中可以看出，公有制工业企业和非公有制工业企业的资产在 2006～2010 年均呈增长趋势，但非公有制企业资产的增速大于公有制企业资产的增速，非公有制企业资产在 2009 年首次超过公有制企业。

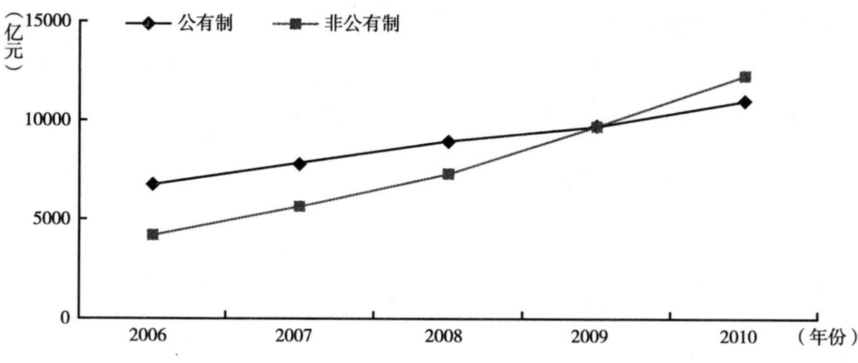

图4－11　河南省规模以上不同所有制类型的工业企业总资产

二　河南省规模以上工业企业的主营业务收入

为了解河南省工业企业的市场实力，本书利用河南省统计年鉴中规模以上工业企业2006～2010年的数据，以主营业务收入为样本，观察企业主营业务收入总体的变化趋势以及不同类型企业的市场实力（见图4－12至图4－15）。从图4－12中可以看出，河南省规模以上工业企业近五年的主营业务收入呈平稳增长趋势，尤其是近两年增速明显，2010年达到36163.12亿元，比2009年的28246.65亿元增长了7916.47亿元，增速达28%。

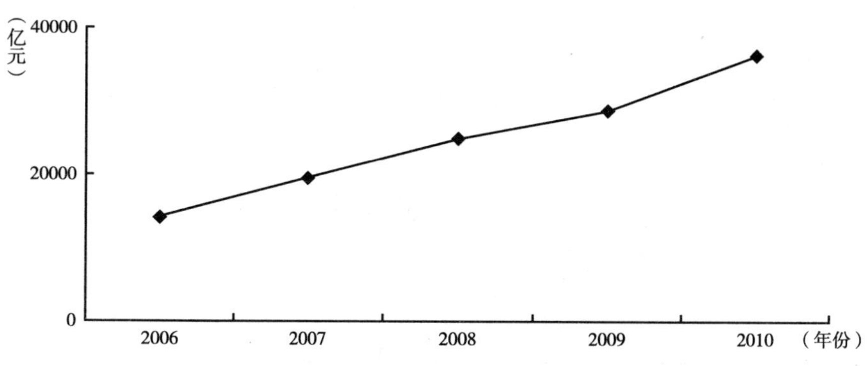

图4－12　河南省规模以上工业企业的主营业务收入

图4－13显示了河南省不同行业规模以上工业企业在2006～2010年主营业务收入的变化趋势。从中可以看出，河南省规模以上工业企业中，重工业的主营业务收入高于轻工业的主营业务收入，两个行业的主营业务收入五

年间呈明显增长趋势，但重工业的增速明显快于轻工业的增长速度，因此两者的差距逐渐拉大。2010 年重工业的主营业务收入为 25385 亿元，轻工业的主营业务收入为 10777 亿元，前者是后者的 2 倍多。

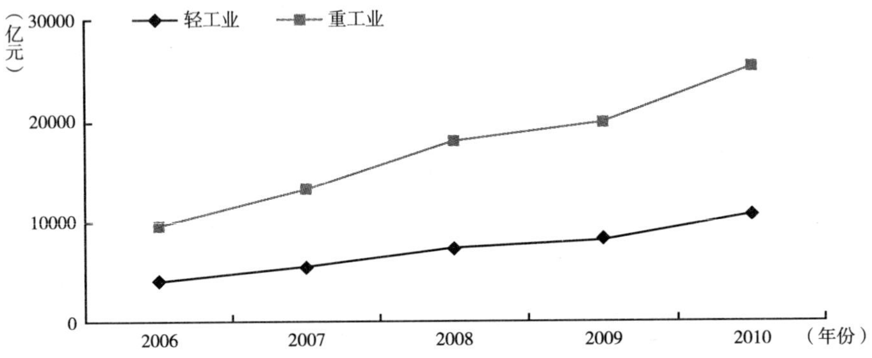

图 4－13　河南省规模以上不同行业工业企业的主营业务收入

图 4－14 描述了河南省规模以上不同资产规模工业企业的主营业务收入在 2006～2010 年的变化情况。从中可以看出，一方面，拥有资产较少的小型企业的主营业务收入明显高于拥有资产较多的大中型企业，而资产拥有量最多的大型企业的主营业务收入总额从 2007 年起就小于中小企业；另一方面，三类企业的主营业务收入在 2006～2010 年均呈逐步增长趋势，但增速并不相同，小企业的增速明显大于大中型企业的增长速度。

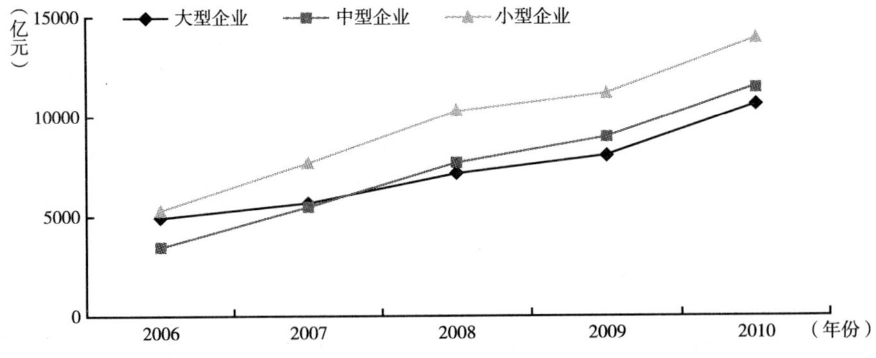

图 4－14　河南省规模以上不同资产规模工业企业的主营业务收入

图 4－15 描述了河南省规模以上不同所有制形式工业企业的主营业务收入 2006～2010 年的变化情况。从中可以看出，非公有制企业的主营业

务收入明显高于公有制企业的主营业务收入，而且在所分析的五年间，非公有制企业的主营业务收入呈快速增长趋势，由 2006 年的 7202 亿元增长到 2010 年的 24899 亿元；而公有制企业的增长却是缓慢的，2006 年公有制企业的主营业务收入为 6606 亿元，2010 年为 11264 亿元，增长还不到 1 倍。

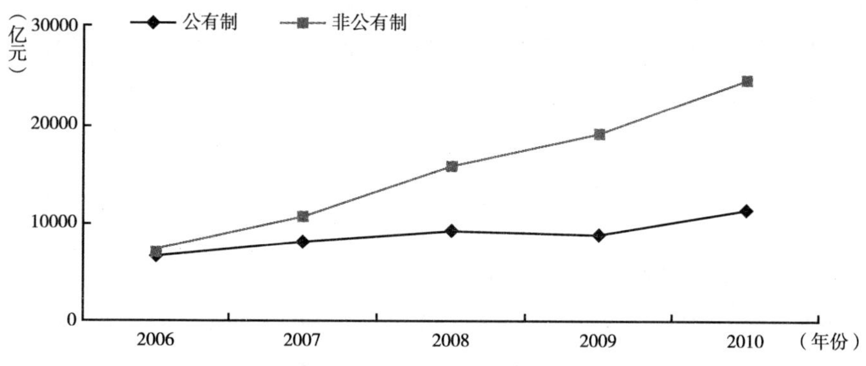

图 4－15　河南省规模以上不同所有制工业企业的主营业务收入

第三节　河南省工业企业的经济效益状况

上文以河南省规模以上工业企业近五年的数据分别从工业增加值、总资产和主营业务收入三个方面描述了该省工业企业的发展规模和变化趋势。企业发展不仅要求规模强大，更需要发展的速度和质量。经济效益是企业发展所追求的核心，也是衡量企业发展能力和发展质量的主要指标。在统计年鉴中，反映企业经济效益的指标有工业增加值率、总资产贡献率、资产负债率、流动资产周转次数、成本费用利润率和产品销售率，由于资产负债率主要反映企业的偿债能力、流动资产周转次数主要反映企业的营运能力，而各不同样本的工业增加值率和产品销售率的数值差异不大，因而本书选择总资产贡献率和成本费用利润率两个指标衡量河南省工业企业的经济效益水平，利用河南省和中国统计年鉴的数据，通过和全国平均赢利水平比较，对河南省规模以上工业企业的总体经济效应水平以及不同性质、不同资产规模工业企业的经济效益状况进行实证分析。

一　河南省规模以上工业企业的总资产贡献率

总资产贡献率反映工业企业全部资产的获利能力，是企业经营业绩和管理水平的集中体现，也是评价和考核企业盈利能力的核心指标。该指标的计算公式为：总资产贡献率 = （利润总额 + 税金总额 + 利息支出）/平均资金总额。其中，税金总额为产品销售税金及附加与应缴增值税之和；平均资金总额为期初和期末资产之和的算术平均值。本书首先利用 2006 ~ 2010 年的统计数据，以全国工业企业的总资产贡献率为参照对象，实证研究河南省规模以上工业企业整体总资产贡献率和大型工业企业总资产贡献率的高低，并比较分析不同企业性质的企业总资产贡献率，以深入了解不同类型工业企业经济效益水平的差异。

1. 规模以上工业企业的总资产贡献率

2006 ~ 2010 年，河南省和全国工业企业总资产贡献率的大小和变化趋势如图 4 – 16 所示。从中可以看出，除 2007 年外，河南省规模以上工业企业的总资产收益率均高于全国平均水平，而且五年间变化幅度不大，说明河南省工业企业的经济效益较为稳定。为了解不同类型企业的经济效益水平，本书按照统计年鉴中的分类方法，分别比较了不同性质工业企业、大中型工业企业的总资产收益率。

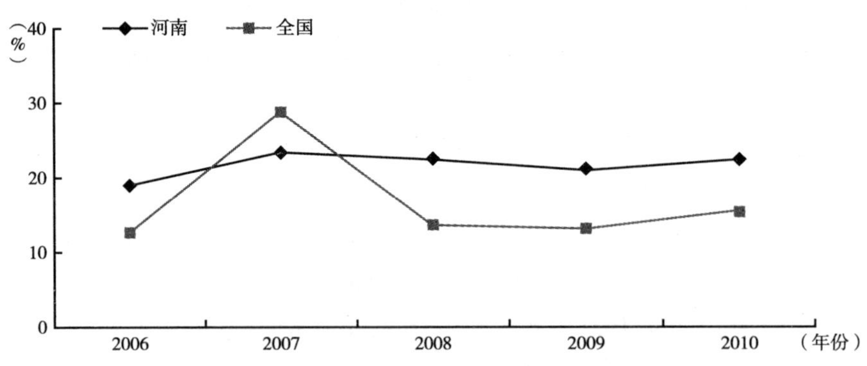

图 4 – 16　规模以上工业企业的总资产贡献率

2. 大中型工业企业的总资产贡献率

大中型工业企业的总资产贡献率在 2006 ~ 2010 年的状况如图 4 – 17 所示。

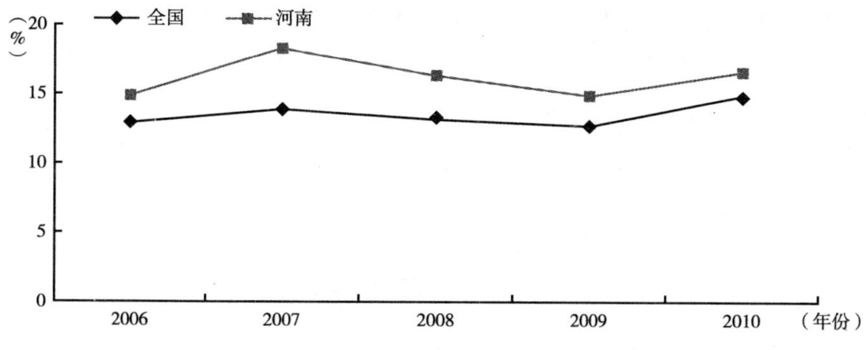

图 4－17　大中型工业企业的总资产贡献率

从中可以看出，五年间河南省大中型工业企业的总资产贡献率均高于全国平均水平，整体呈平稳增长趋势，但近两年增速明显放缓，和全国平均水平趋同。

3. 不同性质工业企业的总资产贡献率

本书根据中国和河南省统计年鉴中的分类方法，将不同性质的工业企业分为国有控股企业、私营企业和外资企业，首先比较了 2006～2010 年三类企业总资产贡献率的高低（见图 4－18），然后分别对三类企业和全国的平均水平进行了比较（见图 4－19、图 4－20 和图 4－21）。

图 4－18 显示，2006～2010 年，河南省私营企业的总资产贡献率是最高的，远远高于国有控股企业和外资企业，平均为国有控股企业的 2 倍多；其次是外资企业，国有控股企业的总资产贡献率最低，说明私营企业的经济效益水平远远好于国有控股企业和外资企业，国有控股企业的资产贡献率低下。

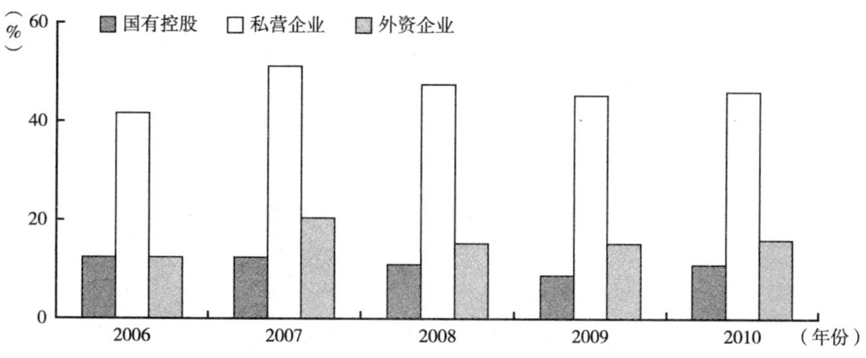

图 4－18　河南省不同性质工业企业的总资产贡献率

图 4－19 显示，河南省国有控股企业的总资产贡献率高于全国国有控股企业的总资产收益率，2006～2010 年呈平稳增长趋势，且增长速度高于全国国有控股企业总资产贡献率的增长速度。

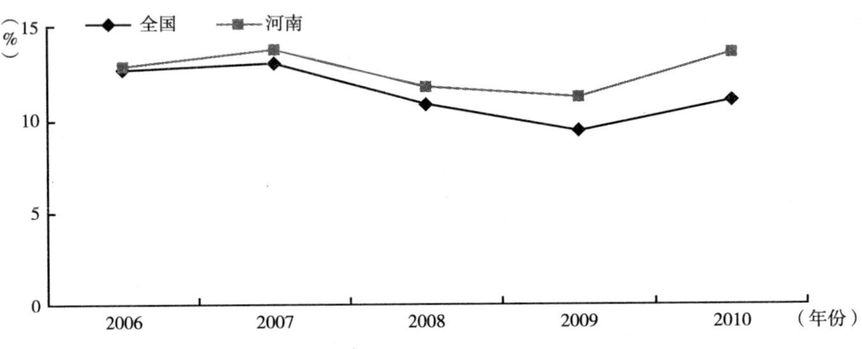

图 4－19　国有控股企业的总资产贡献率

图 4－20 显示，2006～2010 年，河南省私营工业企业的总资产贡献率远远高于全国私营企业的平均水平，是后者的 2 倍多。这说明河南省私营企业的经济效益水平不仅高于国有控股企业和外资企业，还远远高于全国私营企业的平均水平，且处于平稳增长态势，充分说明这几年河南省私营企业的经济效益是良好的。

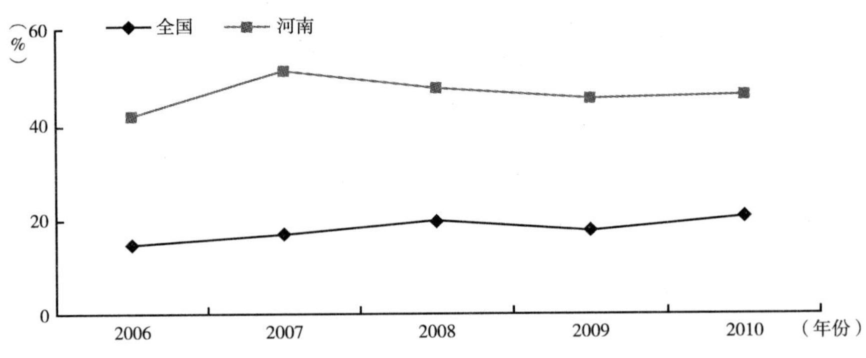

图 4－20　私营企业的总资产贡献率

图 4－21 描述了河南省外资企业总资产贡献率在 2006～2010 年的变化趋势及其与全国外资企业平均水平的比较。从中可以看出，河南省外资企业的总资产贡献率略高于全国外资企业的平均水平，除 2007 年差距明显外，

其他年份的差距并不大。尤其是2007年以后，两者的差距逐渐缩小，说明河南省总资产贡献率的增速不及全国平均水平。

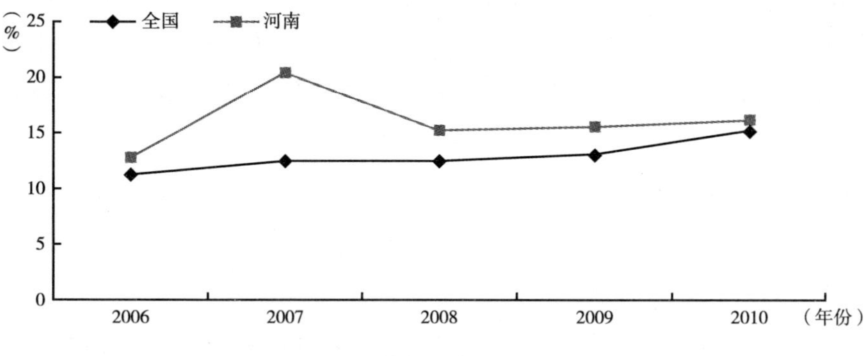

图4－21　外资企业的总资产贡献率

二　河南省工业企业的成本费用利润率

成本费用利润率反映企业投入的生产成本和费用的经济效益，同时也反映企业降低成本所取得的经济效益，该指标的计算公式为：成本费用利润率＝利润总额/成本费用总额。本书首先分析了河南省年主营业务收入在500万元以上的规模以上工业企业的成本费用率，然后分析了河南省大中型企业的成本费用利润率，最后分析了不同性质的工业企业的成本费用利润率，以求全面了解河南省工业企业的经济效益水平。

图4－22显示了河南省规模以上工业企业的成本费用利润率在2006～2010年的变化趋势。从中可以看出，除2007年外，河南省规模以上工业企

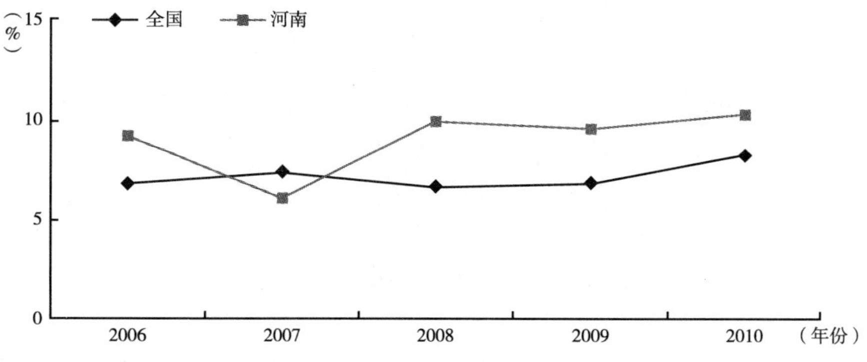

图4－22　规模以上工业企业的成本费用利润率

业的成本费用利润率均高于全国规模以上工业企业的平均成本费用利润率，在整个分析期间呈平稳增长趋势。

图4－23描述了河南省大中型企业的成本费用利润率。从中可以看出，河南省大中型企业的成本费用率呈递减趋势，而全国大中型企业的成本费用利润率则呈逐年递增趋势。因此，2009年，河南省大中型企业的成本费用率已下降到全国平均水平，2010年低于全国平均水平。

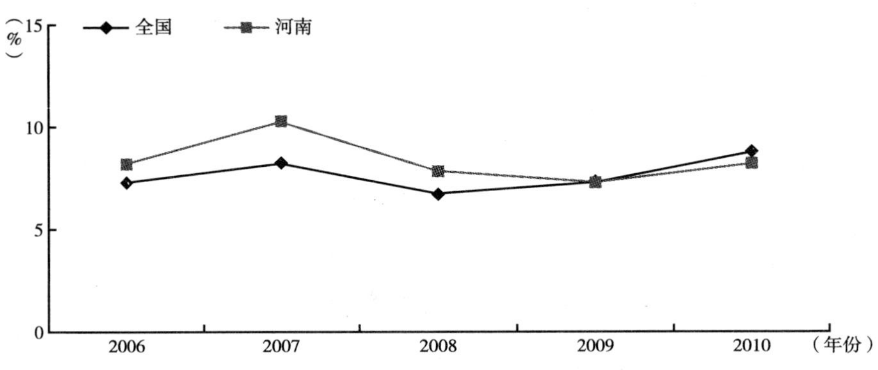

图4－23　大中型企业的成本费用利润率

图4－24显示了2006～2010年河南省不同性质工业企业的成本费用利润率。从中可以看出，私营企业的成本费用利润率高于国有控股企业和外资企业，国有控股企业的成本费用利润率最低，外资企业的成本费用利润率处于两者之间。

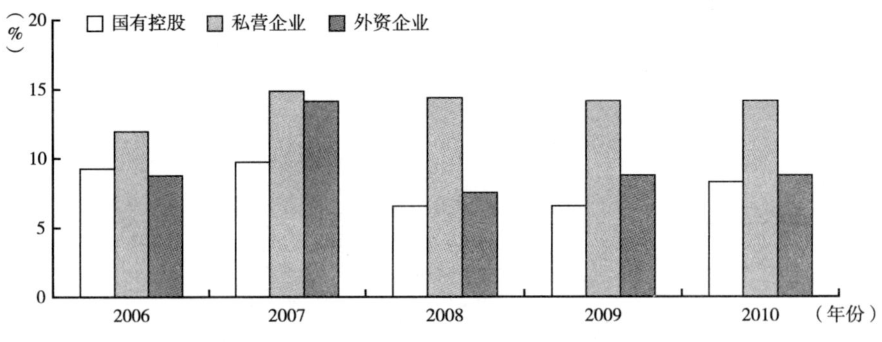

图4－24　不同类型企业的成本费用利润率

图4－25显示了河南省国有控股企业的成本费用利润率和全国国有控股企业的成本费用利润率在2006～2010年的发展趋势。从中可以看出，河南

省国有控股企业的成本费用利润率高于全国国有控股企业的平均水平。在2006～2010年，河南省国有控股企业的成本费用利润率略有下降，全国国有控股企业的成本费用利润率下降的幅度更大。

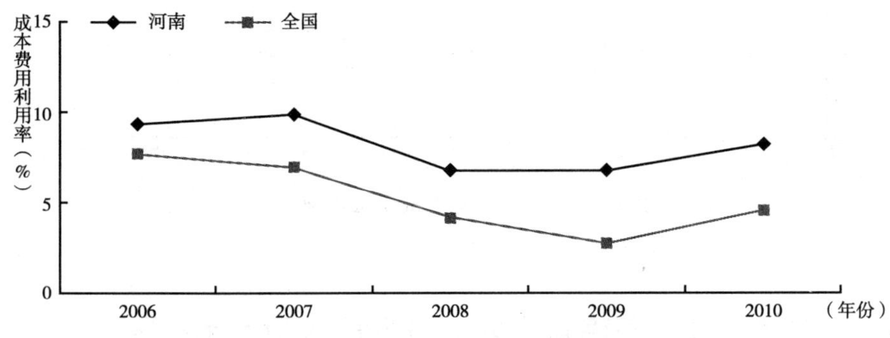

图4－25　国有控股工业企业的成本费用利润率

河南省私营企业的成本费用利润率远远高于全国私营企业的平均水平（见图4－26），虽然河南省私营企业的成本费用利润率从2007年起逐年小幅度下跌，但2010年仍达全国平均水平的2倍多，说明河南省私营企业的经济效益不仅好于该省国有控股企业和外资企业，在全国来看也是遥遥领先。

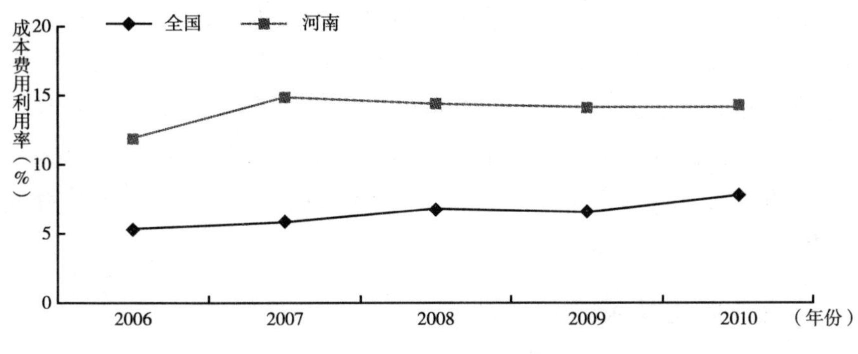

图4－26　私营企业的成本费用利润率

图4－27显示，河南省外资企业的成本费用利润率高于全国外资企业的平均水平，但2008年的经济危机对外资企业的冲击较大，导致外资企业的成本费用利润率大幅下降，虽然在2009年有所上升，但仍和2007年及以前的成本费用利润率有较大差距。

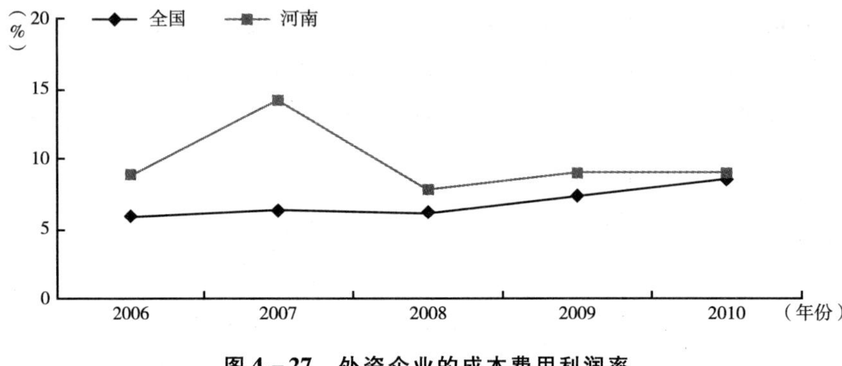

图 4－27　外资企业的成本费用利润率

第四节　河南省企业的研发投入和产出状况

研发是企业持续发展的核心推动力，尤其是在竞争较为激烈和行业利润率较低的行业，外延式发展的机会越来越少，企业发展主要依赖内涵式的增长。内涵式增长的主要内容除了企业精细化管理以外，技术研发将是最重要的一环。不论企业采取何种竞争策略，做好产品仍然是企业创造利润的基础，而技术研发是企业做好产品的手段和措施。研发活动需要投入的资金量相对较大，所需的研发人员一般需要具有较高的专业技术知识，而且研发成果的不确定性较高，研发风险较高。本部分将实证分析河南省企业的研发投入和产出状况。从 2009 年开始，我国的统计年鉴才分地区统计大中型企业的研发活动，因此，本书以 2008 年、2009 年和 2010 年的统计数据为样本，以综合研发能力最强的上海地区为标杆，对比分析河南省大中型工业企业的研发投入和产出效果，以深入了解河南省工业企业的持续发展能力。

一　企业研发投入

研发投入是指企业在研发活动中所投入的资金和人员情况，研发投入的规模和质量决定了研发质量。因此，反映企业研发投入的指标有研发经费支出和研发人员全时当量。研发经费支出是衡量企业用于研发活动的资金；而研发人员全时当量是指参与研发活动的全时人员数加非全时人员按工作量折算为全时人员数的总和。如有 2 个全时人员和 3 个非全时人员（工作时间分别为 20%、30% 和 70%），则研发人员全时当量为：2＋0.2＋

0.3 +0.7 =3.2 人年。该指标反映了一个国家或地区投入研发活动的人力资本的强度。

图 4 –28 显示了 2008 ~2010 年河南省企业研发人员的全时当量。从中可以看出，河南省企业研发人员的全时当量三年间稳定增长，比上海市企业研发人员的全时当量略高。这说明河南省企业投入到研发活动中的人力比上海市要高，而且能保持稳定增长的态势。

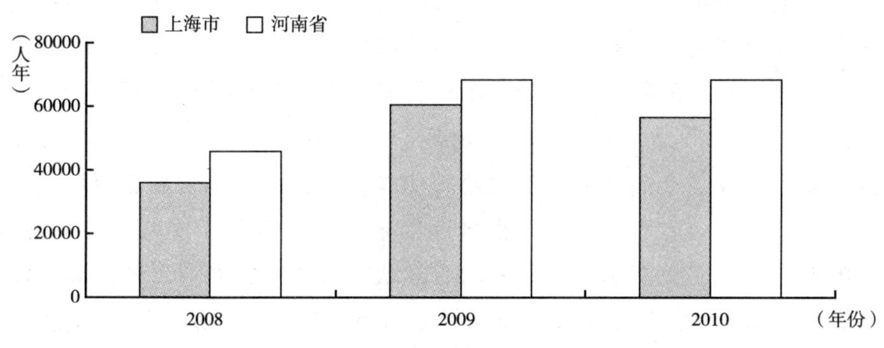

图 4 –28　研发人员全时当量

图 4 –29 显示了河南省企业用于研发活动的经费支出情况。从中可以看出，河南省企业的研发经费支出远远低于上海市。2008 年，上海市企业的研发经费支出为 1811127 万元，河南省为 901865 万元，前者是后者的 2 倍多；2009 年，河南省企业的研发经费支出为 1221761 万元，上海市为 2070546 万元，后者是前者的 1.69 倍；2010 年，上海市企业的研发经费支出增长到 2377472 万元，河南省企业当年的研发经费支出为 1485875 万元，前者是后者的 1.6 倍，说明河南省企业的研发经费支出逐年增长，且增速略

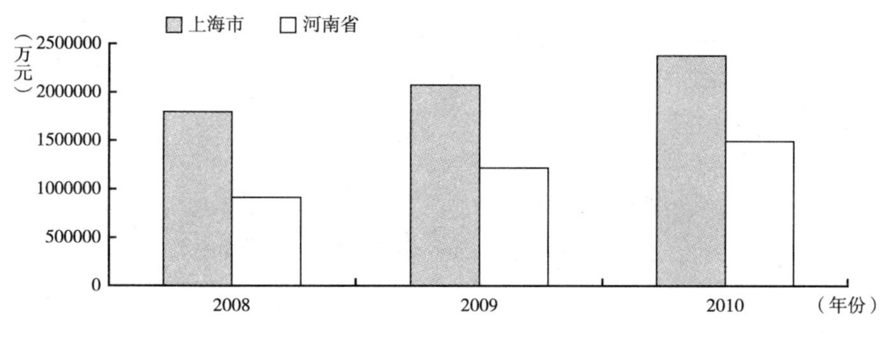

图 4 –29　研发经费支出

高于上海市，但整体水平不及上海市。虽然近年来河南省企业的研发经费支出有较快的增长，但与上海市还有一定的差距。

二　企业研发产出

企业的研发产出是指企业研发活动的成果。新产品销售收入和有效专利数是衡量企业产出的两个常用指标。新产品销售收入是指企业创新成果实现的市场价值，是衡量产品创新的最直接指标，新产品创新周期、更新换代频率和市场竞争能力等因素均影响新产品的销售额，因此该指标也是一个综合性指标。该指标中的新产品是指采用新技术原理、新设计构思研制生产的科研型（全新型）产品，或在结构、材质、工艺等任一方面比老产品有重大改进、显著提高了产品性能或扩大使用功能，能够公开销售和有市场前景的改进型产品。有效专利是指截至报告期期末，专利权处于维持状态的专利。专利的有效状况，尤其是发明专利的有效状况，是衡量企业、地区和国家自主创新能力和市场竞争力的重要指标。2009 年，国家统计局不仅公布了 2008 年我国专利申请的受理和审批情况，而且披露了我国有效专利的统计数据，作为体现专利水平的评价指标，有效专利数据首次被纳入国家经济社会发展综合指标体系。

图 4－30 显示了河南省和上海市的企业新产品销售收入，从中可以看出，河南企业的新产品销售收入远不及上海市。2008 年上海市企业的新产品销售收入是河南省的 3.48 倍，2009 年是河南省的 3.11 倍，2010 年是河南省的 3.37 倍；三年中河南省企业的新产品销售收入虽然略有增长，但增速低于上海市，和上海市企业的新产品销售收入的差距有拉大的趋势。

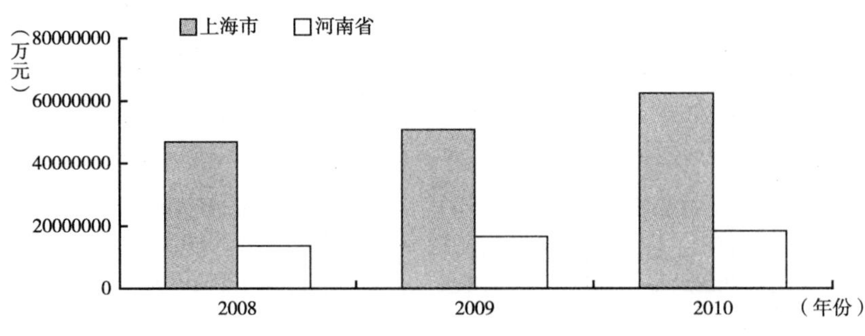

图 4－30　企业的新产品销售收入

河南省企业拥有的有效专利数和上海市相比更是相差甚远，如图 4－31 所示。在 2008 年，河南省企业拥有的有效专利数为 1523 万件，上海市企业拥有的有效专利数为 2127 万件，是河南省的 1.4 倍；但 2009 年和 2010 年上海市企业拥有的有效专利数分别增长到 7166 万件和 7080 万件，而河南省企业拥有的有效专利数则分别为 2512 万件和 2186 万件，上海市分别是河南省的 2.9 倍和 3.2 倍。这说明河南省企业拥有的有效专利数不仅在绝对数量上远不及上海市，在增长速度上也落后于上海市。

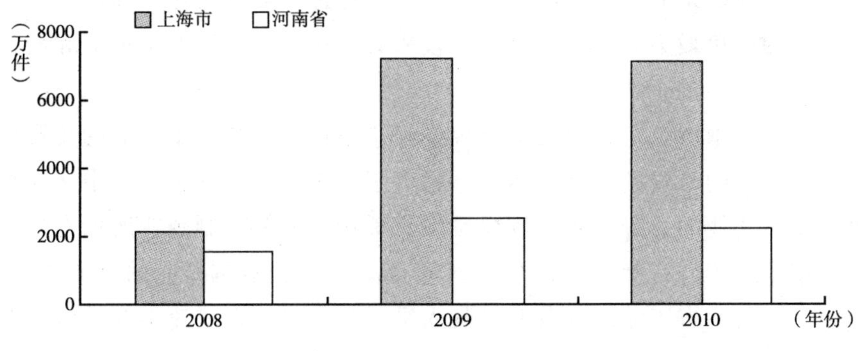

图 4－31　企业的有效专利数

第五节　河南省工业企业发展现状述评

以上利用河南省规模以上工业企业近几年的统计数据，分析了该省工业企业总体及不同类型工业企业的工业增加值及指数的变化，并分析了不同类型工业企业的发展规模和经济效益，从分析数据可以看出河南省企业总体发展状况具有以下特征。

第一，河南省工业企业在该省经济发展中的作用日趋显著。通过河南规模以上工业企业的样本数据可以看出，2006～2010 年，河南省工业企业的工业增加值逐年递增，工业增加值指数平缓，说明工业企业对河南省经济发展的作用日趋增加。

第二，河南省不同注册类型企业的增加值及其增长速度发展不均衡。内资增加值所占比重较大，外资增加值所占比重较小且增长缓慢，说明河南省开放程度较低，吸引外资的质量较低；私营企业的总体工业增加值最大且增速最快，集体企业的规模较小且增长缓慢；国有企业的工业增加值增速缓慢。

第三，不同所有制性质的企业对河南省经济发展的贡献不同。从所有制性质看，非公有制企业的工业增加值快速增长，而公有制企业的工业增加值则增长缓慢。至2010年，非公有性质的工业企业增加值已远远高于公有制企业的增加值。

第四，不同行业和不同规模的企业对河南省经济发展的贡献有一定差异。从行业角度看，河南省重工业的工业增加值及增速均大于轻工业，六大优势产业整体的工业增加值增速不明显，食品加工业的工业增加值最大，装备制造业的增速最为显著；从资产规模来看，小企业的工业增加值和增长速度远远高于大中型企业。

第五，河南省工业企业的资产规模呈快速增长态势。重工业的总资产远远大于轻工业的总资产，且增速也远远大于轻工业；资产主要集中在大型企业里，小型企业的总资产相对较少且增长缓慢；非公有制企业所拥有的总资产增长速度大于公有制企业，并在2009年超过了公有制企业的总资产。

第六，河南省工业的主营业务收入呈增长趋势，但增速不及总资产的增速。拥有资产较多且增速明显的重工业，其主营业务收入也较大；拥有资产较少的小型企业，其主营业务收入总量却明显高于拥有资产较多的大中型企业，小型企业主营业务收入的增长速度也高于大中型企业；非公有制企业的主营业务收入高于公有制企业且增速也高于后者。

第七，河南省工业企业的经济效益水平较高。从近五年的统计数据可以看出，河南省规模以上工业企业的总体效益水平高于全国规模以上工业企业的平均水平，而且发展较为稳定。

第八，不同性质工业企业的经济效益水平差距显著。私营企业的经济效益水平最高且增长速度最快，不仅远远高于河南省的国有控股企业和外资企业，也明显高于全国私营企业的平均水平；河南省外资企业的经济效益略高于全国平均水平，但增长速度较低；国有控股企业的经济效益最低，且呈下降趋势；小型企业的经济效益远高于大中型企业的经济效益。

第九，河南企业的研发能力较弱。在研发投入方面，除了研发中人力资本投入强度略高于上海企业外，河南企业的研发经费支出远远落后于上海企业。在研发产出方面，河南省企业更是无法和上海企业相比。上海企业的新产品销售收入和有效专利数是河南企业的3倍多，而且近三年上海企业研发产出的增长速度也远远超过河南省。这些均说明河南企业的研发能力相对较弱。

第六节　本章小结

本章以河南省规模以上工业企业 2006～2010 年的统计数据为样本，实证考察了不同类型工业企业的增加值及其指数、发展规模、经济效益和研发能力，发现河南省企业的工业增加值逐年增长，增加值指数平稳，内资企业的工业增加值所占比重较大，外资企业增加值所占比重较小且增长缓慢；私营企业的工业增加值远远大于集体企业和国有企业；非公有制企业的工业增加值快速增长，已超过公有制企业；重工业的工业增加值及增速均超过轻工业，小企业的工业增加值及增速超过大中型企业；大型企业的总资产规模超过小企业，但经济效益却远低于小企业；私营企业的经济效益远高于国有控股企业和外资企业；企业的研发能力较弱，除研发投入的人力资本强度稍高于上海市外，研发经费支出和研发产出均远低于上海市，说明河南省工业企业的研发能力较弱。

第五章
河南省工业企业发展的主要动力水平调研和分析

从前文可以看到，河南省的发展规模和经济效益还有很大的发展空间。影响企业发展的因素很多，那么推动河南企业发展的动力水平如何？本部分根据第二部分构建的企业发展动力模型设计了调研问卷，对河南省105家不同类型企业的各种动力要素进行了调研，根据调研数据深入分析了河南省工业企业发展的各种动力水平，为构建合理的企业发展动力机制提供了依据。

第一节　数据调研及整理

一　问卷设计

根据第一和第二部分的研究结果，结合企业发展动力模型，笔者设计了调研问卷。该问卷由两部分组成：第一部分对被调查者的职位及所在企业的基本情况进行调研，由所在单位的职位、单位所有制性质、注册类型、企业规模和成立年限等调研问题构成；第二部分对被调查企业主要发展动力进行调研，是问卷的核心。根据本书第二部分构建的企业发展动力模型，笔者设计了26个调研问题，分别反映了推动企业发展的八种主要力量：利润驱动力、企业家动力、企业员工动力、企业文化动力、企业激励动力、技术创新动力、市场动力和政府推动力，要求调查者根据本企业的实际情况进行选择，每个问题包括4~5个选项，分别测度该要素在企业发展中的状况。

二　样本选择

为了保证分析结果的可靠性，需要足够的样本量。尽管目前学术界对样本数量没有一致的结论，但多数学者认为受试样本数量要远大于量表题目数量。Gorsuch 认为题目数量和样本数量的比例最好为 1∶5，且样本量不少于 100 人。而 Tinsley 则建议题目数与样本量的比例为 1∶10 至 1∶5，如果样本量大于 300 人，这个比例就不重要了。为此，笔者选择了河南省不同性质和规模的 105 家工业企业进行了问卷调研，为了保证数据质量，本书尽量选择样本企业的管理者作为调研对象，采用面谈方式和被调研者就问卷填写进行充分沟通，并进行适当的激励。

本次调研共发放问卷 130 份，收回有效问卷 105 份，所调研的样本对象结构如表 5－1 所示。从中可以看出，被调研的中高层管理人员共 91 人，占全部被调研者的 87%；被调研的企业涉及河南省的电子信息技术、制药、食品加工、汽车制造、服装加工和设备制造六大行业，其中食品加工和服装加工企业所占比例较大，分别为 29.5% 和 26.7%。笔者主要选择了郑州市的工业企业进行调研，占 66.67%；其次是洛阳的企业，占 19.04%；商丘和安阳的企业较少。样本企业以非公有制企业为主，占 83%；样本企业涉及国有企业、集体企业和私营企业，所占比重分别为 16.2%、2.8% 和 59%，大多为股份制企业和外资企业；小企业是本加工调研的主要对象，占 60.9%，成立 5 年以内的企业占 61.89%。

表 5－1　样本结构

			数量(人)	占比(%)
被调查者职位结构		高层管理者	11	10.4
		中层管理者	80	76.3
		普通员工	14	13.3
企业分布	行业分布	电子信息技术	15	14.3
		制　药	8	7.6
		食品加工	31	29.5
		汽车制造	13	12.4
		服装加工	28	26.7
		设备制造	10	9.5
	区域分布	郑州市	70	66.67
		商丘市	8	7.6
		洛阳市	20	19.03
		安阳市	7	6.7
	所有制性质	公有制	18	17
		私有制	87	83

续表

			数量(人)	占比(%)
企业分布	注册类型	国有企业	17	16.2
		私营企业	22	59
		集体企业	10	2.8
		股份制企业	28	45.7
		外资企业	23	21.9
	企业规模	大型企业	6	5.7
		中型企业	35	33.3
		小型企业	64	60.9
	成立年限	3 年以下	27	25.7
		3~5 年	38	36.2
		5~10 年	24	22.8
		10 年以上	16	15.3

第二节　调研数据分析

本部分根据所收集的调研问卷，利用 SPSS 统计分析软件，对问卷中所包含的 26 种影响企业发展的动力要素进行深入分析，以实证考察样本企业的主要推动力水平。

一　利润驱动力分析

企业是营利性的组织，追求利润是企业的本质，因此追求更大的利润是企业发展的核心动力，利润增幅越大，驱动企业发展的力量就越大。为了测量河南省企业发展的利润驱动力水平，笔者选择了样本企业近三年的利润增长率和市场占有率增长率两个指标进行测度。利润是反映企业短期赢利水平的一个绝对指标，而反映企业市场竞争能力的市场占有率指标则可测度企业长期赢利水平，因为只有拥有强大竞争实力的企业才更有可能长期获取较大的利润。

1. 利润平均增长率

为了便于软件分析，笔者用数字 1、2、3、4、5 替代调研问卷中每个问题的 A、B、C、D、E 的选项代码（以下所有的分析均按此方法替代）。样本企业的近三年利润增长率状况如表 5-2 所示。该表显示，利润增长率在 10%~20% 的企业数最多，利润增长率超过 20% 的企业不到 20 家。

表 5－2　利润平均增长率

		频次	百分比	有效比例	累积百分比
有效值	1.00	9	8.6	8.6	8.6
	2.00	23	21.9	21.9	30.5
	3.00	52	49.5	49.5	80.0
	4.00	18	17.1	17.1	97.1
	5.00	3	2.9	2.9	100.0
	合计	105	100.0	100.0	

2. 市场占有率平均增长率

表 5－3 显示，有 37 家企业的市场占有率的增长率在 0～10%，而增长率在 10%～20% 的企业也有 37 家，即有 74 家企业的市场占有率的增长率在0%～20%，占样本企业总数的 70.4%。有 19 家企业的市场占有率的增长率在20%～30%之间，只有两家企业的增长率超过 30%。

表 5－3　市场占有率平均增长率

		频次	百分比	有效比例	累积百分比
有效值	1.00	10	9.5	9.5	9.5
	2.00	37	35.2	35.2	44.8
	3.00	37	35.2	35.2	80.0
	4.00	19	18.1	18.1	98.1
	5.00	2	1.9	1.9	100.0
	合计	105	100.0	100.0	

二　企业家动力分析

企业家动力是指企业董事会成员和总经理等高层管理者推动企业发展的愿望、激情和能力。笔者从企业家的创新和发展愿望、对待风险的态度以及敬业和奉献精神三个方面考察河南省企业发展中高层管理者的推动力。

1. 企业家勇于创新和发展的愿望

表 5－4 描述了被调研企业的高层管理者勇于创新和发展的愿望。有 26 家企业的高层管理者具有强烈的创新愿望和动机，总是不满足于已有的成绩，能够居安思危，不断地开拓进取，以使企业更有生命力，占被调研企业的 24.8%；有 29 家企业的高层管理者具有较强的创新愿望和动

机，能够居安思危，致力于开拓进取；只有9家企业的高层管理者创新意识淡薄，不思进取，不到样本企业的9%，说明绝大部分企业家具有发展愿望。

表5-4 企业家勇于创新和发展的愿望

		频次	百分比	有效百分比	累积百分比
有效值	1.00	26	24.8	24.8	24.8
	2.00	41	39.0	39.0	63.8
	3.00	29	27.6	27.6	91.4
	4.00	6	5.7	5.7	97.1
	5.00	3	2.9	2.9	100.0
	合计	105	100.0	100.0	

2. 企业家对待发展中存在风险的态度

从表5-5中可以看出，14.3%的企业家勇于面对不确定性，鼓励向风险挑战的创新活动；有75.3%的企业家能够坦然面对企业发展中的风险，但并不是十分积极地向风险挑战；有10.5%的企业家回避风险，不愿大胆创新和寻找一切发展的机会。

表5-5 企业家对待发展中存在风险的态度

		频次	百分比	有效百分比	累积百分比
有效值	1.00	15	14.3	14.3	14.3
	2.00	43	41.0	41.0	55.2
	3.00	36	34.3	34.3	89.5
	4.00	10	9.5	9.5	99.0
	5.00	1	1.0	1.0	100.0
	合计	105	100.0	100.0	

3. 企业家是否具有敬业和奉献精神

表5-6描述了被调查企业高层管理者对企业发展的敬业和奉献精神。有22.9%的企业高层管理者具有非常强烈的事业心和责任感，对企业具有极强的使命感，甘当人梯，愿意为科技人员充当助手；有71.4%的企业管理者具有事业心和责任感，能够帮助企业员工解决创新中遇到的困难；只有5.7%的企业家缺乏责任心和奉献精神。

表 5－6　企业家是否具有敬业和奉献精神

		频次	百分比	有效百分比	累积百分比
有效值	1.00	24	22.9	22.9	22.9
	2.00	40	38.1	38.1	61.0
	3.00	35	33.3	33.3	94.3
	4.00	4	3.8	3.8	98.1
	5.00	2	1.9	1.9	100.0
	合计	105	100.0	100.0	

三　企业员工动力分析

为了反映企业员工对企业发展的推动作用，问卷考察了员工参与企业发展的积极性和权力距离对员工参与发展的影响。权力距离是指人们对于权力、地位和待遇差异的接受程度。在一个组织当中，权力距离是指权力的集中程度和领导的独裁程度，以及多大的程度上可以接受组织当中这种权力分配的不平等，在企业当中可以理解为员工和管理者之间的社会距离。越来越多的人认为，企业中的权力距离是影响员工参与管理的重要因素，被调研企业的情况如表 5－7 和表 5－8 所示。

1. 员工参与企业发展的积极性

从表 5－7 中可以看出，15.2% 的被调查企业的员工非常积极地参与企业发展，48.6% 的企业员工积极参与企业发展，4.8% 的企业员工对企业发展不关心。

表 5－7　员工参与企业发展的积极性

		频次	百分比	有效百分比	累积百分比
有效值	1.00	16	15.2	15.2	15.2
	2.00	51	48.6	48.6	63.8
	3.00	33	31.4	31.4	95.2
	4.00	3	2.9	2.9	98.1
	11.00	2	1.9	1.9	100.0
	合计	105	100.0	100.0	

2. 权力距离对员工参与企业发展的影响

表 5－8 反映了企业员工所掌握的权力大小对其参与企业发展的影响情

况，只有16.2%的企业员工参与企业发展不受权力差距的限制，有贡献者得到很高提升；有35.2%的企业员工参与企业发展受权力差距的影响不大，有贡献者能得到提升；而48.6%的企业员工参与企业发展受权力差距的影响很大，只有拥有一定权力的员工才能参与企业发展，有贡献者不会因此获取很大的权力。

表5－8　权力距离对员工参与企业发展的影响

		频次	百分比	有效百分比	累积百分比
有效值	1.00	17	16.2	16.2	16.2
	2.00	37	35.2	35.2	51.4
	3.00	44	41.9	41.9	93.3
	4.00	6	5.7	5.7	99.0
	5.00	1	1.0	1.0	100.0
	合计	105	100.0	100.0	

四　企业文化动力

企业文化是企业所形成的具有自身特点的经营宗旨、价值观和道德行为准则的综合，良好的企业文化能够推动企业的发展。企业发展的过程中到处存在着失败的可能性，企业对待失败的态度对参与发展的员工来说非常关键。另外，企业怎样看待和处理企业发展与员工个人价值实现的关系也非常重要。因此，笔者设计了两个问题以考察企业文化状况。

1. 企业对待发展失败的态度

从表5－9中可以看出，被调查企业中只有14.3%的企业能够容忍和接受有差异的行为，勇于承担风险，能对失败者给予保护和鼓励；有39%的企业能够容忍和接受有差异的行为，愿意承担风险，能容忍失败，但不能对失败者给予鼓励；有46.7%的企业对风险采取回避态度，不能宽容失败者，甚至采用各种规章制度控制员工的思想和行动。

2. 企业对个人价值实现和企业发展的态度

表5－10描述了被调查企业对个人价值实现和企业发展的态度，可以看出有30.5%的企业十分强调自信和个人价值的实现，也十分重视企业的发展，以求个人和企业发展保持一致；有26.7%的企业强调自信和个人价值实现，鼓励对企业发展有利的方式；有35.2%的企业鼓励自信和个人价值

实现，但更注重企业发展；只有7.6%的企业忽视自信和个人价值实现，仅仅强调企业发展。

表5－9　企业对待发展失败的态度

		频次	百分比	有效百分比	累积百分比
有效值	1.00	15	14.3	14.3	14.3
	2.00	41	39.0	39.0	53.3
	3.00	44	41.9	41.9	95.2
	4.00	2	1.9	1.9	97.1
	5.00	3	2.9	2.9	100.0
	合计	105	100.0	100.0	

表5－10　企业对个人价值实现和企业发展的态度

		频次	百分比	有效百分比	累积百分比
有效值	1.00	32	30.5	30.5	30.5
	2.00	28	26.7	26.7	57.1
	3.00	37	35.2	35.2	92.4
	4.00	8	7.6	7.6	100.0
	合计	105	100.0	100.0	

五　企业激励动力分析

企业高层尤其是员工参与企业发展的积极性与企业的激励能力密切相关，笔者调研了样本企业的物质激励状况、精神激励状况和激励方式的多元化问题，表5－11、表5－12和表5－13列示了被调研企业的激励动力状况。

1. 企业物质激励状况

从表5－11中可以看出，有20%的被调研企业建立了优胜劣汰的机制，将报酬与岗位挂钩，对有重大贡献的人员，根据其成果获得经济效益的情况，从收益中给予提成；有31.4%的企业实行项目承包制，实现多劳多得，对有重大贡献的人员实行一次性重奖；有38.1%的企业将报酬与岗位挂钩，对有功人员给予一次性物质奖励；有10.5%的企业实行人员终身制，对所有人员都给予同样的奖励。

2. 企业精神激励状况

表5－12显示，有21.9%的企业高度重视企业发展，对于有重大贡献的人

表 5－11　企业物质激励状况

		频次	百分比	有效百分比	累积百分比
有效值	1.00	21	20.0	20.0	20.0
	2.00	33	31.4	31.4	51.4
	3.00	40	38.1	38.1	89.5
	4.00	11	10.5	10.5	100.0
	合计	105	100.0	100.0	

员，除授予荣誉称号并进行广泛宣传外，还对其进行提职、提级，让其参与企业的管理，为其提供国内外的进修和培训机会；有 46.7% 的企业重视企业发展，对于有重大贡献的人员，除授予荣誉称号并在企业内进行广泛宣传外，还对其进行提职、提级，让其参与企业的管理；但有 31.5% 的企业对在企业发展中有重大贡献的人员仅仅给予表扬。

表 5－12　企业精神激励状况

		频次	百分比	有效百分比	累积百分比
有效值	1.00	23	21.9	21.9	21.9
	2.00	49	46.7	46.7	68.6
	3.00	24	22.9	22.9	91.4
	4.00	9	8.6	8.6	100.0
	合计	105	100.0	100.0	

3. 企业激励方式的多元化

表 5－13 描述了企业激励方式的状况，可以看出 22.9% 的企业对发展中有重大贡献的人员，不仅进行重大的物质奖励，还提升职位并授予荣誉称号进行广泛宣传；有 47.6% 的企业对有重大贡献的人员不仅进行重大物质奖励，还授予荣誉称号并进行宣传；有 24.8% 的企业对有重大贡献的人员仅仅进行重大物质奖励并进行宣传；有 4.8% 的企业激励方式单一，仅仅进行物质激励或口头表扬。

六　技术创新动力分析

技术创新是企业发展的内源动力，直接影响企业发展的持续性。笔者设计了企业人员学历结构、设备水平、研发资金强度、研发人员比重、核心技术

表 5－13　企业激励方式的多元化

		频次	百分比	有效百分比	累积百分比
有效值	1.00	24	22.9	22.9	22.9
	2.00	50	47.6	47.6	70.5
	3.00	26	24.8	24.8	95.2
	4.00	4	3.8	3.8	99.0
	5.00	1	1.0	1.0	100.0
	合计	105	100.0	100.0	

来源、研发投入的增长率、新产品销售收入所占比重及企业信息处理能力等问题测度企业技术创新的动力水平，被调查企业的技术创新状况如表 5－14 至表 5－21 所示。

1. 大学以上学历的人员比重

表 5－14 显示，24.8% 的企业里面，大学以上学历的人员占 50% 以上；大学以上学历的人员比重不到 20% 的企业占被调查企业的 14.3%；60% 以上被调查企业的员工中拥有大学以上学历的人员占 20% ～40%。

表 5－14　大学以上学历的人员比重

		频次	百分比	有效百分比	累积百分比
有效值	1.00	15	14.3	14.3	14.3
	2.00	27	25.7	25.7	40.0
	3.00	20	19.0	19.0	59.0
	4.00	17	16.2	16.2	75.2
	5.00	26	24.8	24.8	100.0
	合计	105	100.0	100.0	

2. 主要设备水平

表 5－15 显示，有 41% 的被调查企业其主要设备中属于国内先进水平以上的原值占所有设备原值的比重不到 20%；只有 9.5% 的被调查企业拥有 50% 以上的属于国内先进水平的设施和设备。

3. 企业研发资金的强度

表 5－16 描述了被调查企业的研发资金强度。可以看出，有 34.3% 的企业研发支出占销售收入的比重不到 5%；有 27.6% 的企业研发资金占销售收入的比重为 5% ～10%；只有 6.7% 的企业研发资金的强度在 20% 以上。

表 5-15　主要设备中国内先进水平以上的设施和设备原值所占的比重

		频次	百分比	有效百分比	累积百分比
有效值	1.00	43	41.0	41.0	41.0
	2.00	23	21.9	21.9	62.9
	3.00	15	14.3	14.3	77.1
	4.00	14	13.3	13.3	90.5
	5.00	10	9.5	9.5	100.0
	合计	105	100.0	100.0	

表 5-16　企业研发资金支出占销售收入的比重

		频次	百分比	有效百分比	累积百分比
有效值	1.00	36	34.3	34.3	34.3
	2.00	29	27.6	27.6	61.9
	3.00	20	19.0	19.0	81.0
	4.00	13	12.4	12.4	93.3
	5.00	7	6.7	6.7	100.0
	合计	105	100.0	100.0	

4. 企业人员比重

从表 5-17 中可以看出，有 26.7% 的企业其研发人员占全部员工的比重在 1% 以下；29.5% 的企业研发人员比重为 1% ~5%；有 27.6% 的企业研发人员比重为 5% ~10%；只有 16.2% 的企业研发人员所占比重超过 10%。

表 5-17　企业研发人员占总员工的比重

		频次	百分比	有效百分比	累积百分比
有效值	1.00	28	26.7	26.7	26.7
	2.00	31	29.5	29.5	56.2
	3.00	29	27.6	27.6	83.8
	4.00	17	16.2	16.2	100.0
	合计	105	100.0	100.0	

5. 核心技术来源

表 5-18 显示，被调研企业中有相当多的企业无核心技术，占 26.7%；通过合作创新获取核心技术的企业比重最大，占 31.4%；而通过向其他企

业购买核心技术的企业占22.9%；只有19%的被调查企业的核心技术是通过独立研发得到的。

表5－18　企业拥有核心技术的来源

		频次	百分比	有效百分比	累积百分比
有效值	1.00	20	19.0	19.0	19.0
	2.00	33	31.4	31.4	50.5
	3.00	24	22.9	22.9	73.3
	4.00	28	26.7	26.7	100.0
	合计	105	100.0	100.0	

6. 研发投入的增长率

表5－19显示，近70%的被调查企业近三年研发投入的平均增长率为0～10%；有18.1%的被调查企业的研发投入增长率为10%～20%；不到2%的企业的研发投入增长率超过20%；有10.5%的被调查企业近三年研发投入呈下降趋势。

表5－19　企业的研发投入近三年的平均增长率

		频次	百分比	有效百分比	累积百分比
有效值	1.00	11	10.5	10.5	10.5
	2.00	36	34.3	34.3	44.8
	3.00	37	35.2	35.2	80.0
	4.00	19	18.1	18.1	98.1
	5.00	2	1.9	1.9	100.0
	合计	105	100.0	100.0	

7. 新产品销售收入占总收入的比重

从表5－20中的数据可知，21%的被调查企业近三年新产品销售收入占总收入的比重在15%以上；有22.9%的企业新产品销售收入的比重为10%～15%；26.7%的企业新产品销售收入的比重为5%～10%；但仍有13.3%的企业近三年新产品销售收入占总收入的比重不到1%。

8. 信息管理能力

在信息时代，信息对企业发展尤其是技术创新的影响是十分重要的，企业搜集、整理和利用信息的能力直接影响技术创新绩效。表5－21描述了被调查企业信息管理的能力，从中可以看出，21.9%的被调查企业具有很强的信息收集能力，设立了专门的信息中心，具备先进的信息网络，积极参与国内外同行之间的各种交流活动，能够迅速地就相关信息做出反应；45.7%的被调查企业具有较强的信息收集能力，设立了专门的信息中心，能够通过先进的信息网络收集到相关的技术信息，并能够及时地就相关信息做出反应；26.7%的被调查企业具备一定的信息收集能力，能够通过书籍、报刊收集所需信息，能够对信息做出反应；只有5.7%的被调查企业信息收集能力较弱，对相关信息的反应迟钝。

表5－20　新产品近三年销售收入占总收入的比重

		频次	百分比	有效百分比	累积百分比
有效值	1.00	14	13.3	13.3	13.3
	2.00	17	16.2	16.2	29.5
	3.00	28	26.7	26.7	56.2
	4.00	24	22.9	22.9	79.0
	5.00	22	21.0	21.0	100.0
	合计	105	100.0	100.0	

表5－21　企业信息管理能力

		频次	百分比	有效百分比	累积百分比
有效值	1.00	23	21.9	21.9	21.9
	2.00	48	45.7	45.7	67.6
	3.00	28	26.7	26.7	94.3
	4.00	6	5.7	5.7	100.0
	合计	105	100.0	100.0	

七　市场动力分析

市场拉动力是企业发展最主要的外部动力之一，笔者设计了现有产品的市场需求、市场竞争强度和市场竞争的有序性三个问题测量河南省企业的市场状况。

1. 现有产品的市场需求状况

表5－22描述了被调查企业现有产品的市场需求状况，有24家企业的现有产品在市场上已高度饱和，需要推出新产品或拓展市场空间，占被调查

企业的22.9%；有38.1%的企业的现有产品有部分需求空间；25.7%的企业的现有产品需求空间很大；13.3%的企业的产品需求空间无限，且呈递增趋势。

表5－22 现有产品的市场需求状况

		频次	百分比	有效百分比	累积百分比
有效值	1.00	24	22.9	22.9	22.9
	2.00	40	38.1	38.1	61.0
	3.00	27	25.7	25.7	86.7
	4.00	14	13.3	13.3	100.0
	合计	105	100.0	100.0	

2. 市场竞争强度

市场竞争强度反映企业现有产品竞争的激烈程度。表5－23描述了被调查企业现有产品的市场竞争状况，从中可以看出，有22.9%的企业的现有产品有很多竞争对手，竞争十分激烈，企业只能被动接受市场价格；有41%的企业的现有产品竞争很激烈，但产品之间有差异，企业掌握一定的定价权；有30.5%的企业的现有产品竞争不是很激烈，企业有较高的定价权；只有6家企业的产品无竞争者，企业处于完全垄断地位，有绝对的定价权。

表5－23 市场竞争强度

		频次	百分比	有效百分比	累积百分比
有效值	1.00	24	22.9	22.9	22.9
	2.00	43	41.0	41.0	63.8
	3.00	32	30.5	30.5	94.3
	4.00	6	5.7	5.7	100.0
	合计	105	100.0	100.0	

3. 市场竞争的有序性

市场竞争的有序性反映企业产品市场的竞争是否公平和有序。从表5－24中的数据可以看出，有41.9%的企业认为竞争相对公平，参与竞争的企业地位相对平等，面对大致相同的竞争规则，基本上不存在等级、类型、地域等差别；有33.3%的企业认为竞争大致公平，参与竞争的企业地位有些不平等，竞争规则有所不同，但并未形成明显的等级、类型、地域等差别；有14.3%的企业认为竞争不公平，企业可以利用自身的特权和等级优势，取得竞争优势；当然也有10.5%的企业认为竞争非常公平，参与竞争的企业地位平等，面对同一竞争规则，不因权力、地区、企业类型等因素而形成等级、类型、地域等差别。

表5－24　市场竞争的有序性

		频次	百分比	有效百分比	累积百分比
有效值	1.00	11	10.5	10.5	10.5
	2.00	44	41.9	41.9	52.4
	3.00	35	33.3	33.3	85.7
	4.00	15	14.3	14.3	100.0
	合计	105	100.0	100.0	

八　政府推动力分析

政府推动是企业发展的另一主要外部力量。政府为企业发展所提供的资金支持、税收优惠政策和知识产权保护等措施直接推动了企业的发展。笔者设计了相关的问题进行调查，其结果如表5－25至表5－29所示。

1. 资金支持

表5－25描述了政府对被调查企业发展所需资金的支持状况。表中的数据显示，19%的被调查者对政府的资金支持政策表示满意，企业发展各阶段和重要创新活动都受到了政府的资助；但21.9%的企业在发展过程中很少受到政府的资助；有59.1%的被调查企业只有在发展初期或重要创新活动时才能享受政府的资金支持。

表5－25　政府对企业发展的资金支持状况

		频次	百分比	有效百分比	累积百分比
有效值	1.00	20	19.0	19.0	19.0
	2.00	26	24.8	24.8	43.8
	3.00	36	34.3	34.3	78.1
	4.00	23	21.9	21.9	100.0
	合计	105	100.0	100.0	

2. 税收优惠

表 5－26 描述了被调查企业在发展过程中享受的政府给予的税收优惠及税收负担，从中可以看到，有 86.7% 的被调查企业认为税收负担很重。其中，41.9% 的企业在发展的关键时期才能享受到税收优惠，而另外 41.9% 的企业很少甚至从来没有享受过税收优惠。只有 16.2% 的被调查企业在发展中能享受享受税收优惠，没有沉重的税收负担。

表 5－26　企业发展的税收优惠

		频次	百分比	有效百分比	累积百分比
有效值	1.00	17	16.2	16.2	16.2
	2.00	44	41.9	41.9	58.1
	3.00	30	28.6	28.6	86.7
	4.00	14	13.3	13.3	100.0
	合计	105	100.0	100.0	

3. 企业的融资环境

良好的融资环境能够让企业在发展过程中及时、方便地筹集到所需资金，这对企业发展非常关键。因此，政府应该着力建设方便企业融资的良好环境。从表 5－27 中的数据可以看出，只有 15.2% 的企业在发展中能及时、方便地融到所需资金；而将近一半的被调查者（43.8%）在企业发展初期较难融资；34.3% 的企业只有部分时候能融到资金；有 6.7% 的企业根本不能及时、方便地融到资金。

表 5－27　企业发展的融资状况

		频次	百分比	有效百分比	累积百分比
有效值	1.00	16	15.2	15.2	15.2
	2.00	46	43.8	43.8	59.0
	3.00	36	34.3	34.3	93.3
	4.00	7	6.7	6.7	100.0
	合计	105	100.0	100.0	

4. 政府对企业家的激励

政府能否对为企业发展做出重大贡献的企业家及时、适当地进行物质和精神激励，对企业家发扬敬业和奉献精神的积极性有很大影响。表 5－28 显示，政府对64.7%的完成重大创新的企业家给予一次性物质奖励并授予其荣誉称号；对25.7%的完成重大创新的企业家进行重奖，允许其从创新的收益中提取一定的比例作为奖金，对其进行提职，授予其荣誉称号并在社会上进行广泛的宣传；而9.5%的企业家虽然经常进行创新活动但没有享受过政府的任何奖励。

表5－28　政府对企业家创业的激励状况

		频次	百分比	有效百分比	累积百分比
有效值	1.00	27	25.7	25.7	25.7
	2.00	18	17.1	17.1	42.9
	3.00	50	47.6	47.6	90.5
	4.00	10	9.5	9.5	100.0
	合计	105	100.0	100.0	

5. 知识产权保护

企业的发展前景取决于拥有核心竞争力的大小，知识产权是企业核心竞争力的重要体现，企业竞争最根本的是知识产权的竞争，面对中原经济区建设带来的日益竞争的环境，掌握核心知识产权更加成为企业发展的核心和关键。依法保护知识产权是企业健康发展的有效保障。本问卷测度河南省知识产权的保护强度。从表5－29可以看出，40%的被调查企业认为河南省政府对企业知识产权的保护状况一般，侵犯知识产权的行为会受到一定的处罚，侵权成本较低；17.1%的被调查企业认为政府对知识产权的保护状况较差，存在假冒商品，创新者的利益受到损害；只有19%的被调查者认为政府对知识产权的保护十分有利，侵权行为能受到严厉的制裁和处罚。

表5－29　政府对知识产权的保护

		频次	百分比	有效百分比	累积百分比
有效值	1.00	20	19.0	19.0	19.0
	2.00	25	23.8	23.8	42.9
	3.00	42	40.0	40.0	82.9
	4.00	18	17.1	17.1	100.0
	合计	105	100.0	100.0	

第三节　调研结果述评

从以上调研数据分析中，可以看出影响企业发展的内外部各动力要素的现有水平如下。

第一，利润对企业的驱动力需要提升。利润是企业发展的最根本动力，从短期利润指标来看，被调查企业的利润增长率集中在10%～20%，说明利润增长速度需要提升；从长期竞争能力来看，近半数的被调查企业的市场占有率的增长速度不到20%，说明企业的长期竞争能力有很大的提升空间。因此，无论从短期的利润增长还是从长期的竞争能力提升来看，河南省企业的利润驱动力水平不高，需要从各方面入手，提升企业的赢利能力和竞争能力。

第二，企业家发展企业的动力较高。实证数据表明，大部分企业的高层有勇于创新和发展的愿望，具有高度的敬业和奉献精神，能够坦然面对企业发展中存在的各种风险，愿意为企业发展做出自己的努力和贡献，但在向风险挑战方面不是很积极。因此，从整体看，河南省企业家具有较高的发展企业的动力。

第三，企业员工具有较高的参与企业发展的动力。绝大多数被调查企业的员工能够积极参与企业的发展活动，愿意为企业的发展献计献策，但有很多企业没有给员工参与企业重要发展活动提供良好的环境，员工参与企业发展受到其拥有权力大小的影响，很多员工因为职位低下、权力弱小而失去参与企业发展的机会。企业应激励员工参与企业发展，同时更应该为员工参与企业发展提供良好的环境，不能人为地设置障碍。

第四，企业文化动力需要提升。只有少数企业能够容忍和接受有差异的行为，能对失败者给予保护和鼓励。大部分企业对风险采取回避态度，不能宽容失败者，甚至采用各种规章制度控制员工的创新思想和行动；很多企业不能在企业发展的同时兼顾个人价值的实现，往往只强调企业发展而忽视个人的价值。这些说明河南省企业需要重塑有利于企业发展的企业文化，通过良好的企业文化推动企业的良性发展。

第五，企业内部具有较高的激励能力。绝大多数企业比较重视企业发展，能够将物质激励和精神激励相结合，将员工报酬与岗位挂钩，能够采用多种激励方式及时地对有功人员进行激励，不仅给予一定的物质奖励、提升职位，而且采取授予荣誉称号、宣传表扬等方式进行精神激励。

第六，企业技术创新动力需要提升。在被调查的企业里面，70%以上的企业人员中，大学以上学历的人员比重不到50%，80%以上的企业的研发人员比重不足10%，说明技术创新人力资源数量不足，质量不高；研发投入强度不高，多数企业研发资金占销售收入的比重在5%以下，且增长缓慢；研发设备水平低下，属于国内先进水平的主要设备在大多数企业里的比重不到20%。投入要素数量和质量低下导致企业创新能力不足，多数被调查企业新产品销售收入占总收入的比重不到10%，通过独立研发获取核心技术的企业不到20%，有1/3的企业通过联合研发获取核心技术，更有23%的企业只能通过外部购买获取核心技术。

第七，市场驱动力需要提升。部分企业经营的产品需求空间不大，竞争激烈，需要公司推出新产品或开拓新市场。大部分企业认为市场环境较好，参与竞争的企业地位相对平等。

第八，政府推动力需要完善。大多数企业只有在发展的某一阶段或某一活动中才能享受政府提供的资助，两成企业很少受到政府的资助，说明政府在资金资助方面缺乏全面性和系统性；绝大部分企业的税收负担很重，很少甚至从来没有享受过税收优惠；多数企业在发展初期较难融资，政府需要创建良好的融资环境，让企业方便地筹到发展过程中所需的资金；政府对企业知识产权保护的强度不够，部分样本企业认为政府对知识产权的保护是无效的。

第四节　本章小结

本章根据第二章构建的企业发展动力模型设计了调研问卷，对河南省105家各种类型的工业企业进行了问卷调查，利用SPSS统计分析软件对问卷数据进行实证分析后发现：利润作为企业发展的根本动力，在样本企业的发展中并不高，企业的利润增长率和市场占有率的增速均需提升；企业家和员工在企业发展中的动力较高，大部分企业高层有勇于创新和发展的愿望，具有高度的敬业和奉献精神，员工愿意为企业的发展献计献策，但尚有部分企业没有为员工参与企业发展提供良好的环境，职位低下、权力弱小的员工没有参与企业发展的机会；企业需要重塑有利于企业发展的组织文化，很多被调研企业不能容忍和接受差异行为，不能宽容失败者；企业比较重视企业发展，能够采用物质和精神激励方式激励员工参与企业发展，能够采用物质报酬与授予荣誉称号、宣传表扬等多种激励方式提升员工积极性；企业技术创新动力不高，高质量人才所占比重不高，研发投入强度低，研发设备质量低下，企业新产品销售收入所占比重不高，通过独立研发获取核心技术的企业不多，大部分企业通过联合研发或外部购买获取核心技术；企业产品的需求空间不大，市场竞争较为激烈；政府推动企业发展的政策体系需要完善，大多数企业在发展中不能及时得到政府的扶持，绝大部分企业的税收负担较重，多数企业融资困难，知识产权保护的强度不够，部分企业认为政府实施的知识产权保护政策是无效的。

第六章 实施中原经济区战略对河南企业发展的机遇与挑战

2011 年 6 月 8 日，《全国主体功能区规划》把中原经济区列入国家层面的重点开发区域，即重点工业化、城镇化开发的区域，自河南省委、省政府提出实施中原经济区战略、建设中原经济区以来，这一战略构想受到社会各界，直至中央的高度关注和重视。2011 年 9 月 28 日，国务院正式发文支持河南省加快建设中原经济区。为河南经济、社会大发展、大进步，实现中原崛起、河南振兴提供了重大机遇和政策平台。河南省政府高度重视中原经济区战略的实施，出台了《中原经济区建设纲要（试行）》，全面阐述了中原经济区的独特优势、建设中原经济区的战略意义和总体要求及实现中原经济区战略的主要支撑体系。河南省各行各业都在思索抓住中原经济区建设的重大机遇发展自身的措施。企业作为区域经济发展的主体之一，对区域战略的实现起着十分关键的作用。中原经济区建设离不开企业，那么中原经济区战略为河南省企业提出了哪些新要求？中原经济区战略为河南省企业发展提供了什么机遇？如何依托中原经济区建设这一战略新平台实现企业自身发展，实现新发展、新跨越？这已成了业界积极研讨的重要命题。

从 2009 年下半年开始，在河南，一系列围绕中原经济区战略的企业发展研讨一直高调展开。高调的背后是“亿万企业的期盼”，是河南对于“国家层面”战略的高度珍视，中原经济区战略被视为企业发展的最佳机遇。近几年，河南企业得到了长足的发展，企业发展规模和发展效益取得了良好的进展，推动企业发展的各种动力水平也有一定的提升，但中原经济区战略向河南企业提出了新要求，河南企业距离这些全新的要求还有一定的差距，面临着诸多挑战。本部分将详细分析中原经济区战略对企业发展提出的新任务及要求，然后结合案例和相关数据，分析中原经济区战略为河南企业发展带来的机遇和挑战。

第一节 中原经济区战略的任务和目标

一 中原经济区战略的主要内容

中原经济区指的是以全国主体功能区规划明确的重点开发区域为基础，以中原城市群为支撑，涵盖河南全省、延及周边地区的经济区域。这一区域总人口约1.5亿，粮食产量占全国的1/7，经济总量占全国的1/8。长期以来，这一区域一直属于欠发达地区。中原经济区战略是立足于发挥中原经济区独特的区位优势和人力资源优势，以科学发展观统领经济社会发展全局，推动该区经济腾飞的一项国家战略。该战略以邓小平理论和“三个代表”重要思想为指导，以科学发展为主题，以加快转变经济发展方式为主线，以持续探索走出一条不以牺牲农业和粮食、生态和环境为代价的“三化”协调科学发展路子为基本途径，着力推动经济结构战略性调整，着力加快转变农业发展方式，着力推动文化发展繁荣，着力建设资源节约型、环境友好型社会，着力保障和改善民生，努力把中原经济区建设成为全国经济发展的重要增长板块，在支撑中部崛起和服务全国大局中发挥更大作用。该战略主要包含以下内容。

1. 推进农业现代化

发展粮食生产是“三化”的基础，中原经济区建设的突出任务，是要打造全国粮食生产核心区，不断提高农业技术装备水平，建立粮食和农业稳定增产的长效机制，走具有中原特点的农业现代化道路。具体任务包括加强粮食生产核心区建设、推进农业结构战略性调整、健全农业社会化服务体系、加大强农惠农政策的支持力度等。

2. 新型工业化进程

抓住工业转移机遇，促进中原经济区的产业结构升级，做大做强高成长性的汽车、电子信息、装备制造、食品等产业，改造提升具有传统优势的化工、钢铁、纺织产业，积极培育战略性新兴产业，加快服务业发展，促进产业集聚发展，有序承接产业转移，提高产业核心竞争力。

3. 新型城镇化，促进城乡一体化发展

实施中心城市带动战略，提升中心城市地位，发挥副中心城市作用，加强各城市间分工合作，推进交通一体、产业链接、服务共享、生态共建，形成具有较强竞争力的开放型城市群，增强城镇承载能力，提高以城带乡的发展水平，扎实推进新农村建设，严格保护耕地和节约用地，形成大、中、小城市与小城镇协调发展的城乡统筹、社会和谐、生态宜居的新型城镇。

4. 加强基础设施建设

按照统筹规划、合理布局、适度超前的原则，按照枢纽型、功能性和网络化的要求，把郑州建成全国重要的综合交通枢纽；加强铁路、公路、航空、水运网络建设，提高通达能力，强化与沿海地区和周边经济区域的经济联系，形成网络设施配套衔接、覆盖城乡、连通内外、安全高效的综合交通运输网络体系；建设全国现代物流中心，提高能源保障水平，加强水资源保障体系，加快信息网络设施建设。

5. 加强资源节约和环境保护

把加强生态环境保护和节约集约利用资源作为转变经济发展方式的重要着力点，加强资源节约集约利用，坚持节约优先，深化资源价格改革，提高资源利用效率和保障水平。建设生态网络架构，依托山体、河流、干渠等生态空间，构建区域生态网络。加大环境保护力度，严格污染物总量控制，实现环境容量高效利用，努力保障发展需求。

6. 全面提升公共服务水平，保障和改善民生

树立以人为本理念，坚持促进产业和扩大就业相结合，拓宽就业渠道，增加就业岗位，大力发展劳动密集型产业和小微企业；加快构建基本公共教育服务体系；全面落实医药卫生体制改革的各项任务，完善公共卫生服务体系；实施基础文化设施覆盖工程；加快建设覆盖城乡居民的社会保障体系，稳步提升保障水平。加大扶贫开发力度，加强和创新社会管理。

7. 增强文化软实力

积极推进具有中原特质的文化大繁荣、大发展，打造昂扬向上的中原人文精神，提升中原文化的影响力；加快广播影视、演艺娱乐、新闻出版、动漫游戏基地建设，扶持具有中原特色和国家水准的重大文化项目，促进文化产业大发展；坚持人才优先发展，显著提升人口综合素质，把人口压力转化为人力资源优势，努力建设全国人力资源高地；弘扬兼容并蓄、刚柔相济、革故鼎新、生生不息的中原文化，塑造中原人文精神。

8. 推进体制创新

允许采取更加灵活的政策措施，在城乡资源要素配置、土地节约集约利用、农村人口有序转移、行政管理体制等方面先试先行；全面深化经济体制改革，完善社会主义市场经济体制，增强体制机制新优势。

9. 扩大合作开放

打造对外开放平台，营造与国内市场接轨的制度环境，完善涉外公共管理和服务体系，加快形成全方位、多层次、宽领域的开放格局；强化区域发展分工与合作，构建联动发展新机制，实现优势互补，不断拓展发展空间。

二　中原经济区的发展目标

根据中原经济区建设纲要，综合考虑发展基础和发展潜力，建设中原经济区的总体目标为“五新”。

1. 创造粮食生产新优势

粮食生产支撑条件明显改善，农业增长实现由粗放型向集约型转变，由主要依靠资源占用和消耗向主要依靠科技进步和农民素质提高转变，由家庭经营向适度规模经营转变，建成比较完善的现代农业产业体系，农业基础设施不断加强，粮食综合生产能力不断增强，农业综合效益明显提高，农民收入持续增加。

2. 构筑“三化”协调新格局

产业、人口、生产要素集中度明显提高，基本建成生态高效的现代城镇体系和现代产业体系，形成以产带城、以城促产的良性互动局面；新型工业化带动和提升农业现代化的能力进一步增强，新型城镇化和社会主义新农村建设协调推进，工业反哺农业、城市支持农村长效机制基本形成。

3. 实现改革开放新突破

社会主义市场经济体制更加完善，重点领域和关键环节改革取得重大突破，服务型政府建设卓有成效，率先建立有利于促进经济发展方式转变的制度环境；对外合作领域和空间不断拓展，与沿海和中西部地区的区域协作全面加强，外贸进出口和利用外资水平走在中西部地区前列。

4. 取得转型发展新跨越

经济转型加快推进，产业、需求、城乡、区域、要素等结构调整取得重大突破，综合实力、核心竞争力明显提高，经济发展由资源依赖型、投资驱动型向以创新驱动型和内需拉动型为主转变，人口、资源、环境与经济发展相协调，可持续发展能力显著增强。

5. 开创和谐社会建设新局面

社会转型迈出重要步伐，教育科技文化发达，社会事业全面进步，人民生活水平明显改善，收入分配更加合理，城乡差距缩小，贫困人口显著减少，社会保障体系更加完善，社会就业更加充分，社会主义民主法制更加健全，社会管理体系更加完善。

在具体实施中，分两步走。

第一步：五年彰显优势。力争到 2015 年，主要人均经济指标超过中部地区平均水平，与全国平均水平的差距进一步缩小，城镇化发展接近中部地区平均水平，中原城市群在中西部地区的竞争力与辐射带动力进一步提升，经济转型和社会转型迈出重要步伐，区域一体化发展格局初步形成，成为支撑中部崛起的重要区域。

第二步：十年实现崛起。到 2020 年，主要人均经济指标赶上并力争超过全国平均水平，城镇化发展努力达到全国平均水平，中原城市群在全国的竞争力与辐射带动力明显提升，经济转型和社会转型实现新跨越，区域一体化发展格局基本形成，初步成为中西部地区经济发展的主要引擎。在此基础上继续努力，基本建成科学发展、统筹协调、开放创新、和谐繁荣的中原经济区，成为全国经济发展的重要增长板块。

三　中原经济区战略的重要战略意义

充分发挥比较优势，加快实现中原崛起，对于贯彻落实国家战略部署，促进区域协调发展，进而支撑全国经济社会又好又快发展，具有重大意义。

1. 对加快中部地区崛起步伐的特殊意义

有利于中部崛起总体目标的实现。中原经济区拥有 1.7 亿人口，占中部地区的 47%；2008 年，该区域粮食总产量达 9000 多万吨，占全国粮食总产量的 17%，占中部地区的 55%，但人均经济水平、民生水平和工业化、城镇化水平明显偏低。如不加快中原经济区建设，实现中原崛起，将影响中部崛起规划总目标的实现。加快中原经济区建设，有利于深化、细化《促进中部地区崛起规划》提出的各项要求，促进规划总体发展目标的实现。

有利于“三个基地，一个枢纽”建设。相对中部其他区域，中原经济区在建设“三个基地，一个枢纽”的目标中，有利条件最多，基础条件最好。中原经济区的主要省份——河南省是全国第一粮食大省，粮食总产量占全国的1/10，连续4年超千亿斤；一批重大产业项目建成投产，2009年全省电力装机达到4680万千瓦、钢铁产量达5211万吨、原铝产量达317.7万吨、水泥产量达1.17亿吨，均居中部第一；中原电气谷、洛阳动力谷、郑州百万辆汽车等重大产业基地建设取得明显成效，超硬材料、电子信息材料形成了比较优势，全国重要的装备制造和高技术产业基地初步建立。中原经济区是全国的陆路交通中心，多条贯穿全国的公路和铁路大动脉在该区域纵横交叉形成了交通枢纽，郑州是全国屈指可数的综合交通中心枢纽之一。2009年底，河南公路通车总里程达到24.2万公里，高速公路达到4860公里，均居全国第一位。建设中原经济区，有利于继续发挥该区域的综合优势，巩固和提升中原经济区在中部地区发展格局中的战略地位。

有利于实现重点地区更好更快发展。《促进中部地区崛起规划》提出加快形成“两横两纵”经济带，培育六大集聚人口和产业的城市群。中原经济区位于沿京广、陇海、京九“两纵一横”经济带的交会地带，是中部人口最密集、经济总量最大、交通区位优势最突出、最具发展潜力的区域。中原城市群是中部六大城市群之一，近年来保持着持续快速发展的良好态势，经济实力不断提高，城市功能不断完善，成为中部地区具有较强支撑力的区域性增长极，2009年其人口、经济总量、综合实力、社会消费品零售总额、固定资产投资总额和金融机构存款余额均居中部其他城市群之首，生产总值分别是长株潭城市群、武汉城市圈、皖江城市带、环鄱阳湖城市群、太原城市群的1.2倍、1.51倍、1.81倍、2.67倍和3.21倍。建设中原经济区，促进中原城市群加快发展，可以在中部地区构筑具有强大集聚作用和辐射作用的核心增长极。

2. 对我国统筹解决“三农”问题的示范意义

在我国“三农”问题中，农业的问题突出表现为农业发展方式落后；农村的问题突出表现为社会事业发展滞后；农民的问题突出表现为农民增收缓慢。这些问题，在中原地区都更为突出和典型。

建设中原经济区，有利于改变农业基础设施和发展方式落后的状况。河南农业基础依然薄弱，如大中型水库病险率高，水利骨干工程完好率不足50%；小型农田水利设施建设滞后，有效灌溉面积为7434万亩，占耕地面积的比重只有63%，还有近40%的耕地望天收。农业耕作方式仍比较粗放，规模化、标准化水平不高，市场竞争力不强；农产品精深加工发展任务艰巨，龙头企业数量少、规模小，产业链条短，知名品牌少，竞争力和带动能力不强；各类农村合作经济组织发展不平衡，组织化程度不高，农业社会化服务体系不健全。建设中原经济区，坚持用工业理念发展农业，用工业成果装备农业，用现代科技改造农业，用现代科学知识武装农民，有利于为全国转变农业发展方式提供示范。

建设中原经济区，有利于探索以工补农的新路子。近年来，河南省委、省政府在全面推进粮食生产核心区建设的同时，围绕促进产业集聚发展，引导产业向城镇集中布局，实现产城融合、工业化与城镇化良性协调，明确提出以产业集聚区为载体构建现代产业体系、现代城镇体系和自主创新体系的战略任务，形成了进一步深入推进“三化”协调发展的基本思路。建设中原经济区，有利于构筑新型城乡关系，消除城乡二元结构，最终实现基本公共服务均等化，对在全国范围内探索统筹城乡发展新路子具有重要的示范意义。

3. 对区域合作和强化区域经济功能的典型意义

构建中原经济区，推进中原地区多领域、多层次的合作，适应中原地区经济发展规律的客观要求，对全国推进市场化进程，强化区域经济功能，具有一定的典型意义。

构建中原经济区，有利于淡化行政区域色彩，强化经济区域功能。中原地区地处我国的内陆腹地，强势的行政区划观念已经对市场经济的开放性与统一性的原则形成严重冲击，成为制约中原区域经济共同繁荣的重要因素。构建中原经济区，有利于跨越行政壁垒，促进区域融合，建立统一开放的大市场，实现资源共享和优化配置，建立互利共赢的经济体系。

构建中原经济区，有利于东、中、西部地区的协调发展。地处中国中部的中原经济区，在全国经济格局中占有承东启西、连接南北的重要战略地位。中原区域内既有东部地区省区，又有中部和西部地区省区。纳入中原经济区范围的周边省份的相邻地区，多处于各主体经济地域的边缘地带，其经济社会发展面临程度不同的困境。构建中原经济区，可以整合这些地区的力量，加快构建和完善区域市场体系，转变地方政府职能，改进区域资源配置方式，建立地区经济增长和社会发展的协调机制，实现和谐发展、共同繁荣。

构建中原经济区，对传统农区科学发展具有示范效应。河南作为一个农业比重大、农村人口多的传统农业大省，从“围绕农字上工业，上了工业促农业”，到工业化、城镇化、农业现代化协调推进，走出了一条在不以牺牲和削弱农业为代价的前提下加快推进工业化、城镇化、农业现代化的路子，初步形成了符合新型工业化基本要求、颇具时代特色和创新意义的发展模式。构建中原经济区，河南将发挥主体作用，以一个经济大省的责任和义务，与周边地区形成和谐发展的邻里关系，缩小地区差距，共同支持中原崛起。这对中西部其他传统农区实现科学发展具有重要的示范效应。

4. 对保障国家粮食安全的战略意义

据《国家粮食安全中长期规划纲要》预测，2010 年全国粮食需求总量达到 10500 亿斤，比 2007 年增加近 250 亿斤；2020 年粮食需求总量达到 11450 亿斤，比 2007 年增加 1200 亿斤，年均增加 100 亿斤。在未来 12 年内，全国只有再新增 1000 亿斤的粮食生产能力，才能确保解决 14 亿多人口的吃饭问题。因此，我国粮食供求将长期处于偏紧状态。中原经济区耕地面积约 1.9 亿亩，是全国土地耕种强度最高、农副产品供给能力最高的地区。2008 年，该区域粮食总产量达 9000 多万吨，占全国粮食总产量的 17%，即 1/6 强，其中夏粮产量占全国夏粮总产量的近 1/2。作为中原经济区主体的河南，不仅用全国 6% 的耕地生产了全国 10% 以上的粮食，每年还调出 300 亿斤原粮及加工制成品，为国家粮食安全做出了重要贡献。建设中原经济区，有利于稳定提高中原粮食综合生产能力，探索建立促进粮食生产稳定增长的长效机制，保障国家粮食安全。

5. 对发挥中原“腹地效应”，完善全国区域布局的重大意义

构建中原经济区，有利于形成与沿海三大经济区遥相呼应的内陆四大经济区，强化内陆经济战略支撑。这四大经济区分别是中原经济区、武汉经济区、成渝经济区、关中经济区。这些经济区共同支撑中国经济发展，缺少其中任何一个都将不利于完善全国区域经济布局。

构建中原经济区，有利于各种要素及资源的聚集，促进区域间的经济合作。我国不同地区之间不仅存在着经济发展的差距，而且存在着巨大的资源禀赋差异。人力资源、技术、资本及自然资源方面的差异要求各个区域之间相互协作，只有这样才能充分发挥各种要素的比较优势，经济发展才能具有良好的效益。构建中原经济区，可以使中部地区成为一个各种要素及资源充分发挥协作作用的载体，从而促进东、中、西部地区各个经济体之间的相互协作。

第二节　中原经济区战略给河南企业发展带来的新机遇

现在是中原经济区建设的起步时期，国务院曾多次组织相关领域的专家

和负责人对中原经济区建设进行全方位的调研，在此基础上将给予一系列的资金、技术、政策等扶持。河南省委、省政府颁布了实施《中原经济区建设纲要（试行）》以及其他具体的建设方案和支持政策，这些都为企业发展提供了良好机遇。

第一，中原经济区建设的“三化”协调发展战略，将有利于拓展企业发展空间。走一条不以牺牲农业和粮食、生态和环境为代价“三化”协调科学发展之路，是中原经济区的首要战略定位，也是中原经济区区别于其他主体功能区的最大特征。根据2006年至2010年的统计数据可以看出，经过“十一五”时期的科学发展，截至2010年底，全省规模以上工业企业资产总额达到23467亿元，比“十五”末期增长了96.9%；实现主营营业收入36163.12亿元，比“十五”末期增长了96%，年平均增速为28%。企业在全省经济社会发展中发挥着引领、支撑和带动作用。推进工业化、城镇化和农业现代化，能够在更大空间、更宽领域充分发挥企业优势，为中原经济区建设提供有力支撑。同时，随着建设中原经济区上升为国家战略，河南将成为全国重要的经济增长板块，区位、人口、文化、粮食、基础、后发优势将更为明显，将有利于企业承接产业转移，吸引国内外更多的战略投资者参与企业发展，对企业获取发展所需的资金、技术、人力资源、管理经验等提供极大的空间和平台。

第二，中原经济区建设由要素驱动向创新驱动转变的发展路径，将有利于提升企业的自主创新能力，进而提升企业的核心竞争力。近年来，河南省围绕打造创新型企业，创造知名品牌，不断加大科技研发投入，创新体制机制，成立了河南煤化、中平能化两大研究院，建立了一批国家级、省级重点实验室，攻克并掌握了一批关键核心技术，完成科研和新产品开发项目5650多项，获专利授权757项。河南企业研发人员的全时当量近三年稳定增长，研发资金快速增长，和先进地区的差距逐年缩小；相应地，河南企业创新投入带来了创新产出的提升，企业新产品销售收入逐年增长，2010年河南企业拥有的有效专利数2186万个，比2008年的1523万个增长了663万个，增长率达到43.5%。河南企业研发投入和研发产出快速增长，一些具有较高创新能力的企业正在崛起。如中信重工，过去是洛阳矿山机械厂，是一个生产制造企业，现在中信重工已经成为一个以研发为主的高新技术企业。中信重工的董事长任沁新说：“我们是国家的创新性企业，我们的技术人员占全部员工人数的27%。每年的新制砂机生产线价格产品贡献率超过了 70%。”虽然河南省企业具备了一定的创新能力，但和发达地区相比还有一定的差距，大部分企业存在高层次创新人才缺乏、研发投入不足、关键核心技术少、自主知识产权和知名品牌较少等问题。中原经济区建设将围绕构建区域自主创新体系，培育创新主体，完善研发支撑条件；加强创新平台建设；加强关键共性技术开发；推动区域创新合作。河南省政府将更加强化企业在中原经济区创新体系中的主体地位和关键作用，采取一定的措施引导社会资源和创新要素加速向重点企业流动，建立以政府投入为主导的市场化科技创新体系，建设一批国家级和省级重点实验室、工程实验室、企业技术研发中心，攻克一批产业重大关键核心技术，推动科研成果的研发应用，打造一批知名品牌。这些都将为河南省企业提升自主创新能力提供良好的契机。

第三，中原经济区建设的一系列优惠政策，将有望形成强大的政府推动力，有利于破解企业发展瓶颈。新中国成立以来，中国区域发展主导政策先后经历了几次调整：20 世纪 50 年代初期到 70 年代末期，国家发展的重点在内陆地区；70 年代末实行改革开放政策以后，国家一方面加强了在沿海地区重点项目建设，另一方面设立经济特区，加快对外开放进程，经过 20 年的建设，沿海地区的综合经济实力大大增强；20 世纪末，国家又相继开始实施西部大开发战略和东北老工业基地振兴战略。随着中原经济区上升为国家层面，国务院有关部门按照国家有关规定和要求，结合自身职能分工，制定了具体工作措施，财税、金融、投资、产业、土地等方面的支持政策得以实施，中央财政转移支付力度将加大，地方性银行、保险等金融机构发展将得到更大力度的支持，符合条件的企业上市和发行债券将更加顺利。虽然近年来经过坚持不懈的改革发展和调整重组，河南省企业发展的体制机制不断完善，经济布局结构进一步优化，成功组建了河南煤化、中平能化等一批带动力强的大企业集团，企业的活力和影响力不断增强，但企业核心竞争力不强，产业结构不尽合理、改革不平衡不彻底不完善、企业负担过重等问题依然突出。国家和河南省关于中原经济区建设的一系列优惠政策和措施，能够有效破解企业在资金、土地等资源要素保障以及体制机制等方面的瓶颈制约，为企业改革发展提供更为优越的政策环境。

第四，为企业产品优化升级提供了契机。有序承接产业转移是中原经济区建设的一个重要内容，河南省将利用区域和劳动力资源丰富等优势，完善现有的产业配套条件，打造产业转移承接平台，推进产业转移的机制也将更为完善和有效，高端制造业、战略性新兴产业和现代服务业将得到重点支持，各具特色和吸纳就业能力强的产业将得到更大力度的扶持，河南各地各行业的企业尤其是发展空间不大的企业可以利用产业转移平台，利用政府扶持政策，促进产品的优化升级。

第五，新型城镇化扩展了企业产品的市场需求。随着中原经济区建设和新型城镇化建设的全面推进，城镇人口将快速增加。据河南省有关部门的测算，未来10年间，通过加快推进城镇化过程，中原经济区将有3360万农村人口进入城镇，届时可新增投资需求达3.36亿元，拉动消费需求4万亿元。这组数据意味着，一旦将中原地区的潜在需求转化为现实需求，将形成国内极具活力的内需市场，这将形成很大的需求空间。

第六，有利于提升企业的核心竞争力。中原经济区将促进工业化和信息化融合、制造业和服务业融合、新兴科技与新兴产业融合，加大技术改造力度，坚持走创新发展之路。为此，河南省政府将发挥企业创新主体作用，科研院所和高校设立分支机构或建立创新成果转移中心会得到更多的鼓励，技术创新联盟、企业技术中心、技术研究中心、重点实验室、工程实验室等研发平台建设将会进一步加强。为构筑区域自主创新体系，河南省将会对企业创新进行资金、人力资源、技术等全方位的扶持，企业利用这些创新平台和创新扶持政策，将提升创新能力，通过创新提升企业核心竞争力。

第七，更为完善的基础设施为企业发展提供了强有力的支撑。为建设中原经济区，河南省将加强能源、水利和信息等基础设施建设，构建功能完善、协调配套、高效便捷、支撑有力的现代基础设施体系。在能源基础设施方面，河南省将优化能源结构和布局，提高开发利用效率，建立安全、稳定、经济、清洁的现代能源产业体系，建设全国重要的综合能源基地，突出保障省内能源供应，积极利用省外能源。推进南阳等地核电建设，大力发展太阳能、风能、生物质能、地热能等新能源，提高非化石能源消费比重；电力将立足本省保障、兼顾省间调剂，继续推进坑口和沿陇海等重要输煤通道的火电集群建设，合理布局城市和产业集聚区热电。促进电网与电源协调发展，加快完善主网架，强化省际联络，加强城市电网建设和农村电网改造升级，积极发展智能电网。高效开发郑州、平顶山等六大煤炭矿区，稳定生产能力，合理配置后备资源，培育大型煤炭企业集团，大力推进煤层气开发和瓦斯综合治理，建立煤炭安全生产长效机制。扩大原油加工规模，完善油品输配网络，提高油品供应能力。实施“气化河南”工程，加快燃气干网、配套支线管网、大型储气库和城市储气调峰设施建设，增强燃气保障能力。

在水利基础设施方面，河南省完善防洪减灾体系，加强水资源监测保护和合理开发利用，形成基本完善的水系网络框架，建立现代化水利支撑保障体系。建设河口村水库、出山店水库和前坪水库等大型洪水控制工程，完成病险水库除险加固，全面推进汝河、贾鲁河、沙河、北汝河、金堤河、卫河等骨干河道治理，加快淮河流域重点平原洼地治理及淮河、海河流域蓄滞洪区建设。建设赵口引黄灌区二期和小浪底南、北岸灌区，完成了大中型灌区和末级渠系配套工程。推进南水北调、中线工程及受水城市供水配套工程建设。加快建设引黄调蓄工程，增加引黄水量，有效利用黄河水资源，扩大农业、城市生活、工业、生态引黄用水量，开展山洪地质灾害防治和易灾地区生态环境综合治理。在信息基础设施方面，推动信息化和工业化深度融合，加快经济社会各领域信息化。加快宽带通信网、新一代移动通信网、数字电视网和下一代互联网等信息基础设施建设，推进电信网、广播电视网、互联网三网融合。推进物联网发展，实施“感知中原”物联网工程和重点领域物联网应用示范工程。加强电子政务网络、应急系统和行政服务平台建设，构建政府信息资源共享平台。建设区域性电子商务综合平台，推进“数字城市”、“数字社区”建设，提高城市公共管理和服务水平。加强信息安全基础设施建设，健全信息安全管理体系，这些都为企业发展提供了强有力的支撑。

第八，人力资源的培育为企业发展所需人才提供了重要保障。河南省将提高教育现代化水平。坚持优先发展、育人为本、改革创新、促进公平、提高质量，深化教育体制改革，完善现代国民教育体系和终身教育体系，提高教育现代化水平。巩固和提高义务教育质量和水平，强化政府对义务教育的保障责任，加大政府教育投资力度，统筹城乡义务教育，调整优化城乡中小学布局，建立县域内教师交流制度，合理配置公共教育资源，重点向农村、边远贫困、民族聚居地方倾斜，加快缩小教育差距。加快普及高中阶段教育，鼓励普通高中向特色化、多样化发展。优化发展高等教育，积极争取国家支持，建设若干所骨干高等学校，优化高等教育层次、布局和专业结构，加快提升高等教育整体水平。加强不同层次高等教育衔接，优化学科专业结构，尽快形成一批高水平、有特色的学科群。充分利用国内外两种教育资源，积极扩大与国内外知名高校的合作办学，吸引国内外一流院校来豫设立分校，带动建设与国际接轨的一流高校园区。推进与国内外知名高校、科研机构开展学科基地和重点试验室、科研基地建设，提高高校服务经济社会发展能力。完善继续教育体系，大力发展非学历继续教育，稳步发展学历继续教育，充分发挥各类学校及各系统各行业培训机构的作用，大力开展成人教育和岗位培训，重视发展老年教育，构建学历与非学历教育并重，社会化、多元化、开放式继续教育体系。大力发展民办教育，改善民办教育发展环境，落实民办学校、学生、教师与公办学校的平等法律地位。重视发展特殊教育，大力发展职业教育。建设国家职业教育改革试验区，促进职业教育规模化、品牌化发展，形成以中等职业教育为主体、中职高职相互衔接、职前职后相互沟通的职业教育体系。实施职业教育攻坚计划，加强示范性职业院校、职教实训基地等建设，鼓励有条件的地方建设职业教育园区。大力发展农村职业教育，加强县级职教中心建设，健全县域职业教育网络。建立长效培训机制，加快实施农村实用人才培训和农村劳动力转移培训。鼓励学校突出自身优势，兴办特色学校、特色专业，实现差异化发展。深化职业教育教学改革，积极吸引大型企业、重点企业参股职业教育，进一步探索集团化办学模式，促进校企之间资源共享、优势互补。推进人才资源整体开发。坚持党管人才、以用为本，突出能力建设和市场有效配置，抓好培养、吸引、留住、用好人才四个环节，统筹推进党政、企业管理、专业技术、高技能、农村实用、社会工作、宣传思想文化等人才队伍建设，大幅度提升人才素质。努力用事业造就人才、用环境集聚人才、用机制激励人才、用法制保障人才，促进人才加速向区内集聚。建立人才、项目、技术、资本高效对接机制，加大人才引进力度。创新人才培养开发、评价发现、选拔任用、流动配置、激励保障机制。优化人才发展环境，形成多元化投入格局，大幅度提高人力资本投资比重，支持科技人员在创新实践中成就事业并享有相应的社会地位和经济待遇，实施鼓励非公有制经济组织的人才发展政策。推进人才市场体系建设，完善市场服务功能，畅通人才流动渠道，做好与先进地区人才政策的衔接和人才开发的合作，建立政府部门宏观调控、市场主体公平竞争、中介组织提供服务、人才自主择业的人才流动配置机制。这些为企业发展所需人才提供了强有力的保障。

第九，扩大对内对外开放有利于解决企业中遇到的多种瓶颈。中原经济区将建设内陆开放高地，打造对外开放平台，营造国内外市场接轨的制度环境，完善涉外公共管理和服务体系，加快形成全方位、多层次、宽领域的开放格局。支持郑州建设内陆开放型经济示范区，新郑综合保税区建设的速度将加快，外资监管模式将更加有效，海关、出入境检验检疫机构的布局和规划将更为合理，吸收和选择外资的标准和政策将更为完善；同时，中原经济区将促进区域联动发展，强化区域合作，构建联动发展新机制，推进与毗邻地区在基础设施和信息平台建设方面的合作，科技要素、人力资源、信用体系、市场准入、质量互认和政府服务等方面将实现有效对接，高水平区域开放合作平台将成功构建，届时企业可以利用合作平台和更多的企业进行合作，获取发展中所需的资金、技术和管理经验。

第三节　中原经济区战略给河南企业发展带来的新挑战

实现中原经济区的目标任务，必须充分发挥河南省的主体作用，贯彻“重在持续、重在提升、重在统筹、重在为民”的实践要领，坚持科学发展、“三化”协调、载体建设、改革开放、改善民生、服务大局六项基本原则，这些对河南企业发展提出了全新的要求，为河南省企业发展带来了重大的机遇，但由于河南省企业在发展方面还存在各种不足，与其他经济区的企业相比，在产业分布、企业规模、经济效益、创新能力、发展动力、竞争水平等方面还存在很大的差距，因此河南省企业在建设中原经济区的过程中还面临着较为严峻的内外部挑战。

一　企业竞争压力加大

中原经济区建设将加大河南省改革开放的力度，构建内陆开放高地，而对外开放像一把双刃剑，在为河南省企业发展提供更多机会和要素的同时，也吸引了更多其他区域甚至国外的企业在中原经济区进行投资建厂，这里面不乏竞争力很强的跨国公司，如此种种，必然给河南企业发展带来更为激烈的竞争。河南省的企业虽然有一定的规模，但经济效益不佳，实力不强。2011 年，河南省虽然有 15 家企业进入世界 500 强，比上年（只有煤化集团一家）增加了 14 家，这 15 家企业也同时进入中国 500 强，是中部六省里面最多的，但只有河南煤化集团企业比较靠前，其余企业都排在 300 名、400 名之后；进入中国制造业 500 强的河南企业有 18 家；河南省制造业进入 500 强的服务业企业只有 2 家。这些数据说明河南企业实力不均衡，在产业上有一定的差距，差距就在于产业竞争力。实证数据也表明，企业内部的利润驱动力不足，利润增长速度不高，企业市场占有率的增长速度不到 20%，企业家发展企业动力及员工发展企业的动力水平及企业内部的激励能力均需改善，这些现象说明企业内部发展能力还需要很大的提升，才能够应对日益激烈的竞争环境。

二 对人力资源素质的要求更高

河南省企业的从业人员管理和技术素质相对较低，人力资源规模较小，人力资源结构与企业发展的要求不相称，人力资源培育、发展和管理机制与企业发展的要求不相称，与全面建设中原经济区目标的要求尚有很大距离。具体表现在：一是企业人才总量不足。企业每万人拥有人才数为607人，低于全国的平均水平（875人）。二是人才资源整体素质比较低。2010年企业从业人员变动情况抽样调查显示，河南省企业从业人员中具有大专及以上学历的人员所占比例为37%，低于全国平均水平。三是专业技术人才，特别是高层次科技创新人才短缺。河南省企业中高级专业技术人员和具有丰富管理经验的高层管理人员数均低于全国或沿海发达地区水平。河南省虽然拥有丰富的农村劳动力，但接受过技能培训的人员很少，取得职业资格证书的人员不到总数的10%。企业从业人员的素质低下直接影响企业的发展能力，尤其是与中原经济区大力发展高科技产业、战略新兴产业和现代服务业的要求不符。

三 粗放式的企业发展方式受到挑战

转变经济发展方式既是实现中原经济区“三化”协调推进的关键之举，也是实现企业可持续发展的根本之策。企业要坚持把转变发展方式放在企业改革发展的战略位置，推进产业集聚，拉长产业链条，实现企业发展由粗放型向集约型转变；省政府要突出抓好项目建设，集中力量抓好企业中列入河南省转型升级“双千”工程和投资额较大的108个重点项目，特别是要做好与央企等优势企业合作项目的跟踪工作，确保完成年度投资目标；要求企业着力提升自主创新能力，努力掌握一批核心技术，提升产品技术含量和附加值；要围绕做大做强主业，严格控制非主业投资和盲目扩张，优化内部资源配置；要严格落实节能减排的各项政策措施，发挥重点企业的示范带动作用，确保完成节能减排任务。目前河南省大部分企业仍以要素推动发展为主，与国家和省政府的发展要求存在很大的差距。

四　企业现有的融资能力和落后的金融市场受到挑战

和中部各省乃至全国相比，河南金融与中原经济区建设的要求还不相适应，河南金融业存在诸多问题，外在表现为金融业增加值所占比重较低，银行信贷融资和直接融资规模与经济总量不相称，金融体系不够完善，金融创新不足，金融市场的有效性很差。同时，企业的信用意识不强，还款能力低，这使得企业很难及时融到发展中所需要的资金。中原经济区建设要求企业更快更强地发展，势必需要更多的资金，这对河南省目前的金融市场和企业的融资能力提出了严峻的挑战。

五　要求企业具有更高的技术创新能力

中原经济区战略目标的实现要求企业拥有更高的技术创新能力，而在被调查的企业里面，研发人员的规模小，学历低，研发强度不高，研发设备水平低下，投入要素数量和质量低下导致企业创新能力不足，多数被调查企业新产品销售收入占总收入的比重不到10%，通过独立研发获取核心技术的企业很少，大部分企业通过联合研发或外部购买获取核心技术。技术创新是企业持续发展的重要动力源，也是企业培育和提升核心竞争力的主要途径，面对中原经济区企业带来的更为激烈的竞争，河南企业低下的创新能力受到严峻的挑战。

六　政府推动力需要完善

大多数企业只有在发展的某一阶段或某一活动中才能享受到政府提供的资助，两成企业很少受到政府的资助，说明政府在资金资助方面缺乏全面性和系统性；绝大部分企业的税收负担很重，很少甚至从来没有享受过税收优惠；多数企业在发展初期较难融资。这些说明河南省政府在推动企业发展方面还存在很多问题，财政、金融、服务等推动企业发展的政策体系还不够完善。

七　企业发展理念落后，和中原经济区“三化”协调发展的核心任务不相称

积极探索不以牺牲农业和粮食、生态和环境为代价的工业化、城镇化和农业现代化“三化”协调发展是中原经济区的核心任务。完成这一任务要求企业坚持科学发展观，以节约资源为主，提升资产的利用效率，更加注意保护环境，在发展中促转变，在转变中谋发展，不断提高发展的全面性、协

调性、可持续性。许多企业片面追求经济效益，浪费资源，破坏生态平衡，污染环境。因此，转变落后的企业发展理念，才能更好地建设中原经济区。

八　企业产品需要升级换代

为实现新兴工业化，中原经济区建设要构建现代产业体系，发展壮大优势主导产业，积极培育战略性新兴产业，加快现代服务业的发展。目前河南企业主要集中在重工业，高科技产业、战略新兴产业和现代服务业中积聚的企业产值所占比例较低，企业要抓住产业转移和政府扶持的机遇，及时进行产品升级换代，退出落后行业，进军重点发展产业。

九　企业开放合作状况面临挑战

中原经济区要成为内陆开放的高地，形成全方位、多层次和宽领域的开放格局，构建开放和合作机制，不断拓展新的开放领域和空间，以开放促改革、促发展、促创新。这些措施将为企业提供更为广阔的开放空间和合作机会，同时也要求企业树立开放意识，提升合作能力。目前河南省企业以内资企业为主，外资的工业增加值所占比重相对较小，而且增速不如内资企业，说明河南省企业对外开放和合作的深度和宽度不够。这和企业的开放合作意识淡薄、合作能力低下有关，也和河南省的引资环境有关。

十　需要企业承担更多的社会责任

“三化”协调发展是中原经济区战略的核心，服务民生、以人为本、保障和改善民生是中原经济区建设的根本目的，坚持节约集约、实现内涵式发展是中原经济区建设的基本要求，加强资源节约和环境保护、推进生态文明建设是中原经济区战略的主要内容，服务中原经济区乃至全国的发展大局将是企业发展的核心。这些均要求企业在发展中承担更多的社会责任。目前，河南省还有很多企业片面追求经济利益，忽视社会利益，承担社会责任的意识不强，对环境保护、资源的利用等不重视，员工的利益得不到充分的保护，这些均不符合中原经济区建设的要求。

第四节　本章小结

本章根据《国务院关于支持河南省加快建设中原经济区》和河南省颁

布实施的《中原经济区建设纲要（试行）》等一系列文件，结合其他专家的研究成果和建议，首先对中原经济区战略的主要内容、发展目标和战略意义进行了概述，然后结合对河南省工业企业发展现状和发展动力要素水平的实证研究，探讨了中原经济区建设为河南企业发展带来的重大机遇：中原经济区建设的“三化”协调发展战略，扩展了企业的发展空间；中原经济区建设由要素驱动向创新驱动转变，将围绕构建区域自主创新体系，培育创新主体，完善研发支撑条件，加强创新平台建设，这些为企业提升自主创新能力提供了良好的契机；中原经济区上升为国家战略，最大的机遇就是系列政策优惠，届时将会形成强大的政府推动力，为破解企业发展瓶颈提升政策支持；河南省为实现中原经济区战略，将打造产业转移平台，完善产业配套设施，构建产业有序承接机制，这将为企业产品的优化升级提供良机；新型城镇化扩展了企业产品的市场需求，基础设施建设也将为企业发展提供强有力的支撑；河南省人力资源培育为企业发展提供了所需的人才，改革开放政策为企业提供了资金、技术和管理经验。最后，本章分析了中原经济区战略给企业发展带来的挑战：中原经济区建设的开放政策和区域联动，增加了企业的竞争压力；对人力资源的素质要求更高，河南企业的人力资源素质相对较低，规模较小，结构不合理，人力资源培育、发展和管理机制与企业发展的要求不相称，与全面建设中原经济区战略目标的要求有很大距离；粗放式的企业发展方式受到挑战，转变经济发展方式是实现中原经济区“三化”协调推进的关键之举，这对大部分仍以要素推动发展的粗放式发展方式提出了挑战；河南省的金融市场相对落后，企业融资较为困难，中原经济区建设要求更快更强的发展企业，所需资金势必更多，对企业融资能力、融资渠道和融资方式均有更高的要求。中原经济区建设要求企业有更强的创新能力，需要企业高层具备先进的管理理念，承担更多的社会责任，而河南省企业在这些方面还存在各种各样的问题。

参考文献

［1］国家发展和改革委员会：《促进中部地区崛起规划》，2010 年 1 月 12 日。

［2］温家宝：《关于发展社会事业和改善民生的几个问题》，《求是》2010 年第 4 期。

［3］李克强：《关于调整经济结构促进持续发展的几个问题》，《求是》2010 年第

6 期。
[4] 曾培炎：《推进形成主体功能区促进区域协调发展》，《求是》2009 年第 6 期。
[5] 卢展工：《用领导方式转变加快发展方式转变》，2010 年 6 月 3 日《人民日报》。
[6] 张平：《中国加快经济发展方式转变的政策取向》，《中国发展观察》2010 年第 4 期。
[7] 王胜今、吴昊、于潇：《推动区域协调发展的几个战略》，《求是》2009 年第 6 期。
[8] 杜鹰：《全面开创区域协调发展新局面》，《求是》2009 年第 6 期。
[9] 刘勇：《2010 年我国区域经济展望与对策》，2010 年 4 月 19 日《中国经济时报》。
[10] 刘树成：《我国发展的国内外环境和条件分析》，2010 年 3 月 3 日《人民日报》。
[11] 刘文海：《“十二五”期间我国社会发展面临的挑战》，《红旗文稿》2010 年第 2 期。
[12] 喻新安：《建设中原经济区若干问题研究》，《河南社会科学》2011 年第 5 期。
[13] 刘畅：《“中原经济区”战略引发豫企转型》，《宏观经济管理》2011 年第 6 期。
[14] 郭民生：《发展知识产权经济推动中原经济区建设》，《中国发明专利》2011 年 4 月，第 16～20 页。
[15] 史占勇：《加快郑州工业转型升级的对策思考》，《中国经贸导刊》2011 年 5 月，第 11～15 页。

Dynamics of Regional Enterprise Growth in China

企业发展动力机制篇

第七章
产权动力与企业产权动力机制设计

第一节　产权动力：股东、产权与企业成长的关系

一　企业产权制度与资源配置效率

1. 产权制度的内涵

企业产权制度是指企业的财产制度，是企业制度的核心，它决定了企业财产的组织形式和经营机制。企业产权制度的发展经历了三种形态，即业主制产权制度、合伙制产权制度和公司制产权制度。业主制产权制度是最早出现的企业产权制度形态，合伙制产权制度是由于业主制企业的扩张而形成，但与业主制产权制度并无本质区别的一种企业产权制度；公司制产权制度是一种现代企业产权制度，它的突出特点是企业投资者（股东）负有限责任。

2. 产权制度的功能

产权制度，规范着各种经济主体的占有行为，它维护某种生产和经营方式，形成经济生活与社会生活的秩序。产权制度对于分工高度发展和社会生活高度复杂化的现代市场经济，更有着特别重要的意义，它是现代市场经济和社会得以顺利运行的重要经济、法权基础。

产权制度的功能可以归纳如下。

（1）所有权的制度化及其巩固社会制度的功能。任何社会，都有其适应于生产力水平和性质的所有制，这种所有制模式构成社会的经济制度。产权制度的构建，首先是所有权的制度化，包括确立起社会生产资料的所有权制度和其他消费资料的所有权制度。确立起生产资料和消费资料的所有权制

度，对于明确各种生产资料和生产品的归属（即实行最高和终极权力主体的定位），规范人们对生产资源的占有行为，处理人们在财富创造与分配中的矛盾与冲突具有重要性。所有权制度，以其对各种经济活动中所涉及的财产的最高支配者的明确的法律规定，为人们的生产、交换、分配、消费等经济行为提供了社会规范，它由此确立和维护所有者的占有行为，排除非所有权人对所有者的财产的侵犯，维护生产秩序和社会生活秩序。

（2）实际占有关系的制度化及其规范经济行为的功能。产权制度构建的重要内容，是各种实际占有关系与权利的制度化。这就是要通过立法，以明确而详尽的法律和法规来确立各类生产当事人对生产资料实行实际占有的制度，社会正是借助这种实际占有制度，一方面实现所有权，另一方面维护经营权。特别是要通过赋予实际占有者以责、权、利，用来恰当处理所有者与实际占有者之间的矛盾，激励和规范实际占有者的行为，以达到维护与巩固某种生产方式与经营方式的目的。

（3）产权制度是维系微观生产组织的利益纽带。在一个较为简单的微观生产组织中，产权表现为单一的所享者权利，是所有权、占有权、利得权、收益权、处置权集于主体一身，即五权不分的“全权”。自耕农、个体手工业者、独资企业等，都属于这种单一的所有者产权制度。这种产权制度以其充分的权力保障利益激励和完全责任，维系着有活力的个人经营组织。在生产日益社会化，出现经营者、委托人与所有者相分离，拥有多个生产当事人——如所有者众多化和所有制多元化的情况下，就出现和形成了多种多样的所有权、占有权、利得权、处置权的相分离和组合的产权结构。后者在于实行了所有者、经营者、委托人等当事人之间恰当的权、益、责的划分，使他们各司其职，各得其所。产权制度，借助于权、益、责关系的调整和配置，特别是借助赋予生产当事人以产权和产益，由此起到聚合、巩固这种两权分离的经济组织的作用。

（4）产权制度是市场机制形成的前提。不论在任何社会，经济形态、生产环节和消费环节都要进行财产的经济转移和占有人的变换，这种财产的经济转移包含产权的让渡，它以占有人拥有法律规定的或约定俗成的产权为前提。

财产等价商品交换是财产经济转移的重要历史形式，这一形式更是立足于当事双方拥有财产的产权的基础之上。众所周知，在简单商品经济中，交换当事人如果不是彼此承认对方的财产所有权，它们就不可能从事和完成这一财产的商品交换。市场经济是市场机制对资源起调节作用的、高度发达的交换经济。市场机制是在发达的市场交换和竞争价格机制中形成的，这种发达的市场交换，意味着各种物质产品、精神产品（包括科技产品）、劳动力、土地、资本、各种金融资产（股票、债券等有价证券），以及知识产权，都进入市场流通和进行市场交换。而这种发达的市场交换，建立在多种多样当事人的产权制度之上。显然，如果没有法律保障的财产权，交换当事人就不能缔结一项有法律保障的市场契约，就不可能形成发达的多种多样的财产交换方式和财产转让方式，包括借贷、租赁、拍卖等。

可见，构建一个恰当地划分和界定各种生产与经营当事人的权、益、责的完善的产权制度，是形成发达的商品交换和形成包括各种生产要素的完备市场体系的前提，是形成市场机制的法权基础。

（5）产权制度与微观经济效益。产权制度与微观经济效益是密切相关的。产权制度是权、益、责的划分与界定，它通过所有权、占有权、收益权、处置权在所有者、经营者及其他生产当事人之间的划分与界定，建立起一种与特定的经济组织形式相适应的生产决策机制和动力机制。就那种经营权与所有权相统一的产权制度来说，所有者既是生产的决策者与指挥者，又是利益的独享者，所有者以其拥有的对生产手段的全权而获得生产自主的保证，又以其享有全益而有了生产的充分的利益激励。个体经营、独资经营，这种经济组织形式之所以至今仍然有着活力，不能不归结于它的两权不分开的产权制度及其全权、全益的机制。就那种经营权与所有权相分离的产权制度来说，则是通过支配使用权、收益权、处置权在所有者、经营者之间的划分与界定，既保障所有者的权益，激发所有者对生产与经营的关心，又赋予和维护经营者及其他生产当事人的权益，以激励经营者的积极性。人们可以看见，现代股份公司的产权制度及其机制，一方面，通过有效地保障所有者（包括普通股、优先股的持有者以及债权人）的权益，从而使公司得以聚合和使用大规模的社会资本。另一方面，公司法人产权制度保证企业经理有充分的经营权和从经营效益中享有利益；同时，也负有对经营者加以严格管理的责任。正是这种权、益、责结构，使企业得以实现多个所有者的资金联合，进行有规模效益的经营，同时能充分调动经营者积极性，促使后者不断地完善经营管理，使用新技术，提高生产效率，追求高的经济效益。经营者（经理阶层）对非其“所有”的公司财产的经营积极性和合理的经营行为，正是建立在公司法人产权制度之上的。可见，构建一种恰当的产权制度是一个有效率的生产组织的必要条件。

(6) 产权制度与资源的合理使用。构建恰当的产权制度，是生产资源得以合理使用和优化配置的重要条件。根据各种产品的性质、社会功能的不同，而选择与确立一种恰当的产权制度，是最有效率、最节约地组织产品生产与供应的必要条件，而这种高效、节约的产品生产与供应的组织，既意味着社会需要获得有效而充分的满足，也意味着各种经济资源获得合理的使用和在社会范围内的优化配置。

二　企业产权制度与资源配置效率

企业的产权制度对于企业资源配置效率的提高具有重大意义。这是因为在任何一个社会中，资源相对于人类的需求而言总是有限的或稀缺的，正因为资源的有限性与人类需求的无限性，在任何社会都必然会发生争夺资源的竞争和分享现有资源所引起的利益冲突。如果这种竞争没有合理的产权制度加以约束或规范，即如果不建立合理的产权制度以明确界定资源的所有权以及在资源使用中获益、受损的边界和补偿的原则，并且规定产权交换的规则来解决在资源稀缺条件下人们竞争性利用资源发生的利益冲突，那么就难以实现资源的合理配置、有效利用和经济的增长，反而会由于竞争秩序的混乱而造成资源的严重浪费，甚至导致资源的消散。由此可见，产权制度对一个经济社会的资源配置有着决定性作用，产权的产生是由于资源的有限性与需求的无限性引起的。

最早认识到产权制度在资源配置中的决定性作用的是罗纳德·科斯(R. H. Coase)，也就是著名的“科斯定理”。科斯教授在1960年发表了开拓性论文——《社会成本问题》(*The Problem of Social Cost*) 第一次讨论了在交易成本为零的假设条件下，最终结果（生产的价值最大化）与法律制度(即产权制度) 无关。然而，科斯认为这是一个非常不现实的假设。事实上，在现实生活中，是存在着交易成本的，即交易成本是大于零的。因此，“科斯定理”与其说是得出了在交易成本为零的条件下资源配置与产权无关的结论，毋宁说反过来证明了在存在交易成本的情况下，产权制度对资源配置的效率或经济制度的运行起着极为重要的作用。

“科斯定理”更为重要的贡献是将该定理引申到交易成本的情况。一旦考虑到市场交易成本，那么对资源的重新安排引起的产值增加超过交易成本时，这种重新安排才能进行或才有必要。在这种条件下，合法权利的初始界定的确影响经济体制的运行效率。故“科斯定理”的现实含义是：在交易成本大于零的情况下，不同的权利界定会带来不同效率的资源配置。也就是说，由于交易是有成本的，在不同的产权制度下交易成本不同，从而对资源配置的效率有不同影响。所以，为了提高资产配置的效率，对产权的初始安排和重新安排的选择是重要的。根据这一定理，我们可以得出一个相反结论：如果产权没有得到明确的界定，则资源就不可能得到最佳配置和最优利用。

正因为存在交易成本，界定产权才成为经济学的一个重要问题。其实，市场商品交换并不是简单的资源或商品交换，而是这些资源或商品的产权的交换，即不同的人所拥有的对资源或商品的不同的权利的交换，要使市场交换得以进行，资源或商品的产权界定就必须非常明确、清楚。人们既不能用产权不属于自己的资源或商品去同产权属于别人的东西相交换，也不会用产权属于自己的资源或商品去交换产权不知属于谁因此得到后随时都可能失去的东西。这说明交换如果不是产权的交换，那么，这种交换是没有任何意义的。

基于上述分析，明晰的产权界定是产权交易的前提条件，也是整个经济活动和经济运行的基础，更是资源进行配置或重新配置的根本，或者说，产权的明晰度达到最优也是资源配置效率最优的根本。产权的明晰度要达到最优，其基本途径就是要按照普遍性、排他性和可转让性的原则进行产权界定。普遍性是强调产权界定必须是涵盖全社会资源及这些资源的相关用途，应当包括无疑；排他性强调在产权界定后，资源的所有权和支配权应当是相互排斥的，不能既属于 A 者又属于 B 者；可转让性强调资源可以自由地从一个所有者转移到另一个所有者，或者是从原始所有者转移给其他所有者。一旦建立了这样的产权制度，就会实现一系列经济增长的效率价值。

产权制度影响资源配置效率提高的因素如下。

1. 交易成本

科斯定理已经告诉我们交易成本为零的世界是不存在的，正如诺贝尔经济学奖获得者斯蒂格勒所说的那样：一个没有交易成本的世界，宛如自然界没有摩擦力一样，是非现实的（G. J. Stigler，1972）。实际上，市场运作是一个利益摩擦的过程，这种摩擦势必造成一定的市场交易成本，这种交易成本的多寡直接影响市场经济主体所追求的经济效益大小，从而制约着一个社会的资源配置过程。

2. 经济活动的游戏规则

由于经济问题的产生源于资源的稀缺性和人们需求的无限性，因此，经济活动说到底是人与稀缺资源之间的关系，由于资源的稀缺性和人们需求的无限性，任何社会都必然会发生人们为争夺资源的竞争和为分享现有资源所引起的利益冲突。如果这些竞争没有合理的规则加以规范和约束，而任意让人们随意竞争性地使用稀缺资源，则必然导致经济活动的无序和混乱。为减少这些无序竞争所导致的资源浪费甚至资源价值的消散，促使人们有效地利用稀缺的资源以最大限度地生产出社会所需要的产品和劳务，从而实现经济增长，就必须建立合理的产权制度以明确界定资源的产权。在资源的产权得到明确界定的情况下，人们要获得资源的权利，唯一的方法就只有在市场上出高价才能获得，而不能依靠其他方法竞相无序地争夺。这样，就能规范人们经济活动中为获得或利用稀缺资源所引起的竞争，并理顺人们的利益冲突，使人们能最有效地利用稀缺的资源以实现经济增长。

3. 经济活动的不确定性

产权制度对经济活动的不确定性的研究是相对于没有产权和没有明确划分产权两种情况而言的。人们进行选择所面临的环境总是复杂多变的，充满着不确定性。而人们总是通过各种途径和手段，力求减少这种不确定性，产权制度就是一种重要的经济法律制度，无疑具有减少不确定性的作用。

产权不明晰也就是“没有产权”或“没有设置产权”，因为不同主体之间产权关系不明晰，意味着谁的权利都没有限制、没有边界，谁都不能确保自己的产权，也就等于没有产权。因此，产权的功能就是通过设置或确立产权，从而减少在经济活动中的不确定性。

4. 市场价格机制

由于资源产权的所有者对于资源拥有排他性的所有权和独占性的使用权，因此，资源产权的需求者要获得资源的产权，就必须支付价格，这种价格就是其获得资源的代价，由于资源相对于人们的需求而言是有限的或稀缺的，因此，为获得稀缺的资源，在资源产权的需求者之间必然存在着激烈的竞争。在这种情况下，只有那些效率高、需求量大的资源使用者才愿意或能够为获得稀缺的资源而支付最高的价格，这样就使得资源向使用效率高的使用者手中流动，从而实现资源的最佳配置和最优利用。

5. 资源的有效供给

由于产权制度的确立使资源产权的所有者的权利得到了明确的保护，每个资源所有者的报酬都取决于其所提供的资源数量多少和质量高低，这就会刺激人们为了获取更多的报酬而在经济活动中供给更多的资源，并不断提高资源的质量。例如，劳动者为了获得更多的工资报酬，会自觉地加大对自己的人力资本投资，以提高自己的知识水平和技能，这将使劳动和人力资本的供给不断增加，同时，由于投资的收益明确归投资者所有，人们必然会为在将来获得更多的收益和财富而抑制目前的消费以进行储蓄，并将储蓄转化为投资。可见，产权的明确界定会大大刺激人们去从事投资活动，从而促使实物资本的供给不断增加，特别是，由于创新和技术发明所带来的巨大收益归创新者或技术发明者以及技术传播或应用者所有，这就会极大地刺激人们去积极从事创新和技术发明及应用的活动，从而推动技术的不断进步。劳动、人力资本及实物资本的供给不断增加以及技术不断进步，意味着资源的供给或资源投入的不断增加，这将推动经济不断发展。

6. 有效的约束和激励机制

产权赋予人的行为权利总是有限的，因此产权界定了人们在经济发展中是否受益或受损，进而也就决定了为了调整人们采取相应的经济行为谁应该赔偿谁的问题。这样，经济运行中的产权界定问题也就相应地规定了经济的责任问题。一旦合理的产权制度建立起来以后，人们利用资源的损益边界都将得到明确的界定，不仅形成了一种有效的约束机制，促使人们在经济活动中尽力降低资源使用成本，从而减少无效率的经济活动，而且也将产生一种激励，激励人们在经济活动中最有效地使用自己的资源以最大限度地获得收益，从而大大地提高资源利用效率。同时，由于产权损益得到了明确的界定，每个经济当事人要想通过从事经济活动以获得报酬，就只有通过从事这种经济活动给别人也带来收益的情况下才会如愿以偿。在这种情况下，人们所从事的经济活动将是每一个参与者都受益的活动，每个经济当事人只有在不损害他人利益的前提下才能自由地从事各种经济活动。在这种活动中，每个经济当事人在追求自己利益最大化的同时，也会导致社会利益的最大化。可见，合理的产权制度将为经济活动的运行奠定一个合理的制度基础。

三　股东、产权在企业成长中的作用

股东是指持有公司股份或向公司出资者。股东是公司存在的基础，也是决定公司能否顺利成长与发展的核心要素，没有股东，就不可能有公司。股东作为企业的投资者，一方面，享有盈余分配权、剩余资产分配权、优先认股权、检查账目权、重大决策决定权等重大权利；另一方面，担负着推动企业经济发展，促进企业资金的横向融通和经济的横向联系，提高企业资源配置的总体效益的职能。

产权究竟是什么？著名的产权经济学家阿尔钦在《新帕尔格雷夫经济学大辞典》中把产权定义为："是一种通过社会强制而实现的对某种经济物品的多种用途进行选择的权利。"在这里，社会强制，可以是由国家的法律来实施，也可以是由通行的伦理道德规范或习俗来实施；经济物品，是指能给人带来效用或满足的任何东西；如果从狭义上说，财产只是有形的外在稀缺物，而从广义上讲，它还可以包括一切无形的稀缺物，如商誉、人力资源等；权利在这里是复数，不仅包括人们通常说的使用权、转让权、收益权等多种权利，还拥有多种可选择的权利。另一位产权经济学家德姆塞茨也是从外部性的角度来定义产权的，但是，他更强调产权的功能和作用。他说："产权是一种社会工具，其重要性来自以下事实：产权帮助人形成那些当他与他人打交道时能够合理持有的预期。这种预期通过法律、习俗以及社会道德等等表达出来。"因此，"产权具体规定了如何使人们受益，如何使之受损，以及为调整人们的行为，谁必须对谁支付费用"。

现代产权经济学的鼻祖——科斯在现代产权理论的经典论文中，把产权定义为财产所有者的行为权利，即可以做什么和不可以做什么的权利。他说："我们说某人拥有土地，并把它当作生产要素，但土地所有者实际上所拥有的是实施一定行为的权利。土地所有者的权利并不是无限的。"

既然如此，关于产权的功能可以做出以下归纳。

第一，产权有助于人们在交易时形成合理的预期。一个资源稀缺的外部世界，人们相互竞争资源并相互合作。无论是竞争还是合作，都是以人们有合理的预期为前提的。无论是简单的物物交换，还是更高级的商业贸易，都离不开合理的预期，即"只有通过双方一致的意志行为，才能让渡自己的商品，占有别人的商品"，因为产权界定了人们财产权利的边界，所以会形成这一合理预期，即"他们必须彼此承认对方是私有者"。

第二，产权激励人们的经济活动。当某人对某物拥有产权，意味着某人因该物而形成了与他人的利益关系，要想充分地获得这一利益，必须具备两个条件：一是这种利益能够度量；二是这种利益不会受到他人的侵犯导致受损。只有这两个条件均具备时，才能构成完整意义上的产权，才能"造成一种激励，将个人的经济努力变成私人收益率接近社会收益率的活动”[①]，促使人们去从事有利于经济增长的活动。

产权最主要的功能是能够给产权主体以激励。正如德姆塞茨所说：“产权的一个主要功能是引导人们实现将外部性较大的内在化的激励。”[②] 菲吕博顿与配杰威齐也说：“一个不难接受的基本思想是，产权会影响激励与行为。”[③]

新制度经济学主要还是从微观层面来分析激励问题。他们认为，产权的激励功能主要源于两个方面：一是产权能够减少不确定性和降低交易费用。人们确立或设置产权，或者把原来不明晰的产权明晰化，就可以使不同资产或生产要素的不同产权之间的边界确定，使不同的主体有了不同的、确定的权利，这样就会使人们的经济交往环境变得比较确定，大家都更能够明白自己和别人的选择空间，这样就意味着人们从事经济活动的不确定性减少和交易费用降低了。二是产权能够将外部性内部化。特别是在存在正的外部性的情况下，经济主体从事某种经济活动的私人收益小于社会收益，他就没有动力去从事这种有利于社会的活动，但在具备产权制度保护之后，情况就会完全不同，由于外部性被内在化，会给经济主体带来巨大的激励。

第三，产权可以提高资源配置的效率。产权内部不同权利的可分割性和分离性，有利于人们实行专业化分工，提高经济效率；产权的可让渡性，使资源能够不断地从利用和配置效率较低的地方，交换和流动到效率更高的地方，直至最优状态。产权的灵活性的增强进一步使经济朝着良性的方向发展，资源的配置效率不断提高。在经济学上，经济发展的动力或者说效率的来源分为两类：一是配置效率；二是生产效率。所谓配置效率，是指在给定资源和技术的条件下，怎样使资源从边际生产率低的地方流向边际生产率高的地方，从而使资源配置和利用达到更合理，社会总价值达到最大。而生产效率是指如何通过生产技术进步而提高每一种资源的生产率，也就是把社会的生产可行性边界向外推移，表现为产出量、成本、收入或利润。

上述三个方面的产权功能，是相互联系、相互促进的。明确界定的产

① 〔美〕诺思、托马斯：《西方世界的兴起》，励以平、蔡磊译，华夏出版社，1999 年 7 月 9 日。

② 〔美〕德姆塞茨：《关于产权的理论》，载《财产权利与制度变迁》，刘守英译，上海人民出版社，2003。

③ 〔美〕菲吕博顿、配杰威齐：《产权与经济理论：近期文献的一个综述》，载《财产权利与制度变迁》，刘守英译，上海人民出版社，2003。

权，使人形成合理的预期，这样人们在竞争与合作中，就会有积极性追求自身利益的最大化，而产权主体的这一寻求最大化的过程，也正是产权的不断界定与资源的最优配置的过程。

第二节　产权动力的基本内容

一　产权结构动力

产权结构是在特定考察范围内，产权的构成因素及其相互关系，是指不同类型的产权主体之间以及同一类型产权内部的相互关系以及相互连接、耦合的格局。内部产权结构也被称为内部治理结构，体现企业内人与人以及不同主体之间的分工与权利配置。在企业实际运行中，产权涉及多方面的主体，包括所有者、经营者、员工以及债权人。所有者为企业提供物质基础，是企业资产权利的享有者；经营者则是经营和管理企业的主体，直接影响产权的收益能力。由于所有者和经营者所处的地位以及拥有的权力，他们的行为对于企业绩效的影响尤为突出。

1. 产权结构对企业管理的影响

（1）产权结构对企业决策与企业发展的影响。权力在所有者内部的配置对企业的控制决策能力有很大的影响，大型国有上市企业产权结构的一个主要特点是高的股权集中度。权力的集中使得企业决策权更多地掌握在大股东手中，小股东利益易被忽视。在现实中的表现包括大股东占用资金，并通过担保、关联交易等方式侵占中小股东利益。更为重要的是，这种权力的倾向性，容易导致企业的错误决策，并直接带来上市公司的信任危机以及市场业绩的下滑。

如果在股东大会上按照股票数量简单多数原则来进行群体决策，则当存在股权超过50%的绝对控股股东时，群体决策等价于绝对控股股东的个体决策，此时，由群体决策的企业重大事项的正确与否完全取决于绝对控股股东个人的决策水平。而当股权由群体股东分散持有时，等价于按股东人数简单多数原则来进行群体决策，由几个权力相当、能力较高的关键股东进行群体决策，可以提高决策水平。

股权分散情况下的决策能力大于存在绝对控股股东情况下的决策能力。因此，企业的产权结构设计需适度多元化。一方面，这使企业决策考虑到更广范围的利益相关者，保障中小股东利益；另一方面，也有利于提高企业的决策水平。

万科能够发展成为中国房地产业的龙头企业，得益于其20多年前的股份制改造，得益于其股权多元化进程。截至2006年6月30日，万科第一大股东华润股份有限公司仅占13.24%股权，前十名股东合计占25.38%股权。万科解决了“为谁干”的问题后，职业经理人不断加盟，推动了企业向规范化、专业化、开放透明的方向发展，主要业绩指标保持了每年30%以上的持续高增长。

在国外，众多大型跨国公司，如微软、福特、杜邦、通用电气、摩托罗拉、松下、三菱、住友等公司，最初均为家族企业，股权高度集中。随着企业的发展，为了适应市场，股权日趋多元化，最终发展成为公众公司。例如，约·戴·洛克菲勒创建的洛克菲勒企业帝国，托马斯·沃特森创建的IBM，山姆·沃尔顿创建的沃尔玛百货，创始人持股比例不断稀释，战略投资者不断引入，股权日益多元化和社会化，在创业者辞世后不久也改由职业经理人主管运营，职业经理人推动了这些跨国公司的持续发展和长久繁荣。松下幸之助个人股权比例从松下电器公司创立之初的100%下降到1950年的43%、1955年的20%，而1975年更猛降到2.9%，使松下的发展突破了个人和家族的局限，保证了企业的持续稳定发展。

（2）产权结构对企业经理层监督机制的影响。所有者和经营者是构成股份公司治理结构的两个主体，所有者和经营者之间如何划分匹配权利以及由此所导致的委托代理问题是治理考虑的核心内容之一。

在股权分散的环境中，代理冲突产生的概率较股权集中的公司相对较高，为降低风险，公司倾向于用更多的信息披露来降低代理成本以及信息不对称，从而使得委托人的经济利益最大化。在我国，由于大多数的国有上市公司股权集中度都相对较高，更值得注意的是，国有企业虽然有大股东，但其所有权人是缺位的，双向关系中一方主体的缺位使得另一方——经营者缺少实质性的监督和制约，企业基本由国有股的代理人主导。上述情况下，国有企业的大股东和经理层之间、中小股东和经理层之间存在着复杂的代理问题，国有股代理人在企业决策中的风险承担和风险制造方面不对称。而董事会和经理层的人员过多重叠，更使得决策控制权和决策经营权难以分离制衡。

当平均分散持有股权时，随着股东人数的增加，个人监督力度会减小，群体监督力度也会减小；随着监督成本的增加，个人监督力度会减小，群体监督力度也会减小；随着监督收益的增加，个人监督力度会增加，群体监督力度也会增加。

由于国有股权资本的监督收益往往并不归国有股权资本的代表所拥有，因此适度的多元化，通过重新分配监督效益，可以使得群体监督力度增加。所以，利用国有股权资本减持的方法引入战略投资者，可以增大对于经理层的监督力度，进而有效地遏制经理层“内部人控制”。

2. 企业产权结构的效率差异

从13世纪西欧形成集中式私有产权制企业至今，世界各国曾先后出现过纷繁复杂的产权结构类型，但各类企业的发展命运迥然而异，有的经历了产生、发展、壮大的过程，有的则经历了萎缩、反复起伏和消亡的过程。这其中固然有政治上、文化上的原因，但作为一种经济现象，首先应当从经济根源上寻找其深层规律。M. T. Hannan 和 J. H. Freeman 认为市场机制相当于生物界的自然选择，组织在环境中能否生存与生物的适者生存规律一样，环境依据组织结构的特点以及组织与环境的相互适应能力来选择一些组织或淘汰一些组织。

生物的进化是适应环境能力较强的有利变异的变种将有较多的机会被保存并得到发展，而生存能力较差的变种，将不能适应生态环境的剧烈变化而消亡，导致该物种的数目减少，这种优胜劣汰机制是自然界的客观规律。

与此类似，生存竞争也迫使企业千方百计提高全要素生产率，降低其产品的个别成本，获得超额剩余价值，壮大自己的竞争实力。市场环境的变化导致企业产权结构自发地产生变异或主动进行创新，形成多样化的特征，为系统演进提供了众多可能性，其过程中也包含了大量的试错。所尝试的各种变异中，谁也不能预见哪种产权结构将是最有效率的，哪一些变异能够被企业强化并在市场中扩散，因为缺乏挑选出最有效率结构的信息和知识。产权结构变异的有利与否不仅依靠市场的选择，而且还要看它们能否为企业带来效率上的优势。

面对市场生态提出的挑战和机会，各种产权结构类型企业的效率差异反映在成本和利润差距上，使企业面临不同的前景：扩张、萎缩、生存、死亡。发达国家中每年都有上百万个新企业诞生，但其中只有一半能坚持18个月，而仅有1/5能生存10年。据荷兰皇家壳牌公司（Royal Dutch/Shell）阿里·德赫斯（Arie de Geus）关于全球策划的研究，《财富》排名前500强的企业从产生到衰亡的平均寿命只有40~50年。1970年跻身《财富》“全球500强”的跨国公司，到1982年就有1/3销声匿迹。阿姆斯特丹市斯特拉提克斯集团的爱伦·德·鲁吉的研究表明，在日本与欧洲，所有大大小小公司的平均寿命只有12.5年。英国和美国曾进行样本分析，发现10年前开始调查时还存在的公司有1/3最后消失了，其中80%是由于接管或收购。1976~1985年，日本每年发生的法人企业破产次数占全部企业总数的比重为0.81%~1.15%[①]。

通过对中国2004年经济普查资料进行统计分析发现，全国3249342家企业中，2004年共有214498家停业，41411家当年关闭，6978家当年破产。各类企业都有停业、关闭、破产的情况发生，只是其发生的比例存在差距而已。国有、集体、联营企业当年停业、关闭、破产的比例为11.46%~15.14%，而私营企业、股份有限公司、有限责任公司停业、关闭、破产的比例为6.32%~7.60%。[②]

根据《中国统计年鉴》计算得到的1999~2005年限额以上（年末从业人员60人及以上、年销售额500万元及以上）各类零售企业相对效率。其计算结果显示，分散私有型产权结构企业的效率最高，稳定在1.5左右，而且标准差很小。其次为集中私有型产权结构、合伙型产权结构、法人型产权结构三类企业，其均值为1.1~1.2，但法人型产权结构的效率波动区间为1.01~1.19，标准差很小。而合伙型产权结构的企业效率很不稳定，各年数据为0.82~1.55，呈宽幅波动。国有型产权结构企业效率较低，基本在1.04上下窄幅波动，集体型产权结构企业的效率在任何一年均为最低。

3. 企业效率对产权结构类型的筛选机制

企业产权结构包括私有型、合伙型、分散私有型、国有型、集体型、法人型、混合型等主要类型。由于企业产权结构的不同，导致公司治理机制、资源配置能力（资本筹集能力、劳动配置能力和技术创新能力）、规模经济、管理水平和交易成本等方面的企业异质性，在不同产权结构的企业之间形成效率差异，这种效率差异可以通过优胜劣汰与相对消长两种效应来发挥其对企业产权结构类型的选择作用。

（1）筛选机制的优胜劣汰效应。企业效率差异能导致其不同的命运：

---

① 〔美〕德赫斯：《长寿公司：商业“竞争风暴”中的生存方式》，王晓霞、刘昊译，经济日报出版社，1998。

② 国务院第一次全国经济普查领导小组办公室：《中国经济普查年鉴（2004）》，中国统计出版社，2006。

生存或死亡，兼并或被兼并，即通过如下两种途径来体现优胜劣汰效应。

一是企业实体存亡。具有某种产权结构特征的企业，由于其产出率较高，在市场竞争中较容易生存下来，不容易破产，并且其核心能力难以被高成本劣势企业在短时期内模仿与替代。对其他产权结构特征的企业而言，由于其产出率较低，容易丧失偿债能力而破产或被解散，有被淘汰的趋势。虽然可能存在学习机制，但一些企业可能会在它们成功学会如何改善它们的绩效之前就破产了，或者由于体制的根本原因而没有机会来实施它们的学习机制，因为企业要及时调整它们的产权结构可能是非常困难的。

二是产权转移。当具有不利产权结构特征的企业在市场竞争中失利，其相对效率下降到某种程度时，就会遭到投资者抛弃，使其股票价格下降。当抛售股票行为明显影响到股票价格时，其余股东或者被迫对企业进行股权改革，或者被具有效率优势的竞争对手兼并、收购，其资源配置得到调整。通过产权的流动、转换和重组，化被动为主动，打破原来的资源配置格局，企业被新的、更有效的产权结构所取代。这种股权改革、兼并收购行为以企业的全部产权或部分产权为交易对象，使资源向效率高的方向流动，发挥了市场对资源配置的基础性作用，使高效率的产权结构能集中更多的资源。从宏观角度来看，体现了低效率的产权结构不断被高效率的产权结构所替代的趋势。

（2）筛选机制的相对消长效应。在经济领域，企业如果想要扩大它们的经营范围，就需要资金和利润作为竞争的资源基础，这种资源基础来自企业内部的利润积累或者企业外部的股东投资。不同产权结构的企业投入产出效率与市场价格共同决定了企业获利大小和获得股东投资的可能性。于是，将从内、外两个途径导致不同企业的此消彼长。

一是企业内部途径。在同样投入的前提条件下，资源配置效率高的企业能得到较高的产出率，降低其产品成本。凭借其个别成本低于行业平均成本的价格优势，以低于市场价格的价格出售其商品，取得超额利润，占据有利的竞争地位，扩大销售市场份额。在一定时间内该企业在市场上具有相对的竞争优势，得到市场的肯定从而获取扩张能力，企业资本获得高的增长速度，通过扩大自身规模来实现自我发展。相反，低效率的企业难以获得资本的补充，或者由于经营亏损，其资本越来越萎缩，从而在市场中的份额越来越少。

二是企业外部途径。社会资本总是投向获利前景较好的企业。投向不同产权结构的企业，受等量资本获取等量利润的资本权力和本性所要求，会从利润率较低的企业抽出，及时转移资本到收益更高的企业。效率优势企业由于投资回报较高，能获得增资扩股，以集中更多的资源，进一步扩大生产。而当企业效率低下，失去竞争能力时，比较利益减少，会导致投资撤退和资源的外流。通过这种一升一降的资源转移，使效率不同的企业获得的外部资源形成此消彼长效应。

不同产权结构的企业效率差异导致社会资源配置的调整，使资源向效率高的方向流动。高效率的企业可以利用增加的赢利回报和股东增资扩大规模，不断发展壮大，而低效率的企业相对规模缩小，这种筛选机制保证了具有较低效率的企业让位于具有更高效率的企业。

二　产权交易动力

1. 产权交易的实质与产权交易方式

所谓产权交易，是一定的产权主体对作为商品的产权客体的买卖活动。企业产权交易，即有偿转让企业产权的行为。产权交易的实质表现在以下四个方面：第一，产权交易是一种遵循等价交换原则的商品经营活动。第二，产权交易属于产权经营活动，其经营主体是企业财产所有者或所有者代理。第三，产权交易作为一种市场经济条件下的经营活动，有一套交易规则和监管制度。第四，产权交易在内容上可以分为两个不同层次，第一个层次是企业财产所有权的转让；第二个层次是在保持企业财产所有权不变的前提下，实行企业财产经营权的转让。

产权交易方式，是指产权交易双方成交财产或财产权利的方法。产权交易可以采取的方法包括以下方面。

（1）协议转让，即由交易双方通过洽谈和协商，就交易内容、交易价格等达成协议，从而最终成交的产权交易方式。交易主体单一、明确，交易客体复杂的情况下，一般采用这种交易方式。

（2）拍卖转让，是指在多位交易受让意向人的情况下实施的交易行为。在产权交易有多位受让意向人，且转让标的物、价格为唯一决定因素的情况下，采取公开拍卖的方式，由出价最高者获得被转让产权的所有权。

（3）招标转让，是指被转让产权有多位受让意向者，转让标的物相对复杂，且买受具有相关条件时，以公开招标的方式，由评标委员会评出的最优标者成交的交易方式。

（4）变更、转移财产占有主体，是指企业财产的所有权人不发生改变，只变更企业财产的占有人或使用人。这种形式的产权交易主体均为经出资人授权代为行使占有、使用、收益、处分权的资产管理人。

（5）其他方式，是指法律法规、规章和产权交易管理部门批准的其他交易方式。

2. 产权交易对企业发展的推动作用

关于产权交易对企业发展的推动作用，我们可以从几位著名经济学家和企业家的言论中得到启发。经济学家厉以宁说："全世界家族企业，都是通过上市，走股份制来改变自己，从而走向现代公司道路，中国也不例外。"万向集团鲁冠球说："企业规模小，决策者、经营者与资本持有者可以三合一，企业壮大了要改革，分权以后要分配股份，可以起到激励的作用。"希望集团刘永行说："企业发展最头痛的问题不是分权，是分股。股份制改造，希望集团花了三年时间，反复设计职工持股问题。公司规模大，股权多元化是必然的。"①

科技型中小企业的成长可分为两种模式：一是被大型企业集团收购，成为大型企业技术进步与产业转型的推进器。二是自我成长壮大，通过在证券市场参加产权交易而成为公众公司。参加产权交易尤其对于高技术企业的发展有很大的作用，这是企业成长的最佳平台。

资本运营，或者说是解决投融资问题，解决资金问题是高技术企业发展的一个加速器。根据业内的统计或者某些人的判断，认为高技术企业从创业起，3 年现金流如果不能翻 10 倍，在投资人的眼光中价值就降低了。这样一个速率显然靠简单的自我积累很难完成。靠商业银行，商业银行也不愿意承担这个风险，因为它是收取平均的利息，既然不能获取高额收益——高速增长的收益，就不可能承担这个风险。而企业积极参加产权市场交易活动，就可以较好地解决这个问题。

对于企业来说，这种新交易制度是效率更高、成本更低的运作平台。该平台的作用可概括为：①企业通过在高交所挂牌，可以便利地对原有股东进行必要的调整，使股东结构更加合理。②可以通过增发募股，为企业发展筹措资金，更便利地寻找投资者。③增加股权流动性，便于股东资产经营，有助于建立期权激励机制。

3. 我国产权交易市场发展状况

马克思在关于产权市场的论述中，将产权市场归纳为以资源配置为产权

① 《民营企业的危机与政策》，载于《2003 年河南首届民营企业家论坛》，源自高天增的个人空间，http：//blog. feedtrade. com. cn。

流动目的，运用信用工具加速支持各种资本的相互融合，实现资本在量、质、层次上的让渡和集中。以科斯为代表的产权界定学说提出，通过协商和谈判，将外部成本内部化，进行产权交易和流动，能够降低交易费用、提高效率，是资源合理配置的必要条件。

我国产权市场的发展大致经历了五个阶段。1988 年至 1992 年是起步阶段，1988 年 5 月，武汉率先成立了我国第一家企业产权转让市场。1989 年 2 月，《关于企业兼并的暂行办法》颁布实施，这是我国第一部关于企业兼并的部门规章。起步阶段的产权市场规模很小，交易方式也比较单一。1992 年至 1998 年是扩张阶段，上交所和深交所的建立激发了证券场外交易的需求，产权市场建设适时加速，交易品种由产权延伸至股票，全国产权交易机构截至 1998 年达 219 家。目前，全国有 270 多家产权交易机构，初步形成了三级市场框架，即上海、北京、天津、重庆四家国家级产权转让市场；以上海、天津、青岛、陕西四家产权机构牵头的区域性产权转让市场；以各省市产权交易所为基础的地方产权转让市场。据不完全统计，产权市场成立以来的 20 年间，累计完成各类产权交易约 25 万宗，成交金额达 74107.23 亿元。上海、北京、天津三家交易所成交金额占成交总金额的八成以上。交易领域由传统制造业向金融业和现代服务业拓展。产权市场结构呈现国有产权交易、协议成交项目、地属项目占主导，非国有产权交易、挂牌公开竞价交易、异地交易大幅增长的特点。各区域产权交易市场在信息披露、统计标准和项目推介标准上加大互动合作，市场融合趋势日益明显。“企业国有产权交易信息监测系统”的联网运行和共同建设统一交易制度体系的合作协议的签署将产权市场监管和市场建设工作带入新的阶段。

中国产权市场的产生与发展有其特定的社会背景和现实需求。中共十五届四中全会指出，要积极探索公有制的多种有效实现形式，特别是要大力发展股份制，通过国有控股和参股的形式来放大国有资本的功能，提高国有经济的控制力、影响力和带动力。对于一般性竞争行业的国有企业的经营性资产，需要通过租赁、拍卖、转让等方式，使其合理流动起来，从而比较方便、灵活、高效地建立起进入、退出的机制，为企业解决资本运营或投融资问题，实现企业价值增值，加速企业发展。从建立市场经济条件下的现代企业制度内在要求看，产权市场有利于形成出资者所有权与法人财产权的分离和最佳配置，实现产权明晰、责权明确，在市场竞争中优胜劣汰，增强企业自身的应变能力和承受能力。产权市场也是企业实现市场扩张战略、跨部门、跨行业经营的重要途径，是优化产业结构、调整和盘活存量资产的重要渠道。随着我国资本市场的开放和产权制度的完善，会有越来越多的外资参与国内企业的跨国兼并和资产重组，从而对我国企业产权市场产生巨大的需求。

三　知识产权保护动力

中共十七大报告明确强调“自主创新能力”是建设社会主义初级阶段提高我国总体生产力水平的重要手段。国有企业作为我国社会主义市场经济的重要活动主体，将成为建设创新型国家的主力军。强化国有企业在自主创新中的主体地位，则需要有效的知识产权保护制度。

1. 知识产权保护是推动企业自主创新的重要动力

（1）知识产权制度是自主创新的法律保障。知识产权制度是以国家根据法律授予知识产权所有人一定时期的独占性以鼓励智力创造活动为核心，以知识成果的产权明确界定和有效保护为主要特征的一种法律制度。他人若想使用该知识成果必须支付许可费，或冒着承担侵权责任的风险而“盗版”使用。由于很多国有企业在工艺水平、销售手段、资金、信息等方面处于劣势，如果没有取得知识产权保护，世界各地的仿冒、仿制者低成本同类产品的涌现，权利人很可能在还没有收回研发成本前就很快失去这一产品市场，更谈不上实现预期利润了。知识产权制度能够为市场经营主体提供公平竞争的规则，为其营造公平合理的竞争环境，成为自主创新的基本法律保护。

（2）知识产权制度是促进自主创新的有效工具。自主创新是一种高风险、高收益的投资活动。而知识产权制度尤其是专利制度，只授予在先申请人专利权，并使权利人在一定期限内对其创新成果享有专用权，独家占有一方市场，不仅能够收回研发成本，还可能获得比投入高数倍的市场回报，并且在知识产权保护的有效期限内，企业还可通过技术转让和使用许可，进一步获取可观的转让费和许可费。这无疑给创新主体带来极大的激励，使企业更加关注市场、更加关注自主创新，从而形成一种良性循环。

（3）知识产权制度有助于加速技术创新的步伐。通过知识产权检索尤其是专利检索，大量已公开的知识产权信息使企业不仅能了解有关技术的发展状况，还能了解竞争对手的技术情况，企业可以结合自身实际，选择适宜的创新方向和途径，有效地配置技术创新资源，将自身的创新活动建立在高起点的技术水平之上，避免人力、物力、财力的浪费，在最短的时间内研发最新的技术和产品。

2. 知识产权战略是中国企业实施可持续发展的战略选择

从国际范围来看，全球企业的平均寿命是12年，超过12年的企业仅占20%左右。一些跨国公司之所以成为国际市场的常青树，有一个共同的特点，即它们拥有某一领域的专利技术和享誉世界的商标，而这些知识产权才是它们利润的主要源泉和创造动力。

在全球化背景下，知识产权战略应当成为中国企业"入世"后寻找长远发展的战略选择。我们立志做世界制造工厂，而不是世界加工厂；要形成一个具有技术竞争力的中国制造业，而不能成为任人宰割、没有独立知识产权的加工厂。

3. 知识产权战略是企业开展市场竞争的战略重点

目前国家之间综合实力的竞争集中地表现为科技和经济实力的竞争，企业生命力的竞争则突出地集中于专利技术与品牌之争，其中专利的拥有量及价值，就成为考察一个国家、一个企业竞争力的重要指标。中国企业要想在竞争中立足，就必须转变观念，将产品竞争与知识产权竞争结合起来，将知识产权的获得、管理与保护作为"入世"后市场竞争的核心内容。

4. 知识产权战略是中国企业进行对外贸易的战略举措

世界贸易组织的宗旨是消除贸易壁垒，实现自由贸易，但现实的国际形势却是发达国家依靠科技、资金优势构筑了非关税壁垒，而发展中国家不但失去了利用关税壁垒保护本国民族企业的可能，在对外贸易中却要面临发达国家主导下的新的贸易壁垒。这些贸易壁垒是技术主导型的，是国际经济旧秩序的新形式，因此发展中国家需要谨慎应对。其中，有两个问题应引起注意：一是技术标准与技术专利所形成的技术壁垒。外国公司利用专利所形成的技术标准是技术壁垒的集中表现，技术标准与单项的专利许可相配合，形成了中国企业跨越国境进行全球竞争的巨大障碍。二是环保标准与产品质量标准所形成的绿色壁垒。中国企业目前的绿色经济观念缺乏，环保标准与发达国家的标准尚有距离，农牧产品生产分散，未能达到标准化生产的要求。

5. 专利权在现代企业发展中具有战略地位

作为一种重要的知识产权，专利权体现了市场经济下的一种合法垄断。通过设定一定的期限以及公开有关信息，专利人取得了对该技术范围内的技术专有权，凡是权利要求书所限定的，其他人未经同意都不得实施，否则将构成侵权，而专利权人则丧失了对技术的保密性和永远持有技术的可能性。

对于企业来说，获得专利、公开技术信息的目的就是为了在一定期限内垄断该技术，垄断技术的目的则是为了垄断市场。在加入世界贸易组织、全球专利保护一体化的情况下，拥有专利就是拥有全球市场，这在高新技术产业尤其突出。

国际上的著名企业都将专利作为企业的长远发展战略来抓，一般将专利调查、专利申请、专利实施以及专利防御作为一个系统过程实施，甚至将专利与企业的整体形象结合起来。以专利为后盾形成企业的整体发展战略是现代成功企业的通行做法。在专利全球化的时代，企业在进行产品开发时必须首先进行专利检索，然后才能投入开发，国内领先、国内第一对于企业来说已经不再具有实质性意义。

河南省知识产权局近年来扎实推动知识产权优势培育工程（以下简称“培优工程”）实施，大力发展知识产权经济，为加快推动中原经济区建设、实现中原崛起提供了有力支撑。“十一五”期间，知识产权优势培育工作成效显著。河南省先后认定 4 批共 41 家优势企业、30 个优势区域。这些知识产权优势企业和优势区域已成为河南省知识产权工作的排头兵，在特高压输变电装备等技术领域掌握了一批关键技术的自主知识产权，1 项专利获中国发明专利金奖，洛阳高新区成为第二个国家自主知识产权产业化基地，安阳高新区和南阳高新区成功晋级国家级高新区，长葛市等 5 个优势区域进入国家首批知识产权强县工程，禹州市被批准为首批国家传统知识产权保护试点区域。仅 2010 年，这 41 家优势企业、30 个优势区域就申请专利 6304 件，其中发明专利 1455 件，分别占当年河南省专利申请、发明专利申请总量的 25%、22.7%，带动河南企业年专利申请首次突破 1 万件。培优工程的实施得到了省委、省政府的肯定和支持，省政府多次召开全省知识产权优势培育工程实施和表彰大会，连续四年对四批知识产权优势企业和优势区域给予表彰，并三次拨付 800 万元专项资金进行奖励。

在经济全球化背景下，知识产权日益成为企业之间进行全球市场竞争的有力武器；同时，随着知识产权保护在国际竞争舞台上进一步强化，企业“走出去”面临着更加坚固的知识产权壁垒。

企业是自主创新和市场竞争的主体，企业应以更加积极的态度落实、实施国家知识产权战略。但目前河南企业和全国企业一样，知识产权保护意识普遍较弱，知识产权综合能力有待增强，所以，企业要从战略高度充分认识知识产权保护的紧迫性，把知识产权融入企业的整体发展战略；在提高自身知识产权综合能力的同时，要注重加强与国内兄弟企业、政府部门、行业协会、中介机构等相关各方的沟通和信息共享，相互借力，形成共同保护知识产权的局面。

第三节　各类所有制企业与经济发展的关系

一　中国国情需要发展各类所有制企业

公有制为主体、多种所有制经济共同发展，是我国社会主义初级阶段的一项基本经济制度。这一基本制度的确立，是由我国的社会主义性质和初级阶段的国情决定的。

我国是社会主义国家，必须坚持把公有制作为社会主义经济制度的基础。没有公有制经济、公有制经济不处于主体地位，就不能确保我国社会的社会主义性质，不能坚持社会主义的方向和道路。

我国处在社会主义初级阶段，需要在公有制为主体的条件下发展多种所有制经济。不发展非公有制经济，就会脱离当代中国的国情、脱离初级阶段的实际，从而不利于建设社会主义的现代化。

一切符合“三个有利于”的所有制形式都可以而且应该用来为社会主义服务。评价生产资料所有制形式不能抽象地以公有化的程度为标准，而是要看生产资料的所有制形式是否适应生产力发展的要求，是否促进生产力的发展以及促进的程度，是否有利于社会的全面进步。各种不同的所有制形式，在它们所能容纳的生产力范围内，都有其不可替代的作用，因此，凡是符合“三个有利于”的所有制形式都可以而且应该用来为社会主义服务。

我国社会主义建设正反两方面的经验都表明必须坚持以公有制为主体、多种所有制经济共同发展。我国曾经在很长的一段时间内，片面追求建立单一的公有制结构，结果阻碍了生产力的发展。改革开放后，我国对所有制结构进行了调整，初步形成了以公有制为主体、多种所有制经济共同发展的格局，从而极大地促进了生产力。

二　各类所有制企业结构与经济发展关系的实证分析——基于省际面板数据

所有制结构的变化是所有制改革在宏观层面的必然反映，是转轨国家面临的共同问题。马克思论证了社会生产离不开生产资料，不同的生产资料所有制形式决定着社会剩余产品的分配形式。现代企业理论认为公有制经济易导致代理人缺位，产生内部人控制问题和 X 非效率。[①] 制度经济学认为公有制经济会产生外部性，使工人丧失积极性，影响经济效率。苏南模式和温州模式是很好的研究案例。与温州模式相比，苏南模式人均 GDP 更高，人均可支配收入却更低，这很可能是由所有制结构的变化引起的。

我国所有制结构的变化基本遵从了企业理论的逻辑。企业理论认为，在生产效率上，股份制经济高于私营经济，私营经济高于国有经济。私营企业所有权、经营权两权合一，不存在委托代理问题，企业主具有完全动力监督工人积极生产，其效率明显高于国企。但随着规模的扩大，经营权和所有权的两权分立更有利于企业吸收职业经理人，发挥企业家才能，促进企业效率。因此，在由公有制转向以公有制为主体、多种所有制经济共同发展的过程中，宏观绩效会随着企业绩效的提高而提高，浙江和江苏的经济发展是说明这一过程的最优案例。

1978～2007 年，浙江的人均 GDP 从低于江苏 30% 变为高于江苏 10% 以上。这期间江苏比浙江吸引了更多的外资，而浙江民营企业发展更为迅速，其产值占工业总产值的比重，从 1980 年的 0.57% 上涨到 2001 年的 69.3%；江苏民营企业产值占工业总产值的比重仅从 1980 年的 0.53% 上涨到 2001 年的 44.7%。黄亚生认为，江苏和浙江的发展为说明产权的重要性提供了一个很好的案例，因为在经济改革之前没有任何重要的方面支持浙江更快地增长。经历了私营化产权改革之后，浙江的私营企业在经济发展中起着越来越重要的作用，相应的浙江的人均 GDP 也超越了江苏。

近年来，浙江的许多私营企业在发展壮大之后，转为了股份制企业，而苏南地区的大部分乡镇企业也改制为股份制企业，并吸引了大量的外资，相应的苏南地区呈现高增长、低收入的特征，而温州地区呈现低增

① X 非效率是美国哈佛大学教授勒伯斯坦（Harvey Leibenstein）提出的反映大企业内部效率及水平状况的一个概念。他在 1966 年发表的论文《一般 X－效率理论与经济发展》中认为，大企业特别是垄断性的大企业，外部市场竞争压力小，内部层次多，关系复杂，机构庞大，加上企业制度安排方面的原因，使企业费用最小化和利润最大化的经营目标难以实现，导致企业内部资源配置效率降低。勒伯斯坦称这种状态为“X－非效率”（X－Inefficiency）。

长、高收入的特征。从表7-1来看，苏、锡、常人均GDP的平均值是温、杭、宁平均值的1.52倍，但其城镇人均可支配收入的平均值仅为温、杭、宁平均值的0.9倍。苏州和温州的对比更为显著，苏州的人均GDP是温州的3.24倍，而其城镇人均可支配收入仅为温州的0.89倍。这种现象的一个可能解释是苏南各市过大比例的FDI造成了其城镇人均可支配收入与人均GDP之比明显低于浙江和全国的平均水平，因此需要继续考察各地区的所有制结构。

表7-1　2007年相关地区人均GDP与收入分配比较

地区	人均GDP（元）	城镇人均可支配收入（元）	城镇人均可支配收入/人均GDP	城乡收入比
中国	18934	13768	0.73	3.33
浙江省	37411	20574	0.55	2.49
温州市	28387	24002	0.85	2.79
杭州市	61258	21689	0.35	2.71
宁波市	61067	22307	0.37	2.22
温、杭、宁平均值	50237	22666	0.45	2.60
江苏省	33928	16378	0.48	2.50
苏州市	91911	21260	0.23	2.03
无锡市	83923	20898	0.25	2.08
常州市	52841	19089	0.36	2.11
苏、锡、常平均值	76225	20416	0.27	2.07

资料来源：根据相关地区《中国统计年鉴2008》。

从表7-2列举的6市国企、私企、股份制企业和外企的工业产值占工业总产值的比重来看，苏州外企占绝对优势，私企和股份制企业也占有一定比重；温州私企和股份制企业占绝对优势，外企所占比重不大。这两个最具苏南特色和温州特色的城市恰好显示了人均GDP与人均可支配收入比的两个极端，苏州4.32和温州1.18。无锡、常州同杭州、宁波都是私营企业和外资企业占绝大多数，但后两者的股份制企业所占比重大于前两者。从两种模式的平均值来看，苏南模式以外资经济为主导，私营经济蓬勃发展；温州模式以私营经济为主导，私营、股份制、外企三足鼎立。

表 7－2　2007 年不同所有制结构企业的产出占工业总产值的比重

单位：%

地区	国有企业	私营企业	股份制企业	外资企业
苏州市	0.2	16.8	15.6	66.4
无锡市	3.4	31.8	13.9	37.3
常州市	1.7	44.5	12.5	33.4
苏、锡、常平均值	1.8	31.0	14.1	45.7
温州市	5.5	33.5	48.3	8.9
杭州市	9.2	32.7	25.3	31.7
宁波市	6.0	29.0	21.1	42.6
温、杭、宁平均值	6.9	31.7	31.6	27.7

资料来源：根据相关地区《中国统计年鉴 2008》。

以上凭借对描述性统计数据的分析，能够看出所有制结构的不同带来了人均 GDP、人均可支配收入的不同和收入差距的差异。

通过以上结论，可从所有制角度对苏南模式和温州模式不同的增长效应和收入效应做出解释。苏南模式大比例的外资企业是造成其“高增长、低收入”的主要原因，温州模式众多的股份制企业以及私营企业是造成其“低增长、高收入”的主要原因。尽管外资企业也增加城市人均可支配收入，但它的增长效应要远远大于收入效应。一方面，外资企业增加的城市收入不及股份制企业增加的多；另一方面，外资企业的发展导致城市收入的增长弱于导致农村收入的下降。

第四节　中原经济区建设与各类所有制企业结构的调整、改革

一　中原经济区各类所有制结构的现状及对经济发展的影响

表 7－3 和表 7－4 说明，中原经济区非公有制企业数量众多，为解决就业压力作出的贡献已经远远超出了公有制企业。与此同时，非公有制企业的主要经济效益指标“主营业务收入”和“利润总额”已远远超过公有制企业，其中主营业务收入超出 1.21 倍，利润总额超出 3.42 倍。

表 7－3　2001～2008 年中原经济区历年全部工业单位数

单位：个

年份	公有制企业	非公有制企业及个体
2001	47300	642213
2002	34430	635404
2003	29572	676614
2004	20338	677121
2005	11813	689047
2006	11770	696712
2007	10163	784296
2008	9491	670852

资料来源：根据相关年份《河南统计年鉴》。

表 7－4　2010 年中原经济区规模以上工业主要指标

	单位数（个）	从业人员（万人）	工业增加值（万元）	工业增加值指数	资产（亿元）	主营业务收入(亿元)	利润总额（亿元）
公有制	1768	157.92	2829.9	115.3	11100.36	11264.01	608.82
非公有制	17806	321.35	7071.62	121.8	12367.05	24899.11	2693.4

资料来源：根据《河南统计年鉴 2010》。

从表 7－5 可以看出，公有制企业及国有控股企业的主要经济效益指标不如私营企业，一些核心指标差距较大。其中，总资产贡献率分别超出公有制企业和国有控股公司 2.6 倍和 3.2 倍；成本费用利润率分别超出公有制企业和国有控股公司 1.4 倍和 2.1 倍。

表 7－5　2010 年中原经济区规模以上企业主要经济效益指标

	总资产贡献率	成本费用利润率	资产负债率	产品销售率	全员劳动生产率（元/人・年）
私营企业	46.1	14.1	36.3	98.6	225991
公有制企业	12.8	5.9	65.1	99	179198
国有控股	11	4.5	66.6	99.1	168160

资料来源：根据《河南统计年鉴 2010》。

由此，可以得出结论：从总体上看，国有企业的经济效益低于私营企业的经济效益，这与某些行业的国有企业与市场经济的外部环境不适应有直接关系，也再次说明了部分国有企业应尽快从一般竞争性行业退出。

二　中原经济区企业产权制度改革与调整的任务

1. 上市公司偏少，希望中央支持河南企业多上市

一个地区经济发展的快慢和资本市场运作的力度有着密不可分的关系。相关分析表明，区域经济体中某行业拥有的上市公司比例越大，该行业的竞争优势就越明显，上市公司数量的多寡和经营质量的高低，体现甚至决定着整个地区在产业竞争中的地位。

河南省的上市公司经过 10 多年的发展，在数量上已形成一定的规模，河南省现有上市公司 63 家。上市公司作为河南省大中型企业的典型代表，由于其较强的融资功能和规范的现代公司制管理模式，在促使资本市场成为企业筹集资金的重要渠道、弥补资金短缺、提升地区形象、推动行业和地区发展、形成全省的优势产业和支柱产业方面发挥着越来越重要的作用。同时，也要看到，与其他省份相比，河南上市公司的发展水平还比较低，上市公司所具有的融资等优势还没有得到充分的发挥，资本市场对河南国民经济的渗透力还远远不够。

河南上市公司整体规模偏小，资产和股本总量落后于全国平均水平，上市公司的数量和规模与河南经济地位有一定的差距。河南作为近 1 亿人口、GDP 过 2 万亿元的大省，上市公司数量和规模不仅远远落后于广东、上海、浙江等经济发达地区，与周边的湖北、山东、安徽等省份也有不小差距。河南省已连续多年经济总量位居中部六省之首，排全国第 5 位，但上市公司数量却排在山东、湖北、湖南、安徽、福建、辽宁之后，排在全国第 14 位。目前，河南省有 66 家企业在 54 个行业中居于行业排头兵地位，其中上市公司仅有 12 家。资本证券化率（是指各类证券总市值与生产总值的比率）是衡量一个区域证券市场发展程度的重要指标，也可以用来反映地区经济对证券市场的利用程度。截至 2010 年，全国资本证券化率为 78% 左右，而河南省资本证券化率仅为 12%，与河南 GDP 总量排在全国第 5 位的地位相比，一方面说明河南省对资本市场的利用远远落后于全国平均水平，另一方面也说明河南省证券发展具有相当大的潜力，所以希望国家大力支持河南企业多上市，加快发展资本市场步伐。

2011 年各省区上市公司家数和 GDP 总量排名如表 7－6 所示。

表 7-6　2011 年各省区上市公司家数和 GDP 排名

单位：亿元，%

省市名称	上市公司家数	占全国百分比	全国排名	GDP	占全国百分比	全国排名
广东	364	14	1	45472.83	9.6	1
上海	230	8.9	2	16872.42	3.6	9
浙江	227	8.8	3	27226.75	5.8	4
江苏	217	8.4	4	40903.34	8.7	2
北京	197	7.6	5	13777.94	2.9	13
山东	150	5.8	6	39416.2	8.4	3
深圳	132	5.1	7	11000	2.3	16
四川	85	3.3	8	16898.59	3.6	8
湖北	82	3.2	9	15806.09	3.4	11
福建	81	3.1	10	14357.12	3	12
安徽	80	3.1	11	12263.36	2.6	14
辽宁	67	2.6	12	18278.29	3.9	7
湖南	67	2.6	13	15902.12	3.4	10
河南	63	2.4	14	22942.68	4.9	5
……	……	……	……	……	……	……
全国合计	2584	100		471564	100	

资料来源：根据国家统计局 2012 年 1 月 17 日公布的统计数据整理。

2. 大力发展非公有的民营各类企业，尤其是微型小企业和民营科技型企业

根据对河南民营企业的现状调查，民营企业已成为国民经济的重要组成部分，在国民经济中的地位愈来愈重要。相关统计数据显示，2009 年河南民营企业达到 26.1 万户，从业人员为 267.9 万人，GDP 达到 11702.90 亿元，河南民营经济已占河南 GDP 总量的 60.1%。从规模实力来看，截至 2009 年底，全省注册资本 1000 万元以上的民营企业达 8509 户，占民营企业总户数的 3.26%，其中 1 亿元以上的企业达 161 户，占民营企业总数的 0.06%。全省注册资本 1000 万元以下的中小企业占民营企业总数的 96.74%。可见，中小民营企业在全省经济建设中的地位已处于举足轻重的地位。可以说，没有中小民营企业的大力发展，河南省就不可能真正成为经济强省。

但是，河南民营中小企业发展过程中确实存在着许多限制因素。

第一，保守观念制约民营中小企业的发展。改革开放 20 多年来，人们对民营经济的看法虽然有了很大的改变，但是由于受传统观念和思维定式的影响，很多人对民营经济仍存在歧视心理，相当一部分机构还不能主动、有

效地为民营经济的发展提供服务。相当大一部分群众存在小富即安的心理，缺乏冒险精神和开拓精神，自主创业的激情欠缺，这种观念大大抑制了民营中小企业在河南的发展。

第二，政策落实不到位，发展环境不宽松。近年来，河南省各级政府出台了一系列发展民营企业的政策，但是对于这些政策的宣传和执行明显滞后。有些部门管理民营企业仍以审批、检查以及处罚为主。个别地方与部门由于受计划经济体制的影响，对企业干预过多，官僚主义和本位主义严重，公仆意识和服务意识淡薄，收费项目繁多，审批程序繁杂。这严重制约了民营中小企业的发展，民营经济仍不能与公有制经济在平等的基础上发展。

第三，企业自身存在的问题。河南省的民营中小企业，普遍存在着规模小、结构散、聚集度低、技术力量薄弱、专业人才缺乏、管理落后等问题。

第四，资金来源少，融资困难。由于民营中小企业规模较小，一般都存在资金来源少、融资困难的问题。

以上各种问题，均需要有针对性地加以克服，才能促进河南中小民营企业的发展。其中，对于资金来源少、融资困难的问题，需要在以下几方面为中小企业的大力发展创造条件。

一是积极鼓励企业参与创业板市场交易，进一步建立多层次的、专门为中小企业服务的中小资本市场体系。同时，强烈建议国家大力支持河南省符合条件的中小企业扩大直接融资规模，解决创业阶段中小企业的融资问题。

二是发展风险投资基金。风险投资基金给民营企业提供了一种可供选择的资本来源，这种股权性质的资本的介入所带来的资源和增值服务，为推动民营企业的发展发挥了巨大的作用。这种直接融资方式更适合科技型中小企业，有利于推动高新技术中小企业的发展。

三是建立多层次民营企业信用担保体系。民营企业融资困难的根本原因在于民营企业与银行之间信息不对称，民营企业的信用担保体系缺失。政府应出面支持建立适应市场经济需要的民营企业信用体系，引导中介机构建立企业经济档案和法定代表人信用档案，成立多种形式的信贷担保机构，重塑民营企业诚实守信、遵纪守法的新形象，提高民营企业的信贷可能性，缓解民营企业严重的融资问题。

四是引导民营资本加快进入金融领域，形成更健全的金融服务体系。要引导民营金融机构通过融资租赁、经营租赁等方式增加对民营企业的信贷支持；建立健全行业协会、商会、工商联合会等组织和中介机构，充分发挥各种组织与中介机构的作用，强化银企合作，采取各种筹资方式，扩大民营企业资金来源。

3. 希望中央进一步支持中原经济区开放，加大招商引资力度，发展各类外商企业

在中原经济区崛起的战略背景下，河南省十分重视利用外资推动大发展战略。在2009年应对金融危机中，河南全力开展大招商活动，举办了河南“欧洲经贸活动”和“东南亚经贸招商活动”，取得显著成效。截至2009年底，已有67家世界500强企业入驻河南，全省利用外资和实际利用外资均创新高。2010年，河南“大招商”活动将继续走向深入。1月14日，河南省大招商暨商务工作会议提出，全省将重点抓好投资额在10亿元以上的100个省重大招商项目和49个大招商活动签约项目，争取实现全省利用省外资金和实际利用外资增长15%。

2010年6月1日，河南省政府出台了《关于进一步做好利用外资工作的实施意见》。该意见提出，今后将在资金、土地、税收等多方面出台优惠政策，鼓励外商在豫投资兴业。2010年，成为河南省历史上招商规模最大、来豫客商和签约项目最多、合同金额最大的一年。尤其是在激烈竞争中成功引进富士康等重大项目，标志着河南省已具备承接高水平产业转移的能力，大大提升了河南承接转移的影响力和吸引力。预计全年实际利用外资60亿美元，增长25%，总量居中部地区首位；实际利用省外资金2700亿元，增长22.6%。

河南是劳动力供应大省，也是经济大省，招商引资的发展潜力巨大，这就需要以更加积极的态度正确认识招商引资工作的重要性。一方面，制定更加宽松、放心的适合外资发展的政策环境；另一方面，积极发展以商招商等市场主体招商行为，使招商更加多元化、市场化。

第五节　建设中原经济区的企业产权政策思路

一　产权激励政策

如何建立科学的产权激励政策？根据产权的功能及相关理论，我们认为，可以从以下两个方面思考产权激励政策的建立。

1. 构建各生产要素主体的产权激励机制

从微观的角度理解产权激励机制就是企业权利的合理安排（尤其是剩余索取权的安排）带来的社会产权主体的积极性效果。具体来讲，产权激励就是企业如何进行有效的权利安排使土地得到地租，工人得到工资，资本得到利息，企业家得到利润，从而保持有效的协调和激励，使这些生产要素的主体从事有利于经济增长的事情。特别的，专利制度的建立，发明创新者的知识产权得到明确，就会给发明创新者以极大的激励作用。所以，诺思说："一套鼓励技术变化，提高创新的私人收益率使之接近社会收益率的系统的激励机制仅仅随着专利制度的建立才被确立起来。"①

2. 科学地进行各生产要素产权利益度量

产权关系归根到底是一种物质利益关系，不仅如此，产权关系作为一种利益关系，它又是整个利益关系的核心和基础。产权常常是利益分配的依据，无产权或产权模糊，经济活动主体均不能得到相应的利益，产权激励也就无从谈起。生产要素的利益获得需要以其贡献为依据，否则就会出现"剥削"或"不公正"，从而扭曲资源有效配置。

在社会化大生产的过程中，某一生产要素到底做出多大贡献，只有在市场交换的过程中才能得以较好地度量。因此，产权的交易只有在产权市场中进行，充分发挥市场的基础性配置作用，才能实现资源的有效配置。

二　产权保护政策

1. 完善产权保护政策的意义

宏观经济学更多地关注一个国家既有的各种生产要素实际上会有多少被投入于各生产部门的问题，也就是会不会出现生产资源被"闲置"未用的情况及其原因。所以，我们关于产权激励的宏观层面的思考主要分析国家介入产权对经济增长可能产生的影响和价值。

在新制度经济学家看来，对排他性产权的保护具有重要意义。因为一个社会如果不建立对资源利用的排他性权利体系，就不会有任何经济秩序，社会通行的将是霍布斯的"丛林规则"，即"一切人反对一切人的战争"。巴

① 〔美〕诺思：《经济史中的结构与变迁》，陈郁、罗华平等译，上海三联书店、上海人民出版社，1994。

泽尔认为，“人们对资产的权利（包括他们自己的和他人的）不是永久不变的，它们是他们自己直接努力加以保护、他人企图夺取和政府予以保护程度的函数，最后这点主要通过警察和法庭奏效”。[①]

2. 对产权利益的保护需要通过一定的机制

在现代国家，如果没有政府以及其制度和对产权的支撑性组织，那么高交易成本将使复杂的生产系统瘫痪，也不会有涉及长期交换关系的投资。因为现代技术为获得高生产率提供了可能性，但如果没有那些伴随着时空延伸所形成的精细的生产专业化和非相关个体间的复杂交换网络，这些高生产率是不可能达到的，把先进技术的交易成本降低到可操作的水平需要适宜的产权结构，而政府具有供给产权所需的比较优势，“与法律、公正和防卫的设计相关的规模经济是文明的基本源泉”。[②] 简单地说，个体所有者希望得到可以促进经济增长和充分利用先进技术的各种资源，这种愿望直接依赖于社会的各种规则结构，比如获得相对稳定且公正的第三方仲裁，而往往只有政府才能提供此种服务。

3. 正确认识政府作用于产权的两面性

政府介入产权后，除了保护功能外，还有可能侵犯产权，这就是政府作用于产权的两面性。“当统治者、王权或政府强大到有效运用暴力保护私有产权的时候，它也同时可以通过任意惩罚和税收对私有产权进行侵犯，这被温加斯特称之为经济制度的一个根本性的政治悖论。”[③] 一旦政府接管了产权保护职能并成为唯一合法使用暴力的组织，它就有可能凭借其独一无二的地位索取高于其提供服务所需的租金，甚至有可能剥夺个人产权。对政府潜在的侵权行为，经济学家几乎一致地予以批评，“因为是国家界定产权结构，因而国家理论是根本性的。最终是国家要对造成经济增长、停滞和衰退的产权结构的效率负责”。“国家的存在是经济增长的必要条件，但国家也是人为经济衰退的根源。”[④] 后者就是著名的“诺思悖论”。

中国式的产权改革采取了一种“渐进式改革”之路。政府为了给资本提供足够好的利益保护，逐步明晰原本不清的国有与集体资本，而将土地、

---

① 〔美〕巴泽尔：《产权的经济分析》，费方域、段毅才译，上海三联书店、上海人民出版社，2002。

② 〔美〕诺思：《制度、制度变迁与经济绩效》，杭行译，上海三联书店、上海人民出版社，1994。

③ 〔日〕青木昌彦：《比较制度分析》，周黎安译，上海远东出版社，2001。

④ 〔美〕诺思：《经济史中的结构与变迁》，陈郁、罗华平等译，上海三联书店、上海人民出版社，1994。

劳动力资源更多地置于“公共领域”并攫取其租金为资本服务。正因为此，从资本、劳动力、土地等基本生产要素产权改革历程中我们可以看出，中国的产权改革是不平衡的：资本产权改革不断积极推进，劳动力产权改革缓慢进行，土地产权改革在“家庭联产承包责任制”后几乎停滞不前。鉴于我们将宏观经济产权制度定义为“政府确定的并受政府保护的各生产要素之间的利益关系”，转型期中国的宏观产权制度便可以用“过度保护的资本产权”、“保护不足的劳动力产权”及“受损的土地产权”来进行简单的概括，这就是“渐进式改革”之路。

三 产权交易政策

我国产权交易市场经过20多年的发展，目前已经具备一定规模。河南省的产权交易市场也发展迅速，除河南省产权交易中心、河南拍卖行（河南招标采购服务有限公司)、河南省技术产权交易所（全国5个区域性中小企业产权交易市场试点机构之一）以外，各省辖市均已建立起产权交易中心，包括许昌市产权交易中心（许昌拍卖行)、新乡市产权交易中心、开封产权交易市场有限公司、焦作市产权交易中心、洛阳市产权交易中心等。

河南省各产权交易机构在全省国有经济布局战略调整、国有企业重组改制、促进民营经济发展，以及吸引利用外资等多方面发挥了积极的作用。同时，由于发展经验不足，各种内外部条件尚不成熟等，仍存在着一系列问题。所以，河南省要大力发展产权市场，积极发挥其重要作用，使其更好地服务于经济建设，在产权交易政策、法律、法规建设方面还需要从以下几个方面改进。

1. 进一步健全产权交易立法

市场经济是法制经济，交易各方的合法利益需有法律手段进行保障，市场秩序需有法律规则进行规范，促进产权交易市场发展需要健全产权交易法规体系。

首先，应统一各地方各部门的产权交易法规。目前各地大多根据当地情况制定了一些地方法规予以规范；同时，一些部门也出台了相关的部门规章或政策性文件，如《关于企业兼并的暂行办法》《关于加强出售国有住房资产管理的暂行规定》《关于出售国有小型企业中若干问题意见的通知》《关于建立企业产权市场监管体系的指导意见》等，在一定时期和一定程度上对规范产权交易起到了积极作用。但实际运用中，由于各地产权市场发育很不平衡，政策随意性大，缺乏统一操作规则，往往给产权交易造成实际困难，尤其影响跨区域产权交易的进行。

其次，在国家相关法律法规基础上，进一步完善符合省情的地方性产权交易相关法规体系。在英、美、法等国，企业兼并转让等政策法规相当完备，如英国制定了调控兼并管理的反垄断和兼并条例，美国早在1890年就由联邦政府通过了限制大公司实力扩张的“谢尔曼法”，欧洲颁布了企业兼并转让条例。而我国企业产权法规零散且缺乏配套体系，与产权交易相配套的一系列法律、法规，如国有资产法、反垄断法、反不正当竞争法、破产法、资产管理法都尚未出台，与企业产权转让相关的金融、社会保障、税收等问题也需在相关法律中进行完善。

健全的法律法规体系是产权交易市场健康发展的基础。有关部门应加快产权交易市场立法，建立统一的指导文件方针，明确产权交易市场的法律定位、监管主体和监管方式，使得产权交易及产权交易市场有法可依，既不受各种行政力量干涉，保持相对独立性，真正按经济规律办事，又能处于有效监管之下规范发展。

2. 加强政策扶持和保护力度

我国产权交易市场尚处成长阶段，经验不足，规模较小，难以取得稳定收入，产权交易市场作为非营利机构，应专注于更好地发挥其服务作用。因此，政府需要加大必需外部资金支持，应加大政策支持和保护力度，包括确保国有、集体产权交易全部进场进行，取消各种不规范的场外交易行为，保持产权交易场所一定意义上的垄断地位等；可通过制定各种政策，如由产权交易所托管未上市公司股权等，扩大产权交易所业务范围，增加收入来源，支持产权交易市场发展。同时，应在税收等政策上给予优惠。

3. 加快对现有产权市场整合

要实现资源的优化配置，需要打破各种地域障碍，实现要素在全省、全国乃至更大范围的自由流动。同时，产权交易机构的有效运行需要一定的规模保障，因此，应整合各地的技术产权交易所、技术成果转化中心、闲置物资调剂市场、房地产交易市场等各种类型的、分散的小型产权交易机构，取消各种人为分割造成的高成本、低效率和管理混乱现象，维护产权市场统一，避免无序竞争；进一步促进跨地域的协作和联合，构建全国统一的产权交易市场体系，形成规模优势。

就发展趋势看，目前我国正在分别以上海和京津为中心逐步形成南北两大产权交易统一市场。统一市场的形成将通过广泛的信息网络、充分的资源和规模优势大大便利产权的跨区域流动。今后南北两大产权交易市场一方面可在相关产权交易监管制度建设与产权交易操作的规范情况，交易信息系统与交易服务的水平，交易规模、交易历史和诚信守法记录、信息渠道的通畅与专业人员素质等方面展开竞争；另一方面，应充分发挥区域性产权市场的作用，提高运作效率，降低交易成本。就长远发展来看，南北两大产权交易中心应在发展中形成各自的特点和清晰的定位，变横向竞争为纵向分工，可按照进场交易企业的规模和性质设立不同的门槛，使产权交易所形成纵向层次，更好地发挥专业优势，分工合作，提高服务水平。

4. 加强配套设施建设，提高服务水平

（1）专业人才。产权交易涉及多种学科，专业性强，复杂程度高，拥有投资、管理、会计、法律等多种领域具有丰富实践经验的人才是成功的关键，有关部门应加快培养和吸引一批拥有专业资格的经纪人才、拍卖师、资产评估人才、会计师等加入到产权交易中来，组织好各类人才的选拔、培训、认证、考核工作。

（2）中介机构。产权交易市场应与一批诚信可靠的会计师事务所、资产评估事务所、律师事务所建立合作工作网络，为并购投资者提供服务，同时加强对中介机构的监督，建立诚信经营的市场秩序，维护交易双方合法权益，以更好地服务于产权交易活动。

（3）相关职能部门。产权流动是要素的整体流动，涉及部门多，程序复杂，要求各相关职能部门通力合作，做好服务。例如，由国资委牵头，由财政、工商、监察、人事、体改、税务、土地规划、财政、房管等部门组成联席办公会议，定期召开，及时协调解决产权交易中可能出现的各种问题；组织各相关职能单位进场办公，在产权交易市场实行一站式服务，减少环节，加强服务，提高产权交易效率。

5. 加强监管，促进规范运行

国务院国资委已颁布了《关于规范国有企业改制工作的意见》① 和《企业国有产权转让管理暂行办法》②，这是国资委代表出资人履行职责，保证

---

① 国务院国资委：国办发〔2003〕96号，2003年12月16日。

② 国务院国资委：2004年02月01日颁布。

国有企业改革、改制和重组健康有序推进，规范企业国有产权转让有序流转的重要法规。根据国家和河南省有关产权管理的规定，对国有、集体产权进入市场中的有关问题专门出台了“河南省加强企业国有、集体产权交易管理的意见”等相关政策。

目前要加强对相关法规执行的监督，国有资产监督管理机构应认真落实清产核资、财务审计、资产评估等基础工作，严格审查企业内部决策的规范性和转让方案的合理性。有关部门要对企业产权转让项目组织自查和抽查，加强对产权交易行为进场规范进行的监督检查，加强信息披露规范，对企业国有产权转让信息是否公开披露，交易方式选择是否恰当，是否按照工作程序进行交易活动等进行监督；同时，对交易价格的审计评估、维护职工利益和落实债权债务情况的监督检查，建立国有产权转让违规违纪举报制度，对于不规范的企业国有产权转让行为和违法违纪行为严格追究，对各种违规行为，及时叫停、纠正和查处，严重者取消产权交易资格。保证企业产权交易行为的规范运行，保证企业国有产权安全有序流转。

6. 将产权交易市场办成独具特色的新型资本市场

中原经济发展产权市场，不能简单模仿传统做法，需要从以下方面办出特色。

（1）新型的交易机构。产权交易机构是产权市场的第四方平台，是具有一定政府信用的市场化平台，保持“公开、公平、公正”是其立身之本。要达到这一要求，就应当按照市场机制完善产权交易机构，让属于市场的事情由市场主体去操作，而不宜将其归于行政性的服务中心或事业单位；就应当推行会员制，明确产权市场只做“交易所”，由其会员去做“交易”，而不是“坐商自为”；要探索实行特许经营制，通过在会员中设置特许会员，成为做市商，不断提高市场“两个发现”的能力，不断完善和提升市场平台的水准。

（2）新型的产权交易平台。中原经济区产权交易市场的建设需要本着更加开阔的眼光，才能在不断扩展的区域内实现市场主体和市场价格的发现，在更加广阔的领域发挥其作用，才符合中原经济区发展总体战略的初衷。当代信息技术的发展使这一理想具备了实现的可能性。尽管产权市场的标的物具有很强的区域属性，但在全国范围建成若干个统一的、网络化的交易平台将是历史的必然趋势。

目前，产权市场已经形成了统一的交易规则、统一的监测体系，未来还可以实现统一的信息披露和统一的交易平台。也就是说，未来可以建造一个网络化的交易平台，这个平台类似于一个高速公路网络，连通全国各个产权交易机构，各交易机构均可独立或者联合在这个高速公路网络进行信息披露，进行项目交易；网络上任一节点产生的项目都可以低成本地同步吸引全网络投资者广泛参与，最大限度地实现“两个发现”。中国企业国有产权交易机构协会正在着手建立的“信息再发布系统”，就是为了建立全国统一的信息披露平台，这个再发布系统的功能设计从现在开始就要考虑向全国统一的交易平台过渡。

（3）新型的产权交易运作模式。新型的产权交易运作模式包括新型的产权交易制度、交易方式、交易品种、统计方法等。例如，利用发达的市场交易网络集中发布和再发布产权交易信息，并尽可能纳入全国产权交易信息交易网络，这也是衡量产权交易市场或者这个产权交易行业是否走向成熟的标志。通过这种新型的产权交易运作模式，可以有效地改变由于产权市场交易标的的非标准化和产权交易机构“分而治之”等因素所带来的种种弊端。

（4）新型而完善的动态网络监测系统。目前，产权市场的企业国有产权交易已经建立了比较完备的监管体系。一方面，形成了制度化、程序化、信息化、规范化的内部监管，构成了监管机构、交易所、会员三层次的监管机制；另一方面，国资委牵头的六部委监管体制也已运行多年，企业国有产权交易监测网已逐渐覆盖全国各主要省、区、市，加上企业国有产权交易机构协会的行业自律监管，可以说，对产权市场业务的监管已基本趋于成熟。但是，产权市场的长尾特征决定了产权市场监管的复杂性，未来势必将建立涵盖不同所有制的、分品种的、“一部门牵头、多部门参与”的联合监管机制，建立更为复杂的动态监测网络系统等。这些监管方式和手段将最终成为产权市场健康发展的有力保障。

总之，产权市场是一个全新的市场，其创新涉及市场的方方面面，将是一个持续而浩大的工程，中国产权市场中的各界人士要珍惜来之不易的局面，振作精神，奋发图强，沿着被实践证明了的正确道路，一手抓规范，一手抓创新，不断开创中国产权交易市场发展的新局面。

第六节　本章小结

企业发展需要持续的动力驱动，其中产权动力是企业发展的重要动力源之一。本章从股东、产权与企业成长的关系出发，对产权动力的基本内容、各类所有制企业与经济发展的关系、中原经济区建设与各类所有制企业结构的调整与改革、建设中原经济区的企业产权政策等方面进行了深入探讨，为中原经济区企业的健康发展提供了科学的理论与现实依据。

参考文献

[1]〔美〕诺思、托马斯：《西方世界的兴起》，励以平、蔡磊译，华夏出版社，1999。

[2]〔美〕德姆塞茨：《关于产权的理论》，载《财产权利与制度变迁》，刘守英译，上海人民出版社，2003。

[3]〔美〕菲吕博顿、配杰威齐：《产权与经济理论：近期文献的一个综述》，载《财产权利与制度变迁》，刘守英译，上海人民出版社，2003。

[4]〔美〕德赫斯：《长寿公司：商业"竞争风暴"中的生存方式》，王晓霞、刘昊译，经济日报出版社，1998。

[5] 国务院第一次全国经济普查领导小组办公室：《中国经济普查年鉴（2004）》，中国统计出版社，2006。

[6]《民营企业的危机与对策》，载于 2003 年河南首届民营企业家论坛，源自高天增的个人空间，http：//blog. feedtrade. com. cn

[7] 根据：MBA 智库百科，http：//www. mbalib. com/；〔美〕罗杰·弗朗著《X 效率：理论、论据和应用》，费方域等译，上海译文出版社，1993；Beyond Economic Man：A New Foundation for Microeconomics，Harvey Leibenstein，Harvard University Press，1980.

[8]〔美〕诺思：《经济史中的结构与变迁》，陈郁、罗华平等译，上海三联书店、上海人民出版社，1994 年 12 月。

[9]〔美〕巴泽尔：《产权的经济分析》，费方域、段毅才译，上海三联书店、上海人民出版社，2002。

[10]〔美〕诺思：《制度、制度变迁与经济绩效》，杭行译，上海三联书店、上海人民出版社，1994。

[11]〔日〕青木昌彦：《比较制度分析》，周黎安译，上海远东出版社，2001。

[12] 国务院国资委：国办发〔2003〕96 号，2003 年 12 月 16 日。

[13] 国务院国资委：2004 年 02 月 01 日颁布。

第八章
企业家动力与企业家激励机制构建

当观察一个成功企业时，我们毫无例外地会发现企业之中存在一位优秀的企业家。现代企业经营中，企业家之所以重要，在于他们是企业的掌控者，他们通过创造和发现市场机会为企业寻找可以生存和发展的空间，通过合理地分配企业资源、激发起企业员工的积极性和创造性而带领企业成为市场的领导者或强有力的竞争者，实现企业的持续成长。因而，一些人甚至把企业家称为一种战略资源。那么，企业家到底是什么样的人，他们如何成长、如何在企业成长过程中发挥作用？明确这个问题，对于河南省培育大量优秀企业家，加快中原经济区建设有着重要的意义。

第一节　企业家的内涵

谁是企业家？迄今为止，对企业家内涵的理解千差万别，总结起来，有三种代表性观点：第一种观点认为，企业家就是资本家兼高级管理者，如我国学者张维迎就是这种观点的坚定推崇者。由此，他还认为，在我国民营企业成长起来之前，大量国有企业的管理者并不是真正意义上的企业家，中国没有企业家。第二种观点认为，企业家就是企业内处于实际控制人地位的职业经理，其典型代表是美国的经济学家钱德勒。他认为，现代工商企业的发展，尤其是巨型工商企业的发展，证明了“支薪的管理层”的日益重要性，而这些“支薪的管理层”可能更愿意推进企业的长期持续成长，资本家的职能在这里被迫弱化了。于是，他隐含地指出，“支薪的管理层”作为企业控制权的实际拥有者既是美国产业历史走过的事实，也可能是大型企业将来的发展方向，传奇人物韦尔奇就是这种观点的典型代表人物，他在通用电气的成功备受管理界的推崇。第三种观点认为，企业家是创新者，其主要代表是熊彼特。在他看来，无论资本家抑或高级管理者，只要是“经济”意义上的创新者，就是企业家；否则，无论在企业中的角色和地位如何，均不是企业家。

毫无疑问，按照人们赋予的企业家应具有的行为特点，无论是资本家还是熊彼特定义的创新者在企业的发展及演变过程中都承担过企业家的角色，但资本的日益社会化，使企业所有权和经营权的分离成为一种常态，企业的运营及决策者并不一定就是所谓的资本家，职业经理更多地承担了企业运营者和决策者的角色，并且在现代工商企业中，资本家即使直接是企业的经营者和决策者，也是以“支薪管理层”的面貌出现的，这可以看成职业经理的特例形态。至于熊彼特的“创新者”内涵，从整个企业范围来说，是一个过于宽泛的概念。因此，本书对于企业家的界定倾向于第二种观点，即企业经营者。

第二节　企业家推动企业成长的路径

一　企业家辨识新的市场机会

纳尔逊和温特使用“搜寻”一词来表示一个企业旨在改善它现有技术的活动，实质上是假设了预先存在着一套某领域技术可能性，而企业则在探索、搜寻这套可能存在的技术。这里的搜寻是指企业家为了改善企业惯例，通过在市场中的竞争，有意识地发现业已存在的惯例的活动。这个概念至少包含以下三方面的含义：①搜寻活动是由企业家来主导的。企业的惯例对外部观察者来说，就是一个“机会”，而发现机会正是企业家的职能，柯兹纳认为企业家的发现就是对市场知识的搜寻。②搜寻是因为不满意。正如纳尔逊（1982）所说，如果企业有足够有利可图的空间，它们就根本不进行“搜寻”。它们只是试图保持其现有的惯例，只有在不利情况的压力下才被迫考虑其他办法。应该注意到，“如果满意就不再搜索”是一种理性的法则。正如西蒙和其他一些人强调的那样，搜寻成本强化了人们的满意程度。温特表述得很清楚：为了获得“环境中没有发生变化的方面的信息”，或者为了“审视那些本不需要审视的决策”而付出成本是不值得的。但是，如果“不观察环境，或者审视决策，人们就无法知道环境是否发生了变化，或者决策是否需要审视”。因此，决策制定者们必须根据满意的最低限度来设定“所探究的可能性的范围界限”。因此，“就某一分析阶段而言，所有的目标追寻行为都是遵循满意原则的”（毕海德，2004）。搜寻过程找到一种可供替代的规则，只有在比企业现有规则可以为每单位资本提供更高报酬时，才被该企业采纳。③被“搜寻”的目标惯例是已经客观存在的。企业家要做的只不过是利用其知识，通过市场竞争去发现和筛选它们，至于采用后所能达到的效果，因为受企业家有限理性的制约，并不是确定的，企业家所能做的就是选择性试错。

企业家对惯例的搜寻往往表现出边际搜寻的倾向。按照我国学者余光胜（2000）的定义，边际搜寻倾向是指决策者倾向于在原方案“附近”（即边界）搜寻新的方案。马奇（March，1981）认为，企业家的决策过程的实质是在外部不确定性条件下逐步试错的搜寻过程。在这个过程中，搜寻总是从边界开始，企业惯例的选择方案的搜寻过程不是随机的，它总是在当前绩效与期望绩效之间差异的驱动下，在过去所熟知的方法中寻找答案。这里，边际搜寻的概念与经济学上的“路径依赖”的含义比较接近，路径依赖最早是由阿瑟（W. Brain Arthur）提出的，用来解释具有自增强机制的系统的特征。最初的意思是指事物的发展可能受历史上某件偶然事件的影响，最终锁定于某种低效或高效状态。可以说，路径依赖是边际搜寻的外在表现或结果。

西蒙（1997）认为，一切搜寻活动旨在让组织能够在已知和熟悉的行动方案之外找到新奇的方案。但是，任何一个问题的求解过程都包括一项或一组目标，它们被表述成对未来解决方案进行检验的形式，任何解决方案都要通过目标满意度的检验。设计需要一个能产生未来解决方案的发生器。如果该发生器不能逐个地产生解决方案，以便接受检验，就必须采用一系列步骤将未来解决方案综合在一起，不断进行过程检验来指导搜寻的进行。而我们对可以进行搜寻的问题了解越多，从中抽取的用于指导搜索行为的信息就越多，探索过程的效率就越高。这与他的有限理性假说有关，即企业家由于受其知识的限制，要想完全了解每项抉择的精确结果，在实际中是不可能达到的，事实上，每个人对于自己所处的环境条件只有片面的了解，也只能稍微洞察其规律和规则，让他可以在了解目前状况的基础上，推导出未来的结果。

企业家能力在惯例搜寻中的作用，就是确定哪个备选案例集会产生哪些结果，其任务就是从可能结果集里选出一个限制更多的子类，在理想的情况下，甚至是为每个惯例选出与之相关的唯一一组预期的结果，这些预期值是以已知的经验和关于现状的信息为依据推断出来的。按照西蒙的观点，企业家的搜寻过程以搜寻方案（或知识）的边际努力（或信息成本）不高于决策结果的边际改进作为搜寻继续进行的原则。

循着西蒙有限理性的假设，Dosi、Teece 和 Winter（1989）提出了在动态竞争中局部搜索学习的"内在一致性"的概念，纳尔逊则进一步强调，要使企业惯例具有实践意义，企业需要学习创新和发展利用创新优势的技能和资源，这就需要企业保持战略的"内在一致性"，而不是随机搜寻（Nelson，1994），它往往沿着某条路径进行。有效的、一致性的战略决定了企业惯例的演化，把企业家搜寻过程的视阈限制在历史积累而成的知识存量范围附近。搜寻并不是被假定为是从零开始的，西蒙认为搜寻是受问题解决者过去的经验支配的。企业家在某一时点上的能力状态是其历史的产物，而新的相关知识是通过与原有概念的联系而被记录到记忆之中的。"组成以前知识的问题解决能力和启发式地允许个人获取相关的解决问题的能力"（Cohen & Levinthal，1990），从知识获取的想象来看，企业家的想象并不是主观随意的，而是与累积的情景知识有关。同时，知识的想象也离不开知识的内生、引进和模仿。不但以前的知识累积提供了启发式方法，而且在一种分析层面上被称为"试验"的复杂行为模式，必定还涉及多个原有的次级行为模式（温特，2000）。因此，企业家的知识状态（包括知识的存量与结构）又决定了企业下一步可能选择的方向，它包含了未来可能的行动方案，企业家搜寻活动范围一般不会超出这个知识状态的边界。这种在已有知识架构附近进行的搜寻能够保证成功的几率。企业家边际搜寻的特点决定了企业惯例的非创新性变异不会是剧变，只能是渐变，从而使企业的行为表现为路径依赖性。

二　企业家领导组织变革

从一般企业的组织发展规律来看，在企业创业和成长的初始阶段，企业的组织形态大多是自然生成的，主要是根据企业经营业务的要求设置或者增加组织部门，确定组织的人员配置和相互关系的协调。这种自然生成的组织形态，往往在企业成长的初期可以保证企业的发展，而当企业发展到一定的规模时，就会严重地制约企业进一步成长。我们可以发现，在我国很多小商品市场中，小企业之间的竞争非常激烈，但是，这些小企业的组织结构照样非常低下，因为小企业为了生存必须把资源都用于产品的生产和市场销售，企业经营管理的所有决策活动都由企业家组织和开展，保证企业能对产品市场的变化做出及时的反应和调整，而复杂的组织结构会产生大量的交易成本，并且降低企业的决策效率，从而给企业的发展造成沉重的负担。可见，市场竞争能推动企业的成长，但市场竞争与企业组织结构并没有直接的关系，然而，这并不意味着企业组织结构在企业成长中的作用不重要，企业的组织结构与企业规模直接相关，在企业规模扩大的情况下，若企业组织结构没有得到有效的调整，落后的组织结构将会严重制约企业的进一步成长。因此，无论是对于大企业还是中小企业，当现有的组织形态无法适应迅速变化的外部环境时，应该施加人为的因素，对组织形态进行调整和变革，通过组织结构的创新，培育企业发展的竞争优势，而企业家在这个过程中，承担着领导者的角色，也是组织变革成功的最关键因素。

微观角度的企业组织结构理论从理论思维的角度阐述了企业成长过程中组织结构的演变，以及不同组织形态的效率问题，而宏观的企业组织结构理论则从组织制度上把企业分为古典企业和现代企业，揭示了由古典企业向现代企业的这种制度变迁不仅对企业本身意义重大，而且对社会经济体制的转变也具有决定性的作用。

企业制度变迁随企业经营规模扩张而出现，它又是维持促进规模扩张的必要条件，企业经营规模扩张包括两个方面：一是大规模分配和大规模生产的发展，大规模分配是指大批量经销商品的现代商业企业的出现，是运输和通信技术变革所带来的结果，大规模生产的出现晚于大规模分配，是因为前者除了需要运输和通信技术变革之外，还需要进一步的技术上的突破；二是把两者结合于一个单一公司之内的一体化，这种结合导致大量市场交易活动的内部化，主要是通过纵向和横向两种方式实现的。由于企业成长意味着一部分原先的市场交易内部化于企业之中，这就需要企业内部的行政协调机制的相应发达，因此，企业成长的重要方面就是企业内部组织结构的变革。随着企业规模的扩大，内部管理工作增加并日益复杂化，相应的内部组织分工向两个方向发展：一是水平方向的不同职能部门的产生；二是垂直方向管理层级的产生。治理结构的优化降低了交易成本，提高了企业的效率，使企业在市场的竞争中处于相对有利的地位。

现代工商企业比古典企业有着更高的效率，因为分权式管理使得企业各部门能够独立地根据市场需要和企业的实际情况进行决策，增强各部门的经营积极性。但事实上，并不是所有企业家都能够在企业内部做到分权式管理，很多情况下是企业家的集权式管理，即“大权独揽”。这种情况在一些迅速成长起来的企业中较为普遍，因为企业规模较小的时候，集权式管理保证了效率的提高和各部门联系的协调，在这类企业家的决策下，企业迅速发展，控制权亦渐渐地会聚于企业家的手上。而且，在权力垄断的情况下，企业家可以不受约束地任意支配企业的一切内部资源，企业未来的命运完全取决于个人的思维方式和行为方式，同时，他也因为拥有这样的权力而获取某些社会利益，比如在公司规模不断壮大的时候，在同事、社区和公众眼里，他们实际上获得了更大的权力以及变得更加的重要。因此，这类企业家往往是制度建设的倡导者，同时，又是第一个制度体系的破坏者。他倡导建立制度体系，是由于激烈的市场竞争迫使他要降低费用，而提高运作效率的有效方法是制度工具。然而，由于知识与经验的局限性，大多数创业者对未来市场竞争的不确定性和企业成长的内在规律无从把握，他们只能是这种变化与不确定性的被动应付者，机会与行动导向决策模式的惯性，使他们经常在未经充分论证的条件下改变原来的企业目标，不断做出前后矛盾的决策，使组织行为缺乏内在逻辑和连续性。在这种无规则的条件下，企业内部运转的无序和混乱使权力的行使缺乏效率，不利于他对组织行为的控制。因此，造成了企业制度被企业家不断建立而又被企业家不断破坏的事实。

家族企业是最能反映企业家行为与企业组织结构问题的企业形式，家族企业的重要特征是集权化的决策。当企业规模比较小的时候，企业家通过家族成员和人际关系组成的信息系统来获得企业的内外部信息，在没有人为扭曲、真实可靠的信息支持下，做出和实施正确的决策，并由此在家族企业中获得了实质性的权威地位，企业家利用自己的权威地位和个人意志，驱动分散的各家族成员去追求家族的最大利益，并形成一个以总裁为中心，具有活力的组织，在较低的交易成本下取得了经营的成功。但在规模扩大后，这样的信息系统就变得力不从心，原因是依靠这种缺乏规范的信息系统只能支持小规模的合作，对规模较大的企业难以将非理性管理转化为理性管理，导致企业的激励机制、竞争机制、约束机制无法实施，更难以根据外部环境的变化进行战略性的业务流程重整，使企业不断地受到经营失败的威胁。

因此，企业在发展过程中逐步建立了较为适宜企业状况的组织结构和形态，而环境及条件的变化表明这样的组织结构及形态并不能一劳永逸，必须适时地进行变革。但组织在运行惯性作用下会产生变革惰性，这时，企业家的远见及能动性将能够为企业找准变革的方向，并凭借他的领导力成为推动组织变革的最积极的力量之一。

三 企业家推动企业技术创新活动

对于生产型企业来说，它们的发展总是与技术创新联系在一起。由于技术创新成果具有可分享、可扩散等特点，它容易受到窃取、盗版和仿冒等不法侵害，因此，随着竞争的加剧和时间的推移，企业的核心技术会演化为一般技术，企业只有不断进行技术革新，促进工艺创新和产品创新，加速新技术、新材料和新工艺的应用，开发出成本低、有较高使用价值的新产品，创造出消费者对该类产品的新需求，才能保持其竞争能力；否则，只会陷入产品结构雷同、竞争地位下降的境地，甚至遭到市场的淘汰。

由于企业的技术容易被其他企业所模仿，因此，企业能力并不是指企业的任何一项具体的技术，而是指企业经过长期积累所形成的一种资源使用方法。企业能力与企业的资源配置有着密切的关系，是一种难以被模仿的独特能力，能保证企业不断进行技术创新，从而获得市场竞争优势。普拉哈拉德和哈默（1990）提出，企业的核心能力是组织中累积性的学识，特别是关于如何协调不同生产技能有机结合的各种学识。这种核心能力往往无法从其他企业购买，而只能在内部投资创造，原因如下：一是交易费用过高，由于难以定价，核心能力本身不具有可交易性，若与战略性资产结合在一起却是可以交易的，但交易费用过高；二是相互依存性，企业核心能力是经过长期的“磨合”和“协调”的产物，与其他能力形成相互依存关系，尤其是与企业家能力的关系更密切。

企业家能力是企业家进行资源判断性决策的基础，这种能力可以归结为两个维度：经营管理能力和创新能力。所谓经营管理能力就是为了实现企业的目标，经营者必须具备的领导能力、组织能力、决策能力及协调控制能力，对于企业家而言，这是维持企业生存所必须具备的能力。而创新能力则可以分解为两部分：识别机会的能力和把握机会的能力，前者是指在不均衡的市场中发现潜在获利机会的能力，而后者是指利用有效的方法（如创新）将潜在机会转化为现实利润的能力。在短期内，企业的市场竞争可体现为产品价格与性能的竞争，这主要依赖企业家的经营管理能力，但从长远来看，企业的竞争实质上还是技术创新能力的较量。技术创新作为企业的一种有风险的成本投入，仅仅依靠产品技术含量的高低及项目投资规模的大小，难以对这种风险投资的正确与否进行衡量。因此，在企业科技投入项目的选择上，商业化决策比技术决策更为重要，这就主要依赖企业家的创新能力。

四 企业家构建企业的社会网络资源

市场和企业配置资源的方式分别为价格机制和企业内部的科层组织，而网络组织在资源配置的方式兼有价格机制和科层组织配置的特点。网络组织不是侧重于更好地利用企业内部资源，而是着眼于更好地利用企业外部的资源，从而淡化了企业与其外部环境的界限。丹尼斯（M. Dnnis）等从经济、历史、认知、规范等多维角度对网络组织进行了概括，认为网络组织是一种超越了传统市场和企业“两分法”的社会经济形态，而且它是一种动态的、按照一定路径依赖不断演进的历史过程。阿卡楼（R. Achol）认为网络型组织是由多个独立的个人、部门和企业为了共同的任务而组成联合体，它的运行不靠传统的层级控制，而是在定义成员角色各自任务的基础上，通过密切的多边联系，利用交互式的合作来完成共同追求的目标。可见，网络组织与传统组织最大的区别在于，企业的行为既不是由供求关系所产生的价格机制控制，也不是依靠组织的计划和权威决定，而是在定义成员各自角色和任务的基础上，通过密切的多边联系、互利和交互式的合作来完成共同追求的目标。

20 世纪 90 年代以来，经济全球化程度不断提高，通信技术日新月异，商业环境日益复杂多变，企业之间竞争与合作模式发生了巨大的变化，传统企业间个体竞争模式逐渐被结盟企业之间群体竞争模式所替代，合作中的竞争大行其道。企业的成长不再简单地依赖于内部的资源及其管理，同时还依赖联盟伙伴企业的资源状况、行为以及相互之间的合作。单个企业与其他企业和组织建立正式和非正式的合作关系，借助网络关系在特定的地理范围内迅速获取和共享网络资源以寻求网络化成长，已成为在复杂的全球化商业环境下的重要企业成长方式策略。

企业社会网络是由具有行为能力的节点联结而成的组织。而社会资本是个体或组织通过社会联系获取稀缺资源并从中获益的能力，这些稀缺资源包括权力、地位、财富、资金、学识、机会和信息等，这些资源是同某种持久性的网络占有分不开的，依赖与其有联系的所有行为者以自己的权力所占有的资源数量，企业可以通过不断扩展与复制网络结构与特征来获取成长所需的资源。企业社会资本是企业创造和获取网络资源的一种机制，社会资本的大小要受到网络关系的规模以及节点资源状态的影响。Bourdieu、Coleman 和 Putnam 等学者从不同角度对社会资本问题进行了深入的分析，他们的共同观点是：社会资本是指可使用的人、组织之间所建立起来的一种社会关系网络；社会资本本身是一种资源，它的价值来自它可以为持有社会资本的人获得资源。

企业家在企业的社会网络中发挥着重要的作用，企业家工作的本质就是编织、运营和发展企业内部以及企业外部的各种人际关系网络。企业内部各部门之间、企业与外部各组织之间在生产经营活动中发生的各种联系，表面上看是组织或机构之间的关系，实际上是在这些机构或组织工作的，特别是领导这些组织或机构的人之间的关系。这些人际关系网络是企业家制定各种决策的基础，经营方向的正确选择要求企业家不仅能够收集充分的市场信息，而且能预测可调动的企业内部和外部的各种资源；在既定方向下从事企业经营活动的组织，要求企业家能够正确识别和利用企业现有的人力资源，并能调动这些人力资源在决策实施活动中的积极性。在企业规模不大的时候，企业家集中地掌握着企业内部的协调和决策权，确保企业的管理和生产效率，企业的网络大多是建立在企业家基础上的企业网络。特别是对处于发展初期的中小企业来说，网络基本上就是建立在个人身份基础上的企业网络。在某种意义上来说，此时企业家的个人网络就是企业的网络。网络中的节点主要来自企业家预先存在的社会的、家庭的，或者是历史上长期存在的关系，这些关系在一个高度紧密相关的网络中形成了紧密的嵌入式节点。当市场不愿意向企业提供资源时，这些节点便扮演着向企业提供资源的重要角色。企业家社会资本是企业家动员内部和外部资源的能力，是企业家在企业内部与企业成员的关系网络以及由企业外部与社会其他成员的人际关系网络所决定的一种人力资本。由于企业家的社会资本是企业重要和稀缺的资源，也就成了决定企业绩效的根本性因素。

企业社会网络的发展为企业的发展取得了竞争优势，而企业家的社会网络往往是企业社会网络的核心。在现代企业的发展中，企业家掌握了企业资源配置的决策权，在企业家追求自身收益最大化的情况下，企业家社会资本的资产专用性特征给企业家实施机会主义行为提供了条件。

第三节　影响企业家行为的因素分析

亚当·斯密从经济人假设出发，认为每个人在经济活动中都是以追求自身利益最大化为动机和目的，而个人的这种追逐自身利益的行为，会无意而有效地促进社会公共利益，其效果比个人真正想促进社会利益时所达到的效果还大。新古典经济理论对“经济人”理论做了进一步的抽象和概括，认为人能够对其所面临的一切机会和目标以及实现目标的手段进行优化选择。但是，现实情况是，人作为一种社会存在，并不仅仅以其内在的效用函数为基础自主或独立地做出选择，而是要受他人影响，目标也不仅仅是单纯追求经济利益最大化。

贝克尔（Gary S. Becker，1976）对人的行为理论做了进一步的发展，他认为，人并不是自私自利的怪物，而是有理性的个体。经济活动中的人所追求的利益绝非狭隘的金钱利益，而是根据自己的价值观念所定义的利益行动，即追求效用最大。换言之，人的一切活动都蕴涵着效用最大化动机，都可以用经济分析加以研究和说明。

为了说明这一问题，贝克尔区分了欲望和需要两个概念，即人们从事活动的根本动机与这一根本动机在不同制度下的具体形式。根本动机具有相当的稳定性，不取决于特殊的制度，不随制度的变化而变化，因此，人的欲望或行为的根本动机是多维的，各种欲望之间存在一定的序关系及互补和互斥关系。马斯洛（A. H. Maslow）在他的需要层次理论中给出了一种序关系，认为人只有在一种需要满足到一定程度后才会形成下一种需要。人们追求自身欲望的满足或追求快乐，并不意味着人必定是损人利己的，它既可以表现为利己动机，亦可能表现为利他动机，舍己为人的行为意味着行为者追求满足和快乐的根本动机具体表现为利他的动机或者说主要表现为利他的动机。人的欲望的多维性、可序性、互补性和互斥性构成了人的选择行为的前提，而效用最大化的实现过程就是人的基本偏好需要达到一种满足的过程。

作为一个社会行为人，企业家的根本目标也是自身效用的最大化，但是，不同的企业家在追求效用最大化过程中的具体需要是不一样的，受到许多因素的影响。

一　物质利益

在市场经济中，追求效用最大化已经成为个人行为的一种普遍现象。其中，对物质利益的追求是大多数人在大多数场合下普遍具有的一种行为特征，也是对一定历史时期内普遍存在的人类行为的一种原则抽象。马克思在承认“经济人”的存在具有客观性的前提下，剖析了资本的人格化——资本家的经济行为，同时也指出了“经济人”的自利行为将在相当长的人类社会发展历史进程中客观存在。由于“经济人”存在的普遍性，承认“经济人”的客观存在，通过恰当的物质利益刺激，能够调动人们的工作积极性；相反，如果否认“经济人”存在的客观性，不考虑个人利益，就会导致劳动者缺乏工作热情与创造性。

对物质利益的追求是个人效用最大化的一个重要方面，而对物质利益的追求也往往与损害他人利益联系在一起。在社会生活水平不断提高的条件下，人们由追求单一经济利益目标发展为在经济目标基础上追求实现个人价值等的多方位目标，而作为特定“社会”中的“经济人”的自利行为并非总是“自私自利”或“损人利己”。自利行为不等同于自私行为，人在追求自身利益的时候，总是受一定历史条件下的制度规则和道德规范的约束，并不总是以损害他人利益为前提。

企业家也不例外，作为特定社会的“经济人”，追求经济利益和个人效用最大化是其经济行为的基本特点，也是其追求企业运营成功，进而实现个人经济目标的基本动力。

二　制度规则

制度是约束个人行为的集体行动，它包括“从无组织的习俗到那许多组织的所谓‘运行中的机构’，例如家庭、公司、控股公司、同业协会、工会、联邦准备银行以及国家”。任何制度设计，都要从人是自利的和人要最大化自身效用这个前提出发，完善和合理安排制度，强化制度约束，用制度激励人、约束人。

制度可以分为正式制度和非正式制度。正式制度是指人们有意识创制的，具有强制力的一系列法律、法规和政策，它通常由公共权威机构制定，也可以由有关各方协商制定，主要包括国家法律、政府政策条例、公司规章、经济合同等，它体现一个社会的制度化水平。非正式制度是指人们在长期交往中形成的，包括具有持久生命力的文化传统、道德观念、价值取向、伦理规范、风俗习惯、意识形态等因素，这些因素同样是制约人际关系、决定人们行为的重要规则或约束条件。在一定意义上，非正式制度可以理解为一种心理约束，而正式的制度则是一些心理约束的外在形式，是被社会化、强制化的行为规则，二者之间具有内在的、不可分割的联系。

三　教育程度

舒尔茨（Schultz，1975）提到，人力资本是资本的重要组成部分，它有资本的一般性质，又不同于物质资本，它存在于个人本身，是一种无形资本，有形的只是它的作用，人力资本的取得要消耗一定量的金钱和其他稀缺资源，也就是说，人力资本需要投资才能形成。贝克尔（Becker，1964），强调教育和培训的经济价值，认为教育和培训可以增加劳动者的人力资本存量，提高劳动生产率，有利于企业和社会经济的发展。企业家的决策过程也是企业家自身人力资本的利用过程，因为企业家天生具有发现和利用市场非均衡机会的能力，但是，这种天生的能力并不是单独发挥作用，而是需要其他能力的配合才能充分发挥出来，并取得成功，因此，这就需要后天的培养，即后天的教育培训。企业家的教育程度越高，企业家决策的效率就越高。

四　个人性格

企业家的性格将对企业家的决策行为起着重要的影响作用。其中，理智型性格的企业家以理智来衡量一切并支配自己的行为，而情绪型性格的企业家则容易为情绪所支配。外倾型性格的企业家的心理活动倾向于外部，经常对外部事物表示关心，开朗活泼，情感外露，不拘小节，善于交际；内倾型性格的企业家的心理活动则倾向于内部，一般表现为沉静、谨慎、独处、交际面窄。独立型的企业家往往喜欢依靠自己的判断来进行决策，依赖型的企业家则往往喜欢依赖他人的力量来进行决策。

第四节　企业家激励机制的构建

一　现代企业经营过程的委托—代理关系

1. 企业委托—代理关系的形成

委托—代理关系是广泛存在于人们社会生活中的人与人之间的特定关系，即受委托人能力及其他原因的限制，委托代理人代替自己处理某项事物。但在企业制度中，主要是指企业的所有者委托他人（经营者或经理）在授权范围内从事企业的生产经营活动。这种制度并非在企业产生之初就存在，而是随着企业的发展经历了一个过程。当企业处于工厂手工业或简单协作阶段时，由于企业的生产经营规模非常小，生产过程简单，企业的所有者一般有能力直接经营企业。这时企业的所有权和经营权是相统一的。这种状况符合当时的生产特点，即企业的生产社会化程度不高，生产过程的管理及组织相对较为简单，并不一定要求管理者必须经过专门培训，具备专门的管理知识和经验。所有者依靠自身的经验，基本能够适应管理企业的需要。但是，随着科学技术的发展，以及社会分工的日益加深，企业规模不断扩大，生产也日益社会化和专业化。这种情况下，企业的生产经营活动的内涵已经日趋复杂，仅仅凭借经验式管理已经远远不能够适应大规模生产经营活动的需要。同时，20 世纪前后，以泰勒、法约尔为代表的管理先驱将科学手段引入企业管理过程，第一次使管理形成一套理论，使企业管理活动更加科学化。随后，大量拥有专业知识、具备管理专长的人才开始涌现。一部分所有者为提高企业的经营效率，避免由于自身管理能力的欠缺而导致企业衰落，开始将企业交由职业经理人（企业家）经营。而公司制企业的兴起和制度的完善则使这种代理体制成为必然选择，并极大地推进了企业的发展。可以说，西方企业代理制的形成是企业所有权和经营权相分离以及资本日益社会化的必然结果，也是所有者考虑自身效益最大化的当然选择。

2. 经济人假设

自亚当·斯密提出“经济人”假设以来，包括代理理论在内的大多数经济学家在阐述其经济理论、构建经济模型时都肯定亚当·斯密的这个假设。在《国富论》中，亚当·斯密对他所假设的“经济人”的基本特征进行了这样的描述：首先，经济人具有自利性，具有追求自身财富最大化的倾向。人作为一个具有独立利益的个体，自我利益要求是促进他从事一定的经济活动的内在动力。其次，“经济人”有对自己的行为进行自由选择的权力，即“经济人”是一个自由的人，他对自身行为的选择不受其他人主观意志的支配。亚当·斯密之所以把第二点也作为经济人具有的一个基本特征，是因为他受 18 世纪自由主义思潮的影响，崇尚自由，反对封建体制，认为人类是平等的、独立的、自由的，自由是人的天赋权利。其后，一些经济学家虽然对经济人概念进行了一定的扩展，但其主要内涵仍然是亚当·斯密所描述的。所不同的是，一些现代经济学家并不完全赞同亚当·斯密的完全理性经济假定，认为人是有限理性经济人，个人追求自身利益最大化和厂商追求利润最大化是市场经济的基本规则之一，而不是全部，因为社会的发展使人的需要更加多样化，如精神需要也是现代社会中的人所追求的目标之一。

经纪人假设在现代社会中是否仍然适用？现代经济社会以市场经济体制为基本特色，市场经济的主体是一个个具有独立利益、追求企业所有者财富最大化的现代企业，关注自己的经济利益是市场经济条件下企业能够有效运转并健康发展的基本要求。作为经济社会中的企业的企业家及其他社会成员也必然具有独立的利益，他们在社会及市场规则允许的范围内，追求自身利益的最大化也应被看成合理的行为。因此，经济人假设仍然可以作为我们研究社会经济问题的基本前提之一，但我们必须赋予这种假设一些新的经济因素之外的内容。

3. 代理问题

委托—代理理论的一个基本假设前提是经济人假设。该假设前提认为，人作为一个独立的利益个体，具有利己的倾向，总是在可能的条件下，最大限度地追求自身利益的最大化。企业的所有者和企业家（经营者）作为委托—代理关系中的双方，他们的利益并不总是一致的。当企业家（代理人）某些追求个人利益的行为损害到所有者的利益时，就会出现代理问题。或者说，代理问题源于所有者希望企业家（经营者）能像自己一样用心于企业，经济地利用企业的每一份资源，而企业家（经营者）从自身利益出发并不能完全遵循这种要求的状况。尽管在委托—代理关系中不可避免地要出现代理问题，甚至可能侵蚀委托人的利益，但选择职业经理人员作为代理人来经营企业，符合委托人的利益。这是因为面对日益社会化的生产及更为激烈的市场竞争，要求企业的经营者必须具备较高的经营管理能力。如果我们把经营管理能力作为企业的一种资源的话，那么，它显然属于极为稀缺的一类资源。企业的所有者（股东）所拥有的财富更多的是对前辈财富的继承，许多人的经营能力平庸。如果让这些人直接经营他们的企业，将会影响企业的经营效率，引起企业的损失，不利于所有者利益最大化。相反，职业经理作为这种稀缺资源的载体，无疑会使企业具有更高的经营效率，而好的经营效率是股东实现自身利益最大化的必要前提。这样由职业经营者（经理）主导企业的生产经营就成为所有者所能做出的最佳选择。至于如何面对可能出现的代理问题则是这种选择之后的事情了。此外，公司制企业的形成和发展更使企业的这种代理机制成为必然。这表现在公司（特别是股份公司）中股份已经日益分散化，一个企业往往拥有众多的股东，为保证企业的正常运行，避免可能出现的混乱与扯皮，由众多股东根据股份选出某个具有经营才能的人掌管企业则是合乎逻辑的结果，而不管这个人是某一个股东、企业的内部人员，或是企业外部的经理人员。

按照委托—代理理论，企业委托—代理过程中出现的代理问题主要表现在以下方面：①经理人员偷懒，追求闲暇及避免风险的倾向。从经济人假设的角度分析，经理人员总是希望从事少一点的工作，自身多一点闲暇娱乐的时间。对于风险的态度方面，由于企业冒某种风险而带来的收益大多归企业的所有者，而失败后，经理人员则会面对被炒的结果。因此，他们可能会有一种避险的倾向。这种倾向可能导致企业在经营过程中丧失宝贵的发展机会。②道德风险，表现为经营者并不全身心地从事企业的工作。在经营过程中，他们会追求工作场所的豪华装饰，借公司之名为自己谋取更多薪金之外的利益，即有过度的职务消费倾向。③逆向选择，主要表现为所有者和经营者在确立委托—代理关系时，代理人事先掌握了一些委托人所不知道的私人信息及企业内部信息，利用这种信息优势，代理人可签订对自己更为有利的契约。代理问题的实质是增加了所有者的利益付出，加大了代理成本。如何减少这种代理成本，是所有者极为关注的问题。

二　企业家人力资本的定价特点

人是否可被称为资本呢？在有些人看来，将人作为资本对待有如将人等同于生产过程中的物质资本，如机器、厂房及其他物品，是对人格的一种贬低。实质上，这种观念并不正确。马克思在论述剩余价值的产生时认为，资本主义生产过程中劳动力成为商品使剩余价值的生产成为可能。马克思把资本主义生产过程中的劳动力看成一种特殊的商品，实质上已经把劳动力作为一种资本对待。因为资本家的全部投资即全部资本中，包含用于购买劳动力的一部分资本，它在形式上表现为存在于劳动力身体上的、不断释放的资本。西方学者对人力资本的研究由来已久。亚当·斯密是第一个将人力视为资本的经济学家，他在其《国民财富的性质和原因的研究》中，明确地将存在于人身上的能力作为投资的结果，并将所有社会成员后天获得的有用才能作为固定资本的一部分。但斯密并没有明确地提出人力资本概念。最早提出人力资本概念的是费雪的《资本的性质和收入》。但这些研究并没有得到广泛认同，直到1960年西奥多·W. 舒尔茨在经济学年会上发表关于“人力资本投资”的演说，才标志着人力资本理论的诞生，明确了人力是一种特殊的资本。从本质上说，人力资本是个人具备的才干、知识技能，这些也可能被看成一种生产出来的生产资料，是投资的产物。人的这种能力并非人类天生具有的本能，虽然天赋在其中也占据相当重要的地位，但这种能力更主要地来自后天——学习和实践。天赋则是对后天努力的一定程度的放大。人力资本的另一个特性是，这种在生产过程中表现为资本的人的能力，是与人本身不相分离的，即它依附于特定的人，这个人对它具有绝对的支配力，外界要使用这种能力，必须通过它的载体——人，即有着复杂心理状态和感受的人。特别是对于存在于人身上的高知识能力的利用更依赖人的愿意付出程度，因为外人很难准确度量他们的努力程度，并且因为它是一种稀缺资源。因此，有效而充分的激励（不管是物质的，还是精神的）是释放人力资本的全部能力的最好方式。

通过考察人力资本理论的发展，我们发现人力资本概念是在传统资本理论受到严重挑战的情况下被提出的，因为按照传统的资本理论，生产过程中的资本是被假设为同属性的，它们只存在量的差别，而不存在质的不同。用另一句话说，资本—产出比率应该基本相同，并保持一定的稳定性。但这种资本同质假设却无法解释：①经济发展过程资本—产出比率的下降趋势；②国民收入增长快于生产要素的增长；③大多数工人真实收入增加。对此的解释只能是资本是异质的，与物质资本对应的是人力资本。而人力资本是一种特殊的资本，随着对其投资的增加（教育、培训等），其边际产生率是上升的。人力资本专家舒尔茨通过考察近年美国经济增长中人力资本的作用，证实了这一点。

1. 企业家人力资本的特性

从前面的阐述中，我们知道，资本是异质的。人力资本是与物质资本相对应的概念，它们是异质的。这表现在它们的边际产生率是不同的。不仅人力资本和物质资本存在差别，而且人力资本内部也存在差别，它们之间存在层次上的差别。具体来说，可以把人力资本划分为两个层次：①一般人力资本。它指一般劳动者通过人力资本投资形成的简单的分析能力、计算能力和完成通用性工作的能力，与简单劳动能力相对应。②技能型人力资本和管理型人力资本。它指拥有某种技术和特定专业知识的人力资本，拥有此类人力资本的人能够完成与其技能相对应或相联系的工作，或者某个领域的开创性、思维性工作，以及在特定的条件下，组织、协调资源在一定范围内的配置。马克思事实上也将劳动（相对应于人力资本）区分为不同层次，他在论述有关劳动的性质及生产效率时，指出复杂劳动是简单劳动的倍加，因而在商品经济条件下，知识技能型劳动的价值总是更高一些。

企业家是一种稀缺性的人力资本。其稀缺性在于，在企业中，企业家是统管整个企业的，经营者没有具体的工作，而是对企业负有全面的责任，他必须具备综合能力。他的工作成绩不反映在某项具体的工作上，而是反映在企业的整体业绩中。因此，企业家要搞好企业必须具有不同于一般人力资本的能力，这些能力主要包括以下内容：①指挥协调生产的能力。具体来说，企业家人力资本要能保证生产的顺畅进行，并能够实现成本的最小化和产出的最大化，以达到企业利益最大化的目标。②识别下属人力资本的能力。经营企业在很大程度上就是经营企业的人力资本，作为企业领导者的企业家，必须能够对下属的人力资本进行识别，确定其人力资本的数量和质量，为配置人力资本做好准备。③配置企业人力资本的能力。在识别下属的人力资本之后，企业家通过配置人力资本，做到人尽其才，实现企业内各层次人力资本与其对应的物质资本相结合，充分实现人力资本的最大价值。④建立合适的组织形式的能力。通过建立适宜企业的组织形式，在拥有不同层次人力资本的员工之间进行合理的企业内部分工，为实现企业人力资本价值提供组织保障。⑤组织再造能力。当企业发展到一定程度，或者受外在条件的影响，原有企业组织形式不适应企业发展时，企业家需要再造组织，通过组织再造，为企业发展提供新的动力。⑥建立企业经营机制的能力，使企业具备自我激励、自我积累、自我约束和积极创新的能力。此外，企业家还必须具有相当的说服能力、处理不确定性的能力及敏锐的洞察力。从企业家必须具有的能力以及资本的角度来说，企业家是高层次的人力资本。

2. 企业家人力资本的价值和使用价值

企业家人力资本具有比其他类型人力资本更丰富的内容，他的价值是由他的内涵决定的。首先，企业家人力资本的价值构成比重发生了很大的变化。其他类型的人力资本往往强调一般能力（分析能力、计算能力、学习能力、适应能力等），或完成特定意义工作的能力（某种操作技能）等。但企业家人力资本则强调在以上能力的基础上合成的资源配置能力，如决策能力等。其他能力也是企业家人力资本的必要内容，但其在经营者人力资本价值构成中的比重要低得多。资源配置能力要花费更多的投资、更多的必要劳动时间才能形成，以及更多的付出一定代价的实践。因此，企业家人力资本应有更高的价值，即更高的报酬，当然应是与其经营业绩相联系的。其次，知识、管理功效使经营者的人力资本价值倍增。知识和管理是企业家人力资本价值的重要组成部分，“科学技术是第一生产力”揭示了知识对经济发展的巨大推动作用，而这种推动作用的根本在于知识提高了劳动的效能。人们在劳动过程中所使用的脑力、经验、智力等都是知识及其运用形式。企业家所拥有的知识，不仅可以扩大经营范围，改善经营手段，而且它有助于经营者迅速而准确地做出判断性决策，这被称为知识力价值，它使企业家人力资本的价值倍增。管理是生产力中的结合性因素，生产力诸因素的有机结合是靠管理实现的。管理的作用还体现在它可以产生集体合作力，使生产力诸要素的作用远远高于各因素单独作用之和，管理的功效使得企业家人力资本再次倍增。实践表明，在我国经济体制仍不十分完善的条件下，好的经营者（企业家）的作用更显重要。

企业家人力资本的使用价值比其他人力资本更具有特殊性，具体表现为以下方面。

（1）从人力资本使用效果的体现上看，企业家人力资本的使用效果是通过企业的经营业绩来体现的。这是由于经营者人力资本的使用完全融合在企业生产经营管理的全过程中，不能够独立体现出来。这与其他人力资本形成很大的区别，它们通常可以独立地以一项工作的完成效果来体现，从而可以采用计件或预先计酬等形式来衡量，而企业家人力资本的使用效果则必须以整体的形式表现出来。

（2）从人力资本使用内容的性质上看，企业家人力资本使用具有独特的属性，表现为经营管理工作的知识性、权利性、无形性、间接性、创新性、信息不对称性及滞后性等。

（3）从企业家人力资本使用效果显示时间上看，其效果的显示往往需要一个较长的时间。这是由于企业家人力资本的使用不只是一次性创造价值，而是一次投入，多次产出，企业家人力资本投入与产出时间是不一致的，周期往往是一年或更长的时间。

（4）从人力资本所有者在企业中的地位与作用上看，企业家人力资本所有者在企业中处于主导和支配地位。从静态的观点来看，任何生产经营活动的因素构成都可分为两大类：人的要素与物的要素。从动态角度看，一切经营活动都可以抽象为人对物的一种支配和使用行为。因此，在生产经营活动中，人的要素相对于物的要素将始终处于主导、支配地位，是最重要的生产要素。就人的要素而言，由于各自的人力资本功能不同，其地位与作用也有较大的差别。企业家因其特有的人力资本及在经营中的决策权限，管理中的职能范围不同于普通劳动者，而处于主导和支配地位。这是因为企业家在生产经营活动中决定着资本和劳动的结合方式，并通过生产组织方式的优化和产品制造技术的改进而影响各种经营资源的利用效率，还可以通过对企业经营内容的选择调整，直接决定生产要素配置形式和利用效率。

（5）从人力资本使用性质上看，企业家人力资本的使用是复杂劳动、无限劳动和风险劳动的统一。首先是复杂劳动。由于企业家面对的不仅是企业内部复杂的生产、经营、管理，而且面对外部错综复杂、竞争激烈的市场，企业家对其人力资本的使用，显然是一种复杂劳动。其次是无限劳动。一般员工的劳动可按日等计算，而企业家的实际劳动时间却是难以计算的。他们不仅要和一般员工一样遵从 8 小时工作制，而且下班之后可能还要花费更多的时间为企业前途操劳。最后是风险劳动。企业家的劳动成果需要经历一个较长的时期，以经营业绩来表现。但是，市场竞争日益激烈，影响经营业绩的不确定性因素不断增加，导致企业家的经营活动风险性越来越大，企业家要承担很大一部分这种风险。因此，企业家人力资本的使用及受益具有风险性。

（6）从人力资本的使用效率看，企业家人力资本使用效益更高。据统计，一般人力资本使用效率提高 1%，则生产增加 0.75%；而企业家人力资本使用效率提高 1%，则生产增加 1.8%。

（7）从资源的丰裕度来看，企业家人力资本是物质生产过程中最稀缺的资源之一。这是由于企业家人力资本的供给受到自身生产周期长、培养成本高的限制，而社会对企业家人力资本的需求又很强烈。因此，企业家人力资本经常处于“供不应求”的局面。当然这种局面是指真正具有经营才能的企业家。优秀企业家奇缺还在于，企业家受社会认同的程度始终受其声誉积累的制约。“失败是成功之母”，但在企业家成长过程中，失败从某种程度上是对企业家声誉的损害，降低了社会对其的认同程度。但这是由市场法则所决定的，从另一方面也表明了企业家成长的艰苦，以及他再生产过程中的巨大代价与成本。

3. 企业家报酬——企业家人力资本定价

企业家人力资本价值的表现形式是企业家的报酬，也可以称之为企业家人力资本的价格。如何确定他们的报酬才更加合理呢？从企业家人力资本的价值内涵看，企业家人力资本应该具有更高的价值，加上这种人力资本的稀缺性，企业家应该获得更高的报酬。从企业家人力资本的使用价值来看，企业家工作的成效并不反映在某项具体的工作完成了，而是反映在企业一定时期的经营状态上；不仅仅反映在他的脑力与体力付出了多少，而是反映在这种资本的使用是否有效率，即企业的业绩有多大的改进或提高。因此，企业家报酬的确定，必须通过市场，这是市场经济条件下，发挥企业家人力资本潜能的必不可少的途径。这种市场定价方式要求把企业家的报酬与反映企业经营业绩的指标或与企业的市场价值相联系，这种联系使市场自动地对企业家的报酬进行调节和修正，即由市场对企业家的付出和价值做出评判。从市场定价法来看，主要有年薪制、股票期权和虚拟股票期权方式。当然，还有其他一些相关联的形式。其中，年薪制注重企业家短期激励，股票期权和虚拟股票期更注重企业家的长期激励。由于企业一般生存周期较长，在这期间短期利益和长期发展经常出现矛盾，一些短期行为甚至会破坏企业的长期健康发展。而企业的长久发展要求企业经营过程中的行为必须以长期利益最大化为准绳。企业的短期利益是容易考察和计量的，而长期利益是不易预测的。因此，报酬制度的设计在综合考虑各方面因素的基础上，更要突出长期利益性质，激发企业家的热情，避免企业家的短期行为。只有这样，才能保证企业具有长久的生命力，才能保证企业家在追求自身收益最大化的基础上，实现所有者财富（或收益）最大化。

三　委托—代理下的企业家激励与约束机制构建

正如前面所提到的，大多数企业的所有者并不能像职业经理那样有效率地经营他们的企业，但他们作为财富的拥有者，却必须时刻关注企业财产的安全、运营效率及运营成果。不过当所有者把企业经营委托给企业家后，一般不再直接监控企业的生产经营过程。从信息经济学的角度看，这时他们在获得企业全面信息方面相比直接从事生产经营的经理来说处于不利地位。这种情况妨碍他们对企业的经营效率及企业家的经营业绩做出全面、正确的判断。职业经理却可以利用对企业内部信息的掌管或夸大企业的经营业绩，或隐瞒企业经营中的问题，以求得自身利益的最大化。因此，企业的所有者为尽可能地减少代理问题，会设计一定的制度来使经营者尽可能地做出有利于所有者的行为选择。这主要从监督和激励两方面进行。

1. 企业的监督约束机制

现代企业制度的整体构架，从某种意义上来说，就是一种监督制衡机制。股东大会由企业的全体股东组成，由他们根据股份的多少来推选出董事（当然，法律规定必须从某一特定人群选择一定数量的董事除外）组成董事会，他们之间是一种信任托管关系。董事会也可被看成庞大股东群体的精简及日常办事机构。总经理由董事会选派和任命，并负责企业的日常经营活动，他们之间是一种委托—代理关系。监事会是企业经营活动过程中的监督机构，对企业经营过程中出现的问题进行监督，并提出改进建议。这一整套完整机构的实际目标是对总经理领导下的经营活动进行监督。此外，监督行为的选择还必须考虑代理成本，只有当监督成本小于由于监督的加强而带来的代理成本的降低额时，监督的增加才是可行的。当然对企业家的约束并不仅仅在于企业制度安排，还在于环境（如声誉、经理市场竞争等）对企业家的影响，而且激励本身也使企业家产生强烈的自我约束。

2. 对企业家的激励

在企业的生产经营过程中，仅有监督是不够的，这主要是由于企业的经营结果并不是一个完全确定的结果，即使企业的经营是一个不错的结果，但是不是一个经过努力应得到的更好的结果或最好的结果，并不是一件能完全判断的事情。因此，仅靠监督并不能解决这样的问题。激励则是所有者设计某种措施或施以某种条件，以促使企业经理在追逐自身利益最大化的行为过程中，最大限度地实现所有者的利益。从经济人假设前提出发，报酬制度则是这种激励制度或模式中不可缺少的内涵。

3. 企业家激励约束模型

西方经济学者通过对企业家激励约束因素的抽象和简化，将企业家报酬制度激励进行了模型化。在委托—代理理论的完全理性和机会主义行为假设条件下，问题转化为道德风险问题模型。完全理性假设对应于古典经济学中的“经济人”假设，即个体追求自身利益的最大化。机会主义行为假设是指以不诚实或欺骗的方式追求自身利益最大化行为。这个假设强调个人谋取利益的欺骗性，但不是不择手段，直接对应于代理问题中的道德风险和逆向选择。

该模型假设所有者（或公司股东）是风险中性的，他们的目标函数等于预期企业总利润减去企业家预期报酬支付，又假定企业的经营者是规避风险的，其不可观测决策变量为 e。引入该变量，主要是由于信息不对称的原因，股东及外界并不具有对企业家的完全信息，因而并不能对企业家工作的努力程度做出完全准确的判断，即 e 也可以被看成企业家不可观测的努力水平。$e \in A$，A 为企业家所有的可能做出的行为选择集合。给定 e 值，企业的利润水平取决于随机变量 ε（表示某种自然状态），它表明企业家主观因素外的因素影响企业利润水平，如政策、行业景气水平等。这里用 π（e，ε）表示利润函数。假定 π 为 e 的增函数，随 e（企业家的努力水平）的增加而增长。所有者只能观测到企业的利润水平，这样所有者会以能够观测到的利润水平来决定支付给企业家的报酬水平 ω，这样企业家的报酬函数为 ω（π）。对于所有者来说，其目标函数为：

$$E[\pi(e,\varepsilon)-\omega(\pi(e,\varepsilon))]$$

也就是说，所有者的目标函数是企业实现的利润减去企业家的报酬。

对于企业家而言，其预期效用 μ 决定于得到的报酬水平 ω 和努力水平 e，根据企业家机会主义的假设，μ（ω，e）是 ω 的增函数，是 e 的减函数。企业家是风险规避的，μ 是 ω 的凹函数，这样就决定了企业家的目标函数：

$$E\mu[\omega(\pi(e,\varepsilon)),e]$$

对这个函数我们可以这样理解：如果一个企业家增加努力程度引起企业利润增加，相应地也就增加了他的报酬。但实际中他并没有这样做。这说明企业家认为他增加的报酬与他付出的努力不相对称，即增加努力水平所丧失的效用不能被报酬增加所引起的效用增加所抵消。

此外，要保证所有者和企业家的委托—代理关系的确立，还必须满足两个条件。第一个条件是保证企业家在这种委托—代理关系下的效用 μ 不低于在其他地方工作的预期效用 μ_0，否则，企业家在个人理性的支配下会放弃这样的职位，将不参与这样的委托—代理关系。这个条件被称为“参与”约束条件（IR）：

$$(IR):E\mu[\omega(\pi(e,\varepsilon)),e]\geqslant\mu_0$$

第二个条件是由于所有者不能观测企业家的努力水平，而遵循理性假设前提的企业家总是选择能够使自己效用达到最大化的水平，任何所有者希望的企业家的努力水平，都必须通过实现企业家在约束条件下的最大化效用来实现。如果 e 是所有者所希望的经营者能够付出的努力水平，$e \in A$ 是企业家可选择的努力水平，则只有当企业家选择 e 的效用大于或至少等于选择 e_1 的效用时，企业家才会选择 e，这被称为激励相容约束条件（IC）：

$$(IC): E\mu[\omega(\pi(e,\varepsilon)),e] \geqslant E\mu[\omega(\pi(e_1,\varepsilon)),e_1]$$

满足 $e_1 \in A$。

最终，企业家的激励约束问题就转变为满足约束条件（IR）和（IC）的所有者目标函数最大化问题，用模型表示为：

$$\begin{aligned} &\text{Max } E[\pi(e,\varepsilon) - \omega(\pi(e,\varepsilon))] \\ &s.t.\ (IR): E\mu[\omega(\pi(e,\varepsilon)),e] \geqslant \mu \\ &(IC): E\mu[\omega(\pi(e,\varepsilon)),e] \geqslant E\mu[\omega(\pi(e_1,\varepsilon)),e_1] \end{aligned}$$

满足 $e_1 \in A$。

即所有者的目标是使其目标函数最大化，但在实现这个目标的过程中，要受到条件（IR）和（IC）的限制。

第五节　河南省企业家行为表现、企业家激励体系及问题分析

在企业的成长过程中，企业家行为对于企业发展有着非常重要的影响，甚至有些人认为企业家是企业成长和兴衰的关键，因为企业的各种经营行为都是在企业家领导下进行的，而企业的经营行为特点在很大程度上会体现企业家的行为特点。那么，河南省企业家行为存在什么特点？企业对于他们的主要激励手段是什么？存在什么问题？本部分，我们将依据问卷调查资料对此进行分析，本次调查共发放问卷 72 份，其中有效问卷 70 份。

一　河南省企业家行为表现现状调查

本次调查主要从两个方面反映河南省企业家行为特点，即创新精神和风险态度。为此，调查问卷中包含相关的两个问题：①企业家勇于创新和发展的愿望；②企业家对待发展中存在风险的态度。

1. 企业家创新精神

图 8－1 至图 8－3 中字母含义如下：

A. 企业家具有强烈的创新愿望和动机，总是不满足于已有的成绩，能够居安思危，不断地开拓进取，以使企业更有生命力。

B. 企业家具有较强的创新愿望和动机，能够居安思危，致力于开拓进取。

C. 企业家具有创新愿望和动机，能够做到开拓进取。

D. 企业家创新意识淡薄，很少主动进行创新。

E. 企业家毫无创新愿望，思想保守，满足于已有成绩，不思进取。

（1）总体分析。图 8－1 显示，河南省企业家中 23% 具有非常强烈的创新意识，41% 具有较强的创新意识，两者所占的比例超过了 60%，接近样本总数的 2/3，表明河南省大多数企业家认识到了创新在企业成长和发展中的作用，并且不满足于企业的现状，有较为强烈的意愿带领企业向更高水平发展。

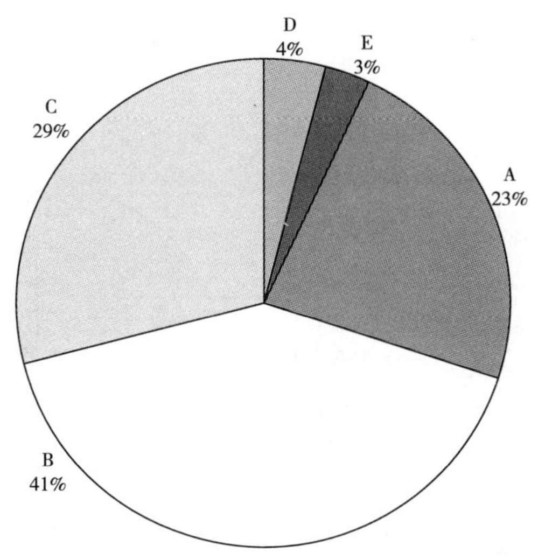

图 8－1　企业家创新精神总体分布

（2）按照企业注册类型分类。图 8－2 显示了最富创新精神企业家所占的比重，股份制企业最高，为 29%；私营企业次之，为 26%；传统公有制类型——国有和集体企业最低，为 19%。这说明私营企业和股份制企业中的企业家最富有创新精神，有最强的动力，希望通过创新、改变促进企业的发展和壮大。国有和集体企业的企业家创新精神整体上最低，这一点从前两类创新精神较高的企业家所占比例上可以更清晰地显示。A 类和 B 类企业家所占比例外资最高，为 80%；私营和股份制也达到了 74% 和 72%，国有和集体的这个比例仅为 53%，因此，有相当一部分国有和集体企业的企业家创新精神不够。外资企业虽然最富创新精神的企业家比例低于私营和股份制，但有较强创新精神的企业家比例则高出较多，这也许和外资企业多数依附于国外母公司，决策权有限有关。

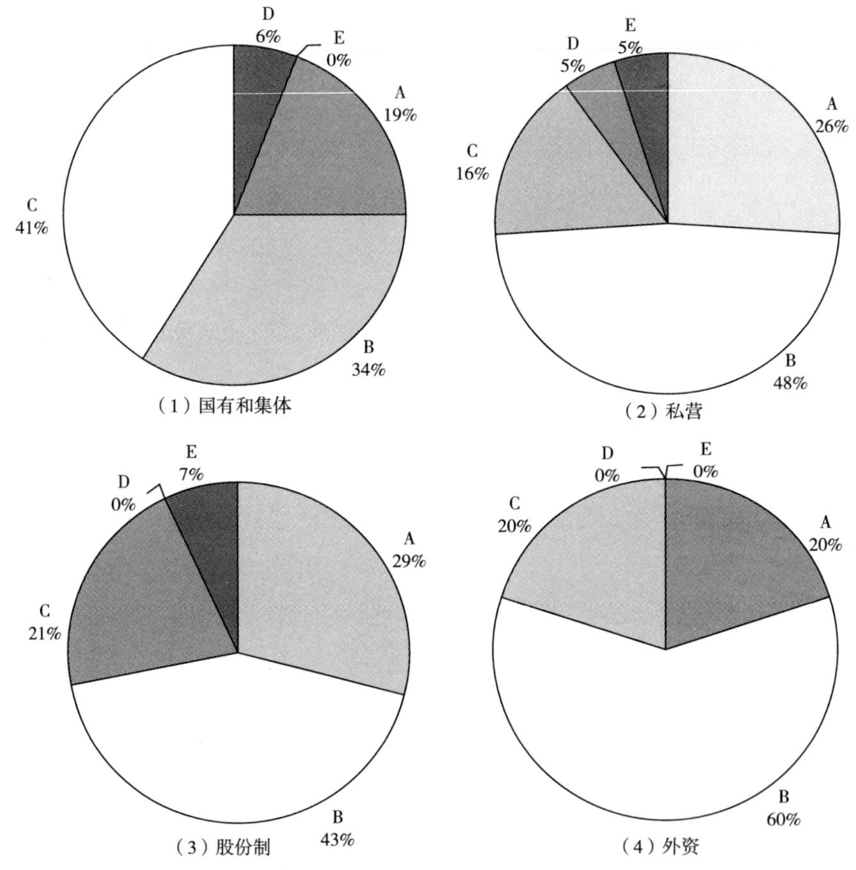

图 8－2　企业家创新精神分类比较——按企业注册类型

（3）按照企业规模分类。图 8－3 调查数据结果显示，最富创新精神的企业家比例，河南省资产规模在 500 万元以上的企业和 100 万～500 万元的企业最高，均为 26%，而资产规模在 100 万元以下的较小企业此次问卷调查的比例为 0，这说明在已经进入正常运营状态的企业中，小型及微型企业中的企业家创新精神显著弱于其他规模的企业，这与人们通常的印象存在差异，因为人们一般看到的现象是：现在的世界著名企业如微软、苹果等企业均是从无到有，从较小规模发展起来的，它们是最具创新精神的企业，也正是依靠这种创新精神实现了现在的成功。可能的原因是，小企业创新失败对企业家的影响较大，而且它们可能依赖其他企业生存，因此更倾向于维持正常的经营状态，另一个原因可能是河南省的创新环境对小企业的创新行为支持不够。从 A、B 合计所占的比例看，100 万～500 万元规模企业比例最高，达到了 73%；500 万元以上规模企业次之，为 64%。这说明河南省中等规模企业的企业家最具有创新精神，这也许和企业既能够忍受一定的失败，又拥有更好的发展平台有关。

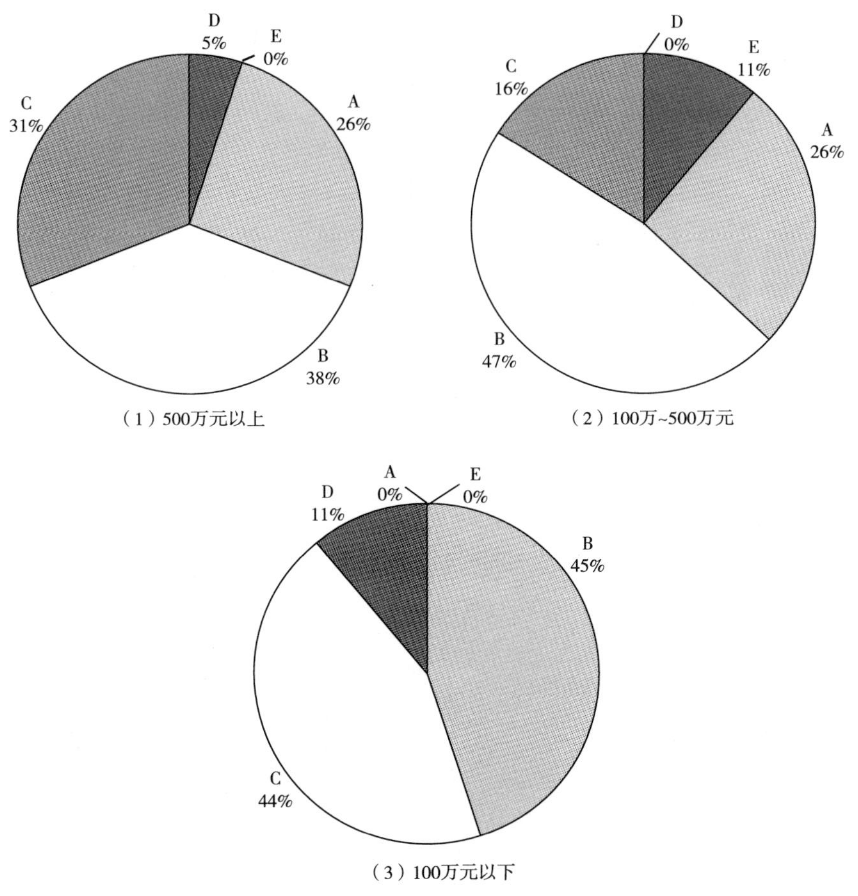

图 8－3　企业家创新精神分类比较——企业规模

2. 企业家风险态度

图 8－4 至图 8－6 中字母含义如下：

A. 企业家勇于面对不确定性，鼓励向风险挑战的创新活动。

B. 企业家能够面对不确定性，愿意承担一定的风险。

C. 企业家在风险面前不盲动，但条件成熟时不放松创新机会的寻求。

D. 企业家回避风险，提倡循序渐进、水到渠成。

E. 企业家尽力回避风险，不愿进行任何有风险的创新活动。

（1）总体分析。从总体上看，河南省企业家多数具有一定的风险承受力，在企业经营过程中愿意承担一定的风险，为企业开拓新的发展领域。图 8－4 显示，B 类型的企业家所占比例为 37%，A 类型的企业家所占比例为 17%，在风险面前持中庸态度的企业家比例为 34%。

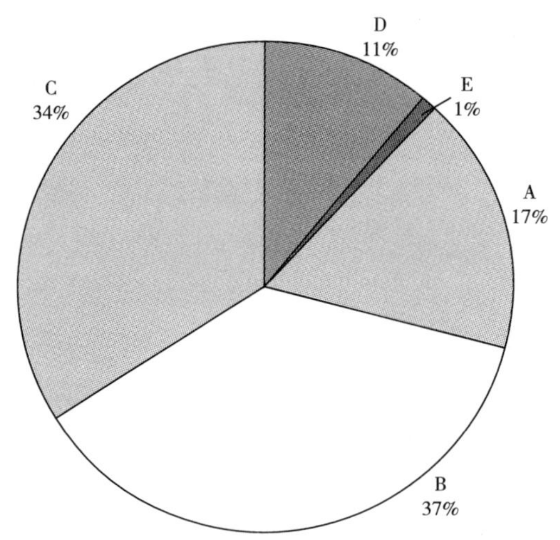

图 8－4　企业家风险态度总体分布

（2）按照企业注册类型划分比较。从图 8－5 中可以发现，河南省国有和集体企业中风险态度最激进的企业家比例最高为 22%，私营企业次之为 21%，而居于两者之间中间类型的企业——股份制和外资，这类企业家的比例最低，外资企业样本中该比例甚至为 0，但愿意承担一定风险的 B 类企业家比例，外资企业最高为 60%，股份制次之为 50%，这说明股份制企业和外资企业的企业家更注重在风险和收益之间的权衡。之所以国有和集体企业的企业家风险态度最为激进，可能的原因是国有企业约束机制存在不足，企业家权力和责任存在一定的失衡。

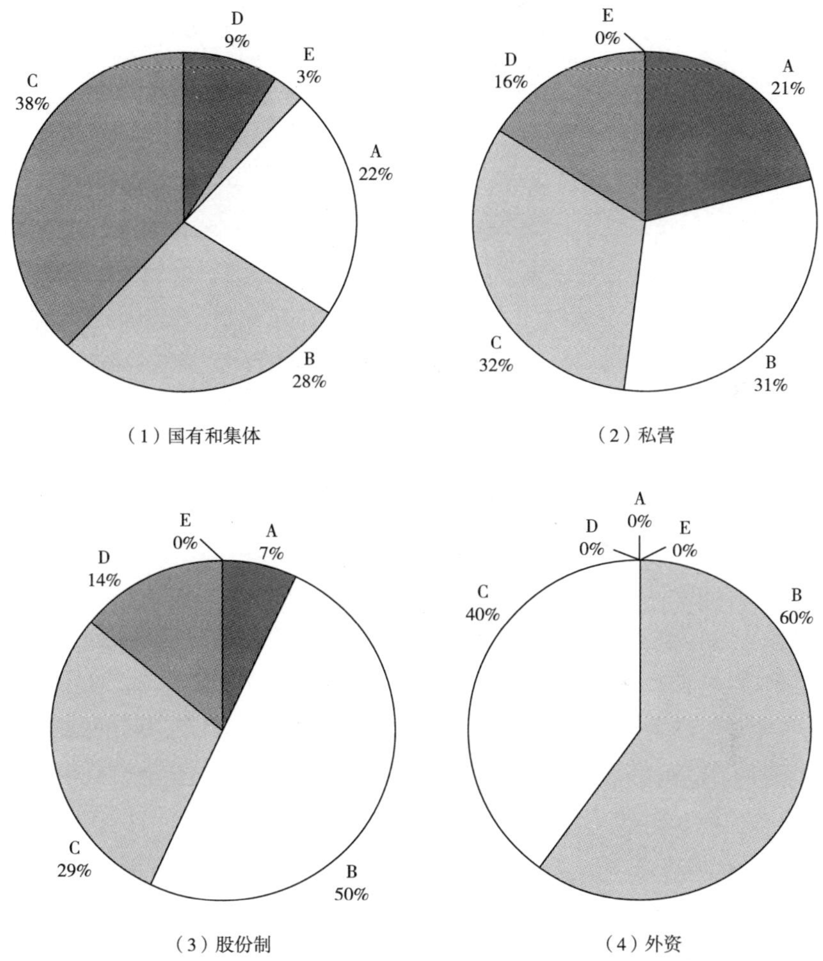

图 8－5　企业家风险态度的分类比较——企业注册类型

（3）按照企业规模划分比较。图 8－6 中显示，虽然河南省 500 万元以上企业中，风险态度最激进的企业家比例最高为 19%，但比例差别并不太明显，100 万～500 万元规模企业和 100 万元以下规模企业这个比例分别为 16% 和 11%，前两类风险态度企业家比例之和也反映出这种差别并不大，按规模大小的比例依次为 53%、52%、56%，小企业的企业家风险态度稍微保守一些，从总体上看，企业规模对于企业家风险态度的影响不大。

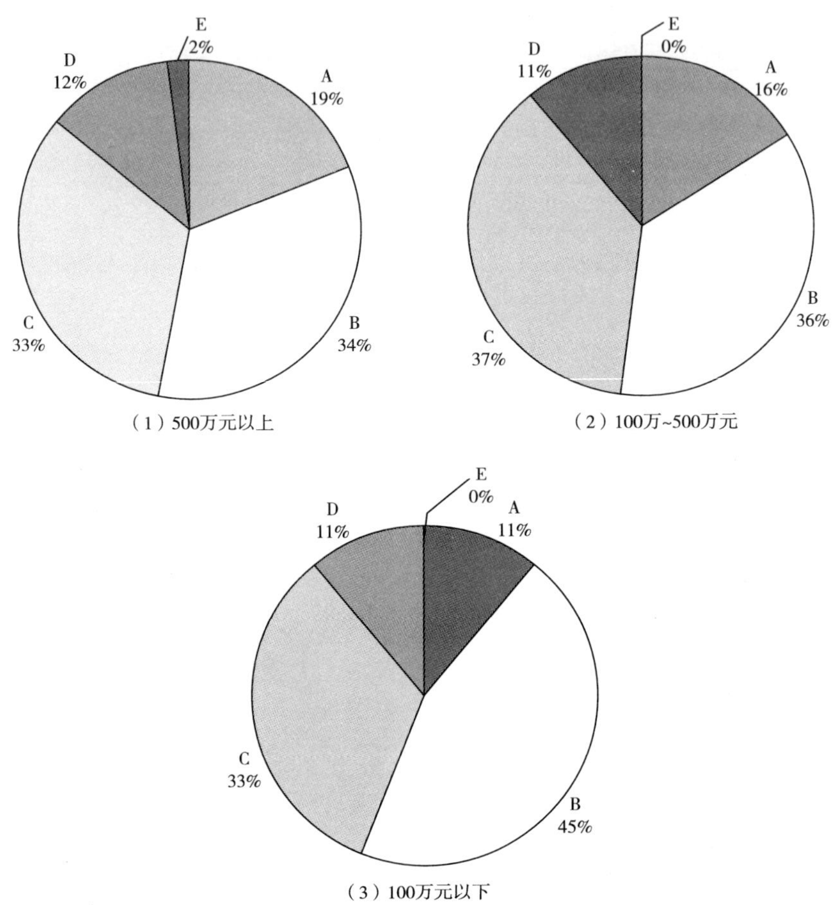

图 8-6　企业家风险态度的分类比较——企业规模

二　河南省企业家激励制度现状调查

本次问卷调查主要从企业内部物质激励、激励方式多元化程度和政府激励三个方面反映企业和社会对包括企业家在内的企业员工进行激励的侧重点。为此，调查问卷设计了三个相关问题：①企业内部物质激励状况；②企业激励方式的多元化；③政府对企业家创新的激励状况。

1. 企业内部物质激励

图 8-7 和图 8-8 中字母的含义如下：

A. 建立优胜劣汰的机制，将报酬与岗位挂钩，对有重大贡献的人员，根据其成果获得经济效益的情况，从收益中给予提成。

B. 实行项目承包制，实现多劳多得，对有重大贡献的人员实行一次性重奖。

C. 将报酬与岗位挂钩，对有功人员给予一次性物质奖励。

D. 实行企业人员终身制，对所有人员都给予同样的奖励。

（1）按照企业注册类型划分比较。图 8 –7 中调查结果显示，按照收益提成对企业家进行物质奖励的企业比例外资最高为 40%，其次是国有和集体企业为 22%，股份制企业最低为 14%；前两类企业虽然奖励政策有所差别，但都强调对突出贡献人员给予较大的奖励，这两项比例之和股份制企业最高达到了 65%，国有和集体企业最低为 38%。这显示国有和集体企业奖励存在两个极端，一小部分企业能够重奖包括企业家在内的有重大贡献的员工，而多数国有和集体企业并不太注重有力度的物质重奖，股份制企业和私营企业奖励力度更大。

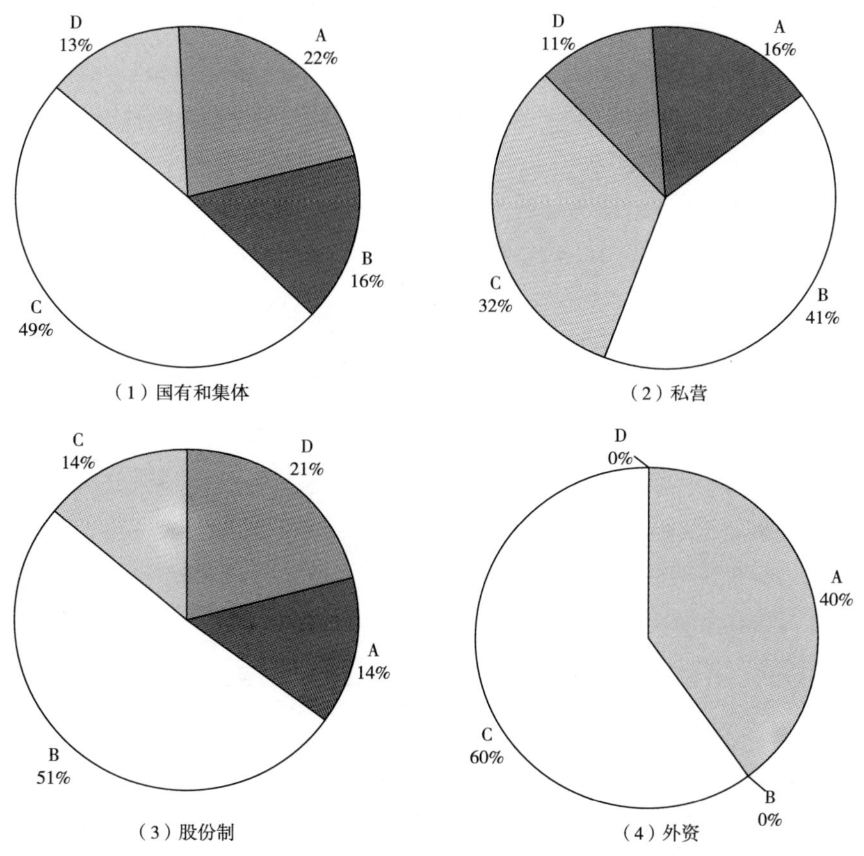

图 8 –7　企业内部物质激励分类比较——企业注册类型

(2) 按照企业规模划分比较。图 8－8 中调查结果显示，按照收益提成方式对企业家及员工进行物质奖励的企业比例，100 万元以下的小微企业最高，达到了 45%，显示小微企业更注重对企业家及有重大贡献的员工给予高额的物质奖励，使他们能够分享企业成长的收益；资产规模在 100 万～500 万元的中等企业虽然也会给予重奖，但更多的是一次性奖励，小微企业较少使用一次性重奖方式。规模较大的企业给予重大物质奖励的企业比例则较低。

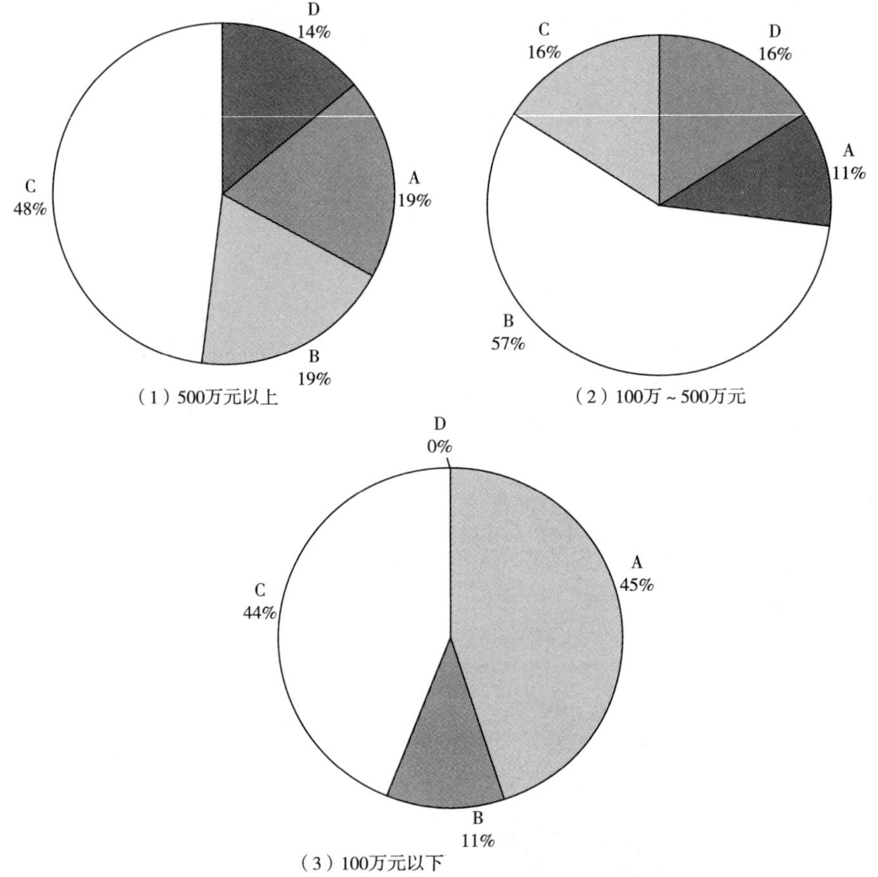

图 8－8　企业内部物质激励分类比较——企业规模

2. 企业激励方式的多元化程度

图 8－9 和图 8－10 中字母的含义如下：

A. 重视企业发展，对有重大贡献的人员，不仅进行重大的物质奖励，还职位升迁并授予荣誉称号并进行广泛宣传。

B. 重视企业发展，对有重大贡献的人员不仅进行重大物质奖励，还授予荣誉称号并进行宣传。

C. 重视企业发展，对重大贡献人员仅仅进行重大物质奖励并进行宣传。

D. 对重大贡献人员仅授予荣誉称号。

（1）按照企业注册类型划分比较。图 8－9 中调查结果显示，各种企业类型都比较注重激励方式的多元化，采用前两类更多元化的激励方式的企业比例外资企业稍高一些，为 80%，国有和集体企业、私营企业、股份制企业也分别达到了 66%、69% 和 64%，其中私营企业更注重职位升迁，这可能和私营企业大多规模相对较小，企业经营历史不长，更可望获得有才干的人才有关。因此，一旦员工有了重大贡献，就希望对其委以重任。总体来说，不同类型企业在激励多元化方面区别并不大。

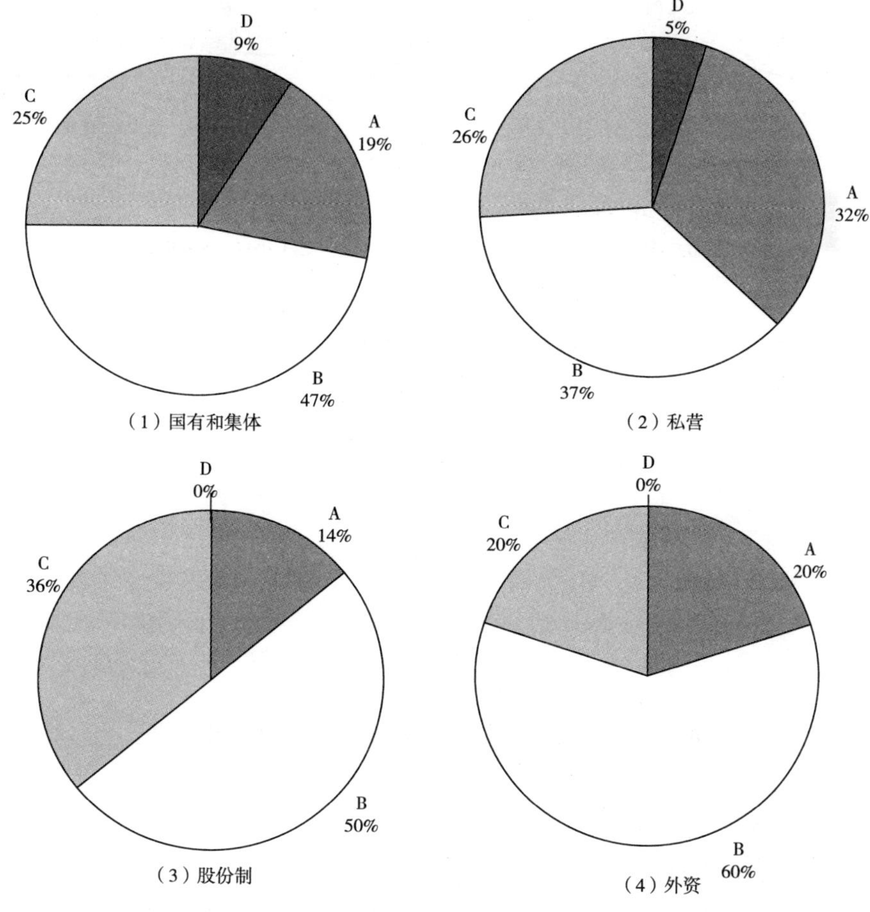

图 8－9　企业激励方式的多元化——企业类型

(2) 按照企业规模划分比较。图 8－10 中调查结果显示，河南省中等规模的企业以包含职位升迁在内的多元化激励方式所占的比例最高，达到了 32%；资产规模在 500 万元以上的企业采用职位升迁方式激励员工的比例最低，为 17%。采用前两类更多元化激励方式的企业的比例，小企业最高，达到了 78%；其次是中等企业，为 69%；国有和集体企业该比例最低，为 64%。因此，从调查结果可以看出，企业规模越小，越注重利用多元化的激励方式激励企业家和员工。

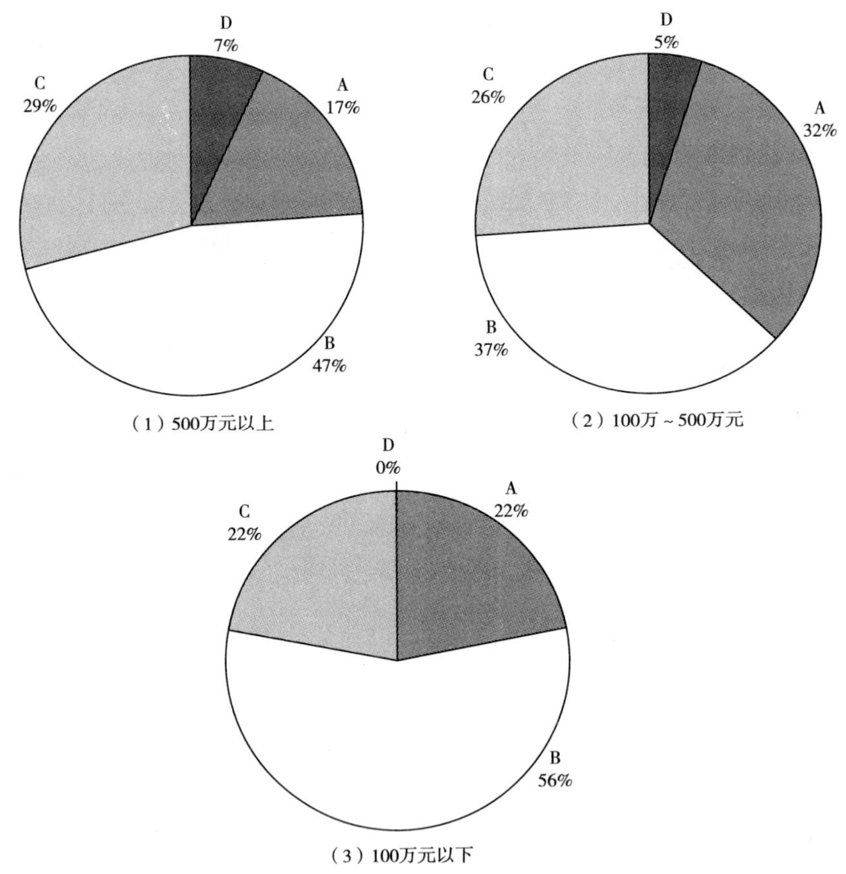

图 8－10　企业激励方式的多元化——企业规模

3. 政府对企业家的激励

图 8－11 中字母的含义如下：

A. 政府对完成重大创新的企业家进行重奖，允许其从创新的收益中提取一定的比例作为奖金，对其进行提职，授予其荣誉称号并在社会上进行广泛的宣传。

B. 政府对完成重大创新的企业家给予一次性重奖，授予其荣誉称号，在社会上进行广泛宣传。

C. 政府对经常进行创新的企业家进行一定的物质奖励并授予其荣誉称号。

D. 政府对经常进行创新的企业家不进行任何奖励。

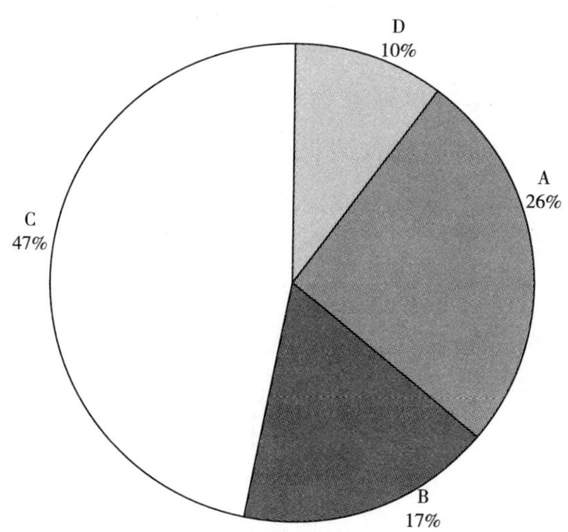

图 8－11　河南省各级政府对企业家激励状况

图 8－11 显示，在对企业家创新进行奖励方面，政府采用最多的方式是 C 类，占比达到了 47%，即政府并不强调物质重奖，精神奖励仅限于授予荣誉称号，并不进行广泛的宣传。一些政府无论是物资方面，还是精神方面都会给予企业家创新非常高的激励，即 A 类激励方式，这个比例占到了 26%，还有一些政府并不太重视对企业家创新工作的奖励，这个比例占到了 10%。

三　河南省企业家行为表现及成长环境的问题分析

根据本次问卷调查的结果及其他相关资料分析，河南省企业家行为表现及成长环境主要存在以下问题。

1. 传统公有制企业的企业家创新精神不够

在本次问卷调查所划分的所有四类企业中，虽然受调查者总体上认为河南省企业的企业家还是较有创新精神的，这个比例达到了近2/3，但代表典型传统公有制形态的国有和集体企业的企业家创新精神明显不足，比例较其他类型企业要低得多，由于我们本次问卷调查的受访者分别来自不同的企业，他们评判的依据和对象均为本企业的经营者和领导层，因此，可以认为调查结果实际上反映了该类型企业中企业家的状况。造成这种状况的原因可能还在于传统公有制企业存在的固有弊端，如领导者遴选机制存在欠缺，无法确保选择出真正有能力和具有创新精神的企业家。另外，责任不清，不求有功、但求无过的固有意识相比于其他类型的企业更多一些。

2. 对小微企业支持和扶持力度不够

通过分析本次问卷调查的结果（见图8－3），我们发现一个较为反常的现象，就是小微企业中企业家的创新精神弱于中等和较大规模的企业，这和市场经济中的一般现象不一致，因为在市场经济中大量的小微型企业由于规模较小或者成立时间较短，并不存在固有的惯例和模式约束它们，并且小微企业要在与较大规模企业的竞争中取得优势、求得更大的发展，必须依赖更强的创新精神。河南省（也可能包括其他的省份）之所以会出现这样的反常现象，实质上反映了小微企业的成长环境较差。造成这种局面的原因在于：现时政府政绩的考核模式使得政府更注重于大中型企业和大项目，并且会利用政府影响力使得资源更多地流向这些企业，而对小微企业的发展重视不够，缺乏足够的资源支持，甚至它们的成长过程中会面对更多的行政障碍和税费负担，这些都会抑制小微企业中企业家的创新精神，因为创新的风险很大，并且需要先期投入大量的资源。

3. 国有和集体企业对于企业家的约束机制不完善

调查发现，虽然国有和集体企业的企业家总体上最缺乏创新精神，但对于风险偏好最高类型的企业家比例，国有和集体企业该比例最高（见图8－5），为22%，这似乎是矛盾的。相对应的股份制企业该比例仅为7%，外资企业样本企业中甚至没有。这反映出国有和集体企业的部分企业家在企业经营过程中表现出过度的高风险行为，因为一旦这种赌博式的高风险行为成功，企业领导层能获得巨大的利益，但由于国有和集体企业中规范的约束机制缺乏，当行为失败后，领导层未必会承担相应的责任，即权力和责任不相匹配。虽然企业的创新行为必然伴随风险的存在，但企业高风险的行为未必都是基于创新的目的。在这方面，股份制和外资企业做得比较好，也反映出它们这方面的约束机制较为健全，既能鼓励创新，又可以约束过度的高风险经营行为。

4. 对国有和集体企业的企业家激励机制不完善

在所有类型的企业中，能够对企业家及员工重大贡献给予较大物质激励的企业比例（见图8－7），国有和集体企业最低，股份制企业该比例要高得多，私营企业次之。这反映出国有和集体企业在经营过程中物质利益分配存在平均主义倾向。这样的状况应该得到改变，因为在社会生产力还不够发达的条件下，个人物质收益仍然是评判一个人成就和贡献的主要依据，这并不是单纯的拜金主义。这种状况不能得到改变的话，可能会长久影响国有和集体企业企业家经营的积极性。当然，由于国有和集体企业固有的机制缺陷，可以考虑以产权制度改革来改善这种状况。

5. 河南省企业家成长机制不完善

中国目前的产权状况仍然表现为国有、集体和国有控股企业在企业构成中占据主导地位，因此，政府对于企业家的激励状况，可以反映出企业家成长环境的优劣。根据本次调查的结果（见图8－11），我们发现河南省各级政府对于企业家的激励总体存在不足，虽然能够对企业家进行重奖的比例达到了43%，但仍然有超过一半比例企业家的贡献没有得到应有的重视，这实际上不利于形成良好的企业家成长环境，而这样的环境是造就杰出企业家的必要基础。

第六节　中原经济区建设与河南省企业家激励机制的构建

当人类进入工业化社会以后，企业就构成了社会经济的主体，企业兴旺，则经济繁荣。企业是由企业家来掌控的，在一个成功的企业中，我们总能够发现一个优秀的企业家。中原经济区建设已经成为国家整个经济发展战略的重要组成部分，实现中原经济区建设目标需要大批成功企业的助推，毫无疑问，这需要有一大批优秀企业家的涌现。从发达国家及国内较发达地区的经验可以看出，社会中具备成为优秀企业家潜质的人并非寥若晨星，但他们涌现并最终成长为优秀的企业家需要良好的制度机制及适宜的环境。对于河南省来说，企业家成长的社会、经济环境还存在很大的缺陷，无法适应中原经济区建设的需要，这方面必须有所改善。

一 针对河南省企业家激励机制的不足，实施持股为主的股权激励

目前实施股权激励的条件已基本具备，而股权激励已经被证明是有效的长期激励机制，实施以持股为主的股权激励，可以推动其他机制的建立。一是因为我国公司的股权结构不合理，高度集中国有股权的“所有者缺位”已经成为市场经济体系建立和完善的巨大障碍，需要逐步改善股权结构，才能使占有国家大量优质资源的公司成为真正意义上的公司，突破国有企业效率、效益低下的瓶颈。二是公司治理结构的完善，需要进一步优化公司的股权结构，而股权激励可以成为一种较好的方式。完善公司治理结构与股权激励实施有效性可以相辅相成，在实施中，必然会使公司治理中存在的问题显现，有利于公司治理结构的不断完善。三是在目前声誉机制、控制权机制、市场机制等还不能发挥较好作用时，股权激励对调动公司经营者的创造性和积极性，创造公司价值有不可替代的作用。股权激励的实施可以降低委托代理关系的道德风险，激励更努力地正确工作。四是股权激励将为声誉机制等长期非物质激励机制的建立和完善创造一定的条件，并逐步达到共同发挥激励约束的作用。如果较低层的股权机制的激励作用没有发挥应有作用，则属于更高层次的精神激励机制也难以发挥作用，因此，为了让控制权机制、声誉机制等非物质性长期激励机制更好地发挥作用，也必须使股权激励机制发挥其应有的作用。五是推动外部治理机制的完善。在试行中，我国监管机构、中介机构等相关制度和运作方式必然会不断完善，社会制度建设也将得到进一步改进和完善。

二 规范使用企业家公司控制权

前述的调查也显示出，河南省企业，特别是公有制企业对于企业家的约束机制不足，因此，河南省企业要积极完善企业的各种治理结构，合理配置和规范使用企业控制权。对于公司制企业，重点是董事会和内部控制制度建设。

1. 公司董事会建设

根据河南省公司的实际情况，重点加强公司董事会建设，让公司董事忠实履行职责，并实施董事责任追究制度。一是要体现董事权利、义务和责任的统一。目前存在的问题是董事承担的义务和责任与其享有的权利不对称，在法律规定上，董事的义务和责任比较明晰，而董事的权利则较为模糊，公

司法和公司章程通常只有对董事会整体职权的一般规定，而没有对董事个体权利的具体规定。因此，应增加关于董事权利的具体规定，其中包括董事报酬请求权等，公司董事责、权、利统一，尽职尽责。二是建立董事责任追究制度。公司章程仅对董事责任追究做了一般规定，在股权激励等重大公司资产转移的事项中，需建立刑事责任和民事责任追究的法律保障体系，打击董事和经营者侵占公司财产、转移股东财富等行为。

2. 建立独立的薪酬委员会

国外公司长期激励的理论探讨和实践表明，薪酬委员会运作质量和公司治理水平与董事会运作机制密切相关。薪酬委员会发挥作用的基本前提是，董事会和公司经营者没有相互勾结，董事会能从股东最大化利益出发，与公司经营者进行独立的谈判，达成最佳的激励契约。包括河南省在内的我国上市公司虽已形成了“三会四权”的制衡机制，即股东大会、董事会、监事会和经理层分别行使最终控制权、经营决策权、监督权和经营指挥权。但由于股权的过度集中，公众股东的高度分散，导致董事会由大股东操纵，或由内部人控制，没有形成高效、独立的董事会来保证健全的经营机制，以及相应建立一套健全的经营者聘选和考核机制。公司薪酬委员会应全部由外部或独立的董事组成，确保董事能独立于公司经营者做出判断；薪酬委员会全权负责经营者的薪酬事务，经营者薪酬包括股权激励等，经营者的聘用、留任和离任合同都由薪酬委员会参与决定，即考核者和激励对象相互独立。

3. 加强内部控制特别是审计控制

公司的审计控制机制是公司内部控制的重要组成部分，尤其对上市公司等规模较大的公司，完善审计制度可以实现对有关决策事前、事中、事后监督，及时发现公司运营中存在的问题，并加以纠正，提高内控信息披露的质量。目前特别要加强对经营者公司控制权狭义收益的审计和控制，遏制公司控制权的过高收益，必须使公司控制权的狭义收益降至较合理的范围，为建立有效的激励机制体系创造条件。

三　大力弘扬企业家精神，培育有责任心、创新型的现代企业家

经济学的基本假设之一是委托人为“经济人”，但作为合格的经营者不应该是完全的“经济人”。作为公司经营者，一方面需要承认、肯定、保护其合法的人力资源及其贡献；另一方面也应展示其自身人力资源的先进性和对社会的贡献。海尔集团的张瑞敏、华为集团的任知非等应该成为经营者的

榜样，尽管他们没有进入什么豪富榜；国美电器的黄光裕不应该成为经营者的人生目标，尽管他连续多年位居中国内地首富排行榜首位。社会价值取向对社会发展进步有重要的影响，作为先进生产力的代表和对社会价值观有重要影响的公司经营者，应该成为良好社会价值观的代表。

外部激励机制的作用，必须通过作为公司激励对象的经营者的企业家精神的“自激励”或“内激励”才能发挥作用，因此，针对河南省部分企业家责任心不足、创新精神不够等问题，应该大力弘扬经营者的企业家精神。

四　逐步建立企业家市场，完善企业家成长和选择机制

企业家市场、资本市场作为经营者主要的非物质性激励机制已经被人们广泛认知。在河南一批创业者成功地成为经营者阶层，职业经理人阶层正在逐步形成，国资委从 2005 年开始对特大型国有企业经营者进行公开招聘以及推出公示等一系列举措表明，包括河南省在内的国内企业家声誉机制和企业家市场正在逐步建立中，当前要着重培养有“企业家精神”的经理人阶层。

五　改善宏观政策环境

完善相关法律及法规。长期激励机制体系涉及公司法、证券法、税法等，需要上述法律做出相应的细化规定，如应对法定股票期权等做出税收优惠规定。对会计处理准则进行完善等，修正失误的最后措施是法律手段，在实施中的最终监管手段也是法律手段。目前司法体制还不完善，需要建立相关的民事责任制度。社会对企业家应形成一定的约束，包括来自法规、市场、媒介、道德和意识形态等方面的约束。例如，建立终身追偿制度、健全财务监管制度、严肃财政纪律，充分发挥新闻、报刊等媒体披露信息及时的优势，对公司企业家行为进行监督。

第七节　本章小结

依据现代企业的运营特点，企业家指的就是企业内处于实际控制人地位的经营者，可能是直接掌管企业经营的所有者，但更多的时候是职业经理人。企业家在企业的成长过程中处于极为重要的地位，因为他们是企业的掌控者，他们在企业成长过程中的作用主要表现在以下方面：①企业家通过创

造和发现市场机会为企业寻找可以生存和发展的空间；②企业家领导组织变革，克服组织在运行惯性作用下可能产生的变革惰性，以使企业发展能够更好地适应环境的变化；③企业家推动企业技术创新活动，增强企业的技术能力；④企业家构建企业的社会网络，为企业持续成长获取更多的社会资源。企业家也是独立的利益个体，有着自己的利益追求，要充分发挥企业家的经营才能，需要建立合理、完善的企业家激励和约束机制。实现中原经济区的建设目标，充分发挥企业的推动作用，河南省需要大量有才干的企业家，并通过适当的机制激发他们的潜能。但在这方面，河南省还存在许多不足，依据调查问卷的分析结果，河南省在企业家激励和成长机制方面存在以下问题：①传统公有制企业的企业家创新精神不够；②对小微企业的支持和扶持力度不够；③国有和集体企业对于企业家的约束机制不完善；④对国有和集体企业的企业家激励机制存在不足；⑤河南省企业家成长机制不完善。要克服这些不足，更好地促进企业家成长，充分发挥企业家对于企业成长的推动作用，需要做出以下改善：①针对河南省企业家激励机制的不足，实施持股为主的股权激励；②规范使用企业家公司控制权，建立完善的约束机制；③大力弘扬企业家精神，培育有责任心、创新型的现代企业家；④逐步建立企业家市场，完善企业家成长和选择机制；⑤改善宏观政策环境，完善相关法律及法规。

参考文献

[1] 张书军：《企业家资源配置能力与企业成长》，《经济体制改革》2003年第5期。

[2] 郑江淮：《企业家行为的制度分析》，人民出版社，2004。

[3] 劳铖强、曾云敏：《企业能力理论的熊彼特经济学解释》，《改革与战略》2008年第4期。

[4] 张焕勇等：《企业家能力与企业生命周期的适配性分析》，《华东经济管理》2008年第12期。

[5] 李晨：《企业家人力资本价值评价指标体系研究》，《中国人力资源开发》2010年第2期。

[6] 何卫华：《创新型企业家综合评价指标体系研究》，《市场研究》2008年第11期。

第九章
技术动力与企业技术创新机制构建

2007 年 1 月，苹果公司推出了第一款手机 iphone，凭借这个智能手机系列，苹果公司在短短四年左右的时间里就超越众多世界著名手机生产企业成为世界最大的手机制造商，也在这个时期成长为世界市值最大的公司，同时在可预见的相当长的时间内，苹果公司仍然会是手机行业的领导者。与此相对照，进入 21 世纪的最初几年，中国的手机生产厂商有过短暂的辉煌，甚至曾经占据国内手机市场 60% 以上的市场份额，产生了许多知名的国内品牌，但随后，这些国内品牌大多很快没落，国内手机厂商的市场份额也急剧下降到仅占 30% 左右。对比两种境况可以发现，以前从未涉足手机生产领域的苹果公司，之所以能够在如此短的时间内成为世界上最大的手机制造商，关键在于其掌握了智能手机最前沿、最核心的技术，相对于其他手机生产企业来说，实际上形成了非常高的技术壁垒，从而也就为苹果公司开拓了快速成长的空间。国内手机厂商没落的主要原因在于没有掌握手机制造的核心技术，因而缺乏技术所能产生的成长驱动力。分析诸如苹果公司这样的世界成功企业，特别是制造业及高技术领域的成功企业可以发现，技术是推动其成长的最主要动力，而要保持和发展企业自身的技术能力，需要依靠企业持续不断的技术创新活动。

第一节　技术推动企业成长的路径

一　技术创新、技术能力与企业的异质性

企业技术的更新，技术优势的保持依赖其不断的技术创新活动，而核心

技术优势也是企业区别于其他企业、维持竞争优势的最主要的原因之一。

1. 技术的内涵

早期的学者给技术下的定义并不是很具体，如 Stewart 给技术所下的定义可能是迄今为止对技术最为宽泛的一种解释。他认为，技术是制造、使用或者从事有用事情所需要的所有的技能、知识和程序。技术不仅包括生产的硬件，而且包括管理、教育、市场等生产的软件（F. Stewart，1977）。Hellenier（1975）从专利的角度给出技术的定义，他认为技术不仅包括法律认可的专利和商标，也包括无法专利化的技术或未经专利化的一些专有知识，此外，还包括熟练劳动所涵盖的技术和有形商品所涵盖的技术。ESCAP/UNCTC（1984）则把技术定义为用于生产者商业化、商品和服务销售的知识，用于生产和销售的专有知识、经验和技巧的总和。

后期的学者则对技术进行了较为具体的解释。他们往往对技术进行分类，然后分别进行解释。Brooke（1988）将技术分为三个层次：第一个层次是比较广泛的功能性技术；第二个层次是工序、产品工艺等方面的技术；第三个层次是真正的专有知识。Sahal（1981a；1982b）不仅给出了技术的不同定义，还对各种定义进行了区分。他指出，技术是一种“构造”或“组态”，它不仅表现为一定的产品，还包含与这些产品或加工过程相联系的知识。Enos（1989）给出的技术定义则相对比较狭隘，他把技术定义为包含于专利中的技术信息，或以文字为载体的可交流的技术知识。

实际上，尽管技术的定义有很多，但作为一种有价值的智能结晶，技术可以通过信息、经验、抽象的观念、标准作业程序、系统化的文件、具体的知识等方式表现。技术表现的形式虽然有很多种，但本质上都必须具备创造附加价值的效果，否则就不能被称为技术。因此，引进、学习、扩散、创新技术，都可以作为技术赶超的一种途径或方式，是驱动社会进步的最主要的力量。

2. 企业技术创新与技术能力发展

技术的内涵是不断变化的，具体表现为技术水平的不断提升，即技术的发展。从本质上讲，企业技术的发展及其技术能力的提高是企业技术创新活动的结果，因此，企业技术创新活动是企业技术发展及技术能力提高的根源。

（1）企业的技术创新活动。创新作为学术概念和理论体系是由美籍奥地利学者约瑟夫·熊彼特于 1911 年在其《经济发展理论——对于利润、资本、信贷、利息和经济周期的考察》一书中最早提出来的，该文首次使用了“Innovation”一词，而他提出和研究创新问题的目的在于用创新理论来解释经济周期和经济增长问题。其后，熊彼特1928年在《资本主义的非稳定性》一文中又首次提出创新是一个过程的观点，在20世纪30年代和40年代相继出版的《经济周期》《资本主义、社会主义和民主》两本书中，熊彼特对创新加以全面、具体地运用和发挥，并形成了完善的创新理论体系。

按照熊彼特（1939）的观点，创新既包括技术性变化的创新也包括非技术性变化的组织创新，他认为创新是由大企业内部的经济力量所形成的。但是，在熊彼特的一生中，他拒绝承认创新是一种理性的活动；相反，他认为这是无法解释的创造性活动，也不能当成理性思考过程的结果去理解，创新与发明的代理者只能是企业家。与其同时代的经济学家不同，熊彼特认为企业家不仅仅是为了在最低成本上生产商品和满足消费者需求而雇佣资源；相反，他赞同坎蒂隆的观点，认为企业家是愿意冒险的个体，正是这样的企业家成为促使资本主义经济增长的中坚力量。

第一，创新的主体是企业家，企业家的创新活动是经济兴起和发展的主要原因。一般来说，企业家要具备下述条件：①有眼光，能看到市场潜在的商业利润；②有能力，有胆略，敢冒经营风险，从而取得可能的市场利润；③有经营能力，善于运用和组织社会资源，实现生产要素的重组，最终取得市场利润。

第二，创新活动是指在生产和销售经营中，企业家能够独出心裁，发现并推动企业使用前所未有的和与众不同的方式或方法。熊彼特所述的企业中独特的创新活动包括五种情况：①采用一种新的产品，也就是消费者还不熟悉的产品，或一种产品的一种新的特性；②采用一种新的方法，也就是在有关的制造部门中尚未通过经验鉴定的方法，这种新的方法并不需要建立在科学新发现的基础之上，而是可以存在于商业上处理一种产品的新的方式之中；③开辟一个新的市场，也就是有关国家的某一制造部门以前不曾进入的市场，不管这个市场以前是否存在过；④掠夺或控制原材料和半制成品的一种新的供应来源，也不问这种来源是已经存在的，还是第一次创造出来的；⑤实现任何一种工业的新的组织，比如造成一种垄断地位，或打破一种垄断地位。这些创新活动均可使进行创新的企业和个人赚取高额利润。

第三，创新引起了经济增长并对经济的周期性波动产生了影响。熊彼特认为，企业家的创新为其他企业做了示范，开辟了发展的新途径，更多企业加入到创新或模仿创新的行列，社会形成创新浪潮。这时，社会对生产资料和银行信用的需求急剧扩大，从而引起经济高涨。此后，随着创新机会减少、创新逐渐减少和消失，经济走向低潮。如果期望经济再度恢复高增长状态，便需要新一轮创新的到来。由于技术创新的规模、技术含量、周期、效应的各不相同，它们对经济波动的影响也有长有短，有大有小，使经济波动呈现三种周期趋势。显然，在熊彼特看来，创新是一个经济范畴而非技术范畴的概念，它不仅仅是指科学技术上的发明创造，更重要的是指把已发明的科学技术引入企业之中，形成一种新的生产能力，其目的是获得一种潜在的利润，从而推动社会和经济的不断发展。

1947 年，熊彼特在《资本主义、社会主义和民主》中指出，完全竞争并不是理想的经济模式，而垄断企业在经济发展中有独特的作用，特别是对创新有巨大的作用。熊彼特还提出了技术创新内生的思想，除了以前所强调的企业家的作用之外，大企业已将创新作为例行的事务纳入管理工作之中，建立工业试验室成为大企业的标志之一，而且程序化的巨型企业代替了企业家，创新的主体、基础和机制发生了变化，预言资本主义的投资机会即将丧失，并认为马克思的社会主义将取代资本主义的观点是正确的。但熊彼特认为资本主义并不是像马克思预测的那样被自己的失败毁灭，而是将被自己的诸多成功所毁灭或是由于企业家精神被破坏而遭受严重阻碍，则资本主义将平静地转变到社会主义。其后，布尔加雷斯沿着这条思路研究下去，提出了“新工业国”的假设，对创新理论做出了新的解释，并特别强调了大企业的作用。虽然这些见解有些并不完全符合实际，历史也并没有完全按照他们所预言的那样发展，但熊彼特及其追随者的创新理论却为经济学的研究开拓了一个全新的领域。

如前所述，在熊彼特所描述的企业五种创新活动中，①和②属于以技术为核心的创新，③和⑤属于由技术变化引起或者说是适应技术变化而形成的管理创新和组织创新，④较多地依赖技术的改变。其中，以技术为核心的创新是熊彼特创新概念的主要内容。

因此，熊彼特所描绘的五种创新大致可归纳为三大类：一是技术创新，包括新产品的开发、老产品的改造、新生产方式的采用、新供给来源的获得以及新原材料的利用；二是市场创新，包括扩大原有市场的份额及开拓新的市场；三是组织创新，包括变革原有组织形式及建立新的经营组织。

从企业发展的技术动力研究角度出发，本书所述的企业技术创新活动主要指上述第一类创新活动，即更侧重于纯技术范畴。

（2）技术创新与技术能力。技术能力是企业在技术资源和技术活动方面的知识与技能的总和，技术活动主要包括企业组织对内部和外部技术资源的整合与协调，以及技术的战略管理。因此，从静态能力的角度来说，技术能力包括企业在核心技术和辅助技术方面的存量知识；从动态能力的角度来说，技术能力包括对内部和外部技术资源存量进行配置和协调的能力。

技术创新本质上是新技术知识的创造过程，这主要表现在以下几个方面。

第一，知识运动。企业技术创新活动由团队实施，必然存在知识的交流和扩散、创意和已有知识的整合。创新者之间的沟通与合作、知识和技能的共享，对技术创新的成功至关重要。从认知角度看，技术创新过程是一个知识要素混合、补充、重新构建和创造的过程。

第二，学习过程。技术创新的知识密集性特征决定了其实际上是一个学习过程，其中包括具有不同知识结构的创新人员个体的知识学习。当技术投入应用及产生扩散效应时，企业通过“用中学”，将会产生一系列技术的自我强化效应，有利于新产品和工艺的商业化。在这样的学习过程中，会产生知识的输出，显性知识只构成其中的一小部分，隐性知识以个人、组织经验或知识的形态沉淀成为企业技术能力的组成部分。

第三，协调管理。基于企业技术创新任务，技术创新团队成员在相互交流思想、共享知识的基础上合作完成创新任务，这是一个不断协调的过程。因为成员之间的知识背景不同，使得解决问题的思路和方法不同；而且由于每个成员开发子任务的进度不尽相同，这些都需要团队从整体上协调管理。

第四，开放体系。Hippel 对创新源的研究认为，新产品和工艺的开发也可能来源于制造商以外的思想、需求或建议，包括内部员工、用户、供应商或开发过程中有关的顾问等。另外，知识的快速流动使得任何企业都不可能单独完全拥有发展所需要的所有知识资源，企业技术创新对外部资源的获取要求和依赖性尤其显著。

基于技术创新的知识创造活动，结合技术能力的含义，可以看出，技术创新实际上是企业领先技术资源的最重要来源，因而，是企业改善技术能力、获取竞争优势的基础。

3. 技术能力与企业异质性

企业的异质性源于企业发展过程中逐步积累的核心知识和能力。正是企业成长中的知识和能力的积累，以及所表现出独特的、有价值的、非竞争性的和难以模仿的特征，使其具有区别于其他企业的异质性，并成为企业竞争优势与成长的基础，从而获得持续的超额利润或竞争优势。

企业核心知识和能力主要体现在技术能力方面，或者更准确地说是技术核心能力。企业的技术核心能力同样具有价值性、非竞争性和难以模仿性。企业技术核心能力的价值性，使其经营活动体现了差异性，并使这些企业具有获得潜在利润或竞争优势的可能。企业技术核心能力的非竞争性，使得其技术核心能力难以通过要素市场公开获得，其他企业只有通过模仿和试错等学习和试验才能积累相同或相应的技术核心能力，这就使得其他企业的进入要面临较高的成本约束，因而使具有某方面技术核心能力的企业的竞争优势得以持续。

（1）技术核心能力价值性及其存量的事前限制。Barney（1991）认为，能够创造持久竞争优势的资源首先必须具有价值性。技术核心能力是有价值的，一方面，技术核心能力能够提高企业的效率，也就是说，技术核心能力能够帮助具有此类资源的企业比竞争对手更好地创造价值和降低成本；另一方面，技术核心能力的价值是以顾客所看重的价值为取向，即技术核心能力具备产品的最终消费者可感知的价值。

Dierickx 和 Cool 在对能力理论的研究中认为，竞争优势的持久力来源于有价值性的强势资产位置，即“资产存量积累”形成战略优势。“资产存量积累”概念的关键意义在于内生化了竞争优势的持久力，即企业为在产品市场上有效竞争所必需的资产存量，只能通过连贯性的投资或流量才能累积起来，被内生地发展出来。而企业资产位置的持续性取决于它被模仿与替代的容易程度，这种容易程度又取决于积累资产存量所需要的时间、各种资产存量的初始水平、成功原因的模糊性等因素。

技术核心能力作为企业的强势资产，其形成经历了核心技术—核心产品—核心能力的历程，从某种意义上说，核心技术和核心产品属于硬性的企业核心竞争力，而技术核心能力属于软性的企业核心竞争力，这些资产的形成在很大程度上都是企业内生的，是在企业的经营过程中逐步积累起来的，其存量形成了企业竞争优势的基础。正是企业技术核心能力的价值性及其存量水平，影响或决定企业对潜在市场机遇把握的可能性，构成了企业竞争的事前限制。

（2）技术核心能力非竞争性的事后限制。技术核心能力的非竞争性与要素市场的不完全性问题是紧密关联的。Barney（1991）最早通过考察要素市场的不完全性来阐明核心知识和能力的非竞争性与企业持久竞争优势的内在联系，并分析了企业同质性假设条件下市场竞争的本质，认为“在企业战略资源完全同质和高度流动的条件下，企业的持久竞争优势是不可能存在的”。假设在同一个产业内，企业拥有相同数量和种类的物质、人力和组织资本，产业内的企业根本就不可能实施不同的战略。Barney在对传统的观点如“先发优势”论和“进入壁垒”论进行考察的基础上，认为企业的竞争优势只能来源于要素市场的不完全性，即企业实施竞争性战略的关键性资源是企业内部长期发展形成的，难以在公开市场上通过交易获得。

R. N. Longlois（1994）在此基础上，进一步将要素市场的不完全性归结为核心资源或要素的非竞争性，并把生产要素划分为竞争性生产要素和非竞争性生产要素两种，其中竞争性生产要素是指能通过公开市场交易获得的、专用性不强的企业物质、组织和人力资本，并且这些竞争性资源通过公开市场交易获取的成本与自己生产的成本比较差异不大。非竞争性生产要素是指难以通过市场购买的、专用性强的企业物质、组织和人力资本，并且由企业内部自行生产比通过市场购买更为廉价。企业由于非竞争性核心知识和能力的存在，才具有异质性特征，从而才会有相对于其竞争对手的竞争优势的存在。

因此，企业生存和发展的关键要素是企业内部长期积累的技术核心能力，这种积累是正式知识转化为非正式知识和默会知识的过程，是组织成员长期相互作用的结果，它的使用和分享必须建立在共同经验的基础之上。技术核心能力的上述特征决定了它难以通过市场进行定价和配置，是非竞争性的，其他企业要想获得同样或者相应的技术核心能力只有通过自身的内部积累。

企业技术核心能力的非竞争性决定了要素市场的不完全性，从而使技术核心能力这一生产要素难以在企业之间自由流动，形成了企业之间的不同的长期战略经营动态。这种不同的战略动态表现为对企业竞争行为的限制并导致企业之间竞争优势的差异。

（3）技术核心能力积累的路径依赖性。在企业技术核心能力的非竞争性条件下，生产要素市场具有不完全特性，企业难以通过要素市场迅速获得实施竞争战略所需的非竞争性技术核心能力资源。因而，产业内其他企业必须通过模仿和试错行为才能积累相同或相应的技术核心能力，而这需要面临巨大的成本壁垒。但是，企业技术核心能力积累的路径依赖特征，又决定了技术核心能力具有难以模仿和替代性。

二　企业异质性与企业成长

技术核心能力是企业在本行业全球市场中具有长期获利的优势技术能力。企业只有根据其核心技术逐渐构筑自身独立的技术平台，形成完善的创新组织与广泛的创新网络，并以此为基础形成其自身独特的技术核心能力，发挥其协同作用与耦合功能（1+1>2），更进一步领先于竞争对手，才能为企业带来长期的竞争优势。基于核心技术的技术平台与技术核心能力密不可分，技术平台的构建、升级和更新与技术核心能力的建立和提升之间存在着相互促进、相互支持和相互统一的关系。坚实、先进的技术平台对形成企业的技术核心能力起关键的基础性作用。反过来，企业较强的技术核心能力又可为技术平台的不断升级和更新提供强有力的支撑。技术平台的升级和更新又可为产品平台的更新提供支撑，以不断推出系列核心产品，形成持续竞争优势。企业内部从技术创新到组织和制度的协同创新促进了企业核心技术、技术平台、核心产品到技术核心能力的转化以及技术核心能力的强化、整合和重组，同时实现了企业价值的增加。因此，在此阶段，企业依赖技术核心能力带来的长期竞争优势不仅能够生产出自己的核心产品，同时可以生产系列产品，从而进一步加大了市场占有份额，而市场份额的提高又是企业扩大生产规模的前提条件。企业的这一成长变化体现了量（规模、产品）的提高和质（竞争能力、市场占有率）的变化。

因此，技术核心能力使企业表现出不同于其他企业的异质性，是企业长期竞争优势之源，长期的竞争优势给予企业更大的发展空间，推动了企业的长期成长。

第二节　企业技术创新动力因素分析

技术核心能力是企业拥有的非竞争性、异质性资源，这种资源无法在竞争性市场中通过交易轻易获得，企业的技术创新活动是企业掌握和拥有，并长期保持这种稀缺资源的唯一途径，通过购买而在应用中没有相伴的技术创新活动，则这种资源的获得只能是暂时的，不具有可持续性。企业的技术创新活动受内、外多种因素的影响。

一　企业技术创新的内部动力因素

1. 利益动力要素

任何社会角色要采取某一种社会行为，都必然受到某种利益期望的驱使。因而，无论对于哪类企业来说，对利益（利润和竞争优势）的追求和利益的实现，都是促使其进行技术创新活动的内在驱动力。

企业作为营利性的经济组织，其存在的根本意义在于通过开展活动为社会提供商品或服务，并通过活动在收回投资的同时获得利润和竞争优势，从而确保其自身的生存与发展。具体而言，企业不同于行政事业和福利性机构，它必须获取赢利，赢利是企业创造附加价值的组成部分，也是社会对企业所生产的产品和服务能否满足社会需要的认可与报酬。对于当今绝大多数的企业来说，经济性不仅是一种要求，它往往被认为是企业行为的最高且唯一的目的。

在短缺经济条件下，企业既可以通过扩大生产规模以提高产量与销售量，也可以通过提高产品售价，或通过降低产品的技术标准以及降低生产成本等手段实现经济利益最大化。但是，在供给大于需求的市场状态下，企业试图通过上述几种途径来达到利益最大化是不可能的，因为有众多竞争对手的存在，数量扩张和价格垄断会受到抵制，而降低产品的技术标准则会使企业遭到淘汰，只有提高产品质量、增加产品品种才是取胜的重要因素。因此，在这种情况下，企业获得最大经济利益的唯一途径就是通过产品创新和工艺创新以及与此相适应的管理创新来增加现有产品的市场份额，开拓新产品和新技术市场，提高利润水平。可见，在市场发育健全、市场竞争机制能够正常发挥作用的经济环境下，技术创新是企业追求利益最大化的内在要求。

同时，企业对最大利益的追求还驱使企业节约活劳动和物化劳动消耗，降低生产成本，提高利润水平。但企业如果只通过扩大生产规模增加产量来降低单位产品成本是很困难的：一是由于增加产量并不能降低单位产品的变动成本；二是降低产品的固定成本也是有限的。因此，企业必须在生产过程中采用新工艺、新设备、新材料、新能源、新管理方法等手段来实现成本的降低。其中，第一个办法是减少材料消耗量或者采用功能相同但价格较低的替代材料，这需要修改原来的产品设计或采用新型材料，无疑，这要依靠技术创新来解决；第二个办法是降低产品的直接人工工资。由于工人工时工资率只能逐渐上升，那么唯一的办法就是降低单件产品的工时。而企业要通过改进产品的结构和工艺，采用新型、高效新设备等措施来降低产品加工工时，这仍需通过技术创新来实现。因此，进行技术创新也是企业在正常的生产过程中提高利润水平的迫切需要。

企业技术创新利益是企业利益的重要组成部分。企业对技术创新利益追求的过程，事实上就是技术创新利益目标的实现过程。因此，许多学者认为，创新利益的大小具有诱导和进一步激励企业从事技术创新的双重功能。当一项技术创新活动开始之前，对创新利益的预期会诱导企业决策者选择这项创新；当创新成功之后，巨大的利益会激励企业继续创新；同时，也会诱导其他企业加入创新的行列。

实现利益最大化是任何一个企业经营的首要前提，因而，利益驱动力是企业技术创新的最主要的内在动力，它在所有内在动力中起着主导作用，而且它的作用和影响贯穿于企业经营和技术创新的全过程。

2. 企业家精神影响力要素

在相关的各类角色中，企业家作为“创新的主体”，在企业的技术创新活动中占据着特别突出的地位。目前，从事创新活动正在成为许多企业家的“基本风格”或“基本职能”，而曾经只对企业家进行自我驱动和自我激励的企业家精神，现在正逐渐成为驱动一个企业不断进行创新的重要精神动力。

所谓企业家精神是由渴望新事物、渴求变革和追求成就感的内在心理动因所激起和驱动的企业经营者的开拓进取精神。早在20世纪初，熊彼特在《经济发展理论》一书中就认为，企业家精神的核心为技术创新精神，这种观点得到了许多学者的认同。彼得·德鲁克（Peter F. Drucker）在《创新与企业家精神》、麦克尔·J. 马丁（Michael J. Martin）在《技术创新管理与企业家精神》中都从不同的角度论述了企业家或企业家精神对技术创新的影响。作为企业的一种无形资源，企业家精神对一个企业的技术创新起着至关重要的作用，它是企业技术创新中的巨大推动力。

企业家精神是企业从事技术创新活动的重要前提和基础，而技术创新则是企业家精神在现实中的一种集中体现。一方面，以创新精神为核心的企业家精神促使企业家不满足于企业已有的技术体系（包括产品的技术、生产工艺技术、生产设备技术和管理技术），力求改变现状，不断地寻求和发现技术创新的机会，主动地对现有产品、服务、市场、工艺和技术等进行生命周期分析，找出问题所在，同时根据分析所提供的信息确定企业在多大程度上、在哪些方面以及在什么样的地点、时间范围内进行变革和创新，并运用适宜的技术手段，确立企业的技术优势，从而以创新推动企业的不断发展。另一方面，富有创新精神的企业经营者，必然会使企业的每一位管理人员、科技人员乃至全体人员都迫切地渴望新事物、渴求变革，并且通过制定具有开拓精神的创新政策和创新计划来实现创新目标，从而使技术创新对创新者和全体员工都具有吸引力，最终使他们明白技术创新是保证企业生存和发展的最基本、最有效的方法，从而会在其企业内部建立一种对创新永不满足的企业文化，使它成为企业技术创新的内在精神支柱。因此，企业家精神是企业技术创新的最主要的动力之一，是企业创新精神的精髓。

3. 企业内部激励机制的催化力要素

激励机制是组织者为了使组织成员的行为与其目标相容，并充分发挥每个成员的潜能而执行的一种制度框架。它通过一系列具体的组织行为规范和根据组织成员生存与发展要求、价值观等设计的奖惩制度来运转。企业内部的激励机制作为企业创新的“催化剂”在整个创新过程中起着举足轻重的作用。不少企业的实践证明，在相同的外部环境下，企业能否持续创新，首先取决于企业内部能否构造一套有效诱发员工持续创新的激励机制，即能否靠一整套制度性办法激发企业员工推动和参与企业创新的积极性。可以说，企业内部的激励机制是技术创新活动启动、开展、强化的力量源泉。

技术创新是一项复杂的系统工程，它涉及企业经济实力、技术力量、组织结构与管理以及企业文化等各个方面，而其核心就在于人力资源，即具有远见卓识的企业家以及具有研究开发和工程化能力的技术人才。一个企业要在技术创新活动中具有一定的优势，就必须要充分调动各类相关人员的工作积极性，而企业中的技术创新人员的创新欲望、工作态度以及创新成果会受到各种各样条件的影响和制约。因此，企业要推动技术创新不仅要提出口号，制定战略，加大投入，更重要的就是要建立起企业内部的技术创新激励机制。

激励是企业的一项重要管理职能，也是调动员工积极性的主要手段，还是提高人员素质的有力杠杆，包括精神激励、物质激励等各个方面。企业通过制定刺激性的技术创新鼓励政策，以及对有重大贡献的员工给予丰厚的物质奖励和多样的精神鼓励，提高员工钻研技术、开发技术的积极性，从而为企业的技术创新活动提供动力。因而，在企业内部建立技术创新激励机制是企业技术创新得以有效开展并取得成功的关键。

总之，激励是企业发展的生命，一个企业若能以有效的激励机制，充分调动科研人员的主动性和创造性，使他们以最活跃的姿态参与各项科研活动，无疑会使企业的技术创新充满活力。

4. 企业技术创新能力要素

企业的成功与竞争优势的形成，不仅取决于当前的产品，即使是这种产品很畅销，更取决于能比竞争对手更具有开发新产品和解决各种技术难题的技术创新能力，这种能力在知识经济时代显得尤其重要。所谓企业技术创新能力是指企业在技术创新过程中，充分发挥其所拥有资源的作用，获得创新收益、建立技术核心能力的实力及可能性，它是企业在技术创新过程中一系列能力的综合体现。一般来说，拥有较强的技术创新能力，能够使企业不断开发研制出新产品，扩充企业的发展空间，提高企业的赢利水平，从而可以使企业保持强劲的技术创新动力。因此，在技术创新活动中，当具备了其他动力因素以后，企业技术创新能力的强弱就直接关系到技术创新活动的经济效果。

通常，企业在参与技术创新活动之前，会对自己所拥有的进行技术创新所必需的人力、资金、物质、信息等资源进行估价，对自己的技术创新决策能力和技术创新组织能力进行评估，并将自己拥有的技术创新资源和能力同竞争对手相比较，来判断技术创新成功的可能性，以决定是否进行技术创新活动。一般而言，企业的创新能力越强，技术创新所开辟的市场前景与利益越大，企业越有可能实现技术创新；因此，技术创新能力越强，企业对技术创新成功的信心越足，从而对技术创新活动的保障力越大。

二　企业技术创新的外部动力因素

1. 市场需求拉动力要素

市场需求是技术创新活动的基本起点，也是技术创新活动的重要动力源泉和成功保证，在企业的技术创新活动中起着不可替代的作用。这里的市场需求是从广义角度讲的，它既包括消费者对产品和服务从价格、质量、效用、数量上的需求，又包括企业生产发展上的需求。这些市场需求随着经济和社会发展不断地变化，当变化达到一定程度、形成一定规模时，将直接影响企业产品的销售和收入水平，同时也为企业提供了新的市场机会和构思思路，并引导企业以此为导向开展技术创新活动，形成对企业技术创新活动的拉动和激励。

如果我们把整个技术创新活动分为技术发明、技术革新（技术的局部改良和发明的工业化应用）和技术推广（技术成果的扩散和转移）这三个相互关联的环节，那么市场需求对技术创新的拉动作用则不同程度地体现在这三个环节之中。首先，技术发明作为技术的早期开发，市场需求对它的作用机制主要体现在：为把科学发明由科学原理转换成技术原理以及为技术创新课题的提出和形成，提供明确的目标和技术目的性。其次，技术革新作为技术的适用性开发，市场需求对它的作用机制主要表现在：为技术发明的完善化和工业化应用提供适用性的前进路标，其中市场需求对技术发明所提出的经济价值和社会价值的要求，则成为技术革新阶段对技术发明进行社会选择的“测量器”。最后，技术推广作为技术的应用性开发和功能性扩展，市场需求对它的作用机制主要表现在：为新技术从一个应用领域向其他应用领域的扩散、移植和综合提供新的社会前景，从而导致原有技术功能的扩大和应用领域的增加，并为整个产业部门乃至整个市场需求体系的形成、演化和变革奠定基础。

熊彼特早年就认为，需求拉动的创新具有特殊的意义与作用。英国的施穆克勒是需求拉动首位权重说的积极倡导者。他认为，在推动创新的动力体系之中，需求拉动是最为重要的。若无市场需求，任何创新都无利可图。创新者无法从创新中得到希望的利润，一是会淡化，甚至失去创新的潜在意识；二是创新的资金来源会日渐枯竭；三是创新者既无心，也无力，而不会去筹划和启动新一轮创新活动。英国伯明翰大学的罗纳德·阿曼和朱利安·库泊也认为，需求拉力对技术创新的激励具有普遍性，对某种特殊产品或生产工艺过程的需求，是创新的最基本动因。

市场需求是企业技术创新的出发点，也是企业技术创新的终极目标。新需求的产生、旧需求的更替以及需求规模的增加都可以拉动并持续影响企业的技术创新。需求拉动创新，反过来，创新在满足需求的同时又会诱发新的需求，从而拉动新一轮创新，这样循环往复，使得需求拉动成为企业技术创新的主要和持续的外在动力。

2. 市场竞争压力要素

竞争是商品经济的基本范畴，是企业之间的基本经济关系，也是企业面临的基本生存环境。随着经济全球化的发展，市场竞争已经成为经济生活中的常态。为了保证自身不在竞争中被淘汰、被兼并，为了取得竞争优势和发展，企业就必须以各种手段增强自己的竞争实力。从短期效应看，改善经营管理、加强经济核算、节约开支、降低成本是可供选择的有效途径。从长远看，不断进行技术创新，取得一定时期的技术优势和技术垄断，是维持企业长久生存、取得高额利润的最根本、最可靠的手段。因此，竞争是市场机制激发技术创新行为的重要动力因素。

国内外的绝大多数企业都是在市场竞争的压力下生存和发展的。面对市场竞争，有的企业为提高市场地位而创新；有的企业为保持市场份额而创新。无论企业面对市场竞争做出何种程度的创新反应，市场竞争都是企业技术创新的动力之一。准确地说，市场竞争是迫使企业技术创新的压力。

勒梅特和斯托尼对比利时 12 个不同产业 41 个大企业的 131 个创新项目的调查发现，64% 的创新项目是反应型的，36% 的创新项目是主动型的。反应型创新项目是企业受到竞争威胁后进行的。我国学者高建等人进行的调查显示，我国企业主要是在市场竞争压力下开展技术创新的。迫于市场竞争压力开展技术创新的企业比其他原因导致技术创新的企业要更多些。从行业分布看，29 个制造工业部门中，有 20 个行业的技术创新主要是市场竞争压力导致的。中外的实证研究表明，市场竞争是推动企业技术创新的动力之一。

市场竞争对企业技术创新的促进作用主要表现在以下几个方面。

首先，竞争迫使企业快速收集情报资料，准确、及时掌握市场信息，为技术开发做好前期准备。在激烈的挑战和决策面前，企业不得不关心市场信息，关心自己产品的质量处于什么水平，产品品种、规格是否适合用户的需求，价格是否合理等。通过对这些情报资料的收集和信息的掌握，企业就能做到知己知彼，来确定技术开发的方向、任务和要求。

其次，竞争强迫企业开发适销对路、价廉物美的产品。在激烈的市场竞争中，企业要为自己的产品打开销路，占领市场，提高市场占有率，就必须采用先进的科学技术，改进设备和生产工艺，提高劳动生产率，节约费用支出，降低产品成本；同时，企业也要更新思路，挖掘潜力，不断使产品更新换代，增加花色品种，提高产品质量，尽可能使生产符合市场的需要。如果市场竞争不够，企业就会失去市场压力，造成技术创新进展缓慢甚至停滞不前。

再次，竞争能改变人们的观念，提高技术创新工作者的能力。虽然激烈的市场竞争迫使人们产生了强烈的危机感、紧迫感，但是创新也有巨大的吸引力：如果创新取得成功，企业和个人会因此而获得巨大的收益。正是对这种收益的期望，使许多企业和个人在竞争的过程中树立起新的观念，进而变压力为动力，勇敢地进行创新。在市场机制下，经过优胜劣汰的选择，一些优秀的企业和有才能的创新工作者——企业家和科技人员会脱颖而出。同时，为了适应竞争的需要，企业的员工也会自觉自愿地学技术、学文化，提高文化知识和操作水平，从而使自身的科技素质不断地得到提高，这也为企业进行有效的技术创新提供了人才保证。

最后，竞争可以消除创新不确定性所带来的消极因素。不确定性是创新的内在属性，它常常会成为制约企业创新的一大因素。在计划经济体制下，我们有时可以选择一家或几家企业从事专项的创新活动，这种做法有助于避免创新的重复性，但这种创新会造成时间的浪费。在市场经济中，企业技术创新是自发的行为。企业常常为某一产品进行平行的、竞争性的研究开发活动。从表面上看，这会造成一定的资源浪费，但实际上却效率更高。因为在不确定的情况下，几家企业同时创新，会互相学习，找到正确的解决问题的方法，最后形成主导产品。如在计算机领域，IBM 的个人电脑与苹果系列就是基于不同的系统，但它们并行存在，各有优劣。可见，市场不能消除单个创新行动的不确定性，而是从总体出发去消除不确定性给整个经济系统带来的影响，从而提高一个经济系统的创新效率。

3. 技术推力要素

技术创新是以新技术投入为特点的技术经济活动。新技术既是技术创新的前提，又是推动技术创新的重要力量。“科学技术是第一生产力”，是生产方式中最活跃、最革命的因素，科学技术在其宏观动力和内在运动规律的共同作用下，总是在不断地运动和发展，不断地被应用于生产，成为推动企业技术创新的强大动力。

科技发展的历史表明，科学技术上的重大突破，总是会引起企业的技术创新活动，并形成高潮。新的科学技术成果对企业技术创新之所以具有较强的促进和刺激作用，其原因就在于：新科技成果在并入生产过程转化为产品后往往可以得到较高的带有垄断性质的利润，有利于企业获得商业上的成功，得到经济上的实惠和心理上的满足。这就会不断地激励企业积极吸纳科技成果，进行技术创新。虽然这种创新有难度，风险大，成本高，但是因为它是全新的，从原理构想、开发研制、投入生产到最后产品占有市场都是前所未有的，所以它会以新产品甚至新产业给企业提供更大的机会，促使企业甘愿冒风险去进行技术创新。由此可见，科学技术进步对企业技术创新的直接推动作用是十分明显的。

技术能够成为推动技术创新的动力，是因为技术具有以下特征。

（1）技术的发展性。在科学和经验的推动下，技术从简单到复杂，从低级到高级，从量变到质变，发展永无止境。技术发展必然突破旧的技术规范的框架，形成新的技术体系，建立新的技术规范，并沿着由新的技术规范确定的新的技术轨道继续发展，开始新一轮发展周期。技术沿其技术轨道的量的改进，以及新旧技术规范的不断更替，成为技术发展的基本形式。某时期技术在其技术轨道上的位置与其发展的差距，以及新旧技术规范的差异为技术发展提供了技术机会。这种技术机会的存在，便成为技术创新的发展源泉和推动力量。

（2）技术的应用性。技术是人们改造自然、利用自然的工具、方法和知识的总称。任何技术，都具有可被利用的内在特征，即使一时未被利用的新技术，一旦条件成熟，环境适宜，伴随着社会需求的出现，也会进入技术实用化阶段。

（3）技术应用带来的经济性。在商品经济条件下，技术的商业化应用，总会产生一定的经济效益，并激发企业家力图通过其商业应用而获得超额利润的冒险渴望，从而推动技术创新的发展。

4. *政府政策行为支持力要素*

创新是一项具有很高外部经济性的活动。任何一个产业的创新，不仅推动着本产业也给其他产业的发展以强烈的推动，对于一些具有重大经济意义的创新尤其如此。而仅靠市场、科学技术等因素并不能自动提供一些有利于创新的外部环境。因此，还需要依靠政府的支持来促进技术创新。几乎各国政府都采用了各种支持和激励创新的政策和手段。在有些国家，政府对技术创新的推动已经具有相当长的历史。例如，英国在早期建立专利制度的本意就是用以建立和保护新技术，鼓励技术转移；为了适应对外贸易的需要，英国和法国曾分别在 1714 年和 1716 年用重金悬赏征求精密的经度测量法；1761 年，英国技术和工业奖励委员会曾设奖鼓励纺纱机的改革等。因此，技术创新水平高低在很大程度上取决于政府对创新活动的支持。

一般来说，政府的作用体现在如下几个方面。

（1）技术创新的一个特点是创新产出具有外部性，这意味着，虽然创新者可以通过不断发展的创新技术开发新产品获取效益，但当今，各种测绘及分解手段的高级化使模仿变得更为容易，这使创新企业难以完全阻止其他企业通过对新产品实施反求工程等手段，获取新产品的技术信息，进而分享创新者的创新收益，特别是当相关技术的发展出现暂时停滞时（在技术的发展过程中出现这种情况是很正常的事情），这种模仿甚至会完全侵蚀企业的创新收益。因此，如果没有有效的手段来弥补这种创新外溢损失，创新者的创新积极性就会受到打击，这就是发明创新的外部性，它是一种知识溢出的结果。但从全社会讲，这种知识溢出越多、越快就越好。从企业出发，则希望创新引致的知识溢出越少、越慢越好。为了使企业既有创新动力，又有很好的社会效果，就必须在两者之间保持一种平衡，使创新的私人收益能与他们对整个社会的贡献相匹配。现在有两种解决方法：一种方法是使知识产权化、市场化；另一种方法是政府给创新者以某种补偿，这就是当今许多国家都采用的创新经济手段，包括税收优惠、关税优惠、利率优惠等。

（2）技术创新需要一定的基础设施，这包括基础研究、教育、信息网络等。没有这些，创新活动就会大大减少。但是，这些基础设施往往具有规模经济的特点，且具有公共品性，从而使市场失灵。因而，现实要求国家能够超越单个企业的局部利益，从社会整体利益出发，建设一些基础设施，以降低企业技术创新的壁垒。

（3）在一些关键产业的投资上，由于风险大，往往是企业所回避的，因为单个企业无法承受失败的后果，而政府可在这方面起着关键作用。如集中资金，联合大学、企业，辅之以产业政策，使这些领域的创新活跃起来，以带动其他产业的发展。政府也可以通过采购政策，为新产品提供市场。如美国的计算机产业、韩国汽车产业的发展，都与政府采购政策有着密切联系。政府还可以通过发展风险投资基金，使企业有足够的创新资金或通过成功则偿、不成功则不偿的贷款，鼓励企业在创新项目上的投资。

第三节　企业技术创新机制构建

创新动力要素之间具有相互作用、相互影响、相互依赖的关系，企业可以通过动力要素间的相互作用实现特定的功能。因此，了解各动力要素在动力机制中的作用及相互关系，有助于我们更好地调整和利用它们来推动企业的技术创新活动。

一　企业技术创新内部影响因素的作用机制

在企业内部的创新动力要素中，作为动力系统构成的企业利益驱动力是技术创新的核心动力。利益驱动对企业家精神、企业内部激励机制、企业文化、企业创新能力等动力要素都会产生一定的影响。首先，利益驱动会激发企业家精神。大多数的企业家由于成就感和责任心的驱使，都会对企业的利益和企业发展十分关注，因此，当一项创新会给企业带来巨大的利润和领先的优势时，企业家的创新精神和冒险精神就容易被激发。其次，利益驱动会影响企业内部的激励机制。利润是利益驱动的主要因素，而物质激励也是企业内部激励机制的重要组成部分。一般来说，企业的激励机制是与企业的经济效益相挂钩的。因此，当企业面临的利益驱动力增强或减弱时，必然会对企业内部的激励机制产生一定程度的影响，从而对创新人员的积极性也会产生影响。再次，利益驱动会对企业文化产生一定的影响。企业是依靠创新追求长期利益还是依靠模仿追求短期效益，是追求暂时的利润优势还是追求长久的竞争优势，都会对企业员工的价值取向和行为取向产生影响，并进而对企业文化产生作用。最后，利益驱动会增强企业的创新能力。利益的驱动往往会使企业下决心投入大量的人力、物力和财力进行技术创新，以便在成功后获取超额利润和竞争强势，而这种创新投入的增加也在无形中加强了企业的创新能力。

企业家精神在企业内部创新动力要素中占据着十分重要的位置，它对企业文化、激励机制、企业创新能力具有一定的作用。首先，企业家精神会推动企业文化的发展。企业家（尤其是企业最高领导者）的创新精神、冒险精神和奉献精神会使企业的全体员工逐渐确立起有利于创新的价值观和行为规范，从而促进企业创新文化的形成。其次，企业家精神会对企业内部的激励机制产生影响。如果一个企业的领导者积极倡导创新和冒险，则该企业内部的激励机制必定是奖励创新、惩罚守旧的；反之，则该企业的激励机制就不利于企业的创新活动。最后，企业家精神对企业的创新能力也有一定的影响。通常，一个富有创新精神的企业家会非常重视企业的创新能力，从而不断地加大对企业技术创新的人力、物力、财力投入，使企业保持不断提高的创新能力。

作为企业技术创新活动的重要导向性因素，企业文化对企业家精神和企业内部的激励机制会产生一定的影响。首先，企业文化有利于企业家精神的发扬。一般来说，有利于创新的企业文化，是培养企业家创新、冒险和奉献精神的沃土，它会为企业家精神的发扬创造良好的文化氛围，使企业家精神得到不断的升华。其次，企业文化对企业内部的激励机制的建设也有一定的影响。有利于创新的企业文化，会使企业员工明确创新活动对企业发展的重要性，尊重创新者的创新活动，承认创新者的创新成果，因而也自然会赞同对创新成功者给予丰厚的精神和物质奖励，从而有利于在企业内部形成鼓励创新的激励机制。

作为企业技术创新活动的一股强有力的推动力，企业内部的激励机制对企业创新能力、企业文化具有一定的作用。首先，企业内部的激励机制有利于创新能力的提高。一方面，企业内部鼓励创新的激励机制可以充分调动企业内部员工的创新积极性，从而不断产生高水平的创新成果；另一方面，鼓励创新的激励机制还有利于吸引企业外部的优秀人才加盟本企业，从而增强和提高企业的创新能力。其次，企业内部的激励机制有利于企业创新文化的形成。鼓励创新的企业内部激励机制对创新成功者的物质与精神奖励，会使企业员工逐渐认识到创新对自身发展和企业发展的意义，久而久之，创新观念会潜移默化地渗透到企业文化中，形成有利于创新的企业文化。

二　企业技术创新外部影响因素的作用机制

在企业技术创新外部动力中，市场需求是最根本的拉动力，因为技术创新总是首先以市场需要为前提。市场经济主要是发挥市场在资源配置中的基础性作用，它会自发地发现和创造需求，满足需求。而市场上一旦有了需求，就意味着创新的收益有了某种程度的保障。因此，以市场需求为导向进行技术创新，无疑会减少创新的盲目性，增加创新的冲动，使许多作为创新主体的企业进入变化的市场，从而使技术创新进入良性循环。市场需求对其他的外部动力要素存在着较强的影响和作用。首先，市场需求会对市场竞争有一定的影响。一般来说，市场需求的高涨必然会吸引更多的同行业企业加入到该市场中来，从而导致市场结构发生变化，使竞争压力进一步加大；反之，则会使竞争压力减小。其次，市场需求会对科技的发展起作用。恩格斯曾说过：“社会一旦有技术上的需要，则这种需要就会比 10 所大学更能把科学推向前进。”实现某种新的市场需求经常需要以科学技术的发展为依托，因此，这种新的市场需求就拉动了科技的发展。最后，市场需求会引致政府的支持。当市场对某一种创新产品存在着旺盛的需求，而企业由于获利较少而不愿开发生产该产品时，就会引起政府对于该创新产品的关注，从而引致政府采取鼓励政策支持该类产品的创新。

市场竞争是迫使企业进行创新的压力。除了一些垄断企业，许多企业都必须参与市场竞争。市场上没有常胜将军，企业如果故步自封则只能被市场无情地淘汰。因此，在市场经济条件下，当企业现有的产品在市场上面临的竞争压力很大，并难以保证其利益目标的实现时，企业就必须进行技术创新，以增强其产品的竞争力，改善企业在市场中的竞争地位。由此可见，竞争犹如一根在市场上挥舞的无形长鞭，不停地驱使企业进行技术创新。企业只有把不断更新的产品推向市场，才能使自己在激烈的竞争中立足。市场竞争对科学技术、市场需求、政府的政策行为存在着一定的作用。首先，市场竞争会推动科技的发展。当市场竞争日趋激烈时，各个企业唯有不断地进行技术创新，不断地开发新产品，才能在激烈的市场竞争中掌握主动权，而各个企业此起彼伏的创新高潮必然会推动整个社会的科学技术水平不断地提高。其次，市场竞争会推动市场需求的演化。日益加剧的市场竞争会迫使各个企业在满足不同用户现有的、多样化的需求的基础上，不断地发掘潜在的市场需求，从而引起市场需求的不断更新和发展。最后，市场竞争会引发政府支持。当市场竞争强度过大，削弱了各企业的创新动力时，就会引起政府对市场结构和市场竞争的干预，一般来说，政府会对在竞争中处于劣势的企业给予适当的扶持。

技术创新离不开科学技术，科技的发展是促使企业进行创新的基础动力。相关研究表明，技术发明和发现具有转化为现实财富的潜力。当科学和技术的成果积累到一定程度时，会出现主动创造需求的情形，从而推动创新主体利用技术创新成果完成创新活动。科学技术的发展虽然周期较长，可是一旦成功，将会对企业的技术创新活动产生巨大的推动力，典型的例子是研究周期长达 13 年的尼龙的问世给化工企业带来的新契机。科学技术作为基础动力要素对市场需求和市场竞争会产生一定的影响。首先，科学技术可以创造市场需求。一项重大的科技发现不但会引起一场科技革命，而且在不久之后还会掀起一股新的消费热潮。在技术创新活动中，有相当一部分是由于新技术寻求商业化的应用而引起的。因此，科学技术的发展可以创造出新的市场需求。其次，科学技术能够缓解竞争压力。在竞争对手实力相当、竞争压力十分巨大的情况下，科学技术的发展有时能够使一些企业在同行中脱颖而出，在激烈的竞争中领先他人一步，使自身的竞争压力得到缓解。

政府部门虽然很少直接参与企业的技术创新活动，但是政府的政策行为对企业技术创新活动的作用却是不言而喻的。可以说，政府公布的每一个有利于企业技术创新的社会、科技、产业规划，制定的每一项有利于企业创新的财政、信贷、外贸政策和相关法律法规，以及所采取的每一次有利于企业创新的政府行为，都十分有效地激发了企业技术创新的动机，有力地推动了企业的技术创新活动。政府的政策行为支持作为影响最大的外部动力要素，与其他动力要素有着密切的关联。首先，政府支持会增加市场需求。政府为推动高科技产品创新而进行的政府购买，会对市场需求产生强大的刺激作用，从而对市场需求产生较强的拉动作用。其次，政府支持会改变市场竞争的压力。政府对某些竞争不规范的市场进行的干预和调整，会使一些企业面临更为激烈的市场竞争；而政府对在竞争中处于劣势的中小企业的支持和保护政策，则会使这些企业面临的竞争压力减弱。最后，政府支持会推动科技的发展。政府通过各项科技政策加大对企业、大专院校、科研院所的科技经费投入，调动了这些部门的创新积极性，有利于推动科学技术较快地发展。

三　企业技术创新影响因素的内、外作用机制协调

除了在企业外部的动力要素之间、企业内部的动力要素之间存在着相互关联和影响之外，企业外部动力要素与企业内部动力要素之间也存在着广泛的联系和作用。

市场需求、市场竞争、科学技术、政府政策行为支持与企业利益驱动有密切的关系。首先，市场需求会对企业产生利益驱动。企业的利益来自市场需求，市场对企业的创新产品需求越旺盛，企业获得的利益就越大，从而企业所感受到的利益驱动就越强烈。其次，市场竞争会影响企业的利益驱动。市场竞争的强度将对企业经济利益的实现产生影响。一般而言，市场的垄断程度越高，企业所获的垄断利润越多，企业所受的利益驱动就越大；反之，企业所受的利益驱动就越小。再次，科学技术发展会加强企业的利益驱动。通常，一项科技含量很高的创新产品的问世会给企业带来很大的利润空间，一项能够大幅度降低产品成本的工艺创新会使企业的利润大幅度增长，可见，科技的发展会有效地增强企业的利益驱动力。最后，政府支持会有利于企业保持利益驱动。无论是政府购买，还是政府补贴，都能为企业的利益提供一定程度的保障，使企业获得较高的创新利润，从而使企业感受到创新所带来的利益驱动。

政府支持对企业家精神、企业文化、企业创新能力具有较强的促进作用。首先，政府支持有利于企业家精神的保持。政府对在创新活动中有重大贡献的企业家的物质奖励和社会宣传，是对企业家创新、冒险和奉献精神的充分肯定，会使企业家继续保持创新本色，从而有利于企业家精神的发扬。

其次，政府支持有利于企业创新文化的稳定发展。企业创新文化是企业创新的精神动力，政府对成功企业的创新文化的宣传和肯定，会使该企业的员工坚定已有的创新价值观和信念，从而会一如既往地保持和发展有利于创新的企业文化。最后，政府支持对企业创新能力的提高具有促进作用。企业创新能力是企业技术创新活动的重要保障力，它需要人力、物力、财力、信息的投入。政府通过政策行为对企业创新活动进行各方面的支持，将有利于企业创新能力的增强与提高。

科学技术对企业的技术创新能力也具有推动作用。企业的创新能力，说到底是企业对科学技术成果的认识、发展和应用的能力，它需要依赖现有的科学技术水平，并以科学技术的发展为依托。因此，科学技术的发展、技术供给的增加、技术信息的传播都会推动企业创新能力的增强。

企业利益驱动对市场需求、市场竞争、科学技术和政府支持也产生一定的影响。首先，利益的驱动会使企业对市场上具有潜在需求且利润丰厚的新产品加紧进行研究与开发，尽快将其推向市场，并通过大量的营销活动使人们关注和购买该新产品，从而使潜在需求变为现实需求。其次，利益驱动会改变市场竞争格局。利益的驱动常常使企业不满足于目前的竞争地位，每个企业都力图通过自身不断的创新活动在竞争中占据更有利的地位，因而也就不停地改变着市场竞争的状况。再次，利益驱动也对科学技术产生了一定的推动作用。在利益的驱使下，每一个企业都力图找到更有利于自身发展的新的生产函数，希望通过高技术含量提升自己产品的价值，以获取超额利润。企业的这种探索活动经常会导致新的科技成果的出现，从而推动科学技术的发展。最后，利益驱动会引发政府的支持。企业利益往往是同国家利益相关联的，因而当企业对利益的追求有利于一个国家的经济发展时，就很容易获得政府的支持和帮助。

第四节　河南省企业技术能力及技术创新活动的现状及问题分析

近年来，河南省企业的技术能力及生产技术水平得到不断提高，同时，企业的技术创新活动也日趋活跃，对河南省整体经济的发展起到了重要的推动作用。从全国范围看，河南省经济仍处于相对落后水平，企业的技术能力及技术创新活动同先进地区相比有很大不足，但这些不足主要表现在什么地方？这部分主要通过与北京、上海等地区相关数据的对比，分析河南省在企业技术能力及技术创新活动方面的差距。由于工业企业是企业技术活动最主要的载体，这里主要使用工业企业数据进行分析与对比。数据资料均来源于相关年份的《中国统计年鉴》及《河南统计年鉴》。

一　河南省企业技术能力现状及比较

1. 河南省工业企业发展及技术能力、技术创新活动基本状况

河南省近年来工业经济获得了长足的发展，以企业为依托的科技开发活动也日趋活跃，对推动河南省经济发展和社会进步产生了重要的影响，表 9－1 反映了这方面的基本状况。

表 9－1　河南省近年工业企业发展及科技活动状况

项　　目	2008 年	2009 年	2010 年
国内 GDP(亿元)	18018.53	19480.46	23092.36
工业增加值(亿元)	9328.15	9900.266	11950.88
大中型工业企业主营业务收入(亿元)	15300.18	17029.76	22150.69
大中型工业企业新产品销售收入(亿元)	1356.7	1631.3	1828.7
大中型工业企业 R&D 人员全时当量(人年)	46407	68061	67982
大中型工业企业 R&D 经费支出(亿元)	90.17	122.17	148.58
大中型工业企业 R&D 项目数(项)	4349	5665	6082
大中型工业企业专利申请数(件)	4073	5476	5904
技术市场交易额(亿元)	25.4	26.3	27.2

表 9－1 中的数据显示，2008～2010 年，河南省国内生产总值由 18018.53 亿元增加到 23092.36 亿元，按可比口径年均增长率约为 11.7%；工业增加值由 9328.15 亿元增加到 11950.88 亿元，按可比口径年均增长率约为 13.5%，比 GDP 增长率高 1.8 个百分点，说明工业在河南省经济成分中的比重进一步提高，工业在河南省经济发展中扮演了更重要的角色。

在企业研究与开发（R&D）状况方面，由于数据的可得性，这里使用大中型工业企业的相关数据进行说明，并且大中型企业研究与开发活动占有的资源及科技产出一般占到所有企业的 90% 以上，因此，能够基本反映河南省企业 R&D 状况。在企业科研人员投入方面，R&D 人员全时当量由 46407 人年增加到 67982 人年，年均增长 21%，企业从事科技开发的科技人

员数量有了大幅度的增加；R&D 经费支出由 90.17 亿元增加到 148.58 亿元，年均增长约 28.4%，高于企业收入增长，反映了河南省企业日益认识到科技开发的作用，加大了科技开发的投入。在研发产出方面，大中型企业专利申请数由 2008 年的 4073 件，增加到 2010 年的 5904 件，年均增长 20.4%，说明同自身比较企业研发活动产生了较多的研发成果。

新产品销售收入反映了企业研发活动成果转化为企业可售产品，并增加企业现实收入的状况，即科技成果转化为企业现实竞争力的状况。数据显示，企业主营业务收入由 2008 年的 15300.18 亿元增加到 2010 年的 22150.69 亿元，年均增长 20.3%，新产品销售收入由 1356.7 亿元增加到 1828.7 亿元，年均增长仅为 16%，低于企业主营业务收入的增长，表明河南省企业在科技成果转化方面存在不足，企业收入的增长主要依赖老产品的销售增长，也可能表明企业的研发成果并不能很好地适应市场需求。

技术市场交易规模的大小反映了一个地区技术交流及技术要素流动的状况，能够从一个侧面反映技术要素在企业之间流动的活跃程度，以及企业研发活动对地区企业技术水平及能力的影响程度。这方面，河南省技术市场的交易规模仅从 2008 年的 25.4 亿元增加到 2010 年的 27.2 亿元，年均增长仅为 3.4%，说明企业研发活动缺乏与外界特别是本地企业和研究机构的技术交流，也可能说明企业的研发成果技术水平较低，缺乏对地区其他企业的吸引力。

因此，从河南省自身发展状况来看，虽然存在一定的不足，但近年来的工业发展、企业科研活动及技术能力都有了相当的改善，这特别表现在科研投入及研发产出方面，说明企业在认识上已经对于企业科研活动及技术发展有了足够的重视。

2. 河南省企业技术能力、技术创新活动与其他地区的横向比较

这部分主要通过与全国其他典型地区相关科技活动指标的对比，找出河南省企业在技术能力及技术创新活动方面的劣势和优势，为河南省企业找准突破口、更有效地改善技术创新活动及提高技术能力提供准确的依据。我们选择北京、上海、湖北作为比较对象，其依据在于北京、上海是中国企业技术能力最高的地区，有利于比较与先进地区的差距，而湖北省与河南省在全国的区位相近，通过对比有利于发现河南省在相关方面工作的不足。

（1）企业技术能力现状比较。企业技术能力反映了企业运用特定技术进行产品生产的能力，技术能力高一般表明企业能够更高效地开发和生产产品，因此，会有更高的效率。反过来，效率的高低也反映了企业技术能力状

况，这里我们使用劳动生产率反映不同地区企业的技术能力状况。劳动生产率使用总产值数据。

表 9－2　河南等四省（市）大中型企业劳动生产率

单位：万元/人

地　区	2008 年	2009 年	2010 年
河南省	63.55	60.24	71.74
北京市	112.89	120.34	140.84
上海市	113.40	118.24	138.23
湖北省	71.43	66.18	85.17

表 9－2 的数据显示，北京、上海的劳动生产率最高，它们之间的差距相差无几，如北京的企业劳动生产率由 2008 年的 112.89 万元/人增加到 2010 年的 140.84 万元/人，近三年的年均增长率达到了 11.7%；而同期河南大中型企业的劳动生产率从 63.55 万元/人增加到 71.74 万元/人，2010 年的劳动生产率约为北京的一半，近三年来的年均增长率仅为 6.2%，远远低于北京、上海，表明在此期间，河南省与先进地区的技术能力差距有所加大，即使与区位相近的湖北省比较也有一定的差距。因此，通过不同省份劳动生产率的比较可以看出，河南省企业的技术能力处于较落后的水平，并且近年来与较发达地区的技术能力差距有加大的趋势。

（2）企业研究与开发（R&D）经费比较。表 9－3 的数据显示，河南省大中型企业 R&D 经费支出由 2008 年的约 90 亿元增加到 2010 年的约 149 亿元，年均增长达到了 28.4%，同期北京、上海、湖北省 R&D 经费支出增长率分别为 22.3%、14.6% 和 36%，可以看出，河南省研究开发投入不仅在绝对数上与发达地区差距不大，在经费增长方面甚至高于北京、上海。但与这些地区比较，为什么技术能力差距却显示出加大的趋势？对比 R&D 人员平均经费，可以发现河南省 R&D 人员平均经费要远低于北京、上海，也低于湖北省。现代科技的复杂性表明，研发投入强度会随着研发对象技术水平的提高而提高，虽然河南省在 R&D 经费绝对数及增长率方面并不处于劣势，但科研人员的人均经费支出水平较低。一方面的原因在于河南省企业研发的技术水平较低；另一方面可能是研发人员队伍相对臃肿，效率不高，或者经费支出方面存在“撒胡椒面”现象，不能集中、有效地使用科研经费。这一点，在 R&D 项目平均经费的数据上也能反映出来，如在 2010 年河南省项目的平均经费也处于最低水平。

表 9-3 河南等四省（市）大中型工业企业 R&D 经费支出

地 区	R&D 经费支出总额（万元）			R&D 人员平均经费（万元/人年）			R&D 项目平均经费（万元/项）		
	2008 年	2009 年	2010 年	2008 年	2009 年	2010 年	2008 年	2009 年	2010 年
河南省	901765	1221761	1485875	19.43	17.95	21.85	207.35	215.66	244.30
北京市	709676	857517	1061357	26.38	27.65	36.31	105.44	195.20	253.06
上海市	1811127	2070546	2377472	49.36	34.11	41.45	331.40	321.56	371.65
湖北省	772287	1057682	1429050	21.67	22.39	29.89	246.34	248.51	310.52

（3）企业研究与开发（R&D）活动产出比较。专利申请数可以较大程度地反映企业技术研发活动的结果数量及技术、产品相关新知识的增量，产品优等品率及新产品销售比率则可以体现企业将这些新知识转化为现实竞争力的状况，即企业现实的技术能力。因此，我们选择这三个指标说明企业的研发活动，或者说技术创新活动的产出，并在省（市）之间进行对比。表 9-4 的数据显示，河南省在专利申请数方面虽然远低于上海，但与同样的先进地区北京、条件接近的湖北相比，差别并不大，说明企业的研发活动在达到项目的预期研究结果方面做得较好，即量的差别不大。但河南省产品的优等品率较低，2010 年仅为 39.81%，不仅远远低于北京、上海接近 90% 的比率，也显著低于湖北省。在新产品销售比率方面也有类似的情况，2008～2010 年，河南省大中型企业新产品销售收入占企业主营业务收入的平均比例为 8.9%，同期北京、上海的平均比例分别为 24.1%、26.4%，湖北省也达到了 16.9%。这说明河南省企业将研发获得的新技术、新知识转化为现实竞争力的能力方面存在较大的不足，其他的原因还有河南省企业研发成果的技术水平可能较低，或者并不能很好地适应市场需求状况，从而导致企业的研发活动并没有有效地提高企业的技术能力。

表 9-4 河南等四省（市）大中型企业 R&D 活动产出

地 区	专利申请数（件）			产品优等品率（%）			新产品销售比率（%）		
	2008 年	2009 年	2010 年	2008 年	2009 年	2010 年	2008 年	2009 年	2010 年
河南省	4073	5476	5904	31.66	49.59	39.81	8.87	9.58	8.26
北京市	4622	4379	5846	85.59	87.31	89.04	29.08	21.33	21.91
上海市	6468	9946	10378	49.98	84.73	89.29	25.82	27.52	25.95
湖北省	2610	4693	5768	42.63	46.56	63.93	18.34	15.88	16.33

(4) 企业外部技术市场活跃程度比较。技术市场的交易额反映了一个地区技术交易的规模及技术要素流动的活跃程度，同时也可以从一定程度上反映地区外部技术要素对企业技术创新活动及技术能力改善的支持程度，因为企业技术创新活动对技术资源的利用不应是封闭的、局限于企业内部，而应能够充分地利用企业外部的技术资源及要素，并且企业之外的科研机构、大学等也是科研开发活动的重要主体，其科研活动所产生的成果一般需要借助技术市场流向企业，也是企业技术能力改善的重要推动因素。这里，我们通过技术市场交易额反映地区环境中的技术要素对企业技术创新活动和技术能力改善的支持程度。

表9－5中的数据显示，河南省技术市场交易额的绝对金额较低，2010年甚至不足北京技术市场交易额的2%，也仅为同属中部地区的湖北省的约1/3，并且近三年技术交易额的年均增长率为3.4%，远远低于湖北省20%的增长率。无论在交易规模和发展态势上，河南省技术市场都处于较为落后的状态。这样的状况说明，河南省除企业之外的其他机构的研究与开发（R&D）活动与全国其他地区比较也存在严重不足，形成的技术资源和技术要素较少，或者技术资源和技术要素的水平较低，这直接导致河南省本地区可供交易的技术资源和技术要素缺乏，不能给予企业技术创新活动和技术能力的改善更多的支持，也是河南省与先进地区企业技术能力差距加大的一个重要原因。

表9－5　河南等四省（市）技术市场交易额

单位：亿元

地　区	2008年	2009年	2010年
河南省	25.44	26.30	27.20
北京市	1027.22	1236.25	1579.54
上海市	386.17	435.41	431.44
湖北省	62.90	77.03	90.72

二　河南省企业技术创新活动的问题分析

企业的技术能力实质上是企业技术创新活动成果转化为企业竞争力的现实体现，企业技术能力的高低、强弱反映了技术创新活动的优劣和强弱。上述数据资料反映出，与国内先进地区比较，河南省企业在技术创新活动中存在许多问题，认真分析这些问题对于改善河南省企业技术创新活动将提供有益的帮助。根据上述对比，结合其他一些资料，可以发现河南省企业技术创新活动存在以下问题。

1. 河南省企业研发经费投入总体偏低，科研项目经费投入强度较低

虽然河南省大中型企业近三年来的R&D经费支出有了大幅度的增加，年均增长率达到了28.4%，企业对技术创新活动的认识有了一定的提高，但R&D经费投入占销售收入的比例偏低，如2010年，河南省大中型企业R&D经费投入为148亿元左右，仅占同期主营业务收入的0.67%。国际上，把R&D投入占销售收入的2%作为企业研发活动的警戒线，低于该比例表明企业的R&D经费投入不足，企业的研发活动不足以持续形成具有独特性的新产品及技术新知识，企业的技术活动主要是基于模仿，或者维持技术水平较低的老产品。因此，河南省大中型企业0.67%的R&D投入比例远低于2%的警戒线，与世界先进企业5%~10%的投入比例相比，更是相去甚远。另外，单个研发项目的投入强度也显不足，研发项目全时人员的平均经费仅为上海的一半水平，而研发项目的投入强度不足，使得河南省企业只能在相对低的技术水平上从事研发活动，使研发活动成果缺乏市场竞争力。

2. 河南省企业平均研发成果数量较少，研发效率不高

虽然从每年的专利申请总数量来看，河南省即使与先进地区北京市比较也差距不大，但具体到每个企业来说，差距明显。2010年河南省大中型企业平均专利申请数为2.28件，同期北京市大中型企业平均专利申请数为8.62件，上海为5.93件，湖北省也达到了4.06件，而在更多地代表企业技术原创性的企业发明专利拥有数量方面，差距则更大。这说明企业的研发效率偏低，因为在R&D经费投入总额方面，河南省2010年约148亿元的投入甚至高于北京的106亿元、湖北省的143亿元，在四省（市）中仅低于上海市。因此，河南省企业必须加强科研经费使用的管理，避免不分轻重的平均化的经费使用方式，提高企业的研发效率。

3. 河南省企业研发项目技术水平不高，企业发展中科技进步贡献率较低

一方面，河南省企业研发效率不高；另一方面，企业研发项目的技术水平有限，不能依据市场需求开展研发活动，使得技术创新活动所引发的企业技术进步对企业收入增长的贡献较低，如前所述，近三年来河南省大中型企业新产品销售收入仅占主营业务收入的8.9%，远低于北京、上海的比例。

从河南省大中型企业专利申请数和拥有的发明专利数量上看，差距并没有这么大，这实际上体现了河南省企业研发项目的成果不能很好地转化为企业现实的增长动力。造成这种状况的主要原因，还在于企业的研发项目技术水平较低，在市场同类技术中不具有竞争力，或者企业研发的新技术、新知识，并据此开发出的新产品并不能很好地适应市场需求，即与市场需求严重脱节，从而导致河南省企业技术进步对企业成长的贡献率偏低，企业主要依赖外延、粗放的模式发展。

4. 河南省地区创新环境对企业技术创新活动的支持不够

虽然从整个社会的角度看，企业无疑是技术创新活动的主体，但企业的技术创新活动不应是孤立的，封闭是不可能创造出具有先进性、新颖性、适应市场需求的技术和产品的。企业技术创新活动的非封闭性不仅表现为企业之间技术的交流和技术要素的流动，也表现为企业与社会研发机构（如大学、社会研发机构等）之间的技术交流和技术要素的流动。实际上，专利制度的设立除了能够有效保护创新者的创新成果外，还有一个重要的作用是能够通过公开的、合法的途径促进技术要素在企业间的流动。只有技术要素有效交流和流动，才能够使企业广泛吸收社会现有的技术资源和技术要素，在一个较高的技术平台上开展技术创新活动，保证企业研发项目的先进性及市场适应性。技术市场的交易规模是反映这种技术交流和技术资源、要素流动的重要指标。河南省相对于其他省（市）来说，技术市场交易规模偏低，前文已经提到过，交易规模不足北京市的2%、湖北省的1/3。这说明河南省还没有构建完善的技术创新外部交流环境，地区外部技术资源和技术要素非常有限，不能够给予河南省当地企业的技术创新活动以有力的支持。一个主要原因是企业本身技术创新活动水平相对较低，不能向外部输出更多的有价值的技术资源；另一个主要原因是河南省社会专业性研发机构、大学研究机构等R&D活动的活跃程度不够，面向企业和市场的研发成果较少，也无法为地区提供更多的技术资源和技术要素。当然，河南省本地区技术市场的市场化程度较低、技术创新政策支持不够、地区技术创新体系还不够完善等，都会影响技术资源和技术要素流动的活跃程度。因此，在企业外部创新环境的构建和完善方面政府是可以有所作为的，因为政府的有效引导可以加速企业的外部创新环境走向完善。

第五节　中原经济区建设背景下的河南省企业技术创新机制构建

一　中原经济区建设对企业技术创新活动的要求

2011年10月国务院发布了《国务院关于支持河南省加快建设中原经济区的指导意见》，中原经济区建设上升为国家层面的战略，作为中原经济区主要构成区域的河南省面临前所未有的发展机遇。但加快中原经济区建设不能再依赖过去那种大量资源投入和消耗的粗放经济模式，必须转变经济增长方式。以技术推动为特征的经济增长正在成为各国、各地区主要的经济发展模式，代表了未来经济发展的方向，河南省也不例外。企业是社会经济的基本单元，建立完善的企业技术创新机制，使企业发展建立在较高的技术能力基础之上，是促使河南省经济增长方式转变的重要一环。

二　中原经济区建设背景下河南企业技术创新内部机制的构建

从企业组织来说要建立一整套有利于企业技术创新活动开展和技术水平提高的内部环境，为此，河南省企业要建立和改善以下工作。

1. 确立企业创新价值观，培育员工勇于创新的精神

河南省企业技术创新的一个突出问题是企业研发技术水平较低，科技进步在企业发展中的贡献率较低。因此，要在河南省企业中确立创新价值观，主要是培养面向市场的价值取向，培养不屈不挠的实干精神，培养共事合作的团队精神，培养追求开拓、变革、高效的精神。在实际工作中，确立企业创新价值观主要应抓好以下几个方面的工作：首先，要使员工全面发展，突出员工在技术创新中的主体地位。其次，要积极捕捉在企业经营管理过程中和日常行为中涌现的创新点，并加以大力弘扬和倡导，将其升华到企业追求的价值体系中。再次，要开展持之以恒的宣传教育活动，给员工以强烈的刺激，形成创新光荣的良好氛围。最后，要充分发挥先进典型人物的示范作用。通过对在企业创新发展中贡献突出的先进典型人物的事迹的宣传和奖励，引导员工学习效仿。

企业创新精神是一种人格化的企业员工群体的心理状态的外化，是企业基于自身的性质、任务、宗旨、时代要求和发展方向，为使企业获得更大的发展，经过长期精心培育而逐步形成和确立的思想成果和精神力量。它是企业赖以生存的精神支柱，是企业内部凝聚力和向心力的有机结合体，是“企业之魂”。具体来说，形成企业创新精神，就是要在企业员工中培养追求创新、不断进取的精神，树立不惧风险、容忍失败的观念，保持危机意识和竞争意识等。

2. 提高企业家素质，弘扬企业家精神，加大对企业技术创新活动的经费投入

企业家是创新意识的源泉，是企业创新的组织者和实现者，企业家精神对促进企业技术创新具有深远的影响。目前，河南省企业的技术创新急需一批有战略眼光、有现代经营思想和管理理念、有卓越的创新组织才能和专业知识技能的企业家，更需要以创新精神、冒险精神和奉献精神为主要内容的企业家精神。因此，要增强企业技术创新的动力，最主要的途径就是提高企业家的素质，激发经营者的企业家精神，使他们尽快成为具有高度创新意识和精神的现代企业家。

实际上，企业家是企业资源的掌控者和分配者，河南省企业总体上研发经费的投入不足，也和河南省企业经营者对于技术创新活动重要性的认识不足有关，提高企业家素质，弘扬企业家精神，将使得企业经营者自觉地将企业技术创新活动摆在重要的地位，也能使他们自觉地将更多的企业资源投入到企业技术创新活动中。

3. 完善企业的内部激励制度

河南省企业在技术创新过程中存在的许多问题，都和企业内部创新激励制度不健全有关。事实证明，有效的企业内部激励制度是企业技术创新的强大动力。因此，对于河南省企业来说，要增强其技术创新动力，完善有利于创新的内部激励机制是关键所在。具体来说，内部激励制度包括物质激励和精神激励两个主要方面。

（1）物质激励。从各种激励要素看，报酬虽不是最重要的激励因素，却是重要的“保障因素”。工作报酬的高低和合理程度将直接影响科技人员创新才能的激励和发挥。因此，企业在运用报酬对科技人员进行激励时，应按照效率优先的分配准则，实行按能力即贡献大小分配的制度，拉开收入差距，真正体现多劳多得的按劳分配原则，使科技人员按智力投入获得收益。具体的方式包括一次性奖励、技术成果提成、设立创新奖励股份等。

（2）精神激励。物质激励是经济社会激发人的积极性的重要方面，但并不是全部，建立在满足一定物质需求基础上的精神需求，有时候会起到更大的激励作用。因此，河南省企业要努力满足科技人员的发展性需要，为他们提供更加有效的精神激励。不同类型科技人员有不同的发展要求，企业应对他们的合理发展要求设法给予满足，如对项目领导者和项目协调者最好的激励方式是职务的晋升，而科研骨干的主要任务是对知识的获取，因此，对他们的最好激励是为他们参加学术会议、高层次的进修和培训提供条件。此外，对科技人员创新较好的激励就是扩大他们的创新空间，即以多种方式向他们提供更多的创新便利，包括完备的实验条件、充足的资金、自由选择项目的权利等。

三　中原经济区建设背景下企业技术创新活动的外部支持体系

虽然内因是决定性因素，但外因在推动企业技术创新活动中也发挥了重要的作用，有了环境的有力支持，企业的技术创新动机就可能倍增，而环境不适合，就可能磨灭企业的技术创新热情。前面的实证分析已经显示，河南省的外部环境对于企业技术创新活动的支持不够。因此，河南省要建立完善的企业技术创新外部支持环境，在这方面政府实际上扮演着较为关键的角色。

1. 营造公平有效的市场环境，健全和完善市场体系

维护公平有效的市场竞争秩序就要加速相关法律法规的建设，使所有企业在公平竞争的市场环境下优胜劣汰。要消除行政壁垒，解除地区和部门封锁，建立统一公平的市场竞争环境。同时，政府要加大对知识产权的保护力度，要进一步发展和完善知识产权相关的法律体系，政府要从法制经济的高度加大知识产权保护力度，对侵权者给予重罚和严厉的打击。在健全和完善市场体系方面，河南省还要完善企业家人才培养市场，进一步加强企业家人才市场建设，逐步建立企业家人才信息库和需求信息库，加强人才储备，同时通过资格确认、等级评定、公开招聘等制度建立企业家资格制。另外，政府要转变传统的人事管理制度，加快国有企业和民营企业的企业家委任制向市场配置的方向转变。

2. 加强和完善有利于创新的宏观经济政策

第一，要采用多种形式资助企业技术创新，对企业进行的尖端技术研究以及满足社会需要的基础研究实行财政补贴，建立技术创新基金，实行有偿

投资。另外，也可实行政府贴息的方式进行财政资助。第二，完善企业技术创新的税收优惠政策，这就要求政府先制定一部独立的鼓励企业创新的税收优惠法律，要保持优惠政策的一致性，把税收优惠的重点从企业转变成具体研发项目的优惠，还要实行税收优惠的事前鼓励和事后控制原则。第三，加强对创新的金融支持政策，可以采取对银行信贷进行资助、成立政策性银行、加大科技贷款的扶持力度以及建立完善的创新风险保险制度等措施。第四，建立以创新为主体的风险投资体系，这就需要政府制定能够使风险投资平稳发展的各种法律制度，要鼓励并支持建立风险投资公司，实现投资主体多元化。同时，还要建立一支高素质的风险投资家队伍，并建立畅通的风险投资撤出制度。

3. 完善教育和文化体制，促进产、学、研的紧密结合

首先，要不断改革和完善教育体系，这就要求政府改变传统的教育模式，大力发展高等教育，倡导国民终身教育，跟上知识更新步伐。其次，要努力营造适合创新的社会文化氛围，加大对创新成功的企业家和科技人员的激励和宣传力度，对他们进行物质和精神激励。再次，政府要努力改造传统文化观念，提倡和塑造创新文化。要让“科学技术是第一生产力”、“创新是一个民族的灵魂”等观念深入人心，从而使普通民众都具有甘冒风险的意愿，形成创新型社会。最后，政府要促进大学、社会科研机构面向市场和企业开展科研活动，将社会科研机构、大学雄厚的科研和智力资本与企业较强的市场开拓能力连接，促进产、学、研的有机结合，开创河南省企业技术创新的新局面。

第六节　本章小结

分析诸如苹果、微软这样的世界成功企业可以发现，技术核心能力是推动其成长的最主要动力，之所以这样，是因为企业的技术核心能力使其具有区别于其他企业的异质性，是企业长期竞争优势的来源。企业依赖这种技术核心能力带来的长期竞争优势不仅能够生产出自己的核心产品，同时可以生产系列产品，从而进一步加大市场占有份额，而市场份额的提高又是企业扩大生产规模的前提条件。企业的这一成长变化实质上体现了量（规模、产品）的提高和质（竞争能力、市场占有率）的成长。要保持和发展企业自身的技术能力，需要依靠企业持续不断的技术创新活动。近年来，河南省企业的技术能力及生产技术水平得到不断提高，同时，企业的技术创新活动也日趋活跃，对河南省整体经济的发展起到了重要的推动作用。从全国范围看，河南省经济仍处于相对落后水平，企业的技术能力及技术创新活动同先进地区相比有很大不足。实证分析显示，这些不足主要表现在以下方面：①企业研发经费投入总体偏低，科研项目经费投入强度较低。②企业平均研发成果数量较少，研发效率不高。③企业研发项目技术水平不高，企业发展中科技进步贡献率较低。④河南省地区创新环境对企业技术创新活动的支持不够。中原经济区建设上升为国家层面的战略，作为中原经济区主要构成区域的河南省面临前所未有的发展机遇。但加快中原经济区建设不能再依赖过去那种大量资源投入和消耗的粗放经济模式，必须转变经济增长方式。以技术推动为特征的经济增长正在成为各国、各地区主要的经济发展模式，代表了未来经济发展的方向，河南省也不例外。企业是社会经济的基本单元，建立完善的企业技术创新机制，使企业发展建立在较高的技术能力基础之上，是促使河南省经济增长方式转变的重要一环。因此，针对河南省这方面工作的不足，需要在以下方面加强和改进：①确立企业创新价值观，培育员工勇于创新的精神。②提高企业家素质，弘扬企业家精神，加大对企业技术创新活动的经费投入。③完善企业技术发展的内部激励制度。④营造公平有效的市场环境，健全和完善市场体系。⑤要加强和完善有利于创新的宏观经济政策。⑥政府要完善教育和文化体制，促进产、学、研的紧密结合。

参考文献

［1］陈琦：《技术核心能力、异质性与高技术企业成长》，《科学学与科学技术管理》2009 年第 3 期。

［2］生延超：《企业技术能力与技术创新方式选择》，《管理科学》2007 年第 4 期。

［3］孙冰：《企业产品开发的评价模型及方法研究》，《中国管理科学》2002 年第 4 期。

［4］周永红等：《技术能力成长对企业技术创新的“双刃”影响》，《科学学研究》2006 年第 4 期。

［5］于渤等：《重大技术装备制造企业技术能力演进过程及机理研究》，《中国软科学》2011 年第 10 期。

［6］陈德富等：《技术能力演化路径与利基市场选择》，《管理学报》2011 年第 9 期。

第十章
文化动力与河南企业文化创新

当一个人走入不同的企业，与这些企业的员工进行交流，那么他很快就能够感受到企业氛围的不同，即使它们都是成功的优秀企业，这种不同很大程度上反映的是企业文化的不同。从一个感性的角度来看，企业文化对于企业内部的员工有一种无形的影响力，使得员工自觉地依据企业文化所体现的价值观和行为取向行事。优秀的企业文化就是将有利于企业成长的价值观和行为取向融入其中，使员工产生内部的驱动力，激发自身的工作热情和创造性，从而推动企业的成长。

第一节　文化推动企业成长的路径

一　企业文化与企业精神

关于企业文化的定义或内涵，国内外学者从不同的角度和层面对其进行了阐述或描述，以至于有关企业文化的定义或内涵可谓众说纷纭，各有侧重。中国社会科学院研究生院教材《企业文化》第四版对企业文化的定义进行了一个初步统计，全世界给企业文化下的定义共有180多种，几乎每一个管理学家和企业文化学家都有自己的定义。但综合起来，以下国内外专家和学者对企业文化的定义比较具有代表性。

霍恩斯（1950）认为，企业文化是在工作团队中逐步形成的组织规范。

塔格尤尔·利温特（1968）则认为，企业文化是企业内通过物体布局所传达的感觉或气氛，以及企业成员与顾客或其他外界成员交往的方式。

彼德斯·沃特曼（1979）将企业文化定义为：员工做出不同凡响的贡献，从而也就产生有高度价值的目标感，这种目标感来自对生产、产品的热爱，提高质量、服务的愿望和鼓励革新，以及对每个人的贡献给予承认和荣誉。

帕斯卡尔·赫阿尔斯（1981）给出的定义为：企业文化是指导企业制定员工和顾客政策的宗旨。

特雷斯·迪尔和艾兰·肯尼迪（1982）则将企业文化定义为：企业文化是一个企业所信奉的主要价值观，是一种含义深远的价值观、神话、英雄人物标志的凝聚。

Schein（1984）则认为，组织文化是特定组织在适当处理外部环境和内部整合过程中出现的种种问题时，所发明、发现或发展起来的基本假说的规范。这些规范运行良好，相当有效，因此被用作教导新成员观察、思考和感受有关问题的正确方式。也就是说，企业文化就是指企业在长期的经营实践活动中所形成的并且为企业成员普遍认可和遵循的具有本企业特色的价值观念、团体意识、行为规范和思维模式的总和。Schein 同时认为，企业文化由以下三个相互作用的层次组成：①物质层，可以观察到的组织结构和组织过程等；②支持性价值观，包括战略、目标、质量意识、指导哲学等；③基本的潜意识假定，潜意识的、暗含的一些信仰、知觉、思想、感觉等。企业文化的实质就是一套基本的假设——解决外在适应力（如何生存）和内部集成（如何共同生活）的普遍问题的共同方法，它被各个时期所包含，并由一代传到下一代。Schein 的企业文化的定义直接接触到了管理者所要面对的最重要的挑战：寻找解决外部适应力的方法——发展战略和解决内部集成的方法——组织设计、人力资源管理。这些解决方法——战略、结构、人力资源管理，被深深包围于企业文化之中。

威廉·大卫（1987）则认为，企业文化就是传统气氛构成的公司文化，它意味着公司的价值观，诸如进取、守势或灵活——这些价值观构成公司员工活力、意见和行为的规范。管理人员身体力行，把这些规范灌输给员工并代代相传。

Armstrong（1990）将企业（组织）文化定义为：共同拥有的态度、信念、假设以及期望的模式，它们可能不会被记录下来，却可以塑造人们在组织中的行为和互相作用的方式，并促进工作的完成。它将包括组织的主要思想观念，可以通过虚构的故事、英雄人物、行话、礼仪和传奇表达出来。

约翰·P. 科特和詹姆斯·L. 赫斯克特（1982）将企业文化定义为：企业文化是指一个企业中各个部门，至少是企业高层管理者们所共同拥有的那些企业价值观念和经营实践。它是指企业中一个分部的各个职能部门或地处不同地理环境的部门所拥有的那种共通的文化现象。

Denison（1995）则认为，企业文化是指组织成员所持有的基本信念、价值观和假设，以及表达出来的实践和行为。一些组织文化的方面，诸如个体行为和群体标准，是显而易见的。而文化的有些方面却难以观察，因为它们表示了不可见的假设、价值观和核心的信念。

总的来说，西方学者对企业文化的定义，大都指一个组织内形成的独特的文化观念、价值、历史传统、习惯、作风、道德规范和生产观念，并依赖于这些文化组织中的各种内部力量，统一于共同的指导思想和经营哲学中。

在借鉴西方学者研究成果的基础上，我国学者也对企业文化的含义进行了探索，比较具有代表性的观点有以下几种。

管益忻等（1990）认为，企业文化是处于一定经济社会文化背景下的企业，在生产经营过程中逐步形成和发育起来的日趋稳定的独特的企业价值观、企业精神以及以此为核心而生成的行为规范、道德准则、生活信念、企业风俗、习惯、传统等。

陈春花（1999）认为，企业文化主要是一种观念形态，它以企业的价值体系为基础，与企业的管理哲学、管理行为产生紧密联系。它可以分为狭义和广义两个方面。从狭义来说，它是指企业生产经营实践形成的一种基本精神和凝聚力，以及企业全体员工共有的价值观念和行为准则。就广义而言，除上述内容外，还包括企业领导人员和员工的文化素质和文化行为，包括企业有关文化建设的措施、组织、制度等。

还有其他的学者在综合国内外诸多专家学者的观点的基础上将企业文化的内容概括为以下几个方面：①行为准则；②群体规范；③主导性价值观；④正式的哲学；⑤游戏规则；⑥组织气候；⑦牢固树立的技巧；⑧思维习惯、心智模式、语言模式；⑨共享的意识；⑩一致性符号。

尽管企业文化的定义不尽统一，各个表述也各有千秋，但对企业文化的认识还是有许多相似和共通之处的。我国学者刘光明在总结国内外研究的基础上，对企业文化的内涵进行了比较全面的系统阐述：企业文化既是指具体企业、公司所形成和保持的文化传统，也指抽象形态的企业、公司的一般文化体系和价值准则；既是指企业、公司文化的具体内容，又是指一门特定的学科、思想体系。

他认为，研究企业文化结构可将企业文化作为一种独特的文化现象进行探讨。一般来说，企业文化结构分为物质层、制度层、行为层和精神层等，并可从这四个层面来研究和评价企业文化。

企业文化的物质层，即企业物质文化，是企业员工创造的产品和各种物质设施等构成的器物文化，包括企业生产经营的成果、生产环境、企业建筑、产品、包装、形象设计等。

企业文化的制度层，即企业制度文化，它是人的意识与观念形态的反映，并由一定的物质形式所构成，是塑造精神文化的主要载体。

企业文化的行为层，即企业行为文化，指企业经营、教育宣传、人际关系活动、文娱体育活动中形成的文化现象，是企业经营作风、精神面貌、人际关系的动态体现。

企业文化的精神层，即企业精神文化，在整个企业文化系统中处于核心地位，是企业在生产经营过程中，受一定的社会文化背景、意识形态影响而长期形成的一种精神成果和文化观念，包括企业精神、企业经营哲学、企业道德、企业价值观念、企业风貌等内容，是企业意识形态的总和。

为了更加清楚地界定企业文化概念，刘光明从企业文化的广义定义、狭义定义以及外显文化、内隐文化对企业文化的内涵进行了进一步的表述。

广义的企业文化是指一个企业所创造的具有特色的物质财富和精神财富的总和；狭义的企业文化是指企业所创造的具有特色的精神财富，包括思想、道德、价值观念、人际关系、习俗、精神面貌以及与此相适应的组织和活动等。

企业文化由两部分构成，外显文化指企业的文化设施、文化用品、文化教育、技术培训、文化联谊活动等；内隐文化指企业内部为达到总体目标而一贯倡导、逐步形成、不断充实并为全体成员所自觉遵循的价值标准、道德规范、工作态度、行为取向、生活观念，以及由这些因素汇成的企业精神。

从上述对于企业文化内涵的阐述可以看出，刘光明的总结与解释非常全面，基本涵盖了企业文化概念提出之后相关研究所涉及的所有方面，其中关于企业文化四个层次的划分在国内得到了更多的认同。本章研究的主要目的是探讨无形的企业文化氛围对于企业发展和成长所起的作用，即倾向于研究员工的精神动力及对企业成长的作用。因此，本章所述的企业文化特指企业文化的精神层面，也就是企业精神。

二　企业文化、员工行为与企业成长

1. 企业文化与员工行为

关于企业文化如何影响员工行为就如同企业文化本身的定义与内容一样，自企业文化理论诞生以来就从来没有达成一致。综合国内外专家学者的观点，尽管各自表述方式不尽一致，但他们大都认为，企业文化具有导向、约束、激励、凝聚、协调等积极功能。有的学者还认为，企业文化还具有阻抑等消极功能。企业文化功能的两重性源自文化的相对性，即企业文化传统对员工行为的影响要受到时间、企业所处的行业环境以及企业所处的发展阶段等条件的限制，不存在永恒的、完美无缺的企业文化。因而，在企业文化建设、文化管理与变革等方面，都必须考虑到企业文化功能的两重性和文化的相对性。总的来说，企业文化具有以下主要功能。

（1）导向作用。一般来说，任何文化都是一种价值取向，规定着人们追求的目标，具有导向功能。企业文化是一种深层次的控制力和影响力，它规定或影响着企业的战略方向和目标。它可以指导和界定公司的长期、中期和短期目标是否符合企业的价值观或经营理念。也就是说，企业战略就是企业深层次价值观和经营理念的反映。同时，企业文化引导组织成员将其事业心和成就欲转化成具体的奋斗目标、信条和行为准则，为组织成员提供强大的精神动力。从某种意义上说，企业文化的建立过程实质上就是内部动力机制的建立过程，引导员工为实现企业目标而勤奋工作，这也是企业发展的主要力量源泉。

（2）约束作用。企业文化作为组织的行为规范，自然对组织成员具有一种无形的约束力，约束着组织成员的行为。它使信念在员工的心理深层形成一种定式，构造一种响应机制，只要外部诱导信号发生，即可得到积极的响应，并迅速转化为预期的行为。这就形成了有效的“软约束”，它可以减弱硬约束对员工心理的冲撞，缓解心理与现实的冲突，削弱由其引起的一种心理抵抗力，从而使企业上下达成统一、和谐和默契。

（3）凝聚作用。企业文化是企业的黏合剂，可以把员工紧紧地黏合、团结在一起，使他们目的明确、协调一致。企业员工队伍凝聚力的基础是企业的根本目标。企业的根本目标选择正确，就能够把企业的利益和绝大多数员工的利益统一起来，是一个集体与个人双赢的目标，在此基础上企业就能够形成强大的凝聚力。否则的话，企业凝聚力的形成只能是一种幻想。以华为的企业文化为例，华为文化之所以能发挥使员工凝聚在一起的功能作用，关键在于华为文化的假设系统，也就是隐含在华为核心价值观背后的假设系统。如“知识是资本”的假设，“智力资本是企业价值创造的主导要素”的假设，再如学雷锋的文化假设——“雷锋精神的核心本质就是奉献，做好本职工作就是奉献，踏踏实实地做好本职工作的精神，就是雷锋精神”。而华为的价值评价与价值分配系统保证使这种奉献得到合理的回报。正是这种文化的假设系统使全体华为人认同公司的目标，并把自己的人生追求与公司的目标相结合，帮助员工了解公司的政策，调节人与人之间、个人与团队之间、个人与公司之间的相互利益关系，从而形成文化对华为人的行为的牵引和约束。

（4）激励作用。企业文化的核心是要创造出共同的价值观念，优秀的企业文化就是要创造一种人人受重视、受尊重的文化氛围。良好的文化氛围，往往能产生一种激励机制，使每个成员所做出的贡献都会及时得到员工及领导的赞赏和奖励，由此激励员工为实现自我价值和企业发展而勇于献身，不断进取。通过良好的企业文化的构建，改善员工的工作状态和作风，提高其工作的积极性、责任感和创造性，进而产生以下效果：增加员工的组织承诺，改善员工之间的沟通，提供组织内的非正式控制，提高决策效率，激发组织内的合作，促进共识的达成等。

（5）辐射作用。企业文化有利于增强企业员工对企业使命的承诺感。优秀的企业文化可以使组织使命得到明确的表达，并融合到企业管理的各类制度、工作任务和环境中去，可以促使企业员工形成强烈的使命感与承诺感。企业文化塑造着企业的形象。优良的企业形象，包括组织和员工形象，是企业成功的标志，它可以激发企业员工对本企业的自豪感、责任感和进取意识，增强员工的满意度和组织承诺，提高组织成员之间的相互支持感，从而改善企业的绩效，产生巨大的辐射作用。

（6）协调作用。良好的企业文化的形成使得企业员工有了共同的价值观念，对众多问题的认识趋于一致，增加了相互之间的共同语言和信任感，使大家在较好的文化氛围中相互交流和沟通，减少各种不必要的摩擦和矛盾，使企业上下的关系较为密切、和谐，各种活动更加协调。企业文化充当着企业“协调者”的角色。

（7）阻抑作用。除了以上指出的企业文化的积极作用，企业文化还具有一定的消极作用。企业文化一旦在一个企业内形成，不论它是优秀的企业文化，还是不良的或病态的企业文化，都可能表现出一定的抑制和阻碍的功能。优秀的企业文化产生阻抑功能，主要是因其先进的相对性、暂时性，当发展到一定时期时就会显示出僵化性和保守性，进而表现出一定的阻抑功能。不良的或病态的企业文化对组织产生阻抑功能，是不言而喻的。在管理实践中，对企业的长期经营业绩存在负面效应的企业文化并不罕见。这些企业文化容易滋生蔓延，成为降低企业运行效率、减少工作成效的重要因素。即便在那些汇集了大量高知识技能的人才的公司也是如此。那些鼓励不良经营行为，阻碍企业进行合理经营策略转变的企业文化常常是缓慢地，在不知不觉中产生的，并随着时间的推移逐步沉淀为人们的一种行为习惯或组织的潜规则。这种企业文化一旦存在，就像瘟疫一样极难改变。因为这些文化不易被人察觉，同时因为这种文化受到了企业既得利益者和原有管理架构的维护，成为管理者的惰性。企业文化尽管不易改变，但它们完全可以转变为有利于企业经营业绩增长的企业文化。这种转变需要时间，需要超前的意识，付出艰辛的努力，同时也需要具有杰出管理能力的优秀领导者。优秀的企业领导者必须具有敏锐的洞察力，能清晰地认识到哪种文化有助于企业发展，哪种文化会危害企业发展。只有自上而下地进行企业文化变革，才能消除不良的企业文化，培育适合企业当前发展所需要的文化，促成优秀企业文化要素的形成。

2. 企业文化与企业成长

Kotter 和 Heskett（1992）曾指出，无论是对付竞争对手、为顾客服务，还是处理企业对内和对外关系，企业文化所形成的企业竞争力，必然产生强有力的经营效果。实践经验证明，世界 500 强企业成功的一个主要原因就是它们拥有独特的优秀企业文化。比如，通用电气企业文化倡导“坚持诚信，注重业绩，渴望变革”；沃尔玛企业文化坚持“尊重每位员工，服务每位顾客，每天追求卓越”的基本信念；诺基亚企业文化包含的价值观是“科技以人为本”；而英特尔企业文化宣扬的精神是“只有偏执狂才能生存”。优秀的企业所倡导的企业文化、企业精神可以持久地激励员工去创造企业业绩。这些世界企业巨头持续成长、不断发展的成长动力就来源于它们拥有的不可替代的优秀企业文化，从而体现出独到的经营哲学、共同的价值观念和规范的行为准则，使企业与员工休戚相关、荣辱与共。IBM 公司的创始人老汤姆·沃森（Tom Watson）早已去世，但在 20 世纪 80 年代中期形成的“为全世界的顾客提供最好的服务”、“热爱公司、积极工作”的精神却长久地激励着该公司的全体员工。公司董事会主席小沃森在访问哥伦比亚大学并发表演讲时讲道：就与企业相关的经营业绩来说，企业的基本经营思想、企业精神和企业目标，远远比技术资源、经济资源、企业结构、发明创造及随机决策重要得多。虽然这样的说法有点绝对，但一个不争的事实是，如果企业员工认同并信仰企业的基本价值观念（当然应是积极向上的），并在实际经营中贯彻这些观念，将极大地促进企业的经营业绩，推动企业不断成长。

与以上实践相对应，国内外学者从理论上进行了全面分析，探讨企业文化对于企业绩效及成长的影响和作用。20 世纪 70 年代末，一些学者进行了三种类型的研究：对那些比美国同行经营绩效增长持续性强的日本公司的研究；对那些面临比以前年代竞争更为激烈的市场经营环境，公司业务仍蒸蒸日上的美国企业的研究；对那些面对新的竞争环境，力图开拓新策略、实施新计划，却困难重重的公司的研究。他们的结论一致认为，所有的企业都有着自己的企业文化，有的公司的企业文化显得比别的公司的企业文化更为雄厚，这些企业文化均对企业成长产生着巨大的作用，特别是当市场环境竞争激烈的时候更是如此；文化的影响甚至大于企业管理研究和企业经营策略研究中经常认为的能够带来巨大绩效的因素，这些因素包括经营策略、企业组织结构、企业管理体制、企业财务分析手段以及企业管理领导艺术等（吴志霞，2006）。

Denison（1990）指出，组织文化传播广泛深入并在决策中得到应用的组织，比起那些没有普及组织文化的组织，在投资和销售方面的回报都要好得多。Schein（1985）曾把组织文化对绩效的促进作用总结为两个大的方面：其一，帮助组织适应外部环境；其二，整合组织内部的各个要素。良好的企业文化一方面能够提升企业的竞争力，包括降低企业管理、组织成本，提高企业员工的凝聚力，提高工作效率，有利于企业树立和维护品牌等。另一方面，企业文化的作用是可以降低组织交易成本、价值转换成本等，当这些成本的降低大于企业文化的管理成本时，企业文化便创造了价值。Akin 和 Hopelain（1986）指出，强势文化可以减少决策制定的成本，并建议希望提高组织生产力的文化管理者强化组织文化。贾春峰（1997）提出了“文化力”概念，将企业文化力作为企业的核心竞争力来研究，他认为企业文化具有巨大的激励作用，能够使企业在核心价值理念驱动下，具备将其隐性价值转化为现实经济效益的作用力。由这些关于企业文化作用和功能的观点和研究可知，企业文化具有减少成本、整合资源、增加效率等作用，因而能够有力地促进企业的经营绩效。

葛建华认为，企业文化主要从三个方面提升组织绩效：一是通过使命、愿景和核心价值观的建立，更可能抵制住某些诱惑而能将资源集中到熟悉领域，更能发挥企业优势，提高企业效率；二是通过企业文化可以解决组织中存在的根本性问题，提高组织效率；三是通过强化员工的文化兼容性使得适合组织的人（价值观认同等）工作得快乐，而不适合这种组织文化的人则觉得痛苦，因而可以让合适的人留在合适的组织里提升组织绩效。具体而言，是通过企业文化及其管理建立起被组织认可的目标和价值观，不断强化个人对组织的认同，使企业文化价值观体系融入整个组织，从而保证组织中的个人对组织目标、组织价值观及核心理念、工作方式等的认可和执行。他认为，在共同目标的指引下，成员之间的人际关系更易维护、沟通更顺畅，个人与个人之间更容易配合合作，成员的个人效率也有显著提升，成员之间的默契配合不仅对个人效率有益，而且将形成组织内部协调效应，对组织效率也有好处。

黄超从企业文化管理考核角度就企业文化管理效应进行了系统阐述，他认为，企业文化对企业成长及绩效的作用应该包括两方面：愿景管理和价值观管理。具体来说，一个企业要获得财务上的成功，持续创造价值，就必须首先使顾客满意，使员工尽职，要做到这一点只能优化内部价值创造过程，只能通过学习来提高员工的个人能力，因此，企业文化管理考核在跟踪财务成果的同时，着眼于未来增长所必需的无形资产的获取和企业能力的培育过程，这在很大程度上解决了最终结果和具体实现过程的双方面监控。为了有效实现企业文化管理应该包括以下指标：结果类和驱动类指标、财务类和非财务类指标、内部和外部指标。其目的是协调各种不同战略指标之间的平衡，让每一个组织行为和个人行为都不偏离公司的愿景、使命和核心价值观，并以此努力达到目标一致。

第二节　企业文化的创新机制

一　企业文化刚性与企业文化创新的必要性

1. 企业文化的路径依赖于企业文化刚性

所谓路径依赖，简单地说，就是人们过去的选择决定了其现在可能的选择，是指历史上某一时间已经发生的事件将影响其后发生的一系列事件。企业文化是企业长期发展的结果，其最主要的特征之一是历史性，即具有组织记忆的特征。诺思（North）认为，路径依赖类似于物理学中的“惯性”，一旦进入某一路径，无论是好是坏都可能对这种路径产生依赖。路径依赖具有两种形式：一是状态依存型的路径依赖。指一项技术或一项制度安排一旦出现，就会出现一种自我强化的现象，使环境成为适合自身生存而不利于其他技术或制度生存的生态场，实现自我增强的良性循环。相反，一种具有较之其他技术更优良的品质的技术却可能由于晚入一步而陷入困境，甚至锁定在某种无效状态之中。二是行为依存型的路径依赖。指在相同的初始条件、机会和刺激的条件下，市场会根据不同行为主体的实际绩效进行奖惩。受到奖励的行为人可能更加努力，进一步增强自身的增长与存活能力，形成自我强化、报酬递增的机制。反之，受到惩罚的行为人可能被锁定在无效的行为规则中，形成恶性循环。总之，细小的事件和偶然的情况常常会把技术发展或是制度变迁引入特定的路径，而不同的路径会导致完全不同的结果。随着企业文化的形成和发展，不管这种企业文化的优劣，员工一旦被“锁定”在原有的文化氛围之中，就会在思维定式和价值观念上存在着惯性，对这种文化产生很深的依赖。这时，如果将来想要脱离这种路径，即打破企业员工以往的思想价值观，使其接受新的文化理念，就显得尤为困难。

路径依赖是企业在长期经营过程中逐渐积累而成的、给企业带来巨大成功的价值观和行为准则。路径依赖可能会产生两方面的作用，当新制度路径依赖性强或与旧制度基本一致时，人们对变革会表现出积极的态度。但当新制度路径依赖性较弱时，由于熟悉感的丧失，人们对传统模式的依恋性和故步于老路的惰性便会突出地表现出来，成为新事物发展的障碍。在历史上形成的企业文化一旦被实践证明是成功的行为方式，或者这种行为方式所体现的行为准则和价值观对目前生产的产品非常关键时，企业就更相信这些价值观并依此行事，或只在原有基础上进行边际改进，因而无论外界发生怎样的变化，企业领导和员工都会极力坚守这些价值观和行为准则，这些价值观以及由此表现出来的行为方式随着企业的发展而日趋成熟并逐渐占据主导地位的时候，组织中就会形成一种强有力的一贯性。这种一贯性简化了决策过程，节省了人们的时间和精力，降低了搜索成本，但这些反过来又强化了组织的一贯性，从而将组织锁定（黑伊登等，2004）。这种组织锁定是一股强大的力量，深深地烙刻在组织的肌体中，制约着组织学习和响应环境变化的能力，将组织成员锁定于单一的价值观，进而演变成文化刚性。

由于企业文化投资形成的沉淀成本，思想观念的惯性与协同效应等就会导致企业文化形成路径依赖。也就是说，企业文化一旦建立，迈入某一路径，它的既定方向就会在以后的发展中不断自我强化，沿着这个路径不断发展下去。在企业发展的过程中，随着外部环境的剧烈变化，由于文化的路径依赖，原有文化得不到革新，形成负强化作用，意味着企业文化不会随着外部经营环境的变化而自我调整，则企业文化陷入僵化，不利于企业的发展，这就必须要对企业文化进行变革。显而易见，在企业的发展过程中，企业文化的惯性在环境变化时会阻碍企业的发展，于是克服企业文化惯性的企业文化变革呼之欲出。

孟晓斌、王重鸣、杨建锋（2008）认为，企业所经历的任何过程和采取的任何行动都有可能造成组织整体的路径依赖性，而这种依赖性的结果是组织惰性的产生，使企业不愿意改变自身的组织惯例和行为习惯。造成组织惰性的原因有三：其一，将企业行之有效的行为模式固定下来并形成组织惯性，是企业降低运作成本的重要途径。由于这种惯性是路径依赖的，不容易被其他企业模仿，因此在一定的范式内是企业赢得竞争优势的关键。其二，长期的组织行为模式将上升为整个组织的文化，而且越是成功的经历和优良的生存条件，就越容易形成抵制变革的文化。其三，从组织学习的角度看，企业知识存量越大，就越倾向于对原有的知识进行开发式学习，而不愿意尝试风险较高的探索式学习，这也是组织抵制变革的原因之一。因此，要解决环境变化条件下的企业适应和企业文化变革问题就必须重新激活企业的探索精神，推动企业文化的变革。

综上所述，当企业文化的价值及行为指向与企业发展环境的要求相一致时，路径依赖是企业以最小的代价使积极的企业文化得以形成和强化的基础，当企业文化的价值和行为取向偏离了已经变化的环境要求时，路径依赖就使得企业文化显示出刚性。基本的企业文化刚性具有以下特性。

第一，难以改变性。从企业文化的角度说，个体的心智模式必须融入企业文化当中，这是企业文化建设的核心。而个人的心智模式是由一系列认知判断和决策规则所组成的，并且是经过长期积累和修改而成的，因此具有路径依赖的性质。它决定了哪些行为将受到惩罚，哪些行为将得到容忍或鼓励。在这种强势文化的支配下，企业文化就显示出难以改变的刚性特征。

第二，惰性。随着组织年龄增长和成熟，企业一部分认知会囿于如何行事的共有期望之中。这些期望表现在长期形成的非正式规范、价值观、群体网络以及传记和英雄人物之中，一个组织的过去越是成功，这种认知便会越习惯化和根深蒂固，并反过来助长企业文化的惰性和自满。

第三，抗性。任何一家企业都有保护自己的本能，企业试图保护自己以防御新奇事物及其他转变企图的总体交流模式便构成了企业的文化。研究发现，企业系统也有些类似于生物系统，其文化所具有的上述功能类似于生物体内的抗体。企业系统会竭力阻止外部文化的进入，如果某种文化已经进入，它就会设法杀死这种文化，如果不能杀死，它就会寻找办法压制，企业文化的这种性质就是一种抗性。

2. 企业文化刚性与企业文化创新的必要性

由于企业文化存在刚性特征，而事物的发展并非一成不变，因此，在企业成长过程中，企业文化创新成为不可避免的事情。企业文化创新的必要性主要表现在以下方面。

（1）企业文化的相对稳定性与绝对变化性。文化一般经历塑造、传播、共享等过程才能发挥其作用，而且由于认知的刚性、路径依赖等因素的作用，文化一经形成便相对稳定。文化的稳定性特征不仅促进了内部一致性，防止混乱带来的自我毁灭，而且对竞争优势的形成与维护产生了积极作用。作为一种协调员工工作的非正式的控制机制，企业文化提供了正式的组织机构和管理制度外的补充机制和实施的保障；产生了比其他激励手段更为持久的激励作用。

环境是组织生存的土壤，它不能直接被企业控制和改变。因此，一个组织能否成功关键取决于它是否与环境相适应。当环境发生变化时，它要求企业必须检测环境以应对变化。哈默尔（2000）发现，成功的公司是不受传统规则束缚的规则破坏者和制定者，因为它们善于以新的思维模式进行创造性的变革。巴尼（1991）指出，一个公司的企业文化要变得有价值，它必须使公司能够在其所处环境中利用机会或避开威胁。沙因（1985）通过大量案例研究发现，在企业发展的不同阶段，企业文化再造是推动企业前进的原动力。然而，已经建立起来的文化产生了根深蒂固的影响，文化变革被证明是所有变革中最困难的一部分，一些企业的实践表明，企业文化变革的时间大都在 5 年甚至 10 年以上。由此可见，当新的环境要求人们的价值观和行为方式要随之改变时，文化的稳定性导致其不能随企业环境的变化而变化。因而，作为影响员工基本行为模式的企业文化必须创新。

（2）企业文化的自闭性和开放性。从进化论的观点来看，企业在自己的发展过程中积累起来的各种技巧强化了独特性的竞争优势，并以惯例的形式决定着企业的思维模式。由于惯例决定了人们只搜寻同以前一致的新观念，结果压抑了企业的注意范围，导致成员受到组织中既有认知风格、行为倾向以及决策模式的束缚（纳尔逊和温特，1982）。因此，企业文化在统一了个体价值观的同时，也禁锢了应对环境变化的非常规价值观和行为的产生，抵触来自组织外部的新的思想和行为方式，从而使特定的文化呈现自闭性的特征。

而企业文化的适应性要求它必须处于开放的状态，随时吸收那些优秀的企业文化，在稳定与变革之间寻求平衡。然而，先入为主的偏见限制了新思想的吸收与扩散，导致一种特定文化只能处于暂时的适应状态。研究表明，自闭性文化对组织解决问题的能力具有明显的负效应（贝特，1984）。主要表现在：缺乏奉献精神，抵触各种变革过程；认为组织的问题与自己毫不相干，对自己的责任漠不关心；对于组织中出现的问题以及合作解决这些问题缺乏开诚布公的精神；逃避为解决问题所进行的调查工作；在解决问题的过程中谨小慎微，缺乏决断性和创造性；人为地为变革设置障碍；采取对立立场。最终，对组织的生存构成致命的威胁。

（3）企业文化的维持与创新。文化的刚性与适应之间的矛盾还表现为文化的维持与创新之间的矛盾。当企业文化促进了企业的成功从而被作为竞争优势来源时，学习的经济性会促使组织极力维护与发展这一优势。学习的经济性是指企业在一个产业领域生产经营的时间越长，其对该产业的生产经营知识的积累越多，成本越低，运作效率就越高。学习经济不仅存在于单个的运作领域，也存在于整个组织层面。当公司开发了一种协调的价值观和行为准则使得组织作为一个整体更有效时，维护其惯例便产生了组织学习的经济性。而且，在一定时期内，当企业文化与环境要求相适应时，维持的时间越长，文化的经济性效应就越大。

然而，持续的竞争优势来自不断创新的过程。熊彼特（1936）把创新的产生、衰落和被取代的过程称为创造性毁灭。他指出，任何竞争优势都将经历产生、保持和消亡的过程，创新竞争优势是获得持续竞争优势的一个重要途径。因此，进入 20 世纪，现代企业将使创新“惯例化”（熊彼特，1936）。将创新作为企业的核心价值观，并与管理制度和员工的行为规范融于一体，对系统各要素进行全面的整合，成为企业生存的根本途径。纳尔逊和温特（1982）也认为，组织创新是一种惯例，企业文化必须随企业成长而不断创新，更多时候，企业文化创新实际上需要体现企业行为的前瞻性。

二　企业经营过程中的内部振荡、企业家作用与企业文化创新

1. 企业文化变革的阻力

企业文化一旦形成，无论其优劣，都表现出一种妨碍其自身改变的惰性，尤其是当企业文化需要进行变革时，企业文化的相对稳定性和持久性往往导致文化变革面临相当的阻力，这种阻力其实也是前述企业文化刚性的具体体现。要想使文化变革获得成功，就必须认真地分析在这一过程中企业可能存在的各种阻力来源。企业文化变革的阻力可以从个体和组织两个方面来分析。

（1）来自员工个体的阻力。企业文化变革中个体的阻力来源于人的特性。一是员工的行为习惯。企业文化是由所有成员的习惯累积而成的，而习惯则是人们经过长期的自我观察、自我尝试、自我判断之后所形成的在一定情境下的无意识的重复行为。人们为了应付变革的复杂性和不适应性，往往依赖于习惯化或模式化的反应，这种内在反应机制决定了习惯的根深蒂固。因此，当人们面对文化的变革时，以习惯的方式做出反应的趋向就会成为阻力源。二是经验的局限性。企业成员的行为通常受以前类似事件结果的影响，如果企业有类似变革成功的先例，员工就可能对变革充满信心；否则，从前变革的失败会使员工丧失变革的信心，进而阻碍变革的进行。尤其是企业文化变革的决策者更容易存在这种经验桎梏。长期工作中形成的思维方式制约着企业领导人分析问题的角度，而过去成功的经验更是让管理者趋向于复制成功，甚至把偶然性的成功变为惯常性的行为。这种思维往往形成文化变革的阻力。三是狭隘的本位主义，企业文化的变革往往伴随着企业内部权力的重新调整和资源的重新分配，这势必打破原有文化下长期形成的利益格局和均衡状态，也必然会使一部分人或小团体的既得利益和权力遭遇威胁，进而产生各种不同的抵抗力。

（2）来自企业组织的阻力。企业作为一个组织，并不是个体的简单集合，而更多地表现为一种有机体。因此，当变革发生时，其面临的障碍和阻力也更多地以一种整体性、系统性的方式体现出来。一是组织结构的惯性。企业组织结构内部权力的分配和责任的承担，是企业文化建设的重要途径。对权力与责任的认可与实施，直接影响着一个部门乃至整个企业文化氛围的

形成。企业组织结构具有稳定性和依存性的路径依赖特征，会在文化变革时，发挥维持稳定的反作用，从而加大企业文化变革的成本。二是组织对文化变革的耐力。企业文化变革需要足够的时间，也需要足够的耐力。企业文化变革需要时间、耐心和不懈的努力。正如前述已经提到的，企业要真正实现从旧文化向新企业文化的转变需要 5～10 年的时间。通用电气公司前总裁杰克·韦尔奇实施的企业文化变革工程历经 12 年。IBM 的郭士纳也花费3～5 年的时间，才将旧的文化体系打破，建立起新的 IBM 企业文化。而很多企业的文化变革往往急于求成，总幻想在短时间内迅速实现文化变革的全面成功，其结果往往适得其反。

2. 企业家与企业文化的构建

约翰·科特在其《企业文化与经营业绩》一书里面讲了一个非常有名的观点：每时每刻我们都在与企业文化打交道。这样一个理念提醒我们，对于任何一个企业而言，不存在企业文化的有无问题，存在的是企业文化优劣高下问题。企业总要不同程度地存在企业文化，只不过企业文化构建的目的是要把我们那样一种非自觉的、和我们企业经营发展战略不相协调的文化剔除掉，而代之以有利于企业经营的文化。企业家在企业文化的构建中所扮演的角色就是社会历史发展进程中的“英雄”。美国管理学家彼得斯和沃特曼在《寻求优势》一书中指出：一个真正的领导必须同时是两种截然不同的大师：他是思想的大师，善于把握高度抽象的思维逻辑；又是行动的大师，善于处理最世俗最琐细的事物。作为企业家，在企业文化的培育发展过程中既是倡导者、提炼者、设计者，又是表率者、传播者、更新者，对企业文化的形成从内容到过程都起着主导的作用。

（1）企业家是企业文化建设的倡导者。企业文化作为一种组织文化具有一定的团体性和集成性，而企业文化自发生成的形态是原生态和散乱的，优秀的、有效的企业文化的形成是一个有意识的培育过程。土光敏夫说：“经营者本人必须成为新价值观的倡导者。”企业文化建设依赖于企业家对企业文化的认识水平与重视程度，它源于企业家在企业内部大力倡导企业文化精神，树立共同的价值观，然后通过各种途径加以强化，在发展中进一步修订和完善，最终内化成企业成员的自觉的行为。作为企业家，与一般管理人员不同，他不仅要善于以卓越的指挥和胆识为企业赢得市场，创造物质财富，更为重要的是要将自己的哲学素养、理想信念、经营思想、价值观等融合渗透到企业的各个要素中去，精心塑造倡导一种稳健而健康的企业文化，为企业长期发展提供源源不绝的精神动力。世界著名企业的企业文化，无一不是企业家精心培育的结果。因此，只有企业家首先成为企业文化的倡导者，才能促使一种共识的企业文化演变为员工群体的自觉行为，形成强大的企业凝聚力和竞争力。

（2）企业家是企业文化的提炼者和升华者。企业家不仅是企业文化的倡导者，而且是具体的企业文化的提炼者和升华者。企业家是企业的领袖人物，是具有卓越管理才能的企业精英，他们是企业生存与发展的主导因素，也是企业文化建设的主导因素。企业文化的形成是企业各层次员工共同努力的结果，企业文化建设应反映企业员工全面的、整体的思想建设。而如何提炼、升华企业文化的主旨，是需要作为企业领航人的企业家来实现的。企业家应该采取种种措施把员工多元的文化价值取向整合成企业一元的统一的价值观念。企业的经营思想、方针、目标、企业精神和经营宗旨等都需要企业家提炼、升华广大员工的思想意见来确定，而这些正是企业文化建设的核心部分。这样，企业文化在经过企业家提炼、升华确立形成以后，文化就成为一种无形的力量制约、规范、推动着企业集体的行为。因此，企业家是企业文化建设的提炼者和升华者。

（3）企业家是企业文化的整体设计者。企业家是在对本企业的生产经营特点以及企业文化的历史和现状进行调查、观察、扬弃、提炼的基础上，总结确立自己创办和发展企业的经营哲学、战略目标和价值准则的。企业家为了把自己提炼的思想变为员工的行动，既要充分地走群众路线，又要结合生产、经营和管理，对企业文化建设进行整体的设计。规划设计企业文化完整的内容包括企业价值观、企业精神等，以及如何使这些内容有机地发挥作用。其中包括怎样实施战略目标，开拓企业之路；怎样培育企业精神，铸造企业之魂；怎样树立良好形象，雕塑企业之形；怎样把企业文化、经营管理、思想工作融为一体；怎样通过企业文化建设去启动企业之力，使企业变得更有活力、更有实力、更有魅力等。企业家依据企业的发展进程设计出一个符合企业自身特征的企业文化发展方案直接关系到企业的未来，这是一项继往开来的工作，是一项变杂乱模糊为明确清晰的工作，需要企业家进行抽象的创造性思维。

（4）企业家是企业文化的亲身垂范者。美国劳伦斯·米勒指出："当领导者正式宣告和亲身示范这些价值观时，新企业文化便会浮现。"企业家在提炼、升华、总结、设计企业文化发展方案提出价值理念后，必须将之贯彻到底。企业家在企业中的重要身份，导致他们自身的行为、制定的政策、对工作的投入程度，这些一言一行均成为组织成员学习的榜样，是一种无声的号召，对企业员工的影响巨大。其传达的态度和遵循的价值观念也无不影响着组织的整体态度和行为。企业家在企业文化的管理实施方面以身作则、亲身垂范，对企业文化的传播起到重要的示范作用。通过企业家的言行影响渗透，引导员工的行为、思想趋向，使企业精神和企业价值观达成上下一致。

企业家之所以有这种推动力，是因为企业家拥有两种影响力，这两种影响力对企业文化发展方案的贯彻和企业文化建设的进行具有强大的推动作用。企业家要善于运用由职位因素、传统因素和资历因素构成的权力性影响力，但更主要的是要运用由品格因素、才能因素构成的非权力性影响力来领导员工，全身心地实践自己倡导的价值规范体系，真正做到表里如一、言行统一、亲身垂范，使自己成为职工仿效的行为规范楷模。正如《成功之路》一书所说，企业家是“以身教而不是言教来向职工们直接灌输价值观”的，他们“坚持不懈地把自己的见解身体力行，化为行动，必须做到众所瞩目，尽人皆知才行”，“躬亲实践他想要培植的那些价值观，堂而皇之地诚恳踏实地持之以恒地献身于这些价值观”，这样，“价值观在职工中便可以生根发芽了”。

（5）企业家是企业文化的传播者和强化者。文化的形成过程是一个传递的过程，企业文化建设方案确立后，必须使员工接受和认同，成为他们行动的规范和准则。企业文化建设和企业规章制度的实施有着很大的不同。企业规章制度的推广，通过一些强制的措施和手段一般能收到立竿见影的效果。但是，企业文化推广传播却是一个非常艰难的工作，因为企业文化所要达到的目标是要塑造人心、改变观念，而不仅仅是要规范人的行为。在日常企业经营管理当中，企业家们感到最难的就是企业文化的传播和强化。按照国际上通行的标准，企业文化从开始建设到最后走向成熟，这个周期是6～8年的时间。常言道“十年树木，百年树人”，对员工精神境界、思想观念的塑造是一个非常难的过程。企业家在这一过程中的主导作用就集中体现在传播工作和强化工作上。企业家要通过正式或非正式的沟通传播企业价值与理念，不断强化员工接受、认同企业文化的意向和积极参与企业文化建设的动机。在对内的传播上，一般综合运用象征符号、实物、人体和大众这四种文化媒介。企业家可以通过广播、电视、厂报及各种文件和会议，向职工宣传和阐释以价值观为核心的企业精神和行为规范；也可以通过与企业员工之间的接触、会见、聊天、聚会、游乐等交往活动，通过思想感情的交流和沟通，来逐步培养员工对企业文化的共识；还可以通过创立企业文化礼仪和树立企业文化楷模，抓典型，并通过检查、督促、评比，特别是通过激励、表扬、赞许、承认等方式，做积极的强化工作，使企业价值观逐步内化为员工的内心信念。这样，可以增强传播的感召力。在对外传播上，企业家则常常主要是运用大众传播媒介。大众传播媒介传播速度快，覆盖面积大，信息传播不失真，是现代社会最主要的传播媒介。传播的结果带来的是良好的企业文化风气的形成，这种风气一旦形成，就会作为本企业优化的心理环境，成为一种强大的集体心理定式，与之一致的行为更加频繁地出现，与之不一致的行为被排斥而逐渐消失，使企业文化得以强化与巩固。

3. 企业家与企业文化创新

企业文化是一个动态的存在，僵化的企业文化会阻碍企业的进一步发展。如果说企业家通过传播理念营造企业文化注重的是“立”，那么企业文化的革新则侧重于“破”，企业家必须不断变革企业文化，在文化的稳定性和动态性之间找到一个平衡点。企业文化建设是一个充满矛盾运动的长期过程。企业文化建立起来后，不是凝固不变的。随着时间的推移，企业家要经常对本企业的文化进行反思，看看哪些部分是支撑企业成长的精神支柱，应该更好地继承和发扬，哪些部分已经跟不上时代潮流，不适应新的经营环境，应该加以更新。一般来说，当企业的经营环境发生了根本变化时，当企业管理和经济效益出现危机时，当企业规模扩大，人员增多，原有的管理组织和管理方式已不适应时，企业家便要对企业文化进行更新。这些更新包括对企业文化传统的积累的扬弃，也包括各种文化的选择、冲突和融合，最后达到文化变迁，使企业文化的内容整体产生结构性的变化，产生更符合时代潮流，更有本企业特色，更有生命力的文化新质。既重视企业文化的相对稳定性，又在旧的价值准则失效时果断地进行变革和创新，从而使企业永葆活力，这正是企业家站得高、看得远，能够引导职工走向未来的高明之处。

美国管理大师约翰·科特认为，培育变革的组织文化（包括内在的共享价值观及外显的行为规范）与变革成功呈巨大的正相关性，组织变革的成功与否与组织的变革文化是否适应内外部环境变化有关。自然发展的组织变革文化容易导致不健康的文化，不健康的变革文化会阻碍变革的成功。培育组织变革的文化需要变革领导者长期的努力。

“CCBCC”模式下的组织观念变革，首先从领导联盟的培育开始，有了组织变革的激活因子，观念变革不再成为难事。在激活因子的作用下，组织文化变革和组织的其他变革都在领导联盟的作用下有序实施。培育适应变革的文化是极其复杂的，它伴随组织变革的始终。从组织变革的实践看，培育和建立组织的变革文化可以按照以下步骤进行。

第一，营造组织变革的紧迫感和危机感。组织变革的过程是艰难复杂的过程，变革管理者必须在一开始就营造组织变革的紧迫感和危机感。通过分析组织现状、行业发展情况和不变革导致的严重后果，并采取多种形式进行广泛宣讲沟通，让员工体会变革的重要性，对组织变革有一个正确的认识。第二，建立领导联盟。建立领导联盟的过程是一个持续的过程。对组织变革有清晰的认识，开始只是少数人的事。变革领导者要以自己的感召力培育领导联盟力量，壮大领导联盟队伍。第三，形成组织变革的愿景和战略。通过创建学习型组织，提升组织学习能力，构建组织变革的清晰明确的变革方向和措施，经过自下而上的酝酿研讨，形成组织变革的愿景和战略，引导组织变革发展。第四，传播变革愿景。愿景的形成过程就是愿景宣讲传播的过程。组织的愿景形成后，还要充分发挥领导联盟的作用，通过变革先知先觉者的切身感受向员工现身说法，有组织、有针对性地向员工宣讲，提高组织全体对变革的认识，以期形成共同的思维和行动。第五，组织变革的领导者根据组织变革的步骤，阶段性地授权员工行动。员工在行动中感受到变革的细节，才能更快地认同变革。在组织变革措施的实施过程中，要激发员工潜能，充分授权职工采取变革的行动，围绕变革目标，快速推进组织变革。第六，创造短期成果。看不到变革的成果，变革的热情很容易消失，影响员工对变革的认同和激情。畅通变革信息渠道，让员工第一时间了解变革情况的同时，变革领导者还要把阶段性的变革成果和进展情况及时向员工公布。变革的员工愿意变革是由于“目睹—感受—改变”，而非“分析—思考—改变”的过程。看到的和感受到的永远是最重要的，因此，仅仅凭借数据说服人的理智是不够的，必须能够以生动活泼的方式使人有所感受，才能激发人们变革。第七，巩固成果并推行更多的变革。组织变革的成功有很多因素，员工观念的转变、措施执行到位、组织的扁平化、人力资源改革、变革文化的培育、信息化建设等，都是推进变革成功的重要因素。组织应围绕组织变革愿景推进组织变革目标，巩固变革的阶段性成果。同时，以组建变革团队的方式，组织开展各项变革工作，细化每项工作的过程，关注变革的效果。让各项配套变革为组织核心变革目标的实现提供支持。第八，深植变革新做法于文化中。培育变革文化，将变革中涌现的典型人物和事件给予广泛宣传，让组织变革的成果成为推进下一步变革的动力。通过员工的实践，形成组织共同的思维和行动，进而形成组织共同的价值观。共同的价值观为组织变革提供支持，能加快组织的变革步伐，推进组织变革最终走向成功。

第三节 河南省企业的企业文化现状调查与问题分析

企业文化是企业在长期发展过程中形成的企业员工共有和遵循的价值观、行为准则、经营理念等思想意识，它使得企业内部员工会自觉地据此规范自身的行为，适应企业文化的要求，因此，企业文化之所以会成为企业发展的动力源之一，是因为企业文化可以将企业的经营哲学、价值观等转化为企业全体员工共享的思想意识，从而最大限度地调动他们的积极性和创造性，自觉地为企业发展贡献自身的力量和创造性，它依靠的是员工内心的自我驱动力，而非外在的强制力，因而更具持久力。

一 河南省企业的企业文化现状调查

河南省企业的企业文化现状是什么样的？存在什么问题？这是本部分我们要解决的问题。我们的研究主要通过问卷调查的方式，调查与本书其他部分同时进行，并使用共同的问卷。针对企业文化中与企业发展的直接关联性比较大的方面，本次问卷设计了四个相关问题：①贵单位员工自觉参与企业发展的积极性；②权力距离对员工参与企业发展的影响；③企业对待失败的态度；④企业文化中对个人价值实现和企业发展的态度。下面根据问卷调查的结果，分别对河南省企业文化建设的这四个方面进行分析。

1. 河南省企业员工自觉参与企业发展的积极性

这里仍然通过图形显示问卷调查的结果统计，字母含义为：A. 非常积极；B. 积极；C. 一般；D. 不积极；E. 很不积极。

（1）按照企业注册类型分类比较。图 10－1 的调查结果显示，员工最有积极性参与企业发展，为企业发展出谋划策的比例，私营企业最高，为 22%；其次为股份制企业，比例为 21%。实际上，这两种类型的比例相差不大，国有和集体企业比例不高，为 13%；外资企业最低，样本企业中没有。在具有较高积极性的员工参与企业比例（前两类之和）中，外资企业最高，达到了 80%；其次是股份制企业，为 71%；私营企业为 67%；国有和集体企业最低，为 53%。可以看出，国有和集体企业在调动员工参与企业发展积极性方面存在较大的不足，其他类型的企业则总体做得较好。

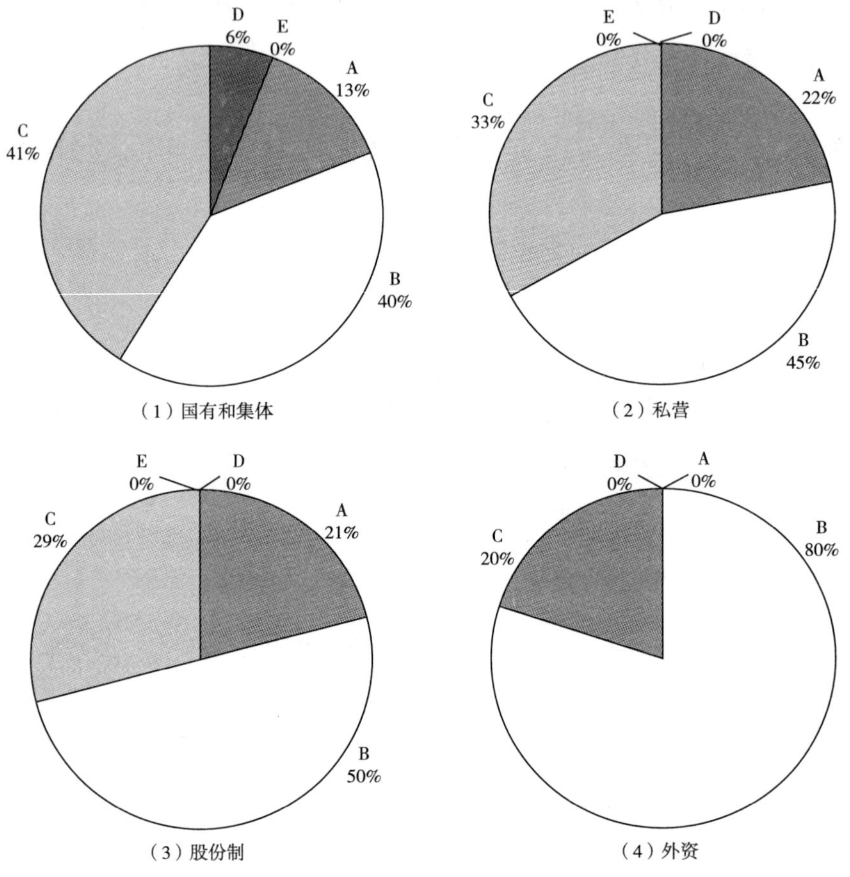

图 10－1　员工参与企业发展的积极性分类比较——企业注册类型

（2）按照企业规模划分比较。图 10－2 的调查数据显示，虽然在员工能积极参与企业发展的企业中，资产规模在 100 万元以下的比例最高，为 22%，但在员工能够较为积极参与企业发展的企业中，资产规模较小的企业比例却相对较低，即 A、B 类的企业比例合计为 44%，与中等企业和较大企业有一定的差距，它们相应的企业比例分别为 63% 和 66%。这说明小企业的员工可能存在两个极端，一些小企业的员工可能流动频繁，缺乏归属感，因而缺乏参与企业发展的积极性；一小部分小企业能够较好地留住员工，或者能够让员工分享企业发展的成果，则员工参与企业发展的积极性非常高。总体上，企业规模越大，员工参与企业发展的程度会越高。

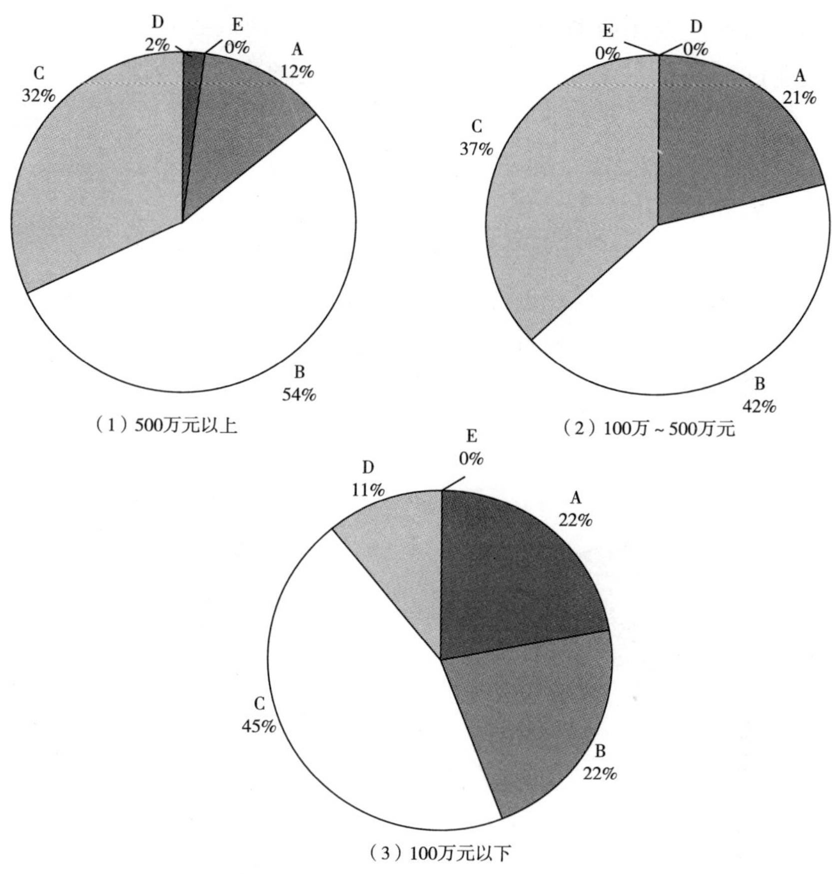

图 10－2　员工参与企业发展的积极性分类比较——企业规模

2. 河南省企业权力距离对员工参与企业发展积极性的影响

图 10－3 和图 10－4 中的字母含义分别为：

A. 任何企业员工都有权参与企业发展，不受权力差距的限制，有贡献者得到很高提升。

B. 大多数企业员工有权参与企业发展，受权力差距的影响不大，有贡献者得到提升。

C. 一部分企业员工有权参与企业发展，权力差距对此有一定影响，有贡献者会有限度提升。

D. 等级森严，参与企业发展虽然得到鼓励，拥有的权力不会因对企业发展的贡献有太大改观。

E. 只有拥有高权力，才有力量推动企业发展。

（1）按照企业注册类型分类比较。图 10－3 的调查数据显示，国有和集体企业员工参与企业发展不受权力距离影响的企业比例最高，为 22%；其次是股份制企业，为 21%；外资企业最低，在样本企业中没有该类企业。但 A、B 类企业比例之和，即权力距离对于员工参与企业发展影响不大的企业比例，国有和集体企业最低，为 41%；外资企业最高，为 80%；私营和股份制企业分别为 58% 和 57%。因此，国有和集体企业中在消除权力距离对调动员工参与企业发展积极性的影响方面，大多数企业做得不够，不如其他类型的企业。当然，虽然总体上私营和股份制企业在调动全体员工参与企业发展方面做得不错，但它们中也还有相当比例的企业做得并不好，更多的是高层关注企业发展，而普通员工积极性不够。

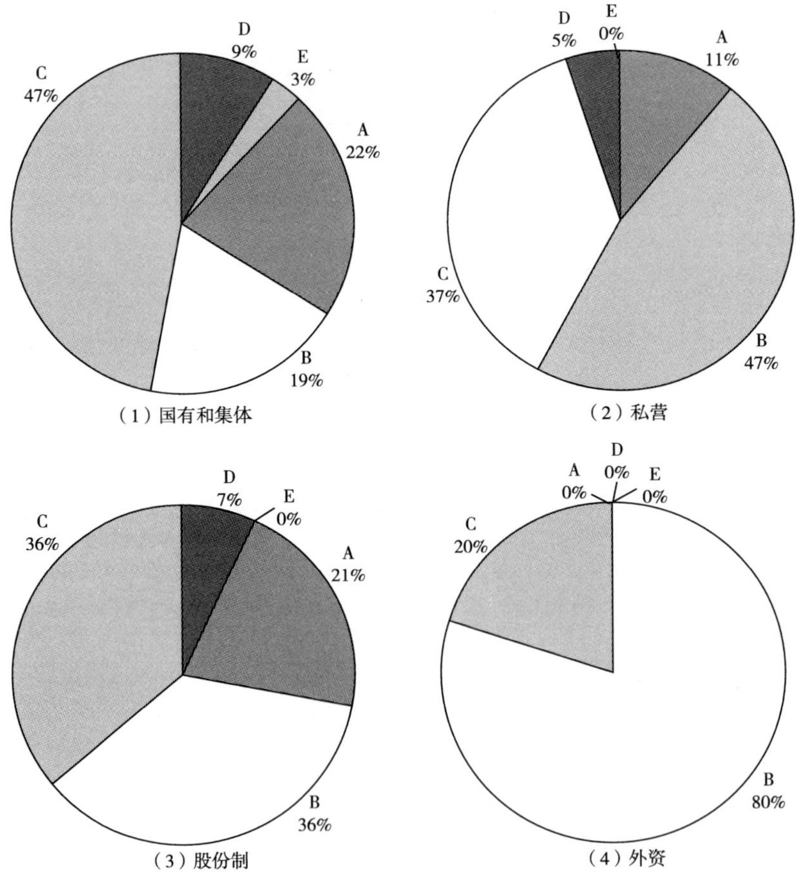

图 10－3　权力距离对员工参与企业发展影响的分类比较——企业注册类型

（2）按照企业规模划分比较。将企业按规模分类后可以看出，资产规模在 100 万元以下的小企业中，权力距离对员工参与度的影响也呈现两个相反的方面：一方面，权力距离对员工参与度没有什么影响的企业比例最高，为 22%；另一方面，总体上权力距离对员工参与度影响较小的企业比例最低，为 44%。资产规模在 100 万 ~500 万元的中等企业这两个比例数字为 16% 和 58%，资产规模在 500 万元以上的企业这个比例为 17% 和 50%。因此，从样本企业看，虽然小规模企业的管理层级少，总的权力距离小于大的企业，但在消除权力距离影响、调动员工参与企业发展积极性方面总体做得不够好，中等规模企业则相对做得更好一些。

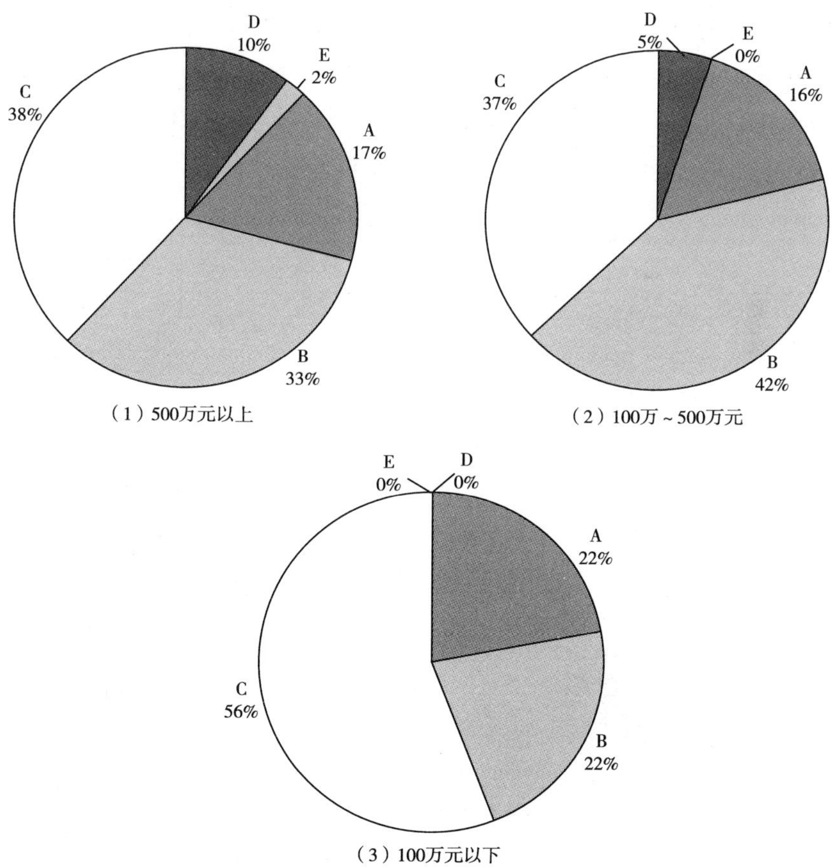

图 10－4　权力距离对员工参与企业发展影响的分类比较——企业规模

3. 企业对待失败的态度

对于该问题，此次调查设计的选项为：

A. 企业容忍和接受有差异的行为，勇于承担风险，能对失败者给予保护和鼓励。

B. 企业能够容忍和接受有差异的行为，愿意承担风险，能容忍失败。

C. 企业只能在一定的程度上容忍和接受有差异的行为，对一些风险采取回避态度，对待失败者不够宽容。

D. 企业不能接受有差异的行为，回避风险，不能宽容地对待失败者。

E. 企业采用各种严厉的规章控制员工的思想和行为，极力回避风险，不许越雷池一步。

（1）按照企业注册类型分类比较。图 10－5 的结果显示，对差异行为和失败最具有容忍度的企业比例，私营和股份制企业最高，达到了 21%；次之是外资企业，为 20%。可以看出，这三类企业在这方面几乎没有差别，国有和集体企业这部分的比例远远低于上述三类企业，该比例仅为 9%。从 A、B 两类看，即总体上对员工的差异行为和失败具有较大的容忍度的企业

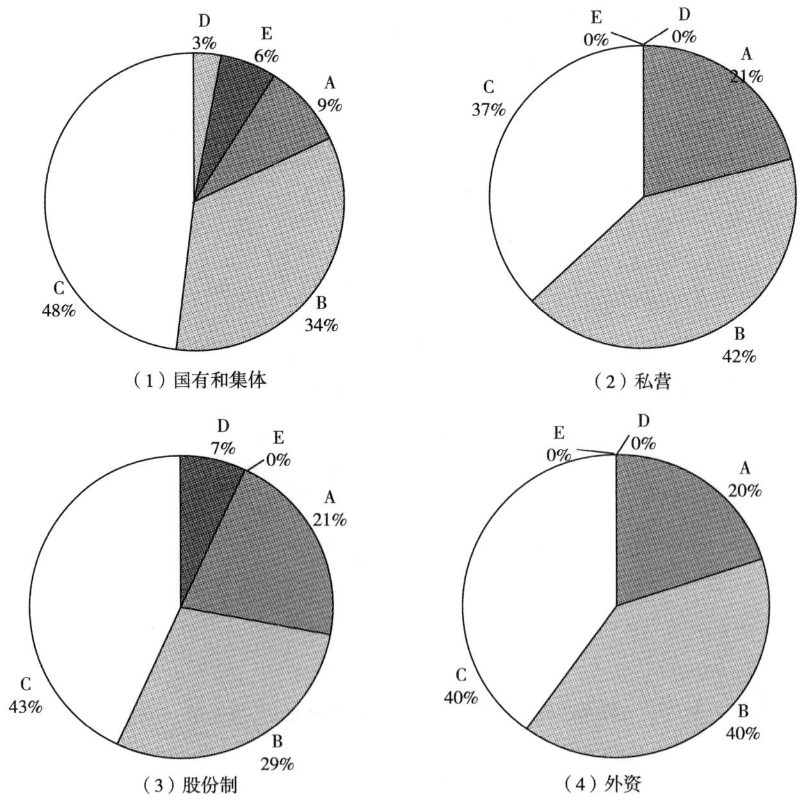

图 10－5　企业对待失败的态度分类对比——企业注册类型

比例，外资企业最高，为60%；其次为私营企业和股份制企业，比例分别为63%和50%；国有和集体企业仍然比例最低，为43%。实际上，企业的创新行为是有着非常高的失败率的，如国外一些管理学者的调查研究结果表明，在产品开发中，从创意产生到最终产品开发出来并定型，其比例仅为2%左右，即从开发的始点创意提出的角度，其成功率是非常低的，绝大多数创意都将无法实现，但是好的产品一定是建立在众多创意基础之上的，容忍失败和差异行为将使得企业员工更愿意为企业发展大胆提出自己的观点，而不会瞻前顾后，这对企业的创新和发展是十分重要的。

（2）按照企业规模划分比较。从企业规模角度考察（见图10－6），资产为100万～500万元中等规模的企业对员工差异行为和失败最具容忍度的企业比例最高，为26%；较大企业和较小企业差别不大，分别为12%和11%。A、B类之和比例最高的仍然是中等规模的企业，比例为63%；较大

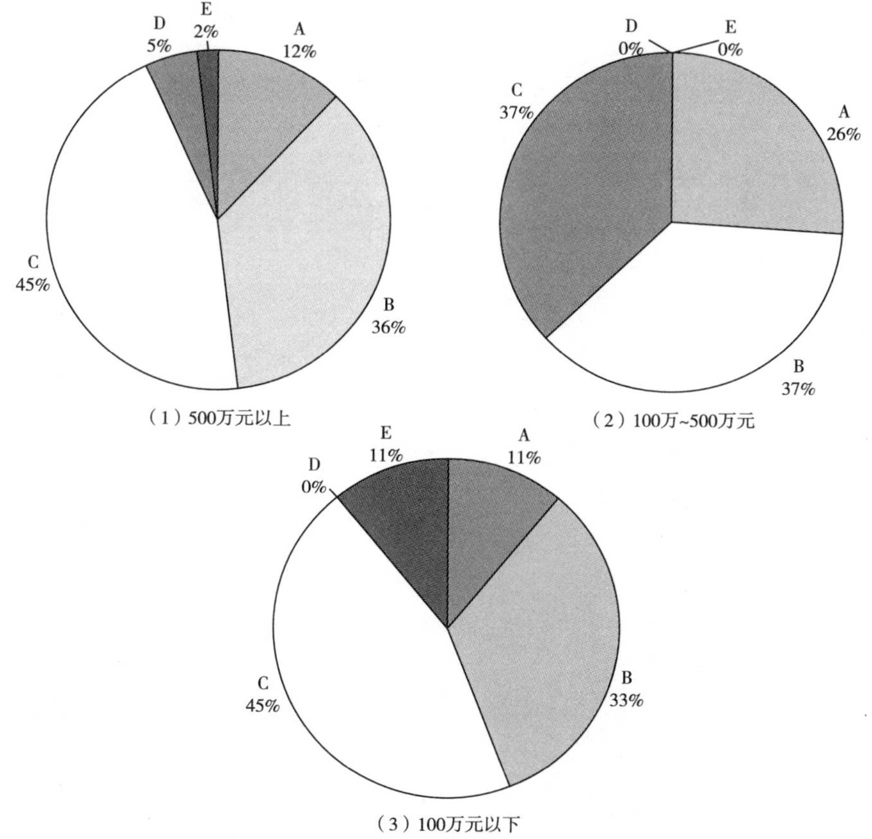

图10－6　企业对待失败的态度分类对比——企业规模

企业比例为48%；资产规模在100万元以下的企业该比例最低，为44%。这说明，大企业和小企业对员工差异行为和失败的容忍度都相对较低，小企业可能是因为失败对于企业发展的冲击较严重，而大企业可能是因为企业的管理层级较多，职位竞争较为激烈的缘故。

4. 企业文化中对个人价值实现与企业发展的关系认识

对于该问题，此次调查设计的选项为：

A. 十分强调自信和个人价值的实现，也十分重视企业的发展，以求个人和企业发展保持一致。

B. 强调自信和个人价值实现，鼓励对企业发展有利的方式。

C. 鼓励自信和个人价值实现，但更注重企业发展。

D. 忽视自信和个人价值实现，强调企业发展。

（1）按照企业注册类型分类比较。根据问卷调查的结果（见图10－7），

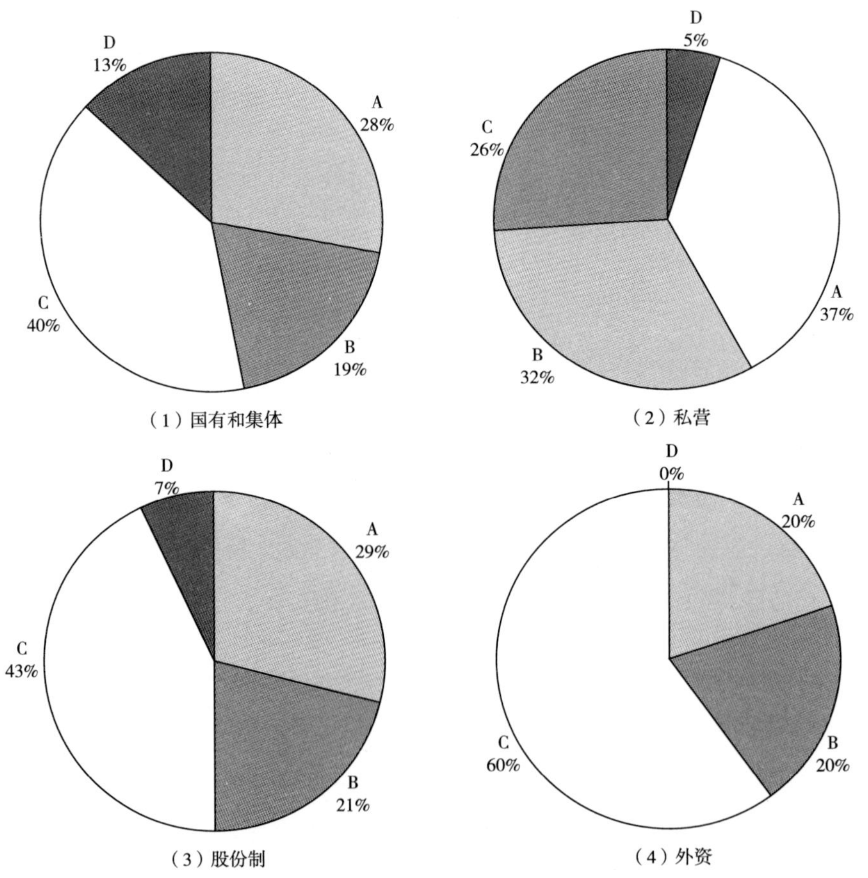

图10－7　个人价值与企业发展的关系分类对比——企业注册类型

十分强调个人价值实现与企业发展的一致性的A类企业比例，私营企业最高，为37%；其次是股份制企业，为29%；国有和集体企业也达到了28%。前两类比例之和，仍然是私营企业最高，为69%；股份制、国有和集体企业则相差不大，分别为50%和47%；外资企业比例最低。这说明，私营企业更注重个人发展与企业发展的匹配，通过搭建良好的个人价值实现平台，给予个人较大的发展空间，使个人能够追求个人价值实现在此基础上，求得企业的良好发展。在此方面，其他类型的企业做得稍差一些，它们更强调企业的优先发展。

（2）按照企业规模划分比较。从企业规模的角度分析（见图10－8），资产规模在100万～500万元的企业中，强调个人价值实现与企业发展匹配的A类企业比例最高，达到了47%；其他规模的企业该比例则较低，资产规模在500万元以上和100万元以下的企业中，该类型企业的比例分别为24%和22%。前两类企业之和的比例，仍然是中等规模企业最高，为68%；

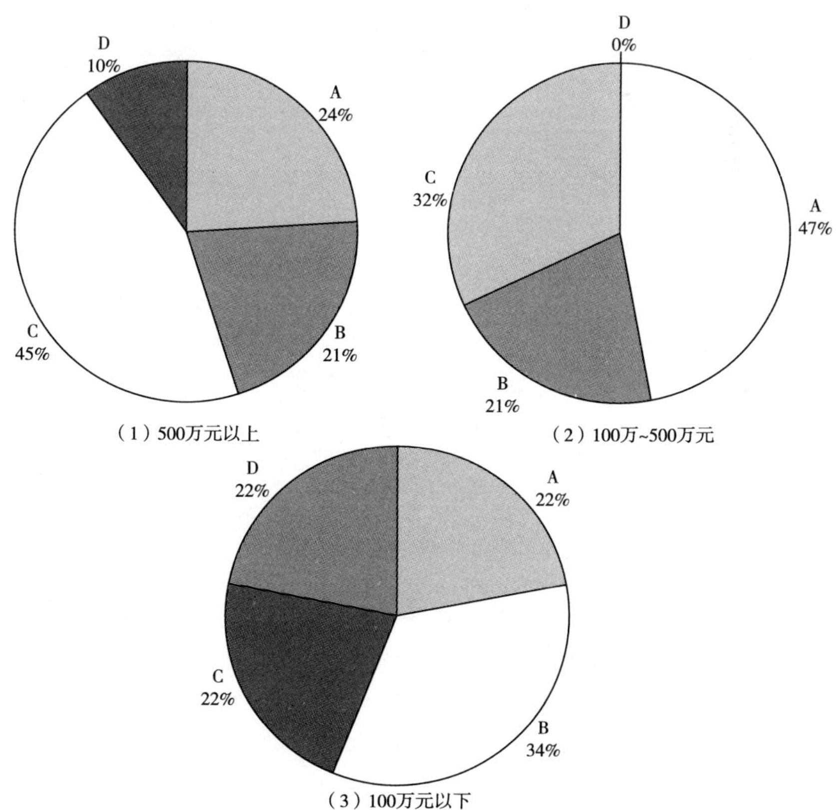

图10－8　个人价值与企业发展的关系分类对比——企业规模

其次是小企业，为56%；大企业为45%。但不太注重个人价值实现的D类企业比例，小企业最高，为22%。总体来说，中等规模的企业中，有更高比例的企业重视个人价值的实现与企业发展的匹配。

二　河南省企业文化建设存在的问题

根据本次问卷调查的统计结果，结合其他相关资料，发现河南省企业在企业文化建设中存在以下问题。

1. 国有和集体企业员工参与企业发展的积极性相对较低

企业文化的重要功能是将企业发展过程中所形成的价值观、行为准则、经营哲学等思想意识转化为企业员工共有的、自觉遵守的行为指南，是企业员工产生有利于企业发展的意识内在驱动力。国有和集体企业员工曾经被誉为企业的主人，但在本次问卷调查中发现（见图10－1），在所有类型的企业中员工参与企业发展的积极性最低，员工能够比较积极地参与企业发展的企业比例远远低于外资企业，也大幅度地低于股份制和私营企业。究其原因，主要是国有和集体企业的企业文化建设缺失。中国的城市改革是从企业开始的，准确地说是从国有和集体企业开始的，改制却走向了另一个极端，即单纯强调物质利益激励而忽视员工思想意识的培养，单纯依赖规章制度而忽视从员工内部激发起他们的主人翁意识，自觉地为企业发展出谋划策。

2. 小企业的企业文化建设力度不够

按照企业规模进行分析，小企业员工参与企业发展的积极性显著弱于大中型企业的员工，这实际上也反映了小企业中企业文化建设的缺失，不能充分地统一企业员工的价值观，员工个体意识较重，缺乏参与企业发展的积极性。同时也说明，大多数小企业经营过程中缺乏科学的管理，更多地依赖个人的经验，因为企业文化的形成实质上也是企业规范其经营行为、科学化其管理的过程。

3. 河南内资企业权力距离过大，影响员工参与企业发展的积极性

调查结果显示（见图10－3），在所有类别的企业中，国有和集体企业权力距离对员工参与企业发展的积极性阻碍最大，在能够使得员工较少顾及职位、权力的差距而积极为企业发展出谋划策方面，外资企业做得最好，在这方面虽然私营和股份制企业要强于国有和集体企业，但是与外资企业相比较，还是存在一定的差距。因此，总体来说，内资企业

在弱化权力及职位差距，充分调动各级、各层员工积极参与企业发展方面做得不够。一般来说，外资企业的管理水平要高于内资企业，因而外资企业在这方面的做法值得内资企业借鉴与学习。这方面的差距反映的仍然是企业文化建设方面的不足，要使得员工不因职位处在低层、权力有限而回避参与企业的管理与决策，那么具有民主氛围的企业文化建设就是必不可少的。

4. 河南内资企业较为缺乏对失败的容忍

从国内外企业成长的经验看，企业在经营发展过程中出现局部的失败是不可避免的事情，如企业产品开发的成功率实际上是非常低的，也就是失败率很高，即使苹果这样已经成长为世界市值最大公司的企业，开发出的市场表现不佳的产品的数量甚至多于较为成功的产品，而苹果之所以能够在近十年快速发展成为世界市值最大的公司，一个重要原因在于对失败的容忍度较高。较高的失败容忍度实质上是鼓励了员工的创新精神，而创新可以被看成企业成长不竭的动力。但在本次调查中，我们发现（见图 10－5）内资企业，特别是国有和集体、股份制企业对待失败的容忍度相对较低，这实际上不利于企业培养鼓励员工创新的企业文化，导致的结果是员工畏惧失败，害怕失败会影响自身在企业中的发展，从而在行为表现上“不求有功、但求无过”，这对于企业的成长实际上非常不利。

5. 河南省企业个人价值与企业发展的结合相对不足

以往的研究表明，过度强调企业的总体利益而忽视企业内部员工的个人价值，对于企业的成长和壮大未必是最佳的途径，以企业整体发展为借口漠视个人价值的实现必然会挫伤员工的积极性。因为大多数个人都希望能够在工作中体现自身存在的价值，企业文化平台在明确企业发展方向的基础上重视个人价值的实现，就能够更好地促进员工的工作积极性，并且这种积极性来源于员工内心的自驱力，具有长久性。员工个人价值的实现过程也是企业成长和发展的过程，使得个人和企业都可以达到一个更高的发展平台，实现员工个人和企业的双赢。但在本次问卷调查中发现，河南省企业在处理个人价值和企业发展关系方面存在不足，调查显示（见图 10－7），国有和集体企业、股份制企业重视个人价值实现的企业比例较低，反映出当前相当部分的河南省企业并不能很好地关注员工个人价值的实现，不能很好地处理个人价值与企业发展的关系。这样的做法表面上似乎确保了企业的整体利益，但实际上，这比起充分调动员工的积极性，使企业在更高发展基础上实现个人价值与企业发展的匹配来说，并非更优的选择。

第四节　中原经济区建设背景下的企业文化创新

实现中原经济区建设目标需要大批具有创新精神并具高成长性的企业涌现。高成长性企业所具有的一个共同特点就是企业具有良好的、积极进取的企业文化。目前，河南省具备高成长性的企业数量较少，还远不能适应中原经济区建设的需要。虽然不能说好的企业文化是造就高成长性企业的决定性因素，因为很多成功企业都是从创业阶段发展起来的，而这个时期企业经营中较少融入企业文化的要素，但是从具有持续发展动力的高成长性企业来看，它们都具有良好的企业文化，实际上，良好的、积极进取的企业文化，正是这种高成长具有持续性的一个关键因素，否则，企业的发展很可能只是昙花一现。因此，要加快中原经济区建设，实现中原经济区的建设目标，河南省企业必须重视企业文化的建设和创新。针对河南省企业当前在企业文化建设中存在的问题，河南省企业必须结合中原经济区建设目标进行企业文化的创新。

一　创新和构建具有特色和个性的企业文化

世界上没有完全相同的两片树叶，也没有任何两个人的个性会完全相同。同样，任何两个企业也不会有完全相同的企业文化。企业文化的这种独特性，是由企业的独特性，即不同企业的使命和愿景不完全相同，建立和发展的过程不完全相同，企业规模和企业成员不同等因素决定的。企业文化的差异性，反映了它对企业本身的路径依赖。如同属日本文化，索尼公司的企业文化强调开拓创新，而尼桑公司的企业文化则强调顾客至上；同属美国文化，惠普公司的企业文化强调对市场和环境的适应性，而 IBM 公司的企业文化则强调尊重人、信任人，善于运用激励手段。这表明，企业文化是在某一文化背景下，综合考虑企业发展阶段、发展目标、经营策略、企业内外环境的独特的文化管理模式。企业文化的形式可以是标准化的，但其价值内涵和基本假设各不相同，而且企业文化的形态和强度也都不相同，正因如此才构成了企业文化的个性化特色。

优秀的企业文化必须是基于个性的，企业文化的本质就是个性，个性是企业文化的生命。企业文化只有具备自身的特色和个性，才会给资源配置以导向，才会因难以模仿而具有竞争力。如果企业间的文化呈现趋同性，企业就难以获得竞争优势。

企业文化的个性通常包括两个层面的含义：一个是管理者精神个性，即企业领导者的理想、追求和智慧；另一个是组织个性，即企业独特的管理理念、制度和行为方式等，这两种个性就构成了企业文化的整体个性。通常，管理者的精神个性与组织个性是有机融合的。管理者的精神个性，往往是指创业者的精神个性，如万科与王石、海尔与张瑞敏、松下与松下幸之助、惠普与休利特等。

二　创新和构建价值性文化，为企业的利益相关者创造价值

企业作为追求利润、提供满足人们需要的合作组织，其目的就在于通过协调组织内外的各种利益关系，实现组织内外各要素之间的平衡，并以一定的投入得到较大的回报，创造企业得以生存和发展的条件，所以，对待利益相关者的态度和行为就构成了一个企业文化的价值体系。

利益相关者是指受企业经营活动影响或影响企业经营活动的自然人或社会团体，根据与企业管理的相关程度，可划分为客户、员工、股东、社会（社区、政府）四个主要群体。企业的利益相关者各自的价值取向并不相同，客户（顾客）希望得到质优价廉的产品和优秀的服务；员工希望拥有良好的工作和生活条件，并能实现自我价值；股东希望自己的投资得到丰厚的回报；社会则希望企业积极履行社会责任。这些不同侧重的取向和愿望与企业管理者所倡导和主导的企业文化价值观也不完全相同，这就要求企业构建一种价值性文化，使利益相关者的利益在企业家的价值观体系中得到应有的重视。

前述的问卷调查显示，河南省企业特别是公有制企业员工参与企业发展的积极性不足，以及员工个人价值与企业发展结合不足，实质上显示出企业文化中的价值取向缺乏对利益相关者的包容性。因此，企业文化要尽可能地包容和体现各利益相关者与企业管理者的价值取向，而不是仅仅局限于管理者自身的价值倾向。这种兼容性很强的企业文化要随着企业家个人利益偏好与利益相关者偏好的接近融合而形成更持久和长远的价值体系。其实，从另一个角度来看，企业家价值观体系的扩展过程实际上是个人文化资本的增长和积累的过程。这种文化资本不仅十分稀缺，而且决定着企业对管理制度、经营方式、客户、员工、资金等采取何种态度，是原生性的企业成长要素。

三　容忍失败，形成企业的创新文化，推动企业持续创新

河南省企业缺乏对于失败的容忍度，实际上反映出企业缺乏创新性的企业文化，因为虽然创新成功的收益尽人皆知，但创新行为的成功率并不高，企业要面对大量的创新失败。因此，构建创新性企业文化对于企业的创新与发展至关重要。企业要构建创新文化，需要做好以下几个方面的工作。

一是确立和倡导创新价值观。企业文化的核心是价值观，企业形成创新文化必须以创新价值观为引领。创新价值观就是企业在创新过程中所倡导的观念，它向所有员工表明了一种共同的创新意识，也为员工日常的创新行为提供了指导方针。许多优秀企业把创新和变革作为核心价值观。美国第二大办公家具设计和销售公司赫尔曼·米勒（Herman Miller）公司把“号召员工通过设计和创新来应对面临的挑战”作为核心价值观之一（内夫等，2001）。有学者研究指出，组织内促进创新的价值观是：公司对于实验的鼓励；激发创造性；关键在于思想的质量，而不是思想提出者的权威性；创新者可以得到公司的支持和奖励（Claver et al.，1996）。

二是营造浓厚的创新氛围。人们和周围的环境是相互影响、相互塑造的。只有理解和感知这种环境，才可以引导企业机制。而对这种感知进行定义的实践和程序就被认为是氛围。氛围在某种意义上是文化的一种反映，表现为更深层次的操作，可以从组织的政策和实践观察和感受到。因此，要想在竞争中靠创新取胜，就需要刻意营造一种创新的氛围。在这种文化氛围的企业中，应体现出鲜明的特点：拥有不断进取和不断创新的理念；建立多元回馈和开放的学习系统；提倡对现状的挑战与质疑；激发最基层创新单元（团队、项目小组、员工）自主自发的创新意愿，培育和形成员工的创新思维和创新习惯等。

三是形成创新的激励机制。激励是企业员工创新的主要动力，同时也是对员工创新价值的一种认可。创新激励机制需要把奖励创新的内容制度化、规范性、程序化，主要体现在物质激励和精神激励两个方面。这两个方面是相互支持、相互补充的，企业应根据实际情况和员工的不同个性，考虑使用哪一种激励为主。物质激励主要是满足员工的基本生活需求，提高生活质量和生活水平。精神激励主要是满足员工对自我价值的实现和成就感的追求，同时，也可为员工带来荣誉和工作自豪感，以及更高的工作热情。

四　形成企业的学习型文化，打造学习型组织

形成学习型企业文化，实质上就是倡导企业文化的不断创新，因为企业文化不是一成不变的，良好的企业文化的生命力就在于它所包含的内容不断更新，以跟上环境的变化。构建学习型文化，需要做好以下几点。

一是鼓励个人进行学习，满足员工不断学习的需要。彼得·圣吉认为，只有通过个人学习，组织才能学习。所谓个体学习就是成员个人完全自觉的，不依赖个体所处组织、群体的帮助而进行的学习活动。个体学习存量代表着学习从受教育领域向组织领域的最根本转变。个人在工作中形成的知识和能力往往与特定的工作情境密切相关，因此需要组织的激励及指引。个人所能做的（个体能力），想做的（所受激励），需要做的（组织指引）这三个方面的综合平衡可以有效地提升个体层面的学习（Watkins and Marsick，1993）。由此可见，企业应当营造促使个人自觉学习的环境，让员工克服学习的障碍。

二是培养团队精神，倡导团队学习。企业内部的工作团队是从工作小组中演变而来的，在现代企业组织中，工作团队扮演着越来越重要的角色。学习型企业的本质特征应当是全员学习。建立在共同愿景基础上的团队学习是一种高层次的学习，能够把学习型个体组织起来，进行系统思考，使成员在同一目标下形成学习和知识创造的共享意识。企业要倡导团队学习，就要建立适合学习型团队的管理机制，采取灵活机动的管理方式，实行弹性的管理模式。同时，引导建立自发管理团队，使团队成员具有明确的共同目标、高效的内部沟通、相互协同配合，以发挥更大的积极效应。

三是明确领导者的角色定位。企业领导在学习型文化的构建中，要具备三种角色定位：一是企业学习的设计师；二是企业学习的教练；三是实现组织愿景的仆人。第一个角色要求企业领导不仅要通过战略规划设计组织的结构、政策，更重要的是设计组织的理念、设计学习的过程。在学习型文化创建过程中，企业领导的第二个角色是重在引导观念，引导员工对组织发展和运作的思考，启迪人们对重大问题的思考、设想。同时，应伴随企业决策中心的下移，重视、尊重、信任员工，真正让员工参与到决策过程中来，指导和协助员工共同决策。第三个角色要求企业领导成为实现企业愿景的仆人，这是领导角色中最奇妙的角色，也是学习型文化中领导最本质的态度。领导的仆人角色表现在对实现愿景的使命感和责任感，表

现为创建学习型文化过程中的协调和服务以及努力为员工全力工作和学习创造条件。

第五节　本章小结

企业文化是企业在长期发展过程中形成的企业员工共有和遵循的价值观、行为准则、经营理念等思想意识。企业文化在企业的成长过程中能够起到重要的作用，实践经验证明，世界500强企业成功的一个主要原因就是拥有独特的优秀企业文化。企业文化能够促进企业的成长，这主要表现为：一是通过使命、愿景和核心价值观的建立，更可能抵制住某些诱惑而能将资源集中到熟悉领域，更能发挥企业优势，提高企业效率；二是通过企业文化可以解决组织中存在的根本性问题，提高组织效率；三是通过强化员工的文化兼容性使适合组织的人工作得更快乐，而不适合这种组织文化的人则觉得痛苦，因而可以让合适的人留在合适的组织里提升组织绩效。但由于企业发展过程中的思维定式和价值观念上存在着惯性，企业文化容易表现出刚性特征，而事物的发展并非一成不变，因此，企业文化的这种刚性在变化了的环境下可能成为企业发展的障碍。为了克服企业文化的这种刚性，促进企业的持续成长，企业文化创新就成为不可避免的事情。实现中原经济区建设目标需要大批具有创新精神、具高成长性的企业涌现，而高成长性企业所具有的一个共同特点就是企业具有良好的、积极进取的企业文化。目前，河南省具备高成长性的企业数量较少，还远不能适应中原经济区建设的需要。虽然不能说好的企业文化是造就高成长性企业的决定性因素，因为很多成功企业都是从创业阶段发展起来的，而这个时期企业经营中较少融入企业文化的要素，但是从具有持续发展动力的高成长性企业来看，它们都具有良好的企业文化，实际上，良好的、积极进取的企业文化，正是这种高成长具有持续性的一个关键因素，否则，企业的发展很可能只是昙花一现。河南省企业在企业文化建设方面存在许多问题，根据问卷调查结果，河南省企业主要存在以下问题：①国有和集体企业员工参与企业发展的积极性相对较低；②小企业的企业文化建设力度不够；③河南内资企业权力距离过大，影响员工参与企业发展的积极性；④河南内资企业较为缺乏对失败的容忍度；⑤河南省企业个人价值与企业发展的结合相对不足。因此，针对河南省企业当前在企业文化建设中存在的问题，必须结合中原经济区建设目标进行企业文化的创新：

①创新和构建具有特色和个性的企业文化；②创新和构建价值性文化，为企业的利益相关者创造价值；③容忍失败，形成企业的创新文化，推动企业持续创新；④形成企业的学习型文化，打造学习型组织。

参考文献

[1] 周毅：《管理者决策模式的跨文化比较》，《商业时代》2006 年第 36 期。

[2] 陈洪玮：《人际互动网络结构分析企业文化传播研究新视角》，《中国人力资源开发》2008 年第 8 期。

[3] 李建升：《企业社会责任和企业财务绩效关系：争议与统一》，《重庆大学学报》2010 年第 6 期。

[4] 林竹盛：《应用“文化链”理论进行企业变革对企业价值增长影响作用分析》，《科学学与科学技术管理》2009 年第 10 期。

[5] 孙宇伟：《管理理论视野下的企业家与企业文化相关性分析》，《大庆社会科学》2008 年第 3 期。

[6] 杨月坤：《论企业家与企业文化的内在统一》，《改革与战略》2010 年第 3 期。

第十一章
能力动力与企业核心竞争能力构建机制

企业成长不可能永远只是像过去那样在更大规模上生产一种产品这样一个简单的问题。成长包括创新、改变营销技术、变革生产和管理组织。

——彭罗斯（Penrose，1959）

第一节　组织能力与企业成长

自20世纪90年代以来，越来越多的学者（Barney，1991；Prahalad & Hamel，1990；Teece et al.，1997）和企业家认为，工业企业的竞争力取决于组织能力。

一　组织能力驱动企业成长

公司的资源基础观（resource-based view）认为，企业内部的资源和能力是竞争优势的来源，能力可以被视为组织使用资源创造满足客户需求的产品和服务的能力。不同的企业的资源和能力是不同的、有差异的，正是这种差异性导致了企业的竞争优势。

钱德勒（Chandler，2005）认为，工业企业的竞争力取决于学习组织能力……能力是与产品相关的技术应用和市场服务。此外，这些与产品相关的能力被学习并体现在某种组织化的背景中。大企业在产业研究中扮演着关键角色，不仅作为以信息流为基础实现交易的一个单位个体，更重要的是作为植入组织知识的相关产品的一个创造者和储藏库……组织学习的过程首先是建立一个充满活力的赢利企业，通过基于三种知识类型创造组织能力从而实现这一过程。这三种知识类型是：技术、职能和管理。

彭罗斯（Penrose，1959）认为，在企业利用其自身资源寻求更大赢利方式的过程中，管理经验的增长，对企业的其他资源以及通过不同方式使用这些资源潜力的认识水平的提高，都将为企业创造出进一步扩张的动力。彭罗斯强调了知识对企业成长的重要意义，认为“一个有目标的企业中，成长实质是一个演化的过程并以集体知识的积累成长为基础”。

普拉哈拉德和海默（Prahalad & Hamel，1990）提出了核心能力（core competence）的概念，认为日本企业能够自 20 世纪 80 年代中期以来赶超欧美企业的原因在于：NEC、佳能、本田、索尼这样的公司注重培养核心能力，并在核心能力的基础上衍生出核心产品和多种业务，从而抓住了无限的机会。而欧美企业，如美国通用电子（GTE），将公司所拥有的多个业务看成独立的，没有看到其背后所共享的核心能力，因此，对业务处置时，如重组、卖掉、合资等，失去了核心能力。

Teece 等人（1997，2007）认为，动态能力是企业在动态变化的外部环境中获得竞争优势的关键基础。而动态能力的微观基础包括特有的技能、过程、程序、组织结构、决策规则和原则。

基于本书的研究目的，本章沿用了钱德勒（Chandler，1990；2005）对组织能力的分类，来研究河南企业的组织能力构建和提升。

二　技术能力

钱德勒（Chandler，1990；2005）认为，能力是与产品相关的技术应用和市场服务。此外，这些与产品相关的能力被学习并体现在某种组织化的背景中，个体来去无常，而组织岿然不动。

技术能力（technical capabilities）是学习的产物，而学习是应用已有的和新的科学、工程知识创造新的技术，并且新产品和新方法从中能够被商品化的过程。技术能力以知识为基础，是在研究与开发（R&D）中满足研究（R）所需要的能力。

在一个企业中，研究职能通常是由类似于企业技术中心、企业研究院等职能部门承担的，在本书后面的论述中，将会探讨一种假设，即中国企业

（当然也包括河南的企业）在与技术能力相关的职能方面配置不足和投入不足是其研究能力欠缺的主要原因，这将限制其进行有效的扩张。

三　功能能力

钱德勒（Chandler，1990；2005）认为，功能能力（functional capabilities）以产品为导向，涉及下面的几种组织能力。

1. 开发能力

通过学习商品化，在国内和国际市场上出售某种新产品或者某种新的技术或已有技术所需要的、与产品相关的专门技术而创造了这些能力。这些能力表现为研究与开发中的开发（D）。

2. 生产能力

在学习如何为新产品建造和操作大规模的生产设备，如何招募、培训和管理有效操作这些设备所必需的劳动力的过程中，而形成了这些能力。类似但重要性弱一些的一组能力是生产所需原材料的批量采购。

3. 营销和分配能力

通过对产品的消费者和市场性质的学习，建立到达消费者和市场的全面的广告、销售和分配体系，而获得了这些能力。

四　管理能力

基于管理知识和经验的管理能力（managerial capabilities）作为第三组组织能力，是创造和支撑一个营利性企业的活力所必需的。人们学会这些能力来操作运营单位的活动、整合这些单位的活动和协调从原材料供应商（经过生产和分配过程）到达零售商和最终消费者手中的货物流。成功维持企业长期健康和增长最本质的要点是最高管理层（top management）的学习能力。这些企业经理们监督运营单位的绩效，做出配置人力资源和金融资源的重大决策，这些都决定了企业的命运，还常常决定了企业运行于其中的整个国家产业的命运（Chandler，1990；2005）。

第二节　组织能力构建机制

钱德勒（Chandler，1990；2005）对组织能力的认识均可以与相应的企业职能联系起来，在一个组织结构中，研发部门、生产部门、营销部门和采购部门分别对应了其技术能力和职能能力，管理能力则可被视为与高层管理者相对应。

钱德勒（Chandler，1990；2005）认为，一旦新企业的竞争力被证实，它所建立起来的综合组织能力就成为现有产品和过程、开发新产品的学习基础（learning bases），以响应技术知识和市场的变化，以及对包括战争和萧条在内的宏观经济形势做出反应。在产业演进的过程中，会逐渐地诞生行业的第一推动者（first movers），第一推动者和迅速跟进的公司成为行业的核心公司（core companies）。

一旦这些核心公司建立起一个充满活力的国家产业，有进取心的新启动者就很少能够进入了。对核心公司而言的竞争者，不是其他产业的国外核心公司，就是其他产业的国内核心公司。第一推动者不可能仅靠自身就创造出一个产业，必须与其他支持性企业发展紧密关系，如拥有资本设备和材料的供应商、研究专家、经销商、广告商以及金融、技术和其他服务的提供者。核心公司的需求导致一个相互连接和补充的企业支持纽带（supporting nexus）的出现。这个纽带可能把小型、中型甚至大型企业容纳在广泛变化的产品和服务支持链上（Chandler，1990；2005）。

因此，国家产业的竞争力取决于核心企业功能有效运转的能力和增强其综合学习基础的能力。一个产业一旦被建立起来，就会有强大的动力推动其持续学习（Chandler，1990；2005）。

钱德勒（Chandler，1990；2005）研究欧美产业史演进的基本框架对于分析其他国家和地区的产业演变具有重要的借鉴意义。同样，企业本身可以依赖此框架对其所处产业的演变进行预见，并选择恰当的战略定位和能力构建。

第三节　中原经济区背景下河南企业能力构建

2011 年，以河南省为核心的中原经济区得到了国务院的批复，尽管其来得比较晚，但是，对于河南企业和经济的发展具有重要的意义，为这一区域内的企业能力构建带来了新的机遇和挑战。

一　企业的基本分类

中原经济区的企业主要指在河南这一地理区域进行经营活动的企业，本章从两个维度对这些企业进行划分——总部所在地和经营活动的地理范围。总部所在地从三个方面进行区分：河南企业、国内其他区域企业、外资企业；经营活动的地理范围从三个方面进行区分：河南、国内、国际。按照这一分类可将企业分为表 11 －1 的几种类型。

表 11 －1　中原经济区的企业分类

经营地理范围＼总部	河南企业	国内其他区域企业	外资企业
河南	A	C	C
国内	B	D	D
国际	B	D	D

在表 11 －1 中，将中原经济区的企业分为四大类：A 类，总部在河南，主要经营活动也在河南的企业；B 类，总部在河南，经营活动已经延伸至国内及国际范围的企业；C 类，总部不在河南但将河南作为一个区域地理市场的企业，包括国内其他地域的企业及外资企业，在河南开展不同类型的经营活动；D 类企业，与中原经济区基本上没有什么关系。

本章主要研究 A、B、C 三类企业的能力状况和构建。

二　中原经济区企业面临的机遇与挑战

在中国 30 多个省、市、区中，河南是极为普通的一个。地处中原，是传统的农业大省，经济发展的基础相对落后，在国际产业转移和东南沿海地区的产业转移格局下，在工业经济中，中原经济区的企业毫无疑问地处于弱势地位。

但是，在全球产业格局中，曾经落后的地区有很多实现了超越，如日本、韩国在很多产业上超越了欧美，新加坡以及中国香港、深圳等地区快速发展的势头仍在继续。像北欧的一些国家，如丹麦、爱尔兰等，也是传统的农业国，但是在新的经济格局中，仍然实现了超越，人均 GDP 位居世界前列。

对于中原经济区的企业而言，认识到当前的机会和挑战，尤其是新的经济现实，对于实现新的超越和成长还是很有意义的。

如图 11 －1、图 11 －2、图 11 －3 所示，2010 年河南省的 GDP 总量约占全国的 6%，GDP 增速处于中间水平，而进出口贸易总额很小，出口贸易额仅占全国的 0.7%，远低于北京、上海、浙江、江苏、山东、广东、福建等省市。

就中国在世界经济格局中的定位而言，目前仍是“制造大国”，因此，相对于 GDP 这一指标，进出口贸易总额更能够代表一个省份的经济活力和竞争力。

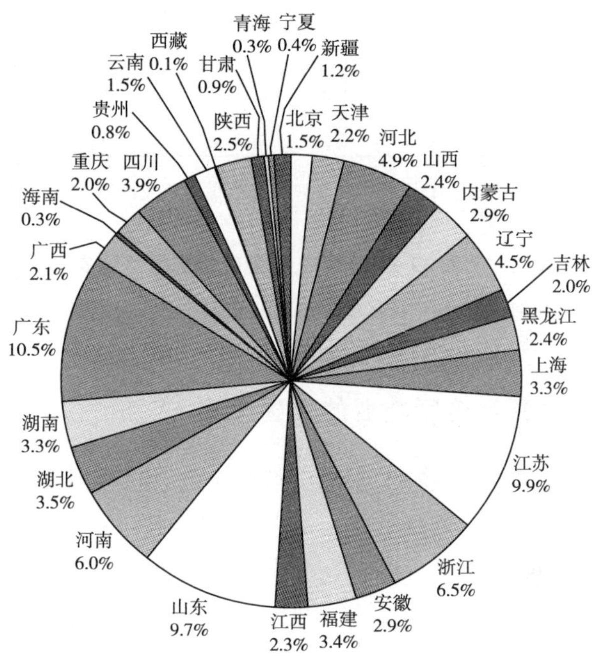

图 11－1 2010 年各省份 GDP 比较

资料来源：《河南统计年鉴 2011》。

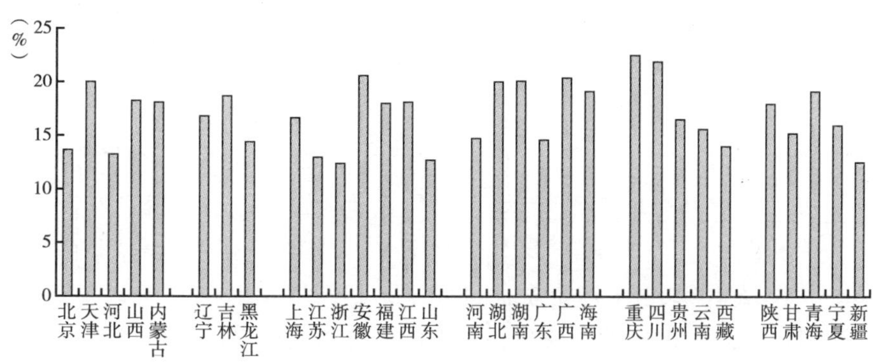

图 11－2 2010 年各省份 GDP 增速比较

资料来源：《河南统计年鉴 2011》。

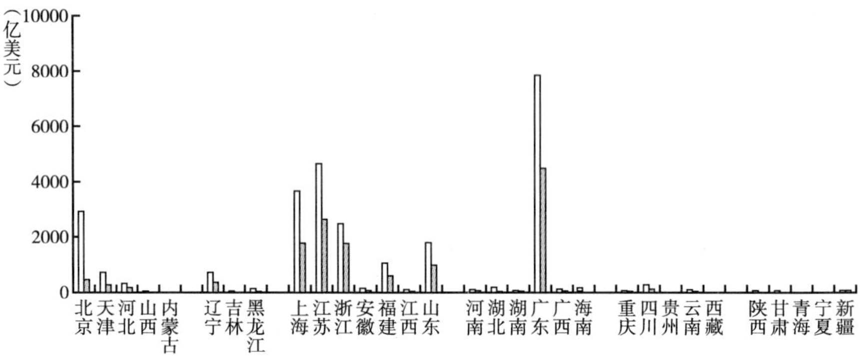

图 11－3　2010 年各省份进出口贸易情况对比

资料来源：《河南统计年鉴 2011》。

三　中原经济区企业的中国元素

以河南省为核心的中原经济区的企业，尽管具备一定的区域特色，但更多的是秉承了中国企业的特征。

作为全球最具活力的经济增长实体，近 20 年来，中国经济发展成绩斐然。至 2007 年，世界 500 强企业已有 480 户落户中国，超过 30 家企业已在中国建立区域总部，超过 53% 的跨国企业认为中国市场对跨国企业的全球发展有着战略意义。与此同时，中国企业开始在更广阔的世界舞台上发挥越来越重要的作用。展望未来，中国经济将维持至少 30 年高速发展的潜力。研究预测，至 2020 年中国将超过美国，成为头号世界工厂制造强国。2050 年，中国 GDP 将超过美国，成为世界头号经济体（IBM 中国商业价值研究院，2008）。

中国经济的蓬勃发展为中国企业提供了千载难逢的机会。在过去的 20 年中，中国企业充分利用较低的劳动力成本、对本土市场的了解以及政府的大力支持，在本土消费市场日益壮大和消费能力日益提高的过程中，实现了企业利润的超速增长（IBM 中国商业价值研究院，2008）。如图 11－4 和图 11－5 所示，2005～2009 年，中国工业企业利润保持较高增速，即使是 2008 年全球金融危机以来，利润增长也在 10% 以上。

然而，资源与市场的全球化，对中国传统的低成本优势造成了极大的挑战。中国工人的薪水要明显高于印度同行。东欧国家加入欧盟，作为进入欧洲市场的有利跳板，占据海关、物流等多重优势的东欧国家，也成为跨国企业投资的热点。2004 年以来，越来越多的欧美跨国企业开始调整投资布局，

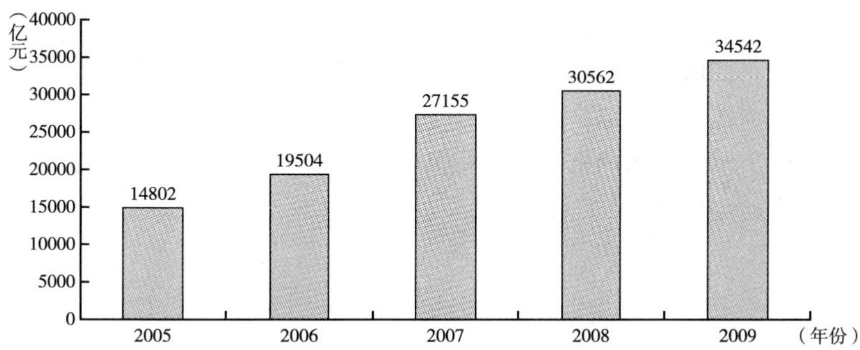

图 11－4　2005～2009 年中国工业企业利润总额

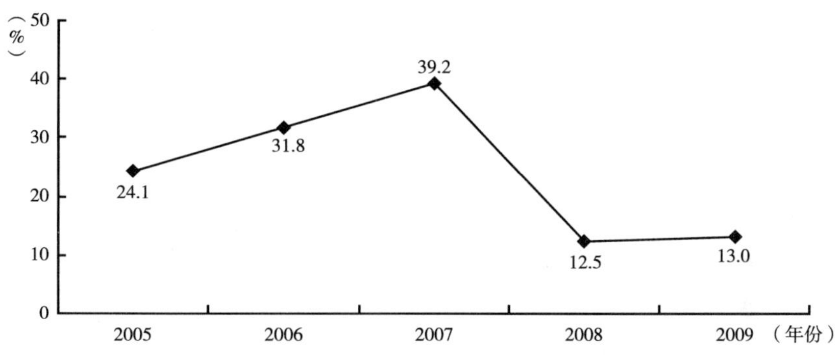

图 11－5　2005～2009 年中国工业企业利润总额增长率

在中国以外地区建造制造业基地。与此同时，消费者需求在不断提高，各国消费者对产品质量、安全性、环境影响以及社会责任的关注度进一步提高。不断加剧的国际竞争及由此引发的并购浪潮，加上政府宏观政策的影响，将推动企业及行业整合的进一步加强（IBM 中国商业价值研究院，2008）。

面对低成本优势的逐步丧失，在日益激烈的国际竞争和消费者对质量、安全、环保的更高要求下，如何顺利实现产业升级、技术升级、管理升级成为中国企业的当务之急。

中国企业所面临的机遇和挑战，在很大程度上也是中原经济区企业所面临的。

四　新的机遇与总体战略

在孙久文（2011）所作的《2012 年中国经济与区域发展趋势研究》报

告中提到，“由于80%的省区的区域规划都已经批复，2012年新的大范围的区域规划的制定已不大可能了（今年最后一个是河南的中原经济区）”。这表明，就全国而言，类似中原经济区这样的区域发展规划几乎每个省份都有涉及，并且中原经济区的批复是比较晚的，这也表明中原经济区在国内省域区域经济中的地位较低。

在《国务院关于支持河南省加快建设中原经济区的指导意见》中，奠定了中原经济区在全国改革发展大局中所具有的中原战略地位，一系列专家对河南“新兴工业化”进行了阐述。

喻新安认为，从现在的经济发展潮流和趋势来看，信息经济、网络经济的到来，这些全新的理念和新技术的出现改变了过去的经济增长方式和经济形态，现在的工业更加依赖信息、研发、配套服务包括环境，对教育、金融等生产性服务业的依存性大大增强。河南现在工业体系已基本建立，但是高科技、高技术含量的产业还比较弱，就是工业结构比较重，到了一个进行结构转型的关口。

张占仓认为，目前河南省工业的绝对量已经排全国第五位，但作为后发地区，主导产业竞争力不强、技术水平低和过于依赖能源原材料行业的状况突出是河南工业发展的主要特征。

河南在全国产量排名靠前的工业产品主要是煤、铝、水泥等初级产品，汽车、集成电路、电脑、手机、空调、冰箱等高端工业品产量排名均比较靠后。也就是说，中低端产业占比很大，需要发展更多的高端产业。要发展战略性新兴产业，包括新能源、新能源汽车、新材料、新型信息产业和高端装备制造业，这些无疑要成为河南投资选择的重点。

王永苏认为，过去很多年来我们都在讲产业升级，但一直升不起来，主要是产业不集中、分散，不能形成产业集群，成本很高，效率效益很低。我们把工业化、城镇化结合起来之后，搞特色产业基地，再发展大了就成了产业集群。

上述专家对河南省企业所面临的机遇进行了很好的总结，信息经济、网络经济时代，给予河南省企业以新的机遇。河南也具有明显的劣势，工业基础落后，高端产业缺乏，产业集聚效应不明显。

但是，河南的未来不应仅仅是过去的延续，更不应该是从线性的视角出发，被看成东南沿海省份或地区的跟随者。我们必须看到，世界发达经济区域的崛起都具有跨越的特征。瑞典、芬兰等都是传统的农业国，目前因为重视教育和信息技术而成为世界领先的经济发展区域，经济繁荣，人民富裕。

马来西亚、新加坡也都是很好的例子，中国的大连也是如此，它们的发展都不是线性的，河南省甚至河南的某些区域也必须实现跳跃式的发展，逐步地发展基于创新的、具有国际竞争力的企业和产业，这些产业可以不依赖于传统的产业或自然资源。

基于国际化视野和跳跃式发展的思路，河南经济将与全国乃至全球经济更紧密地联系在一起，将更多地具有国际化的特征，并在技术层面更多地具有网络化的特征，通过战略合作获得基础的技术能力。

《国务院关于支持河南省加快建设中原经济区的指导意见》给中原经济区的发展明确了战略目标，为完成这一战略目标，中原经济区的企业需要构建相应的组织能力，并且有机会构建新的成长动力。

更为重要的机会是，中原经济区的批复，意味着在国家层面，可能对河南区域进行大的项目投资，这将推动新的大公司的诞生，并催生相关支持产业，对中原经济区现有企业而言，区域优势明显。

五　中原经济区企业所需的关键能力

钱德勒（Chandler，1990；2005）的研究表明，要成为行业中的核心企业，应具备相应的技术能力、功能能力和管理能力。彭罗斯（Pengrose，1959）则认为，企业成长的动力来自企业的管理服务能力，其中最重要的是企业家能力。在本书的研究中，将企业成长的能力划分为两类：技术能力和管理能力。其中，技术能力指与企业的核心业务相关的研发能力（Research and Development），将开发能力归入企业的技术能力与钱德勒的认识略有不同，在中国企业的发展历程中，研究能力极为缺乏，即使如华为这样的企业，也是在国际的原创技术的基础上进行改进和集成（黄卫伟，2008），而中国企业目前需要的主要是开发能力，即将成熟的技术或新的技术开发成客户和消费者需要的新产品。另一类能力是较为宽泛的管理能力，与企业的管理职能有关，如生产、采购、营销、人力资源管理、财务管理等，而企业家能力也蕴涵其中。

六　A 类企业组织能力构建

A 类企业，总部在河南并且经营范围集中在河南的企业，可以分为两类：A1，业务具有区域市场性质，主要满足当地消费者和客户的需要，面临消费需求升级的机会；A2，业务具有国内市场和全球市场整合的特性，面临来自更具优势的竞争者的压力，需要快速扩张，增强自身竞争力。

就 A1 型企业而言，其业务具有区域性的特征，由于其竞争优势主要来自区域优势，因此，面临外来企业的竞争压力较小，但仍然面临消费者需求升级的压力。这类企业所处的行业技术壁垒往往不高，企业优势的来源往往是对市场的贴近和快速反应，行业集中度往往不高，规模经济特征不强。对于 A1 型企业而言，其成长的障碍主要是管理能力，而非技术能力。

A1 型企业在管理能力方面的障碍必须通过成长的尝试得到解决。随着技术进步、互联网经济的深化，A1 型企业所处行业也在面临波动，尽管区域市场特征明显，但追求更高的产品质量和管理效率是这一类型企业成长的基础。在这一基础上，进行相关的产品多元化，或者瞄准新的市场，通过产品的创新来重新配置资源，以更好的服务达成更高的客户满意度，从而带动管理能力的提升。随着各种类型的代理、中介、专业咨询服务机构的发展，A1 型企业能够通过合作来获得更为具体的管理能力提升的培训和咨询，如营销、战略、组织设计、人力资源管理等，但与产品开发和生产相关的能力还必须通过发展来解决。

就 A2 型企业而言，其业务具有非区域性特点，市场空间具有延伸至更大区域的潜力，如全国甚至国际。此外，其竞争的压力更为强大，因为国际和国内其他区域的竞争者已经进入其本地市场，而其向外扩张也将面临较大阻碍。在其所处行业中，A2 型企业往往规模和实力较弱，其初始的成长是基于企业家能力和区域优势，一部分还在继续成长，但大部分可能不具备持续成长的动力或能力。在 A2 型企业所处的行业中，往往对技术能力的相对要求较高，此外，在更大范围经营的要求对管理能力也有了更高的要求。

对 A2 型企业而言，区域扩张、全国扩张几乎是其唯一的选择，而保守地在当地发展将意味着受到外来者更为激烈的攻击，受限于本地的规模经济限制，在与外来者竞争时往往处于劣势，最终被驱逐出局，或者局限于一个更为狭小的市场。

A2 型企业的区域扩张首先是基于自己的区域优势，或与成本优势有关，但不一定明显，或与河南特色有关，但限制了扩张的区域。在区域扩张的尝试中，如能发现恰当的机会，如某种产品的竞争力定价，从而实现规模经济，A2 型企业就能够迈出扩张的第一步。但在大多数情况下，A2 型企业的扩张仍需要在本地建立优势，借此优势扩张到其他区域，这一优势往往与成本无关，尽管没有特别的研究，本书假定河南企业并不具备明显的劳动力成本优势和原材料成本优势。

因此，A2 型企业的区域扩张需要在本地建立优势基础，主要是瞄准更高的细分市场需求，这往往意味着技术能力与管理能力的综合，既能够发现消费者或客户需求的变化趋势，又有能力开发出来，并实现较为有效率的成本进行生产。这种对能力的需求首先需要从人力资源上满足，管理者应能够积极投资于能力的构建，如聘任丰富经验的人才、上马较为先进的管理信息系统（ERP/CRM/SCM）、战略联盟。此外，在开发能力具备的情况下，与国际领先企业建立合作，引进先进的技术，并保证有效的技术转移。尽管中国企业成功的技术转移案例并不多，但这是日本、韩国企业追赶欧美企业的成功经验。中国企业需注意不仅要引进先进的生产线，更为重要的是研发能力，能够通过外部伙伴锻炼和培养本土的研发团队。

总之，A 型企业仍属于区域性企业，规模不大，成长的空间巨大，通过追求中原经济区建设带来的机会来迅速提升自己的技术能力和管理能力是其发展的关键路径。

七　B 类企业组织能力构建

B 类企业，本质上属于由 A2 型企业发展而来，但竞争力和企业实力更强，已经成功通过运用本地优势扩张至全国乃至全球的企业，此类企业数量少，但是属于河南经济的领军企业。

对于 B 类企业而言，综合实力较强，在技术能力和管理能力方面具有更强的优势，但未必在全国能够处于一流，国际扩张的程度也不一定很高，这从河南的进出口贸易数据极低可见一斑。

根据战略集团的“三四规则”，基于行业前三位的才能够获得较高的利润。因此，B 类企业需要树立更高的目标，成为行业的领先者。

B 类企业尽管未能在其行业中处于领先地位，或者处于领先地位的是极少数（宇通客车、双汇食品、洛阳一拖），但其技术能力往往已经达到国内领先水平，综合管理能力比一流企业有所欠缺，这两方面能力的补充均需要国际性的要素。

B 类企业在技术能力的提升方面需要国际合作，这是由国际产业发展的历史和格局所决定的。此外，国内大学、专业研究机构的能力水平的限制使 B 类企业很难通过与国内机构的合作获得先进技术，自身技术能力的限制也很难通过自主研发实现提升。对于中国企业而言，技术能力向国际水平迈进主要是通过技术转移实现的，很多行业的领先企业的发展历程表明了这一点，至少是在其技术能力构建阶段如此。

B 类企业在技术转移的基础上构建自己的技术能力，需要较长的时期，引进、消化吸收、开发这一过程需要大量的资金投入，构建自有研发团队，形成具有国际竞争力的产品，需要 5 年甚至更长的时间，但这是必需的一步。

B 类企业如能够在技术引进的同时，在管理能力上与国际接轨，将有助于迅速提升其管理能力，如华为的安圣电气便是如此。

总之，对于 B 类企业而言，技术能力是其发展的基本动力，这种能力的构建基础是技术引进，甚至是多次的技术引进，并以自主研发能力的形成为标志。在技术能力具备后，通过进军高端市场锻炼和弥补其管理能力是成长的典型路径。

八　C 类企业组织能力构建

C 类企业为总部不在河南本地的企业，将河南作为一个获取资源和能力的高地，或是一个区域市场，河南作为一个区域是其获得资源、能力、客户的元素，需要更好地将其融入全国或全球整合的框架。

A 类、B 类企业的成功离不开与 C 类企业的竞争与合作。在河南本地市场的框架内，A 类、B 类企业与 C 类企业形成了一个复杂的网络，既竞争又合作，通过竞争，能够锻炼 A 类、B 类企业的组织能力。此外，A 类、B 类企业还能够通过与 C 类企业合作获得新的市场和技术知识。

C 类企业往往是国内或国际企业在河南的子公司或分支机构，将河南作为其全国或全球市场的一个区域，最初阶段，将其优势扩张到河南市场，以获得更高的收益，享有其规模经济的好处。在逐步的发展过程中，扎根于河南市场也能够使其建立一些具有区域特征的优势，河南成为其全国和全球组织学习的一个平台。在这一学习网络中，构建一个有效的组织学习网络是达成其学习目的的必要条件，能够将其在河南获得或创造的独特知识转移至其总部或其他兄弟公司。

第四节　组织能力构建典型案例

一　A 类企业：白象食品

白象食品是河南本地的知名企业，依据在河南本地的区域优势，白象成功地进入方便面市场，在低端方便面市场具有较大优势，但是在中高端领域，康师傅、统一等国际知名品牌树立了较高的进入壁垒。

白象的成功首先在于能够很好地发挥河南本地优势。河南是粮食大省，面食是河南的传统食品，具有悠久的文化，同时也具有庞大的市场空间。白象方便面基于本地化优势迅速成为方便面行业低端市场的领先者。

但是，在中高端市场，白象在产品开发、品牌塑造、国际化方面的能力是不足的，这也限制了其成长的空间。

白象未来的选择，一方面，继续在低端市场渗透；另一方面，融入更多的国际化要素是必需的，如能够积极展开与国际厂商的合作，获得新的研发能力、品牌价值等，白象将具有更广阔的成长空间。

二 B类企业：郑州威科姆

郑州威科姆科技股份有限公司，主要从事基于宽带网络多媒体应用系统、专业技防监控系统、卫星高精度实时应用系统的研发、生产、销售和相关的解决方案、技术服务等，是专业的方案设备提供商、内容集成商和业务运营商，公司业务覆盖全国十多个省、市、自治区，在市场覆盖、技术水平等方面位居行业前列。

威科姆的技术能力体现在整合信息技术领域适当的技术满足客户的需求。其核心技术来源于美国硅谷，通过硅谷的合作伙伴共同开发，提升自身研发团队的技术能力。此外，与惠普等国际领先的IT厂商合作，也使其有机会站在行业的前沿，并通过合作来获得团队能力的提升。IT行业的特点，使威科姆能够跨越地域的限制，利用全球相关产业和支援产业的优势。

威科姆的研发人员占全体员工的比例达到45%，是一家典型的科技研发型公司，通过自主创新来创造价值。研发人员自主创新能力的形成来自于为客户提供最新的服务，如其基于宽带互联网的“远程教育”项目，新的研发人员通过在项目的工作和任务活动培养技术能力，在客户需求的压力下形成创新。

近十几年来大学在通信、网络、电子等IT专业人才方面的培养为类似威科姆这样的企业提供了充分的生产要素资源。

企业所处的激烈的竞争环境也迫使威科姆不断地创新，去满足客户的需求。IT行业的竞争已经跨越了地域的限制，国际领先企业、国内领先企业在 IT 服务市场上的竞争极为激烈。主要竞争对手——中兴、华为均是在国际上极有竞争力的企业。这种白热化的竞争迫使威科姆不断地创新。

企业的竞争背景、生产要素条件、需求条件和相关产业的条件构成了企业创新的环境。威科姆充分利用了其所处的环境条件，在自主创新上取得了优异的绩效，获得了客户很高的忠诚度。

总之，威科姆的成功源自技术能力的有效构建，并在此基础上，完善其管理能力，实现了快速的成长。

三　C 类企业：沃尔玛

C 类企业的数量应该很多，为了表现其典型性，本书主要探讨沃尔玛。作为全球知名的零售企业，沃尔玛在河南也建立了多家门店。

沃尔玛的典型运营模式即全球采购、全球销售。在河南本地，河南居民非常青睐沃尔玛超市，能够从中采购种类繁多的日用商品、生鲜食品等。这些商品一部分来自于河南，其他的来自全球的其他区域和国内其他省市。

沃尔玛建立的高效的供应链系统和基于 IT 管理信息系统建立了强大的运营效率，在河南地区的采购不仅满足其河南门店的销售需要，也配送至全国乃至全球其他地区。河南既是沃尔玛的一个区域市场，也是其整合全球资源的基地和平台。在河南采购的质优价廉的商品或具有河南特色的商品构成了其全球优势的组成部分。

类似于沃尔玛的企业有很多，如富士康、家乐福、麦当劳、肯德基等，通过有效地整合全球资源，这些企业获得了明显的优势。

第五节　本章小结

本章探讨了组织能力对于企业成长的重要性。组织能力是企业成长的主要驱动力是本书的基本观点。本章基于研究的方便，将组织能力分为两类：技术能力和管理能力，并对河南省的企业进行了分类，之后分别探讨了不同类型的企业构建技术能力和管理能力的必要性和紧迫性。最后，通过三个案例研究（白象食品、郑州威科姆、沃尔玛），对不同类型的企业成长的过程和驱动力进行了探讨。

参考文献

[1] Barney, J. (1991), "Firm Resources and Sustained Competitive Advantage", *Journal of Management*, 17: 99 - 120.

[2] Chandler, Alfred D., *Scale and Scope: The Dynamics of Industrial Capitalism*, Harvard University Press, 1990.

[3] Chandler, Alfred D., *Shaping the Industrial Century: The Remarkable Story of the Modern Chemical and Pharmaceutical Industries*, Harvard University Press, 2005.

[4] CohenM. W. and Levinthal A. D., "Absorptive Capacity: A New Perspective on Learning and Innovation", *Administrative Science Quarterly*, 1990, 35: 128 - 152.

[5] IBM 中国商业价值研究院：《IBM 中国商业价值报告：战略与管理》，东方出版社，2007。

[6] IBM 中国商业价值研究院：《洞察中国：创新、整合与协作：中国企业跨越式发展之路》，东方出版社，2008。

[7] IBM 全球企业咨询服务部：《软性制造——中国制造业浴火重生之道》，东方出版社，2008。

[8] KenichiOhmae, *The Borderless World: Power and Strategy in the Interlinked Economy*, McKinsey & Company, Inc., 1999.

[9] Kim, L., *Imitation to Innovation: the Dynamics of Korea's Technological Learning*, Boston: Harvard Business School Press, 1997.

[10] Kogut, B. and U. Zander (1993), "Knowledge of the Firm and the Evolutionary Theory of the Multinational Corporation", *Journal of International Business Studies*, 24 (4): 625 - 645.

[11] Penrose, E. T., *The Theory of the Growth of the Firm*, Oxford University Press, 1959.

[12] Prahalad, C. K. & G. Hamel (1990), "The Core Competence of the Corporation", *Harvard Business Review*, 68 (3): 79 - 91.

[13] TeeceD. J., Pisano G. and Shuen A. (1997), "Dynamic Capabilities and Strategic Management", *Strategic Management Journal*, Vol. 18, No. 7 (Aug., 1997), pp. 509 - 533.

[14] 黄卫伟：《不对称竞争》，企业管理出版社，2008。

[15] 毛蕴诗、汪建成：《基于产品创新的自主创新路径研究》，《管理世界》2006 年第 5 期。

[16] 汪建成、毛蕴诗、邱楠：《由 OEM 到 ODM 再到 OBM 的自主创新与国际化路径——格兰仕技术能力构建与企业升级案例研究》，《管理世界》2008 年第 6 期。

第十二章
学习动力与企业动态学习机制构建

第一节　动态环境、企业能力刚性与企业可持续成长难题

随着全球化的进一步深化，技术创新的速度加快，产品生命周期越来越短，客户的需求越来越多样化，且客户忠诚度下降，加上更为剧烈的竞争，企业可持续的竞争优势越来越难以获得。

一　核心能力与核心刚性

组织能力是企业获得竞争优势的基础，能力是企业运营的惯例，正是其"惯例"的特性，使组织能力很难与环境保持同步的变化，甚至超越环境的变化，组织的流程具有一定的刚性，这种能力刚性将阻碍企业获得和形成新的能力。这也是为什么在美国道琼斯指数中的企业不断变化的原因。

Leonard-Barton（1992）通过对新产品开发项目的研究，提出了"核心能力"（Core Capabilities）与"核心刚性"（Core Rigidities）这一对概念，认为核心能力综合了动态能力、核心竞争力、独特能力的特征，并具有四个维度，分别为技能和知识、技术系统、管理系统、价值观和规范。

核心刚性，是核心能力的另一面，阻碍创新，阻碍新产品开发。核心刚性是指原有的技术系统和管理系统以及价值观的惰性，事实上，核心能力和动态能力的特征正是克服了"核心刚性"的能力。因此，企业的管理者在开发新产品时面临一个难题，如何在利用原有的核心能力时避免"核心刚性"的阻碍作用。

二　企业可持续成长的难题

因此，企业可持续成长面临着困境，即为了适应环境的变化，使竞争优势能够持续，企业需要不断地获得新的能力，以跟上环境的变化，或者能够快速适应环境，而企业自身核心能力的刚性特征又导致新的能力的获得和构建很难，需要企业实现彻底的变革。

基于这一问题的存在，很多学者和企业家发现，组织需要且能够通过不断的学习来持续地更新组织能力，学习型组织成为近20年来这一领域倡导的关键概念和方法。

第二节　学习与企业可持续成长

“学习型组织”以及将战略制定作为一个学习过程的观念在20世纪90年代非常流行（Senge，1990）。学习型组织强调：组织所面临的不确定性和复杂性是不能纯粹通过分析手段解释清楚的。Teece等人（1997）提出了动态能力的概念，认为在动态变化的环境中，企业要获得竞争优势需要动态能力以应对外部环境的变化，这与学习型组织的概念非常类似，对于中原经济区企业而言，在当前的动态环境下，尤其需要建立学习型组织。

一　学习型组织

Johnson和Scholes（2002）认为，战略管理的经验视角和创业视角能够更好地解释学习型组织。

组织中认为“本应如此”的假设受到连续的质疑。因此，有必要形成一种多极化的组织。在多极化组织中，不同的甚至互相矛盾的观点和看法都受到欢迎；各种分歧浮出水面，成为辩论的基础。

试验是标准，所以想法在行动中受到检验，并反过来构成了学习过程的一部分。

那些存在非正式工作关系的组织更容易发展成为学习型组织。新的想法更容易在工作关系网络而不是等级制度中显现，更多的在于对话，或在讲故事的过程中体现，而不是出现于正式的分析过程。

高层管理者的工作是通过以下手段来创立学习型组织：建立能够以这种方式工作的团队和网络，即存在足够的组织性闲散，使员工有时间辩论和挑战，放松控制而不是加强控制，这可以通过发展不同类型的组织结构和组织日常行为和文化实现。

因此，学习型组织（learning organization）就是围绕着组织共同目标和愿景，拥有鼓励相互质疑和挑战的组织文化，充分吸取个人的不同知识、经验和技能，从而具有持续性再生竞争力的组织。

二　技术引进与学习型组织

在知识经济时代，技术引进和知识转移成为企业组织能力提升的一个重要途径，对于中国企业而言，由于先天技术能力和管理能力不足，在研究能力上极度欠缺，因此，技术引进和知识转移成为一个必要的能力基础（或者必然选择），同时也是自主创新的基础。成功的技术引进和知识转移则依赖学习型组织的构建。

技术知识是公司中知识的一部分，知识已经成为公司竞争优势的最重要来源（Grant，1996）。在本章中，基于河南企业面临的现状，更为关注企业如何通过学习型组织的构建来实现技术引进和知识转移。

三　通过知识转移进行学习

在知识经济时代，越来越多的学者视知识转移为主要的学习路径。

组织中的知识可以分为两类：显性知识和隐性知识。显性知识是指能够表达出来的知识，能够记载在文字、言语等存储介质上；隐性知识是指那些只可意会、不可言传的知识，往往需要通过师徒制、现场观察、长期学习和钻研才能够进行转移。因此，隐性知识具有更重要的价值。Kogut 和 Zander（1993，1995）的研究表明，知识越隐性，越有可能在组织内进行转移。

此外，Gupta 和 Govindarajan（2000）、Minbaeva（2002，2007）研究发起者和接受者之间的知识转移时，除了知识本身的特性外，还关注组织的特性，并将其概括为发起者的动机和接受者的吸收能力（Cohen & Levinthal，1990）。

上述研究表明，对于竞争优势最具重要意义的隐性知识是竞争优势的重要来源，并且难以转移，这从一定程度上解释了中国在改革开放 30 年间，尽管投入巨大的资金、人力物力进行技术引进，但是成功的案例并不多，中国企业与国际领先企业的技术差距和知识差距仍然很大（高旭东，2005）。

这一差距在很大程度上源自中国企业作为技术转移或知识转移的接受

者，其吸收能力较差的原因。吸收能力的构建必须从研发能力的构建进行发育，简单地引进先进设备对于技术转移的意义不大，这从韩国企业的成功中能够获得一定的启示。

第三节　动态学习机制及其构建

一　知识创造的螺旋模型

基于公司的知识基础观，可以将公司视为专门进行知识创造和转移的社会化团体（Kougut & Zander, 1993）。组织中的知识包括个人的专长和职能之间协作的原理和规则。Nonaka（1994）以及 Nonaka 和 Takeuchi（1995）提出了关于组织中知识创造的“知识螺旋”模型，认为知识在个人、小组、团体、组织内的转换对于组织知识创造至关重要，将知识在组织内的转换看成知识创造的基础。

基于个人的职能部门所拥有的知识也是专门化的，研发部门与生产部门所拥有的知识就不一样。企业中的知识包括各个职能部门的知识，不同的部门具有的知识也各不相同，各个职能部门所拥有的知识包括两类：本部门的专业知识以及与其他部门协作的知识，知识的创造包括这两类知识。

Nonaka 和 Takeuchi（1995）提出了知识创造的螺旋模型。Nonaka 和 Takeuchi（1995）认为，人类知识是通过隐性知识与显性知识之间的社会化相互作用而创造和发展出来的，他们将这种“相互作用”定义为“知识转换”（knowledge conversion）。

Nonaka 和 Takeuchi（1995）定义了四种知识转换的模式，如图 12－1 所示，分别是共同化、表出化、内在化、联结化。个体的隐性知识是组织知识创造的基础，组织需要调动个体所创造及积累的隐性知识。被调动出来的隐性知识，通过知识转换的四种模式“在组织层次上”得以放大，并且在较高级上结晶下来。这个过程称之为“知识螺旋”。在知识螺旋过程中，隐性知识和显性知识之间的相互作用，随着层级的攀升而幅度加大。因此，组织的知识创造的过程是一个螺旋上升的过程，这个过程源自个体，并且随互动社群（social communities）的扩大，超越团队、部门、事业部、组织的边界，不断向前推进（见图 12－1）。

在 Nonaka 和 Takeuchi（1995）的知识螺旋模型中，将知识从个体到团

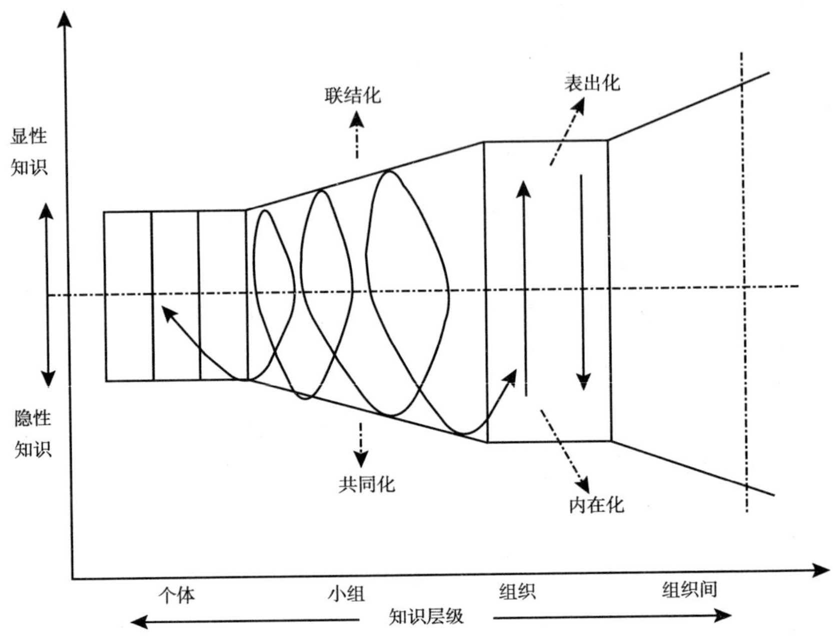

图 12－1　组织的知识创造螺旋模型

资料来源：Nonaka 和 Takeuchi（1995）；野中郁次郎和竹内弘高（2006）。

队再到组织的过程统称为知识的创造。这一模型代表了日本企业的独特生产力和知识创造的能力。日本的单元生产方式有效地发挥了基层员工的创造力，使其能够作为一个组织释放出巨大的竞争力。但是，由于知识蕴涵在整个组织中，这样的知识也是很难转移的。

二　技术引进条件下学习型组织构建的两大机制

为了成功地进行技术引进，企业需要建立学习型组织，这主要通过两个途径来完成。第一，建立合理的组织结构以利于组织学习。第二，构建学习型组织文化。世界知名的企业在这些方面均有明显的体现，而实现赶超的企业，如韩国三星和大宇，也通过学习型组织的构建实现了赶超的目标，成功地进行了技术引进，并演变为更强的创新能力。

结构扁平化一直是近年来企业变革的主题之一，很多组织通过组织扁平化使企业能够更好地应对外部环境的变化，鼓励基层的员工更深入地参与组织的决策，以更好地对客户的需求和市场的变化做出反应。传统的金字塔结构越来越受到挑战，越来越多的企业尝试团队、项目组织、虚拟组织等结构形式，鼓励员工之间进行更多的沟通，从而解放员工的大脑。在组织流程的设计中，公司越来越注重信息共享和知识共享，使组织中的知识能够尽快在组织内部和组织网络间进行转移，基于 IT 的管理信息系统，如 ERP、CRM、SCM 等几乎成为规模企业的标配，基于互联网的信息系统得到了广泛的应用，这种组织形态的转变大大促进了学习型组织的构建。

创建学习型组织文化是构建学习型组织的长远战略，对于处于技术能力底部的中国企业，特别是中原经济区的企业而言，创建这样的文化至关重要，但也非常困难。中国传统文化对等级的强调使基于诚信和信任的员工关系很难建立，而这是构建学习型组织文化的基础，只有解决了公司高层和基层员工间的诚信、信任、平等等主题，企业才有可能成为学习型组织，华为则是这方面的典范，通过《华为基本法》的建立和推行，华为成为一个典型的学习型组织，也成就了今天的华为。

以下从韩国企业是如何实现赶超战略的角度理解技术引进条件下的学习型组织构建。

第四节　案例分析

一　赶超地位的技术引进模型：韩国企业的组织学习

Kim（1998）在对韩国大宇、三星等企业赶超美国、日本等发达国家企业的研究中，提出了追赶国家的企业的技术积累所具有的特征（见图 12－2）。Kim（1998）认为，韩国公司的赶超战略是从获得成熟的技术开始的，是与发达国家的技术路径逆向的一个过程。吸收和改进非常重要，吸收的标志是能够改进。

韩国企业，如三星、大宇的追赶战略是从 20 世纪 80 年代开始的，经过十几年的时间，90 年代中期能够在某些行业领先（如半导体、汽车、造船等），这也给了中国企业部分启示。中国企业以及中原经济区内的中国企业在国际竞争中与处于追赶地位的韩国企业具有类似的条件。

二　三星的文化构建

为了引进、消化、吸收超大规模集成电路技术，三星在美国硅谷和韩国本土构建了两个平行的研发团队，在 256K DRAM 的开发过程中，三星在美

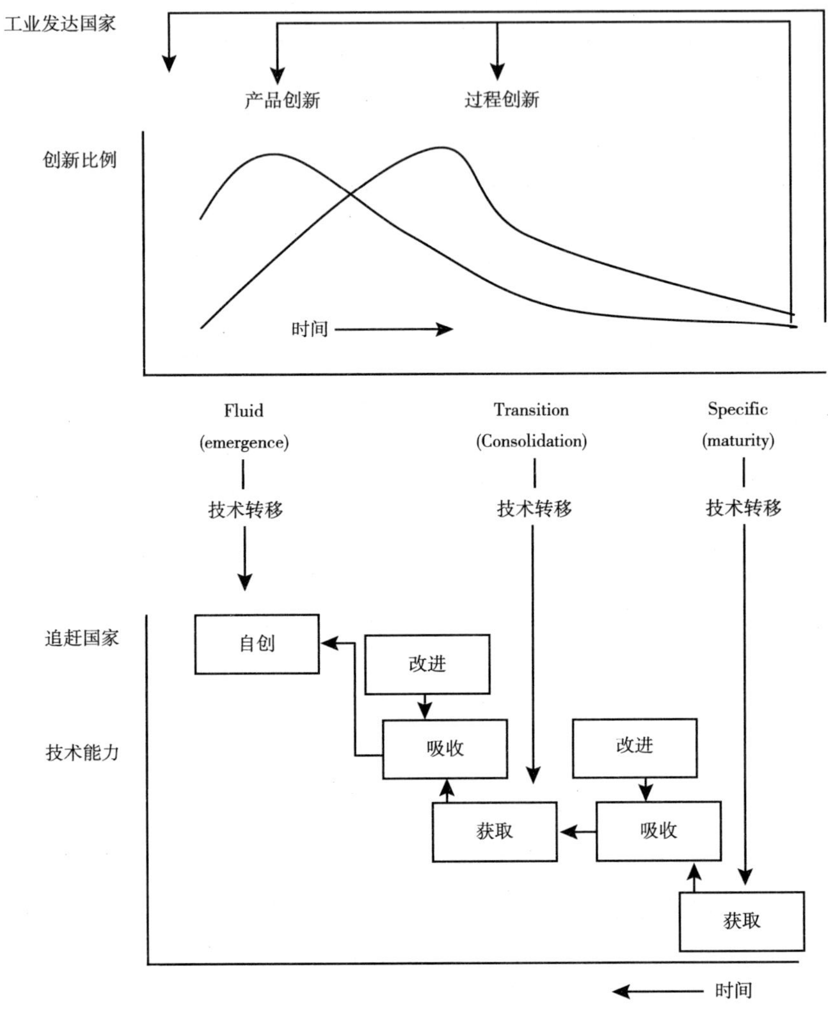

图 12－2　追赶国家的技术能力积累过程

资料来源：Kim（1998）。

国硅谷的研发团队主动放弃了从合作伙伴处转移知识，而是通过逆向工程、研究文献等方式获取新的知识。同时，在韩国的团队仍采用引进合作伙伴的技术知识进行研发。在这个过程中，美国硅谷团队获取知识的模式主要是显性知识的转移，是一个模仿的过程，通过模仿竞争者的产品和技术进行知识转移和创造。当然，三星为了开发 VLSI 而组建的两个研发团队之间的知识转移非常频繁，而且效率很高。在 1M DRAM 技术上的研发，两个团队均是通过模仿①的方式进行外部新知识的获取，因为外部已经没有竞争者愿意向其进行知识转移，而两个团队间的知识转移程度仍然很高。在 4M DRAM 技术上的开发中，因为技术封锁，外部模仿的对象已经没有了，三星开始完全自主研发，此时处于创新阶段，在产品开发成功时，大大缩短了和竞争对手的差距，与竞争对手具备了同样的技术能力。在 64M、256M DRAM 的开发中，三星凭借前期积累的技术能力和努力，终于超越对手，成为 VLSI 领域世界领先的企业。

三星的研发团队在研发过程中，团队成员几百个工程师，不分昼夜，为了保证研发进度，吃住在一起，积极分享相关的知识。此外，三星设定了很高的目标，在半年内要实现 256K 的量产，而在后续的技术中，也设定了极高的进度目标，促使研发团队持续加班，而且是整个团队，几百个工程师一起加班，不达目标不罢休，最终成功地吸收了相应的技术，并逐渐建立了自己的创新能力，在更高技术特征的产品上超越了美国、日本的企业，这用了十年的时间。

正是一个长期的基于学习型组织的文化使三星能够用十年时间实现超越。

三　案例：源自失败的教训

中国有很多企业进行过技术引进，现在也有很多在进行技术引进，风靡国内的招商引资也意味着这一潮流不会在短期内结束，而是在不同的行业持续上演。很多企业引进技术后，曾经辉煌一时，但最终没能跨越先天不足的劣势，失去了成长的动力。其中，典型的案例就有河南的安彩集团及北京的京东方科技。

安彩集团于 1990 年通过引进日本的 CRT 射线管技术生产彩色电视机的核心零部件之一——玻壳产品。安彩人在技术引进之初，由于技术转让方并没有很好地配合，所以在消化吸收上一直不太顺利，而正是这种挫折使其技术和生产团队不断地探索玻壳产品的生产和技术工艺，在模仿制造 18 英寸、21 英寸玻壳的基础上，通过自主创新，自主研发生产了 25 英寸、29 英寸、36 英寸彩电玻壳，并一度成为国际上玻壳生产能力最强的企业。

① 参考 Kim（1997），此时的模仿，主要是通过对竞争者产品的逆向工程研究、对文献进行学习、与大学和研究机构进行交流和学习。

安彩在玻壳技术上的自主创新属于渐进式创新，在 CRT 技术路线下进行改进和完善。安彩技术团队的自主创新能力是在逐步的消化外来技术的基础上形成的，由于技术能力天然的“路径依赖”性质，安彩技术团队很难培养或形成突破性创新的能力。因此，在美国康宁公司 2003 年实现突破性技术——液晶技术商业化时，整个 CRT 产业就面临着崩溃的威胁。此类案例比比皆是，如数码相机对胶卷和传统相机、一次性相机的颠覆。

因此，尽管安彩在技术引进和消化吸收上表现得非常出色，并在 CRT 技术路线上培养和形成了卓越的自主创新能力（其申请的专利有几百项），但是，突破性的创新需要很强的基础研究的能力，这需要企业有很强的研发中心，或大学在此领域有很强的专业基础研究。值得一提的是，液晶技术（来自美国康宁公司）和等离子技术（来自日本的富士通公司）的研发周期均在 20 年以上。

安彩集团后期的衰落，很大程度上受其创新环境的影响。在激烈的竞争背景和客户挑剔的需求条件下，安彩在 CRT 技术上不断地创新，保持与国际领先企业紧密跟随的水平。但在生产要素条件和相关支持产业上，缺乏良好的大学提供的基础研究条件，以及相关产业的支持，即使现在，中国在光学、微电子、玻璃制造工业方面的基础研究也是落后的，更缺乏在此相关领域优秀的相关和支持产业。

因此，安彩的衰落很大程度上是其投入巨资引进设备，但并没有配置足够的研发能力。安彩引进之初成立的技术部，很大程度上是搜集日本合作厂商的技术资料，记录日本技术人员的会议纪要，学习在引进设备的基础上生产出合格的产品，这些对于安彩正常的运营是必要的，但是对于其健康成长是不够的、不足的。安彩在其辉煌的十年间始终没有建立具有规模的研发部门，没有一支真正的研发团队，因此，对于引进的知识不能充分地消化，更没有建立起独立的研发能力。这种技术能力的缺失意味着其未来的失败，在原有技术路线上的修修补补在遭遇行业技术变革时，必将导致企业失去未来。

同样的结果体现在北京京东方科技公司上。京东方在 2003 年引进韩国大宇集团旗下的液晶显示屏技术，韩国的合作伙伴也非常配合，但是，京东方缺乏高素质的人力资源，缺乏基础研究、相关产业的支持，其液晶显示屏技术发展到第四代即无力升级，而竞争对手（国际领先的液晶技术厂商）纷纷投资建设第五代、第六代液晶屏工厂，京东方随后陷入了亏损的境地。

四　对中国企业的启示

上述案例表明，如果没有意识建立自己的技术能力，从而在此基础上构建相应的职能能力和管理能力，技术引进很难使企业长期成长，因为缺乏企业成长必要的资源。

对于中国企业而言，技术引进是构建基本的技术能力的重要选择之一，是组织学习的重点和关键。由于基本研发能力的形成门槛很高，对中国科研人才的培养要求更高，这需要较长时间的实施才能够满足要求。因此，技术引进是中国企业获得基本技术能力最合适的路径。

企业不应简单地认为引进机器设备就代表了技术引进的全部，而这仅仅是开始。引进了“硬件”，还需要“软件”。如果“硬件”是机器设备，那么“软件”就是与研发相关的能力，是中国企业成长的必备一环。只有在配备了足够的研发能力的基础上，企业才有能力实现追赶，才能够真正地成长。这需要企业家勇于在研发、人才上大规模投资，并注重长期的成功。因此，基于结构的挑战，配置足够的研发团队，是河南企业实现组织学习的关键，是技术引进、消化吸收、自主创新这一路径能够实现的基础。

安彩集团和京东方在技术引进时均没有进行较大范围的结构变革，更没有建立学习型的组织，在很大程度上可能在于国有企业本身的结构特征，很难从传统的科层制迈向扁平化，迈向体现着平等、诚信、信任、人本特征的组织文化，也就难以真正建立学习型组织。

五　河南企业的组织学习方向

如前所述，河南企业的技术能力是较低的，这样的技术能力很难通过购买来获得，必须通过研发能力的构建来获得。一个基本的路径包括两个步骤：首先建立基本的研发能力；其次在基础技术能力的基础上实现快速追赶，这均需要组织学习机制的支撑。

大部分中国企业期望从技术转移中获得基础技术能力，其中大部分没有获得成功，原因在于误认为引进了生产设备，甚至是成套装备就具有了技术能力。

引进了生产设备仅仅意味着企业能够依赖生产设备构建生产能力，完善生产职能。而技术能力与研究和开发有关，与成套的生产设备往往有关，但关联性不高。但是，纯粹地建立研发部门也很难建立自己的研发能力，目前中国大学教育和研究机构还很难培养具有独立专业研究能力的人才。因此，以技术引进为契机，向国外学习研发是构建技术能力的一个有效路径，甚至是主要的路径。纯粹依赖自有技术人才进行研发的企业在极少数行业可能存在，如华为这家纯粹以研发获得成功的企业，其技术主要还是在国外原创技术上进行的改进和集成，自己的原创性技术还很少。

技术引进并不意味着自有研发队伍建设不重要，而是非常重要。自有研发队伍和研发设施是学习国际领先企业研发能力的基础，也是未来实施追赶战略的基础。

建立自有研发队伍，并选择技术引进的伙伴展开技术引进，通过成功的技术引进，就能够使自有研发队伍学习最基础的技术能力，当然，此时的技术能力与国外先进的技术是有差距的，很难引进最先进的技术。一方面，国外的合作伙伴很难将最先进的技术转移给国内的合作伙伴，因为它们是未来的竞争者；另一方面，最先进的技术是相对的，往往与当前的国外研发同步前进。

在获得基础的技术能力后，如果中国企业能够在基本的研发上为低端市场提供基本的产品和服务，并获得成功，就具备了追赶的基础，有充足的资金投入未来的追赶战略中，逐步运用研发团队的学习能力整合国际先进的技术，向中高端市场挺进。

这一过程往往极为艰苦。往往需要在研发团队中有国际教育经历的核心成员，如三星早期在美国的研发中心的核心领军人物是在美国拿到博士学位的韩国人。此外，还需要整个研发团队辛苦的付出，这意味着研发队伍的创业精神的发挥，长时间的工作、超越的精神，这在华为早期的研发活动中体现得淋漓尽致（张利华，2009）。

2010 年，河南财经政法大学对河南企业技术能力方面进行了一项研究，结果如下。

河南企业的技术研发机构主要以省级和地市级企业技术中心为主。

河南企业研发机构以自建和与高校合作组建为主，而极少与国外机构合作组建。

企业主要技术创新方式以独自开发、与科研机构合作开发为主，其他形式较少。

企业开展创新的来源机构是大学和企业内部。

企业现有的核心竞争力主要体现在市场营销、技术创新上。

约半数企业年平均研发项目为 2 ~ 5 个，另外约半数企业的年平均研发项目在 5 个以上。

企业现有研发项目主要是对现有产品的改进，或在未来两年内拟投入市场的产品。

企业引进国外技术的主要方式比较分散，形式多种多样，包括购买设备、购买专利、购买样品、购买图纸和技术资料等多种来源。

企业技术人员来源比较广泛。

企业自主研发的科技成果在企业中转化的效果最好。

企业对研发人员的主要奖励方式以一次性项目奖励和体现在工资上为主。

上述结果表明，河南企业的技术能力主要还是依赖自有技术资源，在获取外部资源方面还有很大的潜力，对于河南企业而言，技术引进具有巨大的空间，并且是河南企业提升其技术能力，从而使其职能能力得到提升的一大战略选择。

因此，中原经济区企业尤其需要通过技术引进建立自己的技术能力，建立学习型组织是促进这一技术引进战略成功的基础。这要通过组织变革和新的学习型文化的构建来实现，尽管组织的变革和组织文化的转型都很难，却是必然的选择。

第五节　本章小结

本章探索了中国企业实现成长的一个极为重要的战略选择，即技术引进，以及在此条件下，如何建立学习型组织，实现企业的动态学习，来保证企业组织能力的构建。成功的技术引进需要建立一个有效的研发团队，以构建企业的技术能力为基础，在此基础上才能够实现真正的技术引进，通过研发团队与国外合作伙伴的交流和学习来获得最基础的技术能力，然后逐步积累，实现有机成长。如果仅仅是引进设备，企业就不能建立基本的技术能力，能力不具备，成长就是空谈。

学习型组织意味着企业员工具有共同的愿景，并能够更多地对话和沟通，实现知识共享，实现知识创造。这样的组织特征需要企业的组织变革，在结构和流程上能够充分发挥基层员工的积极性，让员工真正地参与到组织管理当中。此外，建立平等、诚信、信任、人本的组织文化是构建学习型组织的必要机制。

参考文献

[1] Cohen. M. W. and Levinthal A. D. , "Absorptive Capacity: A New Perspective on Learning and Innovation", *Administrative Science Quarterly*, 1990, 35: 128 - 152.

[2] Gupta, A. K. & V. , Govindarajan (2000), "Knowledge Flows within Multinational Corporations", *Strategic Management Journal*, 21 (4): 473 - 496.

[3] Johnson, G. & K. Scholes,《战略管理》,王军等译,人民邮电出版社,2002。

[4] Kim, L. , *Imitation to Innovation: The Dynamics of Korea's Technological Learning*, Boston: Harvard Business School Press, 1997.

[5] Kim, L. , "Technology Policies and Strategies for Developing Countries: Lessons from Korea Experiences", *Technology Analysis & Strategy Management*, 1998, 10 (3): 311 - 323.

[6] Kogut, B. and U. Zander (1993), "Knowledge of the Firm and the Evolutionary Theory of the Multinational Corporation", *Journal of International Business Studies*, 24 (4): 625 - 645.

[7] Leonard-Barton, D. , "Core Capabilities and Core rigidities: A Paradox in Managing New Product Development", *Strategic Management Journal*, 1992. Vol. 13: 111 - 125.

[8] Nonaka, I. & Takeuchi, H. (1995), *The Knowledge-Creating Company*, New York: Oxford University Press.

[9] Senge, P. , *The Fifth Discipline: The Art and Practice of the Learning Organization*, Doubleday/Century, 1990.

[10] 高旭东:《技术创新能力培养:特定的培养顺序还是有效的 R&D》,《科学学与科学技术管理》2005 年第 6 期

[11] 张利华:《华为研发》,机械工业出版社,2009。

第十三章
外部动力机制构建引领企业发展

第一节　企业发展的外部环境力量分析

一　环境与企业发展的关系

自 20 世纪 20 年代末 30 年代初，面对席卷资本主义世界的空前的经济大危机，传统的经济管理理论已难以有效解释人们在经济管理实践中遇到的大量新问题，企业环境尤其外部环境对企业发展的影响日益突出。这导致现今的国内外研究者在定义企业环境时，普遍更为关注其位于组织边界外的部分。

直到近年来，这种现象才逐渐得到改善。邓肯（Duncan，1972）认为，环境是“组织中做出决策的个体或群体所需要直接考虑的物理和社会因素的总合”。卡尼翁（Cagnon，1990）提出，环境是包括可控和不可控的现实各种因素的集合。我国研究者席酉民（2001）提出，企业环境分为内部环境和外部环境。内部环境主要讨论企业内部的氛围、企业组织制度和政策形成的感受系统，而外部环境主要是企业发展必须依赖和无法回避其影响的企业外部系统。赵锡斌（2007）认为，企业环境，是指一些相互依存、相互制约、不断变化的各种因素组成的一个系统，是影响企业组织决策、经营行为和经营绩效的现实各因素的集合。按照其思路，可将企业环境界定为“由宏观环境子系统、市场环境子系统、自然环境子系统和企业内部环境子系统构成”（赵锡斌，2007），以下详细探究这种意义下的企业环境和企业为谋求可持续的绩效增长行为的关系。

任何企业，都是处在一定的社会环境中的企业。企业目的的实现，不仅取决于企业内部（企业掌握多少资源），更取决于企业外部（企业面临什么样的环境）。现代企业面临着日益复杂的外部环境，外部环境总是构成对企业的各种制约因素、压力、约束和限制。企业的发展过程，就是不断地了解环境和适应环境的过程。可以毫不夸张地说：谁能应付环境，谁就拥有明天。

企业环境具有复杂性、变动性和不确定性等特征。说复杂性，是因为构成环境的因素是多方面的，既具有自然的，又具有社会的；既具有经济的，又具有文化的、技术的，而且各种因素交叉影响、相互制约，使企业的环境日益复杂。说变动性，是因为各种环境因素不断变化，具有动态特征，而且有的变化慢，有的变化快；有的采取渐进式，有的采取突变式，具有动荡不定的特点。说不确定性，是因为这种复杂的环境不断动荡，使企业很难事先预料并切实控制。企业要想对环境实行完全有效的控制，那也是不可能的。但企业要实现自己的目标，就必须加强环境管理。

总之，企业环境总是对企业构成约束，环境是自变量，企业是因变量。但只要我们认识到环境不仅带来威胁也提供机会，用创新的思维去应对环境，加强环境管理，我们就会走出自己的一片天地，提高中国企业的管理水平。

二　外部环境动力结构分析

1. 一般环境支撑力分析

中原经济区的一般环境主要包括政治环境、宏观经济环境、科学技术环境、法律环境、自然环境、社会文化环境等。

（1）政治环境。政治环境是企业外部环境的重要组成部分，是指影响和制约企业市场竞争，并为企业提供生存和发展的空间及其中可以直接或间接影响企业主体活动的各种政治因素的总体。企业外部政治环境管理的内容是协调政企关系，这是企业生存和发展的社会政治条件。政企关系是企业外部政治环境管理的重要内容，是企业生存与发展的重要社会资本，是决定企业核心竞争力强弱的重要因素。其中，政府掌握着政策制定、法律执行、经济管理等权力，代表公众的意志协调各种社会关系。政府是企业的重要利益相关者，可以说，企业在投资经营中最大的风险就是政治风险。所以，不断强化政府与企业之间的相互了解、信任和支持，才能为企业的生存和发展争取良好的外部政治条件。

在经济一体化日益明显的今天，企业跨国经营活动变得越来越频繁。在淡化国家间“经济国界”的同时，也使“政治国界”及进而引起的政治风险变得更加凸显。政治风险是国家风险的重要组成内容，是指东道国的政治环境发生不确定变化的风险，是由于东道国政府或社会政局的不稳定和政策的不连续性而使企业经营管理绩效和其他目标遭受不确定的影响。例如，没收、征用和本土化。

没收是最大的政治风险，即外国公司被迫无偿地将股权转让给政府。征用的风险虽比不上没收，但也相当严重。征用要求政府对其所占有的股权做出一定的补偿。列第三位的政治风险是本土化。本土化是指东道国通过制定一系列的政府法令逐步将外国投资置于东道国控制之下，其最终目的就是迫使外国投资者将更多的产权与管理权交给东道国国民。

另外，企业在跨国经营中更多地可能会遇到基于政治环境的经济风险：在跨国经营中，东道国政府往往挥舞着国家安全的旗帜，对外国公司的经营活动加以限制，用以保护本国幼稚工业，储存短缺的外汇，增加财政收入，报复不公平的贸易待遇。从本质上讲，经济风险都是政治风险的组成部分。实际上该风险包括外汇管制、进口限制、国产化率规章、税收管制、劳动力问题等。

归纳起来，现阶段企业发展过程中仍然存在一些不利的政治环境。

第一，政府职能转变不到位，提高了企业的交易成本。企业外部环境的变化，主要表现在政府职能的深刻转变上。然而，由于目前政府职能的转变不到位，政府对经济的有效干预和对稀缺资源的合理控制与成熟的市场经济国家相比差距很大，这表现在政府对关键资源（如土地等）的控制、运用宏观调控手段对企业行为的间接调控，以及行政审批、产业政策等还不够规范。

第二，政策随意性、模糊性破坏了政策的严肃性和政府的权威性，导致企业不能形成长期预期，进而缺乏投资信誉和维护信誉的动机。同时，政府政策行为带有明显的私利动机和机会主义的偏好，甚至不惜牺牲公众利益。如一些地方政府为满足自身利益，随意撕毁与企业签订的行政合同。

第三，市场经济所需要的法治环境尚不具备。我国作为一个由计划经济向市场经济、由农业经济向工业经济双转轨的国家，尚未建立起完善的促进企业市场竞争的法治环境，转轨时期的无序状态与成熟的法治社会存在着强烈的反差。尤其是现有法律的不完善和急需的法律法规的滞后，以及政府执法部门有法不依、执法不严的现象大量存在，成了企业发展的很大障碍。

（2）宏观经济环境。宏观经济环境是各种宏观环境中与企业关联度最强的一个环境因素。经济体制及经济政策的变动，利率、汇率、税率等调控手段的使用，经济发展水平、增长率、市场供求格局等各种宏观经济环境因素的变化，都深深影响着企业。一个良好的经济环境也必然会对企业的发展起到积极的推动和促进作用。

在新的历史时期，经济环境的发展和变化对社会主义企业的发展提出了新的更高的要求。企业要发展、要前进，就必须顺应经济环境的变化，而且要以一种主动的姿态把自己同经济环境紧密融合在一起。只有这样，才能在社会主义现代化建设中为国家和人民做出更大的贡献。

（3）科学技术环境。科学技术环境是宏观环境中的一个重大要素，是现代社会中进步最快、最有生机的一种力量。技术进步的加快，使产品的市场寿命周期越来越短，一个企业要想在激烈的市场竞争中立于不败之地，就必须关注科学技术的发展变化。例如，在互联网经济时代，一个企业，如不在网上存在，不在数字世界存在，就无法把产品和形象推荐给全世界。据悉，目前美国企业近 70% 的业务行为是在互联网上完成的，欧洲企业近 50% 的业务行为是在网上完成的。而中国的多数企业尚未跨进互联网的门槛，更谈不上开展电子商务，这不能不令人担忧。

进入 21 世纪以后，世界的经济和科技发生了重大的变化。主要表现在两个方面：一是新的科技革命突飞猛进，高科技特别是信息技术的广泛运用，不但为经济社会发展提供强大的推动力，而且使人类生产活动和社会生活开始进入信息化和智能自动化时代。二是经济全球化的深入发展，世界经济贸易发展和资金技术流动加快，各国经济和市场的进一步相互依存、相互开放。尤其是信息化以世界为舞台，导致信息、技术、资本、人才等生产要素更为激烈的竞争。与此相适应的是，国内的经济环境也在相应发生着深刻的变化。如市场经济体制、城市与农村、中部和东西部地区的发展以及生态环境、自然资源、环境保护等方面的变化都对企业的发展提出了新的更高的要求。

温家宝指出：只有以科学发展观为指导，辩证地认识和处理与发展相联系的各方面的重大关系，发展才能有新思路、改革才能有新突破、开放才能有新局面。温家宝提出的新思路、新突破、新局面，标志着我们在对经济环境认识上的新理念达到了一个新的高度。因此，在新的历史条件下，企业对经济环境在思想上要有全新的认识，在行动上要有积极的措施，这样才能真正使企业与环境融为一体，使社会主义企业在新的世纪里全面地发展。

（4）法律环境。过去中国市场经济方面的法律不完善，很多时候无法可依。经过 30 多年的立法实践，无法可依的情况如今已基本不存在。近年来，我国的法制建设不断完善，大量法律、法规出台，其中与企业经营和管理紧密相关的就有 70 余部，涉及企业的生产经营权、财产权、债权、知识产权、人身权、民事诉讼和仲裁权、行政诉讼和行政复议权等。依法行政、依法经营、依法监察、依法审判得到大力提倡，企业各项合法权益得到了有力保障。

但是，随着社会和经济的发展，企业在开展经营和管理过程中遇到的新事物、新问题层出不穷，引发的法律纠纷逐年增多，企业的法律环境日趋复杂。据有关部门统计，仅 1998 年各级法院就完结国有企业案 36696 件，完结各类企业劳动案 58205 件。究其原因，一是企业和个人法律意识显著增强，能主动运用法律武器维护自身权益；二是部分企业不懂法，事前不能根据法律规范自身行为，事后不能及时运用法律保护自身权益；三是部分企业法律观念淡薄，不依法办事，或者试图钻法律空子，结果“偷鸡不成反蚀把米”，使自己陷入法律纠纷之中不能自拔。可见，创造良好的法律环境，依法开展经营和管理，是企业实现长治久安的必然选择。

改革开放以来，中国的立法已经从经验主义走向理念主义，即把法律从工具、制度变成治国的理念，1999 年宪法里写进了“实行依法治国建设社会主义法治国家”，可以说是中国走向法律理念主义的开始。在理念主义立法思路下，市场经济和法治将更多地和国际趋同。虽然中国的经济里还存在社会主义特色，可能还有一些经济命脉需要国家控制，但市场上应该有一种共同的语言，法治也应该有一种共同的准则和国际共识。在此前提下，中国市场经济的法律将向着与国际接轨的方向调整，并进一步融入国际社会。

具体而言，市场经济的法律包括三个方面。

一是市场主体的法律。到目前为止这方面的法律已经基本完成。过去按照所有制划分的企业形态，已经根据国际惯例改为按照出资形态进行划分。《个人独资企业法》《合伙企业法》《外商投资法》等的出台，给了市场经营者充分的选择。

二是市场自由的法律。市场自由包括财产自由、交易自由和营业自由。市场自由的法律目前大体完善，三大自由基本都有法律保护。比如财产自由方面，《物权法》规定国家不能随意征用公司财产、私人财产，确认了私人财产的基本权利。《合同法》保证了交易自由和营业自由的权利。

三是市场秩序的法律。市场秩序在中国一直是比较薄弱的环节。中国的经济发展速度位居全球前列，市场秩序却排在世界100多位。市场秩序的法律主要有三个方面的内容：一是商业欺诈，包括产品质量、信用、财务报告等方面的欺诈。中国的商业欺诈问题十分严重，如虚假的商业信息、药品和食品质量低劣等。二是商业贿赂。商业贿赂在中国已经成为潜规则，是中国市场秩序中的一大顽症。三是商业垄断。市场经济是自由竞争，不能垄断。目前中国的行业垄断十分严重，比如石油行业、电力行业。自由和秩序是市场经济法治建设的两个方面。以美国为主的西方国家最初是市场自由多，秩序少。20世纪30年代大危机之后，美国逐步加强了市场秩序方面的法律。

总而言之，中国改革开放30多年来，市场主体法基本完备，而市场自由、市场秩序的问题较难解决。关键在于政府如何控制手中的权力不被滥用以及政府职能的定位。法律并非越多越好，更重要的是建立高度法治理念，即人权和民主制度以及公权与私权和谐的社会。

（5）自然环境。自然环境主要包括自然资源环境、生态环境和大气环境。一般来讲，追求利润最大化的私有企业的行为模式是使私有的边际收益等于私有的边际成本，这些以利润优先的企业往往会有回避和降低防治污染和公害费用支出的趋势，从而损害了社会其他成员的利益，促使他们采取行动维护自身的权益（武戈、蔡大鹏，2007）。也就是说，追求绩效的企业由于短视损害自然环境，必将受到利益受损的社会成员的惩罚，惩罚措施将损害企业绩效的持续增长，迫使企业做出调整。

（6）社会文化环境。社会文化环境是指一个国家或地区的人们共同的价值观、生活方式、人口状况、文化传统、教育程度、风俗习惯、宗教信仰等各个方面，这些因素是人类在长期的生活和成长过程中逐渐形成的，人们总是不自觉地接受这些准则作为行动的指南。社会文化决定着一个社会或者组织观察、认知、思考和行动的模式，也必然会在企业管理和运作上得到体现，从而最终会影响到企业的发展。实践证明，企业的发展在很大程度上受到其所在的文化环境的影响，各种不同的文化价值取向互相作用、相互渗透，对企业的管理和运作会产生不同的影响，最终对企业的绩效发挥重要作用。社会文化因素对企业有多方面的影响，其中有些是直接的，有些是间接的，最主要的是它能够极大地影响社会对产品的需求和消费。特别是外贸出口产品，如果对出口国家的社会文化环境了解得不深、不透，就会影响产品销路。

进一步说，根据波特的创新补偿理论，政府设计的环境规制有时可以激发企业创新，由此，部分甚至全部地补偿企业环境管理成本，在很多时候能使企业比不受环境约束的企业更具竞争力。波特的先动优势理论又说，随着国际环境保护的加强，世界市场正转向环境友好产品的生产。当一国的环境规制能正确反映国际环保趋势时，该国企业就能从率先实行的规制中获得竞争优势（王爱兰，2005）。

2. 行业竞争压力分析

美国哈佛大学商学院教授迈克尔·波特的五力竞争模型被认为是分析行业竞争格局、赢利潜力的重要方法。该模型认为，企业的总体赢利能力直接受其所处行业的赢利能力的影响，而一个行业的赢利能力又受该行业竞争力的影响。波特教授把行业竞争力概括为五种竞争力量，即潜在进入者的威胁、替代品的威胁、购买者讨价还价的能力（买方议价能力）、供应商讨价还价的能力（供方议价能力）以及当前行业内部现有企业的竞争。显然用波特模型进行分析有助于企业把握整体的行业竞争环境，面对五种竞争力量，促使每个相关联的企业制定出有效应对竞争、提高竞争地位的发展战略。

目前中国企业竞争的突出问题表现在三个方面：一是企业竞争的层次太低，多数企业处在价格竞争的层次上，如从彩电到空调，从汽车到手机。二是无序竞争，许多企业不按规则出牌，竞争中充斥着大量的不正当竞争行为。三是只盯着一个市场，而不注意开拓潜在市场。市场竞争，不是打击他人的过程，而是领先于他人的过程。市场竞争的核心，是争夺消费者，谁能夺得消费者谁就会立于不败之地。因此，培育合作竞争的观念，培育和竞争对手共成长的精神，变竞争为合作，变你死我活为双赢，才能使企业在竞争中得到发展，取得最后竞争的胜利。倡导这样的竞争文化，需要有大气魄、大胸襟。

以中国汽车行业为例，中国的汽车行业已经从改革开放以前国家高度保护政策体制下的缓慢发展逐渐演变到了当前多元化的竞争格局，企业面对的竞争不仅来自国内同行业的企业，还要受到我国加入 WTO 以后流入国内的 FDI、国外进口汽车以及国外汽车强国企业在中国的本土化战略的强大冲击。在买方和供方议价方面，汽车企业处于有利地位，预示着行业的赢利潜力。

目前汽车行业较高水平的行业集中度和规模经济效益，表明了中国汽车行业垄断竞争格局的到来，同时也预示着：随着市场竞争的加剧，为了生存和市场份额的巩固，在未来的10年里，国内的汽车企业很可能会进入重组和兼并的阶段。要想在未来的行业发展中处于有利的竞争地位，企业应该加速并加大对R&D的投入，加强技术创新体系、管理体系的建设，坚持科技领跑企业发展战略。另外，企业要结合国家汽车工业发展规划、政策指导方向，制订企业发展的长远计划。

3. 市场需求引力分析

经济学家约瑟夫·熊彼特差不多在一百年前就曾指出：生产从一开始就是为了需求，因为需求才是生产的最终目的。21世纪的经济发展越来越验证了需求经济的全面来临。如何用最有效的手段和方法，为公司增加收入和降低成本几乎成为企业普遍面临的问题。在市场逐渐成熟的环境中，同行业单位产品的平均收益、利润率、生产率在经营成本和销售收入方面会基本趋同，使产品获得溢价收入的现象几乎不复存在。除了在管理、机制、流程方面再造外，追逐顾客、满足顾客需求，并努力培养忠诚的顾客群就成为竞争的必然。

马克思认为，生产和消费是作用和反作用的关系，生产决定消费，消费也决定着生产。他在《政治经济学批判导言》中指出，消费从“两方面生产着生产”：一是通过消费过程把生产出来的产品消灭，使生产过程得以最终实现，因为产品只有在消费中才成为现实的产品。二是消费为生产创造出动力，因为“没有需要，就没有生产，而消费则把需要再生产出来”。从马克思的论述可以看出，生产不能脱离消费而存在，没有足够的消费需求，生产难以持续下去，消费需求是生产发展的“第一个限制”因素。鉴于此，我们必须认真反思当前我国经济增长过于依赖投资拉动和出口拉动的片面做法，千方百计扩大消费需求，并真正发挥消费需求拉动经济增长的原动力作用。

第二节　需求拉动机制

一　需求、需求结构与企业发展

1. 市场需求与企业发展的关系

市场需求的变化直接决定着一个产业的结构和企业行为。在需求增长、不变和衰退等不同条件下，产业结构和企业的行为特点也是不一样的。市场需求扩张可能导致市场更加趋向于垄断，也可能使其更加趋向于竞争。需求扩张对市场结构的影响如图 13 – 1 所示。

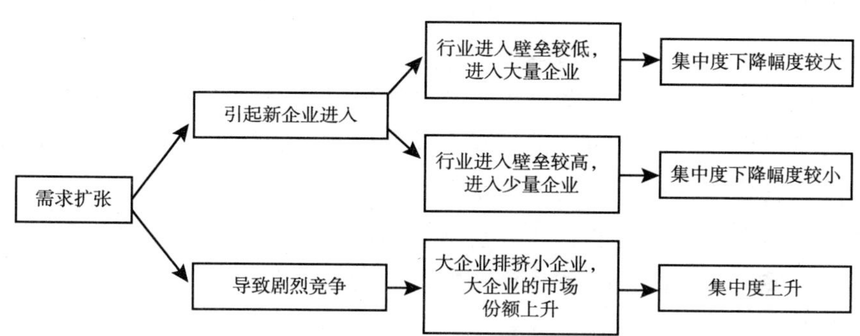

图 13 – 1 市场需求扩张对市场结构的影响机制

一方面，需求扩张会给潜在企业带来进入市场的机会，导致产业内出现新企业。

我们可以从两个角度来分析。从市场角度来看，在规模经济一定的条件下，市场容量或规模越大，一个行业能够容纳的达到最小有效规模经济的企业数量就越多，因此，需求的增加会带给新企业更大的发展空间。从企业的角度来看，当市场的需求增加时，新企业会对进入市场所能获得的收入与成本有一种预期，当它的预期利润大于零时，它会认为进入市场是有利可图的，而这种预期正是新企业进入市场的激励动机。若其他条件不变，则行业内企业数量的增加会使集中度下降。另外，市场需求的增长也为市场中现有的规模较小的厂商和新进入厂商提供了相对有利的条件，特别是那些没有实现规模经济的小厂商，市场需求的增长会使它们既能扩大规模又能提高经济效益，它们的发展速度往往会超过那些大厂商的发展速度，因此将导致市场集中度的下降。

另一方面，市场需求的增加也会刺激市场内的原有企业进行规模扩张，企业会有扩大产量的动力，以获得更多的利润，甚至是更多的市场份额，这便加剧了原有市场的竞争。

在这一竞争过程中，大企业由于自身的技术及规模经济等优势更容易进行规模扩张，因此有能力不断排挤中小企业。如果原有市场的中小企业在竞争过程中处于劣势，最终极有可能会被逐出市场，从而导致产业内的集中度提高。另外，即使由于最佳规模区域的限制，厂商不可能无限制地扩大自身的规模，但只要它的扩张速度大于市场需求的增长速度，那么即使没有企业被挤出市场，少数厂商规模的扩张仍能导致市场集中度的上升。

正因为市场需求增加产生的以上两种作用，才导致需求扩张对市场结构的影响存在不确定性。那么，在这一影响过程中，需求增加引起的集中度下降程度和上升幅度哪个更大呢？这取决于产业的进入壁垒水平，因为根据上述分析，需求增加会使潜在企业产生进入市场的动机，而新企业是否有能力成功进入市场，很大程度上取决于进入壁垒的高低。当进入壁垒较高时，需求增加引起的企业数量增长幅度较小；反之，当进入壁垒较低时，需求增加引起的企业数量增长幅度较大。在原有市场的中小企业被挤出市场时，同样也会面临退出壁垒的问题，但相比于进入壁垒，企业面临退出壁垒时拥有的选择权很小，在很多情况下，这些企业往往是被迫退出市场的。

2. 需求结构对经济发展的影响

党中央关于“十一五”规划的建议中指出，要保持经济的平稳与较快增长，必须“扩大国内需求，调整投资和消费的关系，增强消费对经济增长的拉动作用”，只有这样才能“保持社会供求总量基本平衡，避免经济大起大落，实现又快又好发展”。

需求结构主要由三部分构成：投资需求、消费需求和出口需求，被称为拉动国民经济发展的“三驾马车”，但这三者在国民经济中的地位和作用是不同的。

首先，消费需求是拉动经济增长的原动力。对于三者在经济增长中所起的作用，多年来人们直观地认为，投资是拉动经济增长的第一位的、主导的力量。理由是，每次经济的繁荣和高涨都是投资大量增加的结果，而每次经济低迷和通货紧缩都是投资不足造成的。反过来，每次抑制经济过热都是依靠压缩投资。然而，实证分析的结论却不同。20 世纪 80 年代末到 90 年代中期，美、日、英三国消费需求对 GDP 增长的贡献率分别为 84.4%、62.2% 和 89.7%。同期，我国消费、投资、净出口三者对 GDP 增长的贡献率分别为 52.3%、42.5% 和 5.2%。尽管与上述三国相比，我国消费需求对经济增长的贡献率明显偏低，但仍然是经济增长的第一拉动力。这表明，一般情况下，世界各国都主要依靠消费需求来支撑经济增长，而投资需求的作用则是第二位的。

其次，消费需求决定了投资需求。从全球的角度看，需求只有两种，即消费需求和投资需求。这是因为，任何一个国家的进口最终都要转化为这两种需求。然而，这两种需求存在着质的区别。构成生产目的的是生活资料和生活服务，而不是生产资料和生产服务。生产资料和生产服务仅仅表现为手段。从总体上看，投资需求是为消费需求服务的，是由消费需求派生出来的。没有消费需求的增长，投资就不可能无限制地循环下去。虽然投资的扩张能在短期内刺激经济增长，但这种投资形成的供给能力，必将加剧下一阶段供给过剩。因此，从中长期看，只有把投资建立在消费需求的基础上，才能有效地扩大内需，拉动经济增长。

在国民经济的增长中，尽管投资也具有重要的拉动作用，但消费拉动力要更强一些，因为消费需求是一切经济活动的出发点、起点，消费需求的满足是一切经济活动的落脚点和最终目的。通过消费需求的拉动，不仅方向明确，目标集中，而且时间短，收效快，有利于协调生产与消费的关系。特别是面临消费升级的阶段，消费需求多样化、多层次化，消费品和劳务丰富多彩，经济领域各种关系错综复杂，更需要发挥消费需求的导向作用和拉动作用，形成消费需求与经济增长之间的良性循环。如果依靠投资启动，不仅周期长，收效慢，而且容易走偏方向，出现“为生产而生产，为投资而投资”的情况，甚至出现盲目投资、产品趋同的情况，难以协调生产与消费的关系，更谈不上良性循环。因此，我们应吸取过去一些教训，彻底破除“重生产，轻消费”、“高积累，低消费”的传统观念，真正从思想上认识消费需求的导向作用和拉动作用，并落实到行动中去，以利于加速全面建设小康社会的进程。

3. 我国需求结构存在的主要问题及其原因

从需求结构的角度讲，投资需求、消费需求和出口需求并称拉动经济增长的“三驾马车”。但从我国实践看，由于受多种因素的影响，消费需求相对于其他两者而言，无论是增长速度还是对经济增长的拉动作用都大大滞后，消费需求不足的倾向越来越严重。具体而言，消费需求不足主要表现在以下几个方面。

一是消费率偏低。改革开放以来，消费率曾出现过短期的上升，比如，消费率从 1978 年的 62.1% 上升到 1981 年的 67.5%，但此后则一路下滑，从“六五”时期的 66.1% 下降到“九五”时期的 59.4%。进入 21 世纪后，消费率下滑趋势更加明显，2004 年已下降到 53%，比 2000 年整整下降了 8 个百分点。与世界大多数国家的消费率在 70% ~80% 的水平相比，我国的消费率严重偏低，属典型的低消费国家。①

二是社会消费品零售总额增长率大大低于固定资产投资增长率。据统计，1990～2003年，全社会固定资产投资年均增长21.1%，而社会消费品零售总额仅增长13.2%。特别是20世纪90年代末以来的社会消费品零售总额增长速度大大低于“七五”时期（14.0%）和“八五”时期（23.2%）的水平。2005年，全社会固定资产投资增长25.7%，而社会消费品零售总额仅增长12.9%。社会消费品零售总额的增长速度大大落后于固定资产投资和工业生产的增长速度。

三是社会生产能力低水平过剩。消费需求不足导致生产能力大量闲置和浪费，产品积压严重，使我国在生产力水平和居民消费水平还都很低的情况下过早地进入买方市场。当然，造成这种局面的原因也包括一些行业长期重复建设和盲目发展。据第三次全国工业普查对900多种主要工业产品的统计，生产能力利用率不足60%的达半数以上。另据商务部2006年的最新调查显示，国内600种主要消费品中，供过于求的商品430种，占72%；供求基本平衡的商品170种，占28%；没有供不应求的商品。

导致消费需求不足的原因是复杂的、多方面的，既包括体制性原因，也包括政策性原因；既有历史原因，也有现实原因。下面主要分析三个原因。

一是积累率过高抑制了消费需求的总量扩张。重积累、轻消费是我国经济建设中长期没有解决的顽症。

二是收入差距过大阻碍了消费需求的和谐增长。这主要表现在：城乡收入差距过大导致城乡消费不和谐。

三是社会保障体系不健全极大地压抑了居民的即期消费需求。

二　中国特色的“需求拉动”理论

1. 具有高度责任感的国家政府的紧急呼吁和保护

温家宝总理在十一届全国人大第三次会议上所作的《政府工作报告》中指出：2009年我们“全面实施并不断完善应对国际金融危机的一揽子计划，大规模增加财政支出，实行结构性减税，保证货币信贷的快速增长，提

① 王子先：《我国消费率远低于世界平均水平，扩大内需是要务》，载于中国经济网，http://europe.ce.cn，2006年2月24日。

高货币政策的可持续性，扩大直接融资规模，满足社会发展的资金需求，有效扩大了内需，很快扭转了经济增速下滑趋势”。总结“需求拉动”政策的理论与实践意义，能够帮助我们在2010年坚持政策的连续性和进一步完善“需求拉动”的各项措施的积极性。

2009年中国政府在扩大内需方面实施了异乎寻常的重大举措。正如温家宝总理在十一届全国人大第三次会议上所作的《政府工作报告》中指出的：“着力扩大居民消费。我们鼓励消费的政策领域之宽、力度之大、受惠面之广前所未有。中央财政投融资金450亿元，补贴家电汽车摩托车下乡、汽车家电以旧换新和农机具购置。减半征收小排量汽车购置税，减免住房交易相关税收，支持自住型住房消费。全年企业销售1346万辆，增长46.2%，商品房销售937亿平方米，增长42.1%，销售总额实际增长16.9%，消费对经济增长的拉动作用明显增强”。因为有效扩大了内需，所以我们“很快扭转了经济增速下滑趋势”。

2. “需求拉动”理论不等于凯恩斯主义

应用财政与货币调控政策应对经济危机是凯恩斯主义者惯用的手段。但是，我国政府的“需求拉动”政策从理论上看绝不等于凯恩斯主义，它们有着本质的区别。

首先，二者对于经济危机根源的认识存在着本质的差异。“需求拉动”理论是建立在马克思主义基础上的中国特色社会主义经济理论与时俱进的发展中的一大创新成果。马克思主义认为，以生产过剩为特征的资本主义经济危机是资本主义基本矛盾作用的必然结果。由资本主义的生产资料私有制决定的财富向一极积累，贫困向相反方向的另一极积累的规律，最终会产生社会有效消费需求的不足并引起社会经济危机。20世纪20年代末30年代初，整个资本主义世界陷入了深刻的政治、经济危机之中，沙伊认为的资本主义经济的供求是自动均衡的、不会发生过剩的危机的断言不攻自破。

其次，中国不存在有效需求不足问题。有效需求不足是经济危机的基本特征，由于有效需求不足，大银行、大企业以及大量中小企业破产倒闭，失业率不断攀升。中国虽然也存在着与出口有关的一批中小企业关门歇业或者破产倒闭，并且由此造成了几百万农民工返乡另谋职业的问题，这个问题是由世界市场需求不足造成的。但是，我国整个国民经济发展状况还是良好的，国内需求并没有萎缩，只是国民经济发展的高速度受到了影响。因此，我们快速、果断地实施有效的宏观调控措施以后，我国2009年还能够保持

8%的 GDP 增长速度。社会有效需求是指社会总的可以用于消费的消费基金。改革开放30多年来，中国城乡居民的生活水平不断提高，恩格尔系数由接近60%不断降低到45%，中国居民的存入率和存款总额均名列世界前茅。截至2008年底，中国居民的存款余额高达16万亿元人民币。

最后，“需求拉动”是应对国际金融危机而提出的保增长、保民生、保稳定的积极对策，是调节国际、国内两个市场发展节奏的措施，而不是像美国等发达国家应对大量金融企业和大公司已经破产或走上了破产边缘而被动提出的挽救措施。中国政府利用社会主义国家的优越性和政府拥有的广泛有效的宏观调控职能提出的“需求拉动”政策，是指引中国社会主义经济、社会健康稳定发展的明灯。由需求拉动促进加快发展和加快结构调整的中国市场对阻止国际市场的加速下滑并且出现明显见底迹象，做出了巨大贡献。

3. “需求拉动”理论是对马克思生产与消费关系理论的创新与发展

马克思设想的社会主义（共产主义第一阶段）是人类社会比较高级的已经消灭了私有制的发展阶段，是生产力水平高于资本主义的商品经济之后的没有商品存在的产品经济阶段，这时的生产已经进入了自觉阶段，生产与消费是统一体，因而生产始终起着主导的决定性作用。但是，实践中的有中国特色的社会主义用自己的成功经验表明：商品与社会主义不是对立的，社会主义不仅存在分工而且还要发展分工，社会主义的生产者都有着各自独立的物质利益。因此，依据马克思商品经济存在的必然性理论，社会主义经济依然还是商品经济。邓小平说有商品必然有市场，资本主义有市场，社会主义也可以有市场，而且把大力发展商品经济和建立社会主义市场经济体制作为改革的目标。在商品经济条件下，生产与消费者在本来联系十分紧密的矛盾统一体的中间硬插进了一个作为中介的商品，使生产与消费的关系变得相对脱节因而很复杂，不能简单地说谁决定了谁。当社会生产水平比较低下，不能满足人们基本生活需要时，主要矛盾当然在生产上。马克思经济危机理论指出，当资本家争先恐后扩大再生产致使社会需求赶不上社会生产，产品找不到需求时，危机就会爆发，经济危机实质是生产过剩的危机，这时主要矛盾在需求上而不是生产上。西方学者认为2008年美国爆发的金融危机仅仅是缺乏有效监管造成的，因而是偶然的。这是完全错误的结论。美国的危机依然是生产过剩的危机，是资本主义基本矛盾决定的必然结果。在经济学界有重要影响的“社会分工学派”的代表卓炯认为，社会分工是商品经济的基础，而对应着生产力的发展，社会分工越来越发达，商品经济必然要不断向前发展，这是不会因为所有制变化而废除的。存在社会主义商品经济，也存在共产主义商品经济，商品经济将成为建设共产主义的有力武器。我国30多年改革开放成功的实践表明，无论商品经济是否“万岁”，商品作为生产与消费的中介将会在社会主义社会长期存在下去。社会主义生产与消费的关系必然也会变得复杂，社会主义如果不顾社会消费需求盲目扩大再生产，也会出现产品过剩的危机。

4. 邓小平理论是需求拉动政策的理论基础

需求拉动政策的一个本质特色是满足整个社会的民生需求，这一政策只能是在邓小平理论、“三个代表”重要思想和科学发展观指导下提出的。邓小平旗帜鲜明地坚持了毛泽东“只有社会主义能够救中国”的思想，还进一步提出了“只有社会主义能够建设中国”的著名论断，把坚持社会主义放在“四个坚持”原则的第一位，强调指出：社会主义经济是以公有制为基础的，生产是为了最大限度地满足人民的物质、文化需要，而不是为了剥削。由于社会主义制度的这些特点，我国人民能有共同的政治经济社会理想，共同的道德标准。以上这些资本主义社会永远不可能有。资本主义无论如何不能摆脱少数资本家获得超级利润，不能摆脱剥削和掠夺，不能摆脱经济危机，不能形成共同的理想和道德，不能避免各种极端的犯罪、堕落、绝望。资本主义生产不是为了满足社会需要而是为了赚钱，资本家必然千方百计扩大再生产，当社会需求赶不上生产发展的步伐，大量产品找不到需求时，经济危机必然爆发。我们相信社会主义比资本主义的制度优越。它的优越性应该表现在比资本主义有更好的条件发展生产力。

三　“需求拉动”理论与中国社会主义建设实践

1. “需求拉动”理论的核心思想与根本目的

“需求拉动”理论的核心思想是：举政府的有限财力拉动地方投资，通过加快各地和各行业特别是医疗、教育、社会保障以及铁路等公用事业基础设施的建设产生的相关需求和由这些需求产生的增加就业的需求与增加消费需求，保持中国社会主义建设较高的增长速度、实现人民生活水平的逐步提高、加快解决人民广泛需求的医疗保障、社会保障与教育公平等民生问题。

显然，“需求拉动”的目的是为了解决经济全球化大背景下世界经济剧烈波动给中国社会生产带来的巨大困难，旨在实现“不断地满足人民日常增长的物质文化需要”的社会主义生产目的的重大决策。

温家宝总理在2008年10月公布政府为应对国际金融危机而提出的4万亿元刺激经济稳定增长的“需求拉动”对策时特别强调：“信心比黄金与货币还宝贵”①，并且在2009年3月全国人民代表大会上所作的政府工作报告中公布了政府即将向教育、医疗和社保领域投入相当大的资金计划，强调中国存在“需求拉动”的实力和空间。2008年12月以后，“需求拉动”政策刚一推出就显现出巨大威力。

其实，从1998年以来中国就创造了靠“需求拉动”促使国民经济保持十年高速增长的奇迹。1998年，中国国民生产总值实现了比1980年翻两番的辉煌业绩，提前两年完成了党的十二大提出的社会主义初级阶段第一阶段解决温饱问题的任务，开始进入致力于建设中等发达国家的第二阶段。正是在这一年爆发了亚洲金融危机，已经相当开放的中国必然受到影响，而且中国经济如果出现经济倒退，还将拖累全世界经济的发展。在此背景下，中国果断地提出了以“需求拉动”保国内经济增长的政策，一方面加大基础设施建设和改善人居环境；另一方面给劳动者加工资，提前实施高等学校由精英教育变为大众教育的改革，迅速扩大招生规模并鼓励银行开展贫困生助学贷款业务等。同时，宣布人民币不贬值，虽然减缓了中国商品加快出口的势头，但是保住了深陷金融危机的亚洲国家尽量多的出口商品的需求，缓解了危机的压力。中国主动承担了一个大国的责任，以扩大内需渡难关和帮助别国保外需，受到了世界人民的赞扬。

2008年第三季度以后，世界金融危机大面积波及中国，中国的进出口贸易大幅度滑坡，中国政府冷静地分析了国际形势并且根据中国拥有13亿人口的内部巨大市场的优势和10年来的成功经验，果断地提出了以“需求拉动”保增长、保民生、保稳定的应对策略。在中国政府的带领下，中国人民迅速渡过难关，使中国成为世界最早恢复经济繁荣的国家。

“需求拉动”理论解决了进入建设中等发达国家阶段怎样建设社会主义的实践问题。所以，我们应该认真研究、充分理解“需求拉动”理论与政策的重要价值。

2. “需求拉动”应基于合理消费之下

“需求拉动”是我国发展经济的一条重要经验，但我们反对通过过度消

① 温家宝：《信心比黄金和货币还要重要》，十一届全国人大二次会议上国务院总理温家宝会见中外记者并回答记者提问时的谈话，见人民网，http://lianghui2009.people.com.cn/GB/145749/8956976.html，2009年3月13日。

费的途径激发需求。长期以来，我国过度消费现象已屡见不鲜。所谓过度消费，是指少数人的挥霍性消费，如花几万元或几十万元吃一顿饭等。这其实是个别富人为了满足自己的畸形心理而进行的炫耀性消费，这种消费对于拉动经济的发展不存在任何实际意义。

第一，挥霍性消费只是少数人的高消费，并不能完整体现社会生产的目的。马克思在分析社会资本再生产中的第Ⅱ部类再生产的时候，曾论述了必要消费资料的生产与奢侈品生产的关系问题。他指出，可变资本、剩余价值和不变资本，在两个分部类之间的分割，“从根本上影响着生产的性质和数量关系，对生产的总形态来说，是一个本质的决定性的因素”①。这就是说，两个分部类的分割影响到生产是以必要消费资料的生产为主，还是以奢侈品的生产为主的问题，从而决定生产的总形态是以必要消费资料生产为主还是奢侈品的生产为主。不用说，在一般情况下，社会生产的目的不能是后者，而只能是前者，在我国社会主义制度下尤其如此。我国消费主体的绝大多数，是普通劳动者，广大老百姓，社会生产的目的只能是人民群众的日益增长的消费生活需要。高档消费所刺激的是高档消费品的生产，与我国人口多、底子薄的国情不符。如果只是少数人的高消费，底层居民的消费并没有扩大，社会主义的生产目的就没有实现。

第二，过度消费是对资源的浪费，将加剧社会的不公平。对于经济发展和消费需要来说，资源对于任何一个国家都是稀缺的。“好钢要用在刀刃上”，让有限的资源首先去解决那些社会亟须解决的问题，才能保证社会经济的持续、稳定的发展，才能符合社会公众的利益。上文提到，我国经济资源的稀缺性要高于发达国家，因此，尤其有必要用好资源，发挥资源的最大效用。过度消费导致大量的资源被少数人无效耗费，势必损害社会公众的利益，形成社会资源占用与受益的不公平。

第三，过度消费反映发展的不经济。过度消费本身并不是孤立的，是社会一些不良现象在消费领域的反映。比如公款消费就是典型之一，其中不乏黑色消费、灰色消费、黄色消费，还有那些滥砍、滥伐、滥捕、滥排，导致资源受损，也是对资源的浪费和破坏。另外，还有不可持续的发展方式，造成生态环境的破坏，造成人与自然关系的失调；重复建设造成大量经济资源的浪费；生产中一味追求经济效益，导致原材料的消耗、能源的消耗、活劳

① 马克思：《资本论》第2卷，人民出版社，1975，第457页。

动的不当和过度消耗；豆腐渣工程大量浪费社会财富；生产中疏于管理造成的“跑、冒、滴、漏”等资源的浪费。以上现象不仅不能扩大消费需求，相反，是对经济的破坏，必须坚决加以制止。

四 中原经济区建设背景下的投资、消费、出口分析

1. 中原经济区投资、消费、出口工作综合现状

党的十七届五中全会明确提出了实施主体功能区战略构想。这是党中央、国务院立足于我国现代化建设的大局、着眼于推动经济社会全面协调、可持续发展的重大战略。《全国主体功能区规划》是指导我国科学开发国土空间的行动纲领和远景蓝图，是国土空间开发的战略性、基础性和约束性规划，是国家经济和社会发展总体规划以及各项专项规划在国土空间开发和布局上的基本依据，对落实科学发展观，统筹城乡发展、统筹区域发展、统筹人与自然和谐发展具有重大指导意义。该规划将中原经济区纳入国家层面的重点开发区域，这是国家第一次将中原经济区写入国家文件，标志着中原经济区建设已正式上升到国家战略层面。

近两年，在中原经济区国家战略实施的大背景下，在国际金融危机深层次影响持续显现、世界经济增长放缓的情况下，在国家宏观经济下行压力增大的背景下，河南经济逆势增长，拉动经济增长的投资、出口、消费“三驾马车”表现不俗，成绩全部居中部地区首位。2011 年全省生产总值突破 2.7 万亿元，比上年增长 11.7% 左右；2012 年，生产总值预计增长 10% 左右。2011 年，河南外贸进出口总额突破 300 亿美元，增长 70% 以上，其中出口增长 80% 左右；2012 年，将实现进出口总额 400 亿美元以上，其中出口增长 30% 以上。出口一直是河南“三驾马车”中跑得最慢的一驾，但富士康等出口型企业入驻河南后，河南进出口总额飞速增长。全国出口在下降，河南却进入高速增长期，这将极大提升我们经济增长的可持续性。出口短板在改善，投资在持续增长，消费在提升，并逐步趋向平衡，为河南经济的持续发展奠定了坚实的基础。

中原经济区建设对投资增长将提供强劲动力。2012 年，投资仍将是河南 10% 增长目标的重要支撑力量。当前国家投资重点正在从“铁公基”转向农业、水利、生态和民生等方面。中原经济区建设提出“两不牺牲”，从国家获得的农业和粮食、生态和环境方面的投资会比较多。此外，还有河南的民生投资、承接产业转移的投资等。因为“九州通衢”的特殊区位优势，

在全国“铁公基”投资趋缓的情况下，河南的基础设施投资仍将继续增长。国务院指导意见中明确提出，支持建设郑州到万州、济南、太原、杭州等地的高铁和铁路，中原经济区“米”字形建设格局，也将吸纳更多投资，对河南省经济增长仍是巨大的推动。2012 年，河南省社会消费品零售总额的增长目标是 16%，万亿元总量预期轻松可达。政府公共服务和公共基础设施不断向农村延伸，给农村消费带来很大提升空间。①

2. 中原经济区投资、消费、出口工作的结构性问题分析

问题之一：投资与消费比例失调现象明显。

在投资、消费、出口这“三驾”拉动经济发展的“马车”中，出口（尤其是净出口）的多少依赖的是外在因素，投资和消费才是中国经济发展的内在动力。因此，正确处理投资与消费这二者之间的关系是经济发展中必须面对的重要问题。在这一关系的处理上，河南省与全国一样存在着投资比重过大，消费拉动相对不足的问题，如表 13 - 1 所示。

表 13 - 1　固定资产投资与全国固定资产投资情况比较

年份	全国固定资产投资总额(亿元)	占 GDP 的比重(%)	比上年增长(%)	河南省固定资产投资总额(亿元)	占河南省全年生产总值的比重(%)	比上年增长(%)
2006	109998.2	52.44	3.84	5907.74	47.40	5.83
2007	137323.9	55.65	3.21	8010.11	53.19	5.79
2008	172828.4	57.30	1.65	10490.65	56.87	3.68
2009	224598.8	67.05	9.75	13704.65	70.76	13.89
2010	278140.0	69.89	2.84	16585.85	72.29	1.53

资料来源：根据河南省统计局和国家统计局资料汇总。

从中可以看出，河南省固定资产投资总额占河南省全年生产总值的比重近两年持续维持在 70% 以上，分别超过全国当年的投资比重；而消费、出口等的合计比重不足 30%。进一步通过查阅 2011 年 1 ~ 5 月的统计数据，河南完成固定资产投资 5187 亿元，比上年同期增长 29.8%，仅次于江苏省的 9933 亿元、山东省的 8065 亿元，居全国第三位。河南省的房地产开发投资完成 781.9 亿元，同比增长 35.7%，高于全国平均水

① 郭庚茂：《河南省人民政府 2011 年〈政府工作报告〉》，2011 年 1 月 26 日《河南日报》。

平 1.1 个百分点。在投资如此强劲的情况下，消费相对不足，消费并没有发挥对经济应有的作用力，这就是通常所说的“投资过热、产能过剩”，这样的投资与消费不协调现象必须加以调整。

中原经济区作为全国的中部地区之重，尤其河南省是全国第一人口大省，转变经济增长方式、扩大内需、拉动消费是保持经济可持续增长的长久之策和立足之本。在全球经济不确定因素增多的大背景下，坚持扩大内需的经济发展方针在战略上具有极其重要的意义。

问题之二：投资与消费对经济的贡献率不协调。

从投资与消费对经济的贡献率看，我国目前的投资贡献率高于国外，消费贡献率低于国外。2010 年我国的投资贡献率为 85.09%，消费贡献率为 50.54%，投资对经济增长的贡献明显大于其他国家，而消费的贡献众所周知。2010 年河南省投资贡献率为 80.58%，消费贡献率为 32.08%。可见，中原经济区的核心——河南省的经济发展主要依靠高投资率，消费并没发挥对经济应有的作用力。高投资支撑了近三年（2008～2010 年）中国经济的增长，为减少全球金融危机对我国经济的冲击和不利影响，国家实施了应对危机冲击的一揽子计划，加大了以基础设施建设为主的固定资产投资，进一步扩大内需、促进经济增长。通过政府资金投入，带动大量社会资本的进入，从而使经济和基础设施投资快速增长，这些政策效果当然是显著的，为中国经济率先走出低谷做出了巨大贡献。在这个政策背景下，河南省也大量投资于高速公路及高铁的建设，从而使经济在此三年也得到了平稳较快的增长。从总体来看，河南省这三年经济的增长主要得益于投资对经济的巨大贡献，投资充当了主要的动力。

问题之三：扩大消费需求的基本条件尚不具备。

从目前中原经济区处于初步的建设阶段来看，让消费代替投资来作为经济发展的第一引擎的条件还不具备，扩大消费需求是一项复杂的系统工程，和消费主体的需求、产品的供给、产品价格、法制环境、市场环境及信用环境等诸多方面都有一定的关系。建立扩大消费需求的长效机制是一个长期的过程，不可能一蹴而就。目前制约河南省消费扩张的因素比较多，比如河南省是人口大省，经济发展水平不高，工资收入在全国来说都处于较低的水平等。虽然目前扩大消费对经济的平稳发展具有十分迫切的意义，但要由投资拉动转变为消费拉动不是短时间内能够做到的，还需要很长的时间。

因此，从中长期看，经济发展离不开消费，同样也少不了投资的支撑。

从目前的情况来看，消费与投资仍将是“三驾马车”中未来主导中国经济发展最重要的、缺一不可的两种动力。

问题之四：出口业务中的结构性问题突出。

据统计，近几年来，随着河南省经济的快速增长，投资环境不断优化，吸引着越来越多的外商到河南进行投资，外商以及港澳台投资企业在河南省的注册登记数量从2002年的2437户增加到2007年的2983户，实际利用外资额从2002年的45165万美元增加到2007年的306162万美元，河南省对外贸易主体的增加，带来了全省出口迅速增加。但是到了2009年，由于受国际金融危机的严重冲击，全省进出口有所下降，总额为134.38亿美元，比2008年下降23.1%。其中，出口73.46亿美元，下降幅度为31.5%；进口60.92亿美元，下降幅度为9.9%。河南省出口业务中的结构性问题主要表现在以下几方面。

一是较低技术含量的出口制成品比例过大。河南省虽然针对自身优势大力发展了劳动密集型产业，但出口产品大多属于普通制成品，科技含量普遍偏低，国际市场竞争力普遍偏弱。这些劳动密集型产品主要以鞋类、纺织品、服装、皮革制品、塑料制品、橡胶制品、一般机电产品为主。但是，随着国际贸易摩擦愈演愈烈，一方面，发达国家普遍对这些产品设置非关税壁垒，实行配额限制，再加上这些产品的需求收入弹性低，这种重量不重质的出口扩张必然导致产品价格的进一步降低，使我们在贸易中所获利益减少；另一方面，会引起进口国的反倾销。

二是出口地区过于集中。河南省对外出口的主要地区是亚洲，2006年出口亚洲的总额占对世界出口总额的51.66%，2007年有所下降，占45.99%；其次是欧洲和北美洲，分别占16%以上。而在对亚洲几个国家和地区的出口总额中，韩国2006年占到10.83%，2007年有所下降，为8.75%。其次是中国香港和日本。在对北美洲的出口总额中，2006年对美国的出口总额为669913万美元，占对整个北美洲出口总额的91.37%，占对世界出口总额的18.07%，2007年为136258万美元，占比分别为91.55%和16.24%。由于河南省对外贸易过于集中，可能造成对某些国家和地区过高的依附性。

三是出口贸易结构未反映出中原经济区的自身优势。出口产业以工业为主，服务产业和农业创汇能力薄弱。服务贸易比重的高低是衡量一个国家是否贸易强国的重要标志。在河南省的出口产品中，工业产品比重占80%以上，而服务产业和农业创汇能力较低。一方面，对河南省而言，有着优越的历史和文化古迹，非常适合发展旅游业。近几年来，河南省国际劳务输出和旅游业也有了很快发展。2009 年全年对外承包工程、劳务合作和设计咨询业务新签合同额达 17 亿美元，营业额达 17.9 亿美元。全年共接待海内外游客 23438 万人次，旅游总收入 1984.64 亿元。但是，总体来说，河南省旅游业和国际劳务输出总规模较小。另一方面，河南省是全国重要的粮、棉、油生产基地，生产总量均占全国前三名，粮食总产量连续多年占全国总产量的 1/10 左右。但从目前来看，河南农产品出口规模明显偏小。2006 年，农产品产值占全国总值的 20% 以上，但是农产品出口只占全国份额的 1.5%，而到 2008 年河南省农产品只占全国出口额的 1.12%。这一方面说明河南省农产品的出口创汇能力较弱，另一方面也说明河南在农产品的出口方面还有很多潜力没有开发。

五　中原经济区经济增长模式及投资、消费、出口结构调整战略

1. 投资需求拉动仍是中原经济区经济增长的主动力

从动力结构看，拉动经济增长应主要依靠投资需求增长拉动。2009 年，河南省全社会固定资产投资对经济增长贡献率超过 70%，而消费和出口总计对经济增长贡献率不足 30%，特别是出口贡献微乎其微。国际金融危机后，上述矛盾与问题进一步突出，迫使我们面临着发展与转型的双选择，调整结构、转型升级已经刻不容缓。中原经济区只有兼顾“发展”和“转型”双重目标，在发展中求转型，在转型中促发展，着力培育经济增长的内生性，孕育新的发展能力，才能在激烈的区域竞争中做到不掉队，实现持续发展和超越发展，走出一条具有自身特色、时代特征、符合科学发展观要求的中原崛起之路。

2. 积极发展外商直接投资带动经济增长

一是大力宣传河南省所拥有的区位优势、交通优势以及能源资源和矿产优势，吸引外商以及港澳台商的投资。二是抓住中原经济区已经上升为国家战略的机遇，出台既符合省情又能吸引外商以及港澳台商投资的政策。三是积极主动承接来自东部地区的经济辐射吸引外商以及港澳台商投资。四是合理引导外商以及港澳台商的投资在不同产业上的分配。因为目前投资于河南省的外商以及港澳台商投资主要集中在制造业、房地产业以及电力、燃气及水的生产和供应业等，而信息传输、计算机服务和软件业，居民服务和其他

服务业，交通运输、仓储及邮政业，科学研究、技术服务和地质勘察业，批发和零售业则很少，因此，河南省要出台相关措施，平衡外商以及港澳台商投资的分布以促进产业结构的优化，避免产业发展失衡减缓全省经济的增长。五是大力推动加工贸易的发展，充分发挥劳动力资源丰富的优势，发展来料加工贸易、进料加工贸易和来件装配贸易，积极吸引外商以及港澳台商投资，以促进经济增长。

3. 结合中原经济区的自身优势合理安排出口贸易

一是继续加大劳动密集型出口贸易。作为全国第一人口大省的河南省，有近 1 亿人口，拥有比其他省份更丰富的劳动力资源。根据这一特点，河南省具有出口优势的企业应是劳动力密集型企业，应该吸引更多的劳动力密集型企业来河南安家落户，借以推动劳动密集型产品的出口。

二是加快“河南创造”的步伐。河南省内高校及科研院所众多，拥有较丰富人才资源，要抓住这一优势资源，鼓励各类高校及科研院所参与到提高企业出口商品的技术含量和附加值的研发工作中去，提高工业制成品的技术含量和附加值，快速提高出口产品的国际竞争力，赚取更多外汇。

三是依托充裕的劳动力资源，积极对外承包工程，加强劳务合作和劳务输出。

四是加快发展服务业，增强第三产业的出口创汇能力。河南省的产业层次落后，突出表现在第三产业发展滞后，加快发展现代服务业，对河南省来说，是个更加迫切和必要的任务。在当前形势下，河南省一方面要以创新的方式继续发展以批零贸易、餐饮业为特色的传统服务业；另一方面，可抓住世界服务外包业转移的机遇，选择一些重点领域发展现代服务业，比如重点发展信息服务以及旅游业、物流业等，从而加快国际劳务输出，增加第三产业的出口创汇能力。

五是积极推进高附加值农产品的出口。积极推进农产品的出口是河南加快对外贸易增长方式转变的最有效途径。据统计，河南省农产品出口贸易方式目前仍然以一般贸易为主，占总出口额的比重都在 95% 以上，缺乏加工贸易和其他贸易方式。农产品加工主要以初级产品、半成品为主，高附加值、高技术含量的深加工产品少。2008 年在农产品的出口中，初级产品出口占 70% 以上，深加工农产品不足 30%。为了积极迎合全球健康消费的理念，河南可以利用国际、国内两个市场，积极引进、吸收国内外的高新技术，培育优良品种、改变耕作方式、发展绿色高效农业，从而使河南的绿色农产品走出河南，走向世界。在发展绿色农业的同时，还可以培育、发展与之相关的高新技术及产业，积极培养生产基地，如在中牟开展大蒜油的生产，对山药之类有药用价值的植物提取有效成分发展生物工业等。

第三节　竞争压力机制

一　市场竞争与企业发展的关系

1. 竞争对企业发展影响的一般经济学原理

在市场经济条件下，竞争是企业经济实力的竞争，是企业综合管理、服务质量、科技实力等的较量。竞争将促进企业两极分化，实现优胜劣汰。在市场经济条件下，各生产企业或部门为了生存和发展，在物质利益的动力和市场竞争的压力下，必然会争先恐后地改进技术，充分利用资源，加强企业内部经营管理，不断降低生产费用，不断开辟新的市场。而效益差、竞争力弱的企业最终将被市场淘汰。市场就是这样在优胜劣汰中优化资源配置的。

可见，竞争是企业发展的基础。企业只有主动参与竞争，才能巩固原有的市场，开拓新市场，不断扩大企业的市场占有率，提高企业的竞争力和发展能力。与此同时，竞争也给企业的发展带来了压力和动力。竞争促使企业搞好内部管理，努力降低成本；改进服务态度，提高服务质量；抓紧技术改造，加快设备更新等。

2. 竞争发展的新阶段——“竞合”理论对企业发展的启示与影响

随着知识经济的发展，企业竞争的关系发生了巨大的变化，企业除了竞争之外，更多地是通过合作建立企业内部、企业外部以及与整个社会的和谐关系。

（1）“合作竞争”与传统竞争的区别。在古典经济学中，企业被认为仅仅是追求自身利益最大化的经济组织，和其他企业的关系只能是你死我活的零和博弈，但随着经济的发展，学术界和实践者发现现实生活中的情况并不是如此，尤其是企业外包和战略联盟等策略盛行后，企业之间的关系和以前发生了很大的变化，企业似乎不再为了自身利益最大化而互相残杀，反而会为了企业之间能建立稳定、互动的和谐关系而自愿放弃一些自身利益。这一切就不能再用简单的经济学原理解释了，此时对于企业自身的定义发生了变化，企业不仅仅是一个经济单位，更是一个社会单位，企业需要一种新的竞争思想——“竞合”思想来作为企业发展的指导思想。

（2）“合作竞争”的定义和产生的缘由。20 世纪末，企业合作竞争的关系日益受到关注。合作竞争（co-opetition）的概念是由 Brandenburger 和 Nalebuff 首次提出的[①]，同年 Maria Bengtsson 和 Soren Kock 也将既包含竞争又包含合作的现象称为合作竞争[②]。合作理论就是通过利他而达到利己的目的，将自利整合为共同实现的目标。“竞合之道”则是在竞合关系的基础上产生的，它源于竞合却高于竞合，它追求的不仅仅是合作关系，而且也是和谐关系。致力于构建一种义利共生的和谐发展模式，使企业处理好企业内部、企业之间以及企业与社会之间的关系，实现企业的内部和顺、外部和谐，促进企业的发展与社会的繁荣。

（3）合作竞争对企业发展的影响。竞争可以使企业具有生机和活力，良性的企业竞争创造企业间的和谐。企业与消费者的和谐是企业发展的动力，更是行业发展和市场发展的动力，如果同行业之间能够共同履行对消费者负责的义务，共同对行业的发展前景负责，进行友好的合作性竞争，不仅会带来企业的效益，而且会带来行业和市场的文明，创造出共生的价值。传统的、你死我活的竞争模式容易将人推向相互猜忌、排斥和谐的敌对状态。每个商家均处于绝对对立的状态。为实现自己利益的最大化，就必须与对手进行殊死的拼搏，这种竞争方式带给企业和社会经济的不是竞长争高的发展动力，而是同归于尽的灭顶之灾。

（4）“利”和“义”的完美结合是企业发展的全新模式。现代企业经营管理的一个最重要的目标是追求企业效益，我们也看到，越来越多的成功企业在追求企业效益的同时已经深刻地认识到只单纯追求企业效益必然会最终在激烈的市场竞争中失败。因而，许多企业的目光开始转向在追求“利”的同时也重视“义”。应该说，任何一个成功的企业追求的应是长远利益，这种长远利益的获得就要建立在“利”和“义”的和谐、稳定的基础之上。双赢的发展模式风险最小，成功的几率最大。

可见，竞争合作是提高企业竞争实力、创造企业效益的有力支撑，也是优化资源配置的必要条件，最终更是提升国家综合国力的重要动力。因为一

---

① Adam M. Brandenburger, Barry J. Nalebuff, *Co - Opetition*, Crown Business.

② MBA 智库百科，http：//wiki. mbalib. com/wiki/S% C3% B6ren_ Kock。

个国家的综合国力不仅仅体现为企业这个基本经济单位所创造的经济实力，更大程度上取决于这个国家是否具有和谐的发展环境。竞争是市场经济发展与完善的主要动力，但这种动力是以和谐的社会环境为基础的，而且合作竞争的最终目的也是为了建立一个整个社会和谐发展的氛围，从而使全国各族人民凝聚在一起，为创造更多的物质文明而努力，进而带来国家综合国力的提升。

二　市场竞争规制建设

1. 市场规制的经济学内涵

规制中文也译成“管制”。市场规制在广义上指各个公权组织对市场失效采取的纠正、约束和激励；狭义上指在市场经济条件下，政府为了矫正或改善市场机制内在的问题而干预经济主体活动的行为。狭义上的市场规制把政府对市场的干预与法律区分开来，将规制限定于那些由行政机构执行的施加于市场的一般性法规和特殊行为。

2. 市场规制的划分

一般而言，通过司法程序去实施的规制是间接规制，通过行政部门去实施的规制是直接规制。直接规制又分为经济性规制和社会性规制。经济性规制是针对特定行业的规制，主要指对自然垄断等行业，以价格规制和市场进退规制为主要手段，对企业的进入、退出、产品的价格、服务的质量以及投资、财务等方面的活动进行干预，以确保公平竞争和防止资源配置非效率。社会性规制主要是以保障劳动者和消费者利益为目的，通过制定一定的标准去禁止或限制特定行为的规制，如为防止公害、保护环境而制定的一系列环保法规。

规制还可从执行主体和被规制的对象来分类，前者有政府规制、法律规制、行业协会规制、集体产权组织规制、社会舆论规制等；后者包括市场规制、社会秩序规制、收入分配规制、卫生保健规制等。

丹尼尔·史普博在此框架下，提出三种类型的市场规制。

第一，直接干预市场配置机制的规制。如价格规制、产权规制及合同规制。在某些市场里，价格体系可能完全或部分由商品的行政性配置来取代，如公共企业的行政性定价。

第二，通过影响消费者决策而影响市场均衡的规制。消费者的预算组合受税收、补贴或其他转移性支付的制约。

第三，通过干扰企业决策从而影响市场均衡的规制。此类约束包括施加于产品特征（如质量、耐久性和安全等）之上的限制，对企业投入、产出或生产技术的限制导致企业产品组合方面的制约。

3. 辨证看待市场规制的作用

市场机制的局限性和市场失灵是政府或公共机构进行规制的前提，针对市场失灵的现象，政府或公共机构需要设计出相应的规章制度来调控市场，约束和规范经济主体的行为，以保证市场规范、有序地运行。但市场规制是一把双刃剑，因为市场规制一方面可减少市场失灵，但另一方面规制主体的运作过程必须花费大量的社会成本。更重要的是，政府在规制过程中由于规制者寻租、被产业所俘虏等原因，容易形成“政府失灵”。如何在防止市场失灵的同时防止政府失灵，将是下一阶段市场规制建设的重点。

三 市场秩序保护

市场秩序是在特定情景下设计的旨在激励和约束交易者行为的权利与义务的制度安排——既包括法定授权的组织规则，也包括约定俗成的行为标准。市场秩序可以分为市场主体秩序、市场交易秩序、市场竞争秩序和市场管理秩序。其中，市场主体秩序是市场运行的前提，市场交易秩序和市场竞争秩序是市场运行的主要内容，市场管理秩序是市场秩序的保障。维护市场秩序的有效途径是市场制度，包括市场主体制度、市场交易制度和市场管理制度。其中，市场主体制度（即关于市场主体的资格、权力、责任的一系列制度）和市场交易制度（确定市场交易规则的制度，具体包括定价规则和竞争规则）是市场秩序的内在制度规范；市场管理制度则是外在制度规范。

当前我国仍处于经济转型的起始阶段，新旧制度之间的摩擦和制度体系的不稳定，导致现实的各种市场秩序混乱，而所有的市场秩序的混乱根源于市场制度的不完善。在经济全球化的背景下，开放的秩序大大增加了制度的选择集合，多元的市场制度模式冲击了我国现存的市场秩序中非理性制度或者制度中的非理性因素，这种外在诱导性容易使市场个体降低对现存市场秩序的遵从度，这都依赖制度创新来解决。

具体来看，目前的市场秩序制度创新主要有以下两大途径。

第一是注重制度创新与制度效率。所谓制度效率是指通过构筑科学的行为规范体系，以投入产出原理为指导，合理引导人们以最有效的方式实现社会利益最大化，从而获得最优效率。而制度效率的获得依赖适时而有效的制度创新，这是避免既有制度的低效率以获得更高的制度效率的有效途径。我国的制度创新一方面需要广大民众的积极参与；另一方面更需要政府推动，政府对制度的效率具有不可推卸的责任，两者的关键作用均不可忽视。

第二是积极培育适宜的市场文化环境。市场秩序制度包括正式制度和非正式制度，正式制度是政府确认的有强制力的维护市场运行的法律、法规等，非正式制度是指人们在交易中形成的道德观念、风俗习惯等因素。正式制度是市场经济运行的前提，但仅靠正式制度难以完全容纳个体利益要求的多样性和利益目标的复杂性，难以形成个体之间的通力合作。尤其在市场秩序已大大扩展的情况下，应该在非正式制度方面进一步完善，建立起与市场经济相适应的市场文化环境，营造一种高效、竞争的市场文化，才能更有效地支持经济转型与市场经济的有效运行。培育适宜的市场文化环境的途径包括以下方面。

（1）培育法制观念。培育市场主体依法交易的习惯，扩大法律知识普及程度，使市场主体具有一定的法律素质，增强遵守制度的自觉性，从而提高制度的有效性。

（2）培育诚信意识。诚信是市场主体间交易的基本保证，政府可以利用行政、媒体等多种手段进行多方面的宣传，报道诚信的先进典型，扩大诚信道德宣传的力度，并依托行政管理职能建立起包括经营者市场行为信息的经营者档案，用其中反映出来的经营活动信息作为经营者的信用信息的重要组成部分。

（3）培养契约意识、公平交易意识、正当竞争意识、秩序意识、社会责任意识等。

四　中原经济区企业竞争战略分析

1. 河南省优势与劣势产业发展现状及其分析

企业竞争战略的制定，取决于其能否有效地将比较优势转化为竞争优势、继续保持竞争优势。

通过对河南省有关统计资料进行综合分析后发现，河南省在全国具有比较优势的产业有农副食品加工业、造纸及纸制品业、医药制造业等 14 个；具有竞争优势的产业有农副食品加工业、家具制造业等 14 个，其中产业竞争力分量在中部6省中排第1位，具有较强竞争优势的产业有10个。但是，既具有比较优势又具有竞争优势的产业仅有农副食品加工业、造纸及纸制品业、医药制造业、非金属矿物制品业、有色金属冶炼及压延加工业、通用设备制造业6个。2000～2005年，河南省全社会固定资产投资年均增长24.3%，而同期GDP仅增长15.9%，说明虽然近年资金投入较多，但经济效益不理想，一个可能的原因是资金在各产业间的配置不尽合理，一些不具有竞争优势的产业占用大量资金，而具有动态竞争优势的产业资金投入却相对不足。一些行业过快的资本增长速度与要素禀赋形成了明显的错位，如电子及通信设备制造业、电力蒸汽热水生产供应业不具有竞争优势，但是这两个行业资本劳动比率分别是制造业平均值的2.48倍和3.37倍，而全员劳动生产率仅是制造业平均值的0.63倍和0.8倍；文教体育用品制造业是具有动态竞争优势的产业，资本劳动比率是制造业平均值的0.28倍，但全员劳动生产率达到制造业平均水平。所有这些错位现象，在中原经济区竞争战略制定过程中均需要引起关注。

2. 河南省比较优势转化为竞争优势的途径

途径之一：升级要素禀赋结构。

升级要素禀赋结构是产业结构调整和技术水平升级的内在要求。随着交通运输和科学技术的发展，要素流动不断加快，传统的自然资源作为一种低级生产要素，在经济发展中的作用正在逐步下降，而观念、人才、技术、管理等高级生产要素的作用越来越重要。

河南省基本要素禀赋的特点是劳动力最丰富，土地次之，资本最为稀缺。升级要素禀赋的关键是不断提高人力资本积累和创造高级生产要素：一方面，积极吸引FDI（外商直接投资），提高资本积累质量。以近年来经济的高速增长为契机，以中原城市群的培育发展为核心，立足交通、土地、劳动力等优势，加强基础设施建设，努力营造优良的创业投资环境，积极吸引FDI，大力提高资本积累质量。另一方面，加强高级生产要素的创造，短期初始禀赋往往能决定最初国际分工的定位，但要实现经济的可持续增长，更为重要的推动因素是不断创造、改进生产要素的能力，要增加对科研、技术引进的投入，尽快使科技三项费用占地方财政支出的比重达到或超过全国平均水平，大力扶持现有知识、技术密集型企业的成长，继续发展高等教育和在职教育，增加知识要素存量的积累，加速技术的消化吸收和创新，提高人力资本的水平，改进基本要素的使用效率，大力引进技术含量高的外商投资企业和跨国公司

R&D 机构，扩大外资的“知识溢出”效应，增加创造性要素的总量。

途径之二：增强技术学习能力，实现产业升级。

首先，借助国际和我国沿海发达地区产业转移的机会，多渠道地引进先进技术。在技术引进、消化、吸收、模仿的过程中不断进行技术积累，在此基础上逐步完成自主技术创新体系的建立，鼓励本地企业与外资企业形成产业配套关系，在配套中通过技术学习，积累自主产业的创新能力。

其次，规模经济是发达国家把比较优势转化为竞争优势的基本经验。就河南省来说，工业生产的小规模导致资源利用率和生产效率低，限制了比较优势向竞争优势的转化，在快速推进城镇化和工业化的过程中，实现规模经济是比较优势向竞争优势转化的可行途径。

最后，应努力实现高新技术向传统劳动密集型产业的渗透。一方面，高新技术产业作为新兴产业具有极强的渗透性；另一方面，高新技术产业可为我国门类齐全且规模较大的传统工业的发展提供一定的技术支撑。通过用高新技术改造传统产业，对劳动密集型和资源密集型产业进行技术改造和升级，将会大大增强河南省比较优势行业的竞争优势。

总之，中原经济区企业竞争战略不应该是一种战略否定另一种战略，而应是将比较优势战略和竞争优势战略有机互补，以比较优势产业的发展为基础，不断提升其竞争优势，通过有效的制度安排、人力资本和知识要素的积累促进技术创新，培育新的竞争优势产业，通过比较优势和竞争优势的动态提升，才能使中原经济区的发展达到新的高度。

第四节　政策环境支持力

一　关于民间投资的主要政策障碍

1. 从投资领域看，仍然存在市场准入限制和行业垄断

虽然近几年我国民间投资迅猛增长，在国民经济的广度和深度上取得了长足的进展，但是民间投资的市场准入仍然存在许多限制，银行、保险、信托、医疗、电力、电信、民航、铁路等行业，仍由国有部门垄断，有的甚至宁可向外资开放，也不让民间资本进入。也有一些行业尽管国家法律和政策没有明令禁止和限制，民营企业无论在项目审批还是在一系列配套条件上，办事都比国有企业难得多，甚至办不成都是不争的事实，有些领域由于项目

审批复杂、条件苛刻、门槛过高、行业障碍等使民间资本可望而不可即，这种人为限制投资活动范围的做法造成优质的民营企业很难通过投资将企业的资源在不同产业间调整，结果大量民营企业只能挤在少数行业内相互竞争，等到这些行业投资过度、出现供大于求后，一些富有竞争力的企业由于难觅新的、有价值的项目，投资意愿急剧下降，不仅影响了社会资源的优化配置，也制约了民间投资的增长。

2. 从投资成本看，受财税政策限制，投资成本太高

1994年，我国开始实行旨在抑制通货膨胀的生产型增值税，不允许扣除外购固定资产中包含的税金，仅允许扣除原材料、半成品中包含的增值税，结果抑制了投资活动，不利于企业技术改造和设备更新，由于投资环节的重复征税，增值税成了通货紧缩的重要原因之一。

一些小企业发展很快，由于设立时注册资本很少，银行又不肯贷款，企业想用未分配利润增资，但需视同分红交纳个人所得税，这是一项法外征税的不合理规定，一定程度上加大了投资成本，抑制了民间投资。

3. 从金融支持看，融资渠道不畅，缺乏有力的金融支持

创办中小企业是民间资本投资的主要形式，中小企业在民营资本中占99%。当前民间投资资金来源主要还是依靠自我积累、滚动发展，金融机构的信贷支持十分有限。拥有我国80%信贷资金的四大国有银行给民营企业的贷款过去就少，随着几家国有银行的商业化改革，惜贷现象日益严重，而且银行向中小企业贷款的渠道不是很畅通，从银行贷款需要担保、抵押，如果没有就贷不到钱。企业内部筹资和社会集资曾经是民营企业筹资的一条重要渠道，经过多年的金融整顿，原有的金融渠道关闭了，与中小企业发展相配套的融资体系又没有相应建立。尽管我国近几年来开始重视中小企业的金融服务问题，但从实际情况看，收效甚微，甚至是一相情愿，四大国有商业银行的发展战略定位于“大行业、大企业”，虽然都相继成立了中小企业信贷部，但受自身利益所限，政府要求银行为中小企业服务的做法往往难以得到响应。近几年，我国新发展的各类担保公司和基金，对于民营企业的融资也只是杯水车薪。

二　就业政策问题

1. 河南省总体就业情况

据有关统计数据显示，2007年全国495万高校毕业生中有100万人没有如期就业；2008年560万高校毕业生中有150万没有如期就业；2009年610万高校毕业生中有200万不能如期就业。与全国情况一样，一方面，河南省高校毕业生数量每年同样以数万人的增速累加，2008年为32.5万人，2009年增加到37万人，2010年达到41万人；另一方面，不能如期就业的大学生人数也在日益增长，大学生就业难的问题是河南省就业市场面临的一个巨大压力。河南省就业市场面临的另一个巨大压力来自农村剩余劳动力。河南省是农业大省，也是我国第一人口大省和中国劳务输出第一大省。农民人均收入偏低和人多地少的矛盾导致农村剩余劳动力大量存在。据河南省劳动和社会保障厅的数据显示，2008年河南有农村剩余劳动力2145万人。其中，1200万人在省外，945万人在省内。另据统计，河南省城镇新增劳动力供给量达到210万人以上，同年全省城镇新增就业岗位为100万个左右。这样，总体城镇劳动力就业岗位缺口在110万个以上，城镇新增劳动力的就业比较困难。

2. 关于积极就业政策及其存在的主要问题

为积极促进就业，我国在已有促进就业政策的基础上于2002年出台了积极就业政策。2002年9月颁布了《关于进一步做好下岗失业人员再就业工作的通知》，首次提出了积极就业政策。2003年举行的全国再就业会议对积极就业政策从政策范围与力度等方面给予了一定的充实。2005年颁布了《关于进一步加强就业再就业工作的通知》，预示着积极就业政策基本成熟，2006年下发了《中共中央关于构建社会主义和谐社会若干重大问题的决定》，进一步完善了积极就业政策。

积极就业政策的主体框架、内容与缺陷主要表现在以下几个方面。

（1）积极就业政策的主体框架与内容。在构建社会主义和谐社会与提出2020年实现社会就业比较充分就业目标的背景下，《中共中央关于构建社会主义和谐社会若干重大问题的决定》进一步丰富和完善了积极就业政策的内容。特别强调要实现经济发展与扩大就业良性互动，大力发展广就业产业，促进行业与企业多集道、多方式增加就业岗位，充分关注构建城乡统一的人才市场与劳动力市场的重大作用。重点强调完善促进就业的财税金融政策，努力发挥自主创业与自谋职业的作用。强调构建健全完善的面向全体劳动者的职业技能培训制度，特别关注创业培训与再就业培训。针对就业中存在的突出问题，强调在强化政府促进就业职能的基础上，做好城镇新增劳动力就业等特殊群体就业人员的工作，努力帮助零就业家庭与就业困难人员就业。积极的就业政策首先强调了和谐劳动关系对于促进就业的重大作用，指出通过完善劳动关系协调机制与加强劳动保护，努力构建和谐劳动关系，有效扩大就业。作为最新的积极就业政策，政府扩大就业理念，促进就业热点、政策范围与力度等，均较以往政策有了较大的提高，反映了积极就业政策更加成熟与完善。

（2）积极就业政策的主要缺陷。积极就业政策虽然发挥了积极的作用，但仍存在一定的局限。政府对于积极就业政策抱以过高的期待，对从本质上以经济发展创造就业岗位与提升劳动者人力资本水平相对关注不足，缺乏对积极就业政策的有效评估，不利于充分发挥劳动力市场配置劳动力资源的基础性作用，就积极就业政策本身而言，也有一些具体做法有待尽快调整。积极就业政策本身难以从根本上解决就业问题，只能作为解决就业问题的必要措施，而且积极就业政策也存在影响劳动力市场发挥配置劳动力资源基础性的作用等负面影响。另外，国内较为缺乏对于积极就业政策的评估。

3. 关于灵活就业的政策问题

灵活就业，是指在劳动时间、收入报酬、工作场地、保险福利、劳动关系等方面不同于建立在工业化和现代工厂制度基础上的主流就业方式的各种就业形式的总称。劳动和社会保障部课题组统计分析表明，近年来，我国灵活就业人员数量在逐年上升，且灵活就业的种类和涵盖的领域十分广泛，主要包括自我雇用者（自谋职业）、以个人身份从事职业活动的自由职业者，以及非全时工、季节工、劳务承包工、劳务派遣工、家庭小时工等劳动者。正确认识灵活就业的内涵和趋势，正确宣传政策，引导学生把握成功机会，对缓解目前严峻的就业形势有深远的意义。

影响大学生灵活就业的政策障碍主要表现在缺乏灵活的弹性就业机制。国家为鼓励大学生灵活就业做了一些政策规定，如为大学生自主创业提供资金、工商税务登记方面的支持，为入伍或到基层工作提供相应的户籍与档案管理的服务，为到非公有制单位就业提供保险政策等。一方面，说明了政府对大学生就业工作的重视；另一方面，也看出政策的制定者尚未摆脱计划经济体制的就业模式。没有真正形成市场经济环境下灵活弹性就业机制，从某种意义上说，抑制了社会生产力的最大化。例如，对于不同情形下的灵活就业特征未能做出界定，影响了高校鼓励学生灵活就业的积极性；同时，鼓励灵活就业的相关配套政策缺乏，诸如灵活就业学生的户籍管理、档案管理、社会保险等合法权益无法得到有效的保护，大学生普遍认为风险太大，不愿意选择灵活就业。

三　构建中原经济区企业发展的良性政策体系

中原经济区的建设和发展，离不开国家政策的大力支持。需要国家根据该区特殊的社会、经济、技术、自然、人口、教育等一系列客观环境因素的具体情况，给予相应的、特别配套的一系列优惠政策，全方位加大支持力度。

1. 制定特殊的金融政策

针对全国第一农业大省——河南省在全国农业领域的特殊地位，制定特殊的金融扶持政策，加大对中原经济区发展农业现代化的金融政策支持力度。

《国务院关于支持河南省加快建设中原经济区的指导意见》明确要求中原经济区“加快转变农业发展方式”，不断提高农业专业化、规模化、标准化、集约化水平，建成全国农业现代化先行区。农业现代化，是一个资本大量投入的过程，要推进农业现代化，实现“三化”协调发展，必须大力培育、发展和利用资本市场。

河南省农业产业化龙头企业达6000多家，涉农上市公司仅9家。涉农企业在发展过程中普遍存在投资成本高、融资渠道窄、筹资难度大等问题，资金瓶颈成为涉农企业发展面临的最大障碍。

2011年，河南省各类农业产业化组织达到1.3万多个，龙头企业6000多家，其中销售收入超亿元企业近500家。但是，与之形成对比的是：在利用资本市场直接融资方面，除了少数几家涉农企业上市发行股票外，在其他直接融资方面几乎都是空白。截至目前，河南省境内外上市公司总数为96家，但只有9家涉及农业的上市公司，占比不足10%；2011年河南省上市企业股市融资96.13亿元，农业企业只有8.56亿元，占比也不足10%。

目前深沪证券市场上农、林、牧、渔业上市公司总共45家，食品加工业为39家，主要农机制造1家，相关仓储业7家。农业或涉农上市公司总共92家。河南农、林、牧、渔业上市公司只有2家，即雏鹰农牧和华英农业；食品行业有上市公司4家，即双汇发展、好想你枣业、莲花味精、三全食品。

河南作为第一农业大省，粮、棉、油等主要农产品产量均居全国前列，是全国重要的优质农产品生产基地和畜产品生产基地，河南拥有众多全国知名的名特优产品，但目前还没有一家种植业上市公司。这与河南省农业大省的地位不相称。因此，我们在此建议如下：一是建议河南省涉农企业要认真做好股份制改造、资产重组工作。二是建议国家制定专门针对中原农业大省——河南省的特殊政策，加大对中原经济区的金融扶持力度，让更多符合条件的河南涉农企业直接上市融资，促进河南以更高的效率将一个普普通通的农业大省，建成一个现代化的农业大省，从而有力地带动全国的农业现代化进程，为真正改善我国民生问题做出更大贡献。

2. 放松扩大民间投资的政策限制

中国的经济发展表明民间投资是经济增长的主要动力，如何在新世纪中国民营经济飞速发展的大背景下，乘势激活民间投资，增强新一轮发展动力，已为社会各界所关注。从中国改革开放30多年的基本经验来看，哪个地区重视民营经济发展，哪个地区经济发展得就快。哪里民营经济发展滞后，哪里的经济就不够活跃。河南作为农业大省和工业大省，目前工业经济总量在全国位居前列，但是人均指标仍然很低，而且在国家有关部门统计的规模民营企业中，河南的份额仍然偏低。可以说，中原经济区的发展，在很大程度上依赖民营经济的发展。所以，一定要进一步改变观念，真正把民营经济作为主体地位不动摇，要采取得力措施不折不扣地把发展民营经济的各项政策、措施落到实处，彻底打破行业垄断，实行民营经济全面介入。

一是要建立和完善保护国民财产的法律体系。伴随我国私营经济蓬勃发展而不断膨胀的私人财产，越来越急迫地想得到一把更大的法律“保护伞”。当前，民间投资者的投资收益权遭侵犯，所有权的完整性和独立性缺乏保证，投资合同履行困难的例子不少，不少国内资金大量外流，民营企业家接连遇难，都使立法保护民间资本迫在眉睫。名列《福布斯》富人排行榜前100位的浙江正泰集团董事长南存辉曾说过：“如果对私人财产缺乏安全感，民间资本会因种种顾虑而减少或放弃投资。”可以说，依法保障民间投资人的合法权益，是引导和促进民间投资健康发展的核心问题和关键问题。没有完整的法律保障，“谁投资，谁所有”的基本原则就难以保证。因此，建立和完善保护国民财产的法律体系十分重要和紧迫。

二是要进一步放宽民间投资领域。中共十六大报告传达了一个信息，即国家将彻底赋予国内民间资本以国民待遇。联系实际，当前要做好的工作主要有以下方面：①实行开放式的行业投资准入政策。除关系国民经济命脉和国家安全的重要行业和关键领域外，其余行业和领域都应放开，让民间资金投资或控股经营。②打破行政性行业垄断。不再以所有制、行业、部门为限，在能源、交通、电信、文化、教育、卫生等行业全面引入市场竞争机制，使民间投资大量进入营利性比较好的、长期由国家垄断的行业，从而引起新一轮的民间投资热情。来自浙江省四面八方的信息也表明了这一趋势，以教育为例，温州民营企业家出资 2 亿元，买下温州大学 60% 的股份，使之成为国内第一所股份制的全日制综合大学；私企吉利集团计划出资 8 亿元建设的吉利大学已在北京初露端倪。

三是要改革财税政策，降低企业负担。在财政政策方面，应该继续实行积极的财政政策，采用国债的方式，通过加大基础设施投资来引导社会投资，采取财政参股、补贴、贴息等形式吸引民间资本的投入，扩大财政支出的乘数效应。

在税收方面，政府应采取的措施有以下几个：①以产业导向为标准，消除不同所有制差别待遇，对民营经济一视同仁，降低企业所得税税率，减轻企业负担。②实行消费型增值税，鼓励民间资本向资本密集型和技术密集型的行业、项目投资，鼓励民营企业的设备更新和技术改造。③对符合产业政策要求的投资，尤其是社会事业和公共基础设施，企业经营产生的利润用于增量投资，可按投资额的大小退还全部或部分所得税。个人所得如再投入企业，可全额抵扣个人所得税。④实行鼓励科技创新的税收政策，通过税收优惠等形式降低科技开发成本，调节风险企业收益，鼓励企业积极引进新成果、新技术、新设备。

3. 积极调整国民收入分配关系

提高消费的比重必须调整国民收入分配关系。调整不合理的国民收入分配关系，改变收入分配中城乡差距、地区差距、行业差距、阶层差距过大的状况，是有效扩大消费需求、发挥消费需求拉动经济增长原动力作用的根本之策。

首先，适当提高居民收入在 GDP 中的比重。提高居民收入占 GDP 的比重是改变我国消费率过低、促进国民经济良性运行的客观需要。从居民收入的增长率看，除个别年份外，城乡居民家庭人均收入和居民消费水平增长率都普遍滞后于国内生产总值的增长率。据统计，1979～2003 年，我国 GDP 年均增长 9.4%，而城镇居民家庭人均收入年均增长 6.8%、农村居民家庭人均收入增长 7.1%，分别低于 GDP 年均增长率 2.6 个和 2.3 个百分点。而劳动者报酬占 GDP 的比重过低是导致我国居民收入低下的直接原因。与国际水平比较，我国劳动者报酬所占份额明显偏低。比如，1978 ~ 2002 年，我国劳动者报酬占 GNP 的比重的平均值为 56.97%，比英国、法国、加拿大、韩国、日本、泰国等低 10 ~ 27 个百分点。居民在收入分配中得到的份额过小，导致购买力不足，生产相对过剩。由于劳动者报酬占居民收入的绝大部分，所以，要想提高居民收入，必须首先提高劳动者报酬在 GDP 中的比重，改变工资过低的状况。

其次，调节收入分配，努力提高低收入者和贫困人口的收入水平。我们应按照十六届五中全会“更加注重社会公平”的要求，积极改革收入分配机制，合理调节收入分配，“着力提高低收入者收入水平，逐步扩大中等收入者比重，有效调节过高收入，规范个人收入分配秩序，努力缓解地区之间和部分社会成员收入分配差距扩大的趋势。注重社会公平，特别要关注就业机会和分配过程的公平，加大调节收入分配的力度，强化对分配结果的监管”。

最后，进一步提高社会保障水平。建立健全社会保障体系，是利用社会保障机制调节消费需求的重要手段。市场经济的发展，特别是市场机制的优胜劣汰功能，会增大社会成员生存和生活的风险。完善的社会保障体系犹如一道安全网，有助于稳定人们的消费倾向和支出预期。为了充分发挥社会保障机制在调节消费需求中的作用，应重点做好以下两个方面的工作：一是适当提高社会保障水平，特别是提高城乡低收入者和贫困人口的社会保障水平，建立起同我国经济发展水平相适应的、较完善的社会保障体系。二是扩大社会保障覆盖面，加快农村社会保障制度建设步伐，为农村低收入者和贫困人口提供最基本的生活保障，尽快改变城乡二元社会保障制度非均衡发展的态势。

4. 鼓励实行积极的、灵活的就业政策

河南是我国第一人口大省，也是我国第一教育人口大省。近年来，伴随着我国高等教育事业的快速发展，河南省的高等教育规模逐步扩大，高校毕业生数量也逐年增加。根据河南省副省长史济春在河南省十一届人大四次会议举行的首场记者招待会上披露的信息，2010 年河南省的应届高校毕业生接近 40 万人，2011 年达到 44.6 万人，加上往年没有就业的 10 万人，2011 年河南省需要就业的应往届高校毕业生达到 55 万人，占将要就业人员总数的 1/4。可见，河南省高校毕业生就业形势依然严峻，毕业生的就业压力依然巨大。

实行积极的、灵活就业对缓解社会就业压力，提高劳动力资源配置效率起着极为重要的作用，更有利于中原经济区内众多中小企业吸纳优秀人才。为此，一是要通过增加职业培训和再就业培训的投资，创造更多的就业机会。二是要通过调整经济政策，鼓励中小企业的投资，增加资金支持，大力发展河南的第三产业，从而创造更多的就业机会，使居民的可支配收入逐渐提高，进而实现投资带动消费，逐渐实现投资与消费对经济的协调发展。三是要制定鼓励和促进大学生灵活就业的相关政策。

为此，需要从以下几方面做出努力：第一，促进灵活就业需要各级政府、非政府组织、用人单位、劳动者等各个方面的共同努力。第二，要加大宣传力度，转变大学生的就业观念，让更多的大学生抢抓机会，提高知识、能力和本领，通过灵活就业形式实现就业。第三，高校可以通过科学化、系统化、长期性的职业生涯教育，加深对灵活就业形式的理解。第四，制定《促进就业法》，要把灵活就业通过法律的形式确立下来，以维护灵活就业人员的合法权益，包括制定和完善灵活就业人员参加社会保险的统一政策规定，使灵活就业伴随着经济结构的调整而健康发展。第五，把促进灵活就业作为重点，在税费减免、资金投入、就业服务等方面给予政策倾斜，建立起促进就业的长效机制。

5. 积极创造条件支持河南中小企业发展

2011 年，河南省中小企业总数达到了 38 万家，占该省企业总数的 99% 以上。总产出、营业收入、实交税等重要指标均比上年增长 20% 以上。广大中小企业贡献了河南省 61% 的 GDP、51% 的税收和 85% 以上的新增工业岗位。但同时，2011 年上半年，河南省中小企业的利息支出同比增长了 50.1%；接近八成的河南省内中小企业反映流动资金短缺、资金链紧张；近九成的企业承认融资存在困难；很多中小企业不得不借助民间借贷融资，承受较高的融资成本和融资风险。中小企业尤其是小微型企业的融资和生存发展难题，已成为政府和社会各界关注的热点。[①]

所以，中原经济区各级政府主管部门要积极改善中小企业的经营环境，从以下几方面加以改善和推动。

① 中国市县招商网（www. zgsxzs. com）：《2011 年河南省中小企业总数达 38 万家》，大河网，http：//www. dahe. cn，2011 年 12 月 30 日。

一是各级政府要依法认真清理各种不利于非公有经济发展的行政法规和政策规定，制定有利于各类中小企业发展的政策。

二是科技型、就业型、资源综合利用型、农副产品加工型、出口创汇型、社区服务型中小企业将成为国家鼓励和扶持的重点。

三是要求各级政府主管部门要简化中小企业设立审批程序。

四是设立风险投资基金，在提高技术创新能力、促进科技成果产业化等方面，对中小企业特别是科技型中小企业给予有效扶持，加快培育中小企业技术创新和产业化基地。

五是鼓励和支持股份制银行、城市商业银行、城乡合作金融机构等以中小企业为主要服务对象，鼓励商业银行特别是国有商业银行在注意信贷安全的前提下，建立向中小企业发放贷款的激励和约束机制，切实提高对中小企业的贷款比例。

六是鼓励政策性银行在现有业务范围内支持用于符合国家产业政策、有市场前景、技术含量高、经济效益好的中小企业的发展。

七是继续扩大对中小企业贷款利率的浮动幅度，在条件成熟时允许符合条件的各类所有制中小企业特别是高新技术企业上市融资、发行债券等。

第五节　本章小结

综合以上研究内容，可以得出以下结论。

第一，中原经济区企业的发展，必须要建立在对相关外部环境力量综合分析的基础之上。随着经济全球化时代的到来，要求每个企业除了要关注国内政治、经济、技术、社会、相关行业等因素之外，还必须更加关注国际市场动态，关注国际局势的变化，最大限度地利用国际市场资源，同时将企业的经营风险降到最低。

第二，注意研究中国特色的“需求拉动”机制。我国应对世界金融危机的经验已经告诉我们，经过改革开放以来的几十年的发展，我国已形成了潜力巨大的消费市场，只要引导得力，其拉动经济的潜力也是巨大的。但需注意的是：尽管我们积极倡导消费，但我们始终反对浪费，反对不切实际地“乱消费”、“炫耀式消费”；否则，不但不会给经济发展带来“拉动力”，还必将最终限制和破坏经济发展，因为“乱消费”和“炫耀式消费”属于“畸形消费”，其发展的结果将会对有限资源造成巨大的浪费，破坏生产力的发展。所以，我们应该提倡“理性消费”。

第三，促进中原经济区企业更快发展，增强企业在国内外市场的综合竞争力，还要依赖一套切实可行的竞争战略的引导。这种战略的出台，必须源自对中原经济区自身特有的优势、客观存在的各种劣势与缺点，以及所面临的外部机遇和挑战进行综合分析的基础之上，才能使竞争战略更加可行。

第四，值得强调指出的是：实现中原经济区企业的可持续发展，始终需要国家良好政策环境的支持。因为良好的政策是企业发展的“保护伞”和“助推器”。所以，为了整个中原经济区以及每一个企业的顺利成长与发展，我们强烈要求国家根据中原经济区在全国所处的特殊战略地位和本区“区情”，及时给予各类宽松的、优惠的发展政策，以更好地呵护这颗“中原新星”健康、快速发展，从而为我国社会主义经济建设做出更大的贡献。

参考文献

[1] 王子先：《我国消费率远低于世界平均水平，扩大内需是要务》，中国经济网，http：//europe. ce. cn，2006 年 2 月 24 日。

[2] 温家宝：《信心比黄金和货币还要重要》，十一届全国人大二次会议上国务院总理温家宝会见中外记者并回答记者提问时的谈话，人民网，http：//lianghui2009. people. com. cn/GB/145749/8956976. html，2009 年 3 月 13 日。

[3] 马克思：《资本论》第 2 卷，人民出版社，1975，第 457 页。

[4] 郭庚茂：《河南省人民政府 2011 年〈政府工作报告〉》，2011 年 1 月 26 日《河南日报》。

[5] Adam M. Brandenburger，Barry J. Nalebuff，*Co – Opetition*，Crown Business.

[6] MBA 智库百科，http：//wiki. mbalib. com/wiki/S% C3% B6ren_ Kock。

[7] 中国市县招商网（www. zgsxzs. com）：《2011 年河南省中小企业总数达 38 万家》，大河网，http：//www. dahe. cn，2011 年 12 月 30 日。

图书在版编目（CIP）数据

中国区域企业发展的动力机制：以中原经济区为样本/
杨健燕等著．—北京：社会科学文献出版社，2013.1
（中国区域经济发展动力机制研究系列）
ISBN 978 - 7 - 5097 - 3799 - 6

Ⅰ.①中…　Ⅱ.①杨…　Ⅲ.①企业发展 - 研究 - 河南省
Ⅳ.①F279.276.1

中国版本图书馆 CIP 数据核字（2012）第 223558 号

·中国区域经济发展动力机制研究系列·
中国区域企业发展的动力机制
——以中原经济区为样本

著　　者／杨健燕 等

出 版 人／谢寿光
出 版 者／社会科学文献出版社
地　　址／北京市西城区北三环中路甲 29 号院 3 号楼华龙大厦
邮政编码／100029

责任部门／经济与管理出版中心（010）59367226　　责任编辑／王莉莉
电子信箱／caijingbu@ssap.cn　　责任校对／李　娟
项目统筹／恽　薇　　责任印制／岳　阳
经　　销／社会科学文献出版社市场营销中心（010）59367081　59367089
读者服务／读者服务中心（010）59367028

印　　装／北京季蜂印刷有限公司
开　　本／787mm×1092mm　1/16　　印　　张／21.5
版　　次／2013 年 1 月第 1 版　　字　　数／371 千字
印　　次／2013 年 1 月第 1 次印刷
书　　号／ISBN 978 - 7 - 5097 - 3799 - 6
定　　价／65.00 元